柯勒律治的肖像画,1812年左右乔治·达维(George Dawe)绘。

文学传记:
柯勒律治的写作生涯纪事

［英］塞缪尔·泰勒·柯勒律治 著

王 莹 译

中国画报出版社·北京

图书在版编目（CIP）数据

文学传记：柯勒律治的写作生涯纪事 /（英）塞缪尔·泰勒·柯勒律治著；王莹译. -- 北京：中国画报出版社, 2019.4
ISBN 978-7-5146-1730-6

Ⅰ. ①文… Ⅱ. ①塞… ②王… Ⅲ. ①柯勒律治(Coleridge, Samuel Taylor 1772-1834)—传记 Ⅳ. ①K835.615.6

中国版本图书馆CIP数据核字(2019)第060203号

文学传记：柯勒律治的写作生涯纪事

[英] 塞缪尔·泰勒·柯勒律治 著　王莹 译

出 版 人：于九涛
策划编辑：张文杰
责任编辑：代莹莹
责任印制：焦　洋

出版发行：中国画报出版社
地　　址：中国北京市海淀区车公庄西路33号　邮编：100048
发 行 部：010-68469781　010-68414683（传真）
总编室兼传真：010-88417359　版权部：010-88417359

开　　本：32开（880mm×1230mm）
印　　张：17
字　　数：355千字
版　　次：2019年4月第1版　2019年4月第1次印刷
印　　刷：北京汇瑞嘉合文化发展有限公司
书　　号：ISBN 978-7-5146-1730-6
定　　价：88.00元

出版说明

1. 本书主要根据 J. 肖克罗斯（J. Shawcross）编辑，牛津大学出版社 1907 年两卷本《文学传记》(*Coleridge Biographia Literaria*)，和亚当·罗伯兹（Adam Roberts）编辑，爱丁堡大学出版社 2014 年版单卷本《文学传记》(*Biographia Literaria*) 综合译出。后者为详细注解本，在脚注中对原书中的多个知识点进行了考证说明，对原书中的非英语语种进行了英译，并引用了部分非英语语种著作已有的相关英译本。本书在参考的同时也在脚注中进行了相关说明。

2. 本书涉及多语种，其中非英文部分均画线标出，并在脚注中注明了原文语种。非英语语种在本书翻译过程中皆据亚当·罗伯兹编辑，爱丁堡大学出版社 2014 年版《文学传记》中的对应脚注中的相关英译本译出。因全书多次涉及非英语语种，所以不再在脚注中一一注明，默认中文版皆据此译出。

3. 本书涉及多位世界各国名人和著作，且分属多个专业领域，为使读者更好地理解柯勒律治原书的内容，译者尽量对这些名人及其著作在脚注中进行了简介。对于相关人物和著作的介绍，除参考了亚当·罗伯兹编辑，爱丁堡大学出版社 2014 年版《文学传记》中的对应脚注外，还参考了多部中文版辞书、大百科全书，以及英文版著作中的作者简介和英文版维基百科，并根据这些信息，进行了综合编写。

4. 关于本书作者柯勒律治在书中引用的诸如莎士比亚、弥尔顿等大家耳熟能详的经典作品，本书直接引用了朱生豪、朱维之先生等人的经典中译本，并在脚注中作了说明。其他柯勒律治在书中引用的经典作品的中译文，也尽量采用了已有中译本中之翘楚，并在脚注中对译者和版本进行了说明。未注明出处的系译者本人翻译为中文。

新自传批评的双飞翼
——《文学传记》记要

难道说"新自传批评"的先驱,可以算上柯勒律治?

这就引发了一个问题:什么是"新自传批评"?简言之,传统的自传批评,爱好索隐,潜心钩沉,像考古学家一样挖掘出作品背后的作者底蕴,以期其文其人交相辉映。《红楼梦》的"自传说",即是一例。新自传批评,反新批评之道而行之,意在开新。作品背后的作者,固然根本,但作者背后的论者,同样关键。探求作者的自传性,揭示论者的自传性,双重主体性之并置,叠韵效果,和盘托出。

那么,柯勒律治的《文学传记》属不属于"新自传批评"呢?

《文学传记》,用当代眼光看,名不副实。这部名著,绝非传记,而是披着传记外衣的微自传。当然,写一部文学传记,柯勒律治的条件,可谓得天独厚,无人能及。跟华兹华斯、骚塞、兰姆等文坛重镇,他有着知音之交;而拜伦、雪莱、济慈等后起之秀,对他莫不引颈而羡,雪莱甚至称之为"鹰立枭群"("a hoodedeagle among blinking owls")。但柯勒律治没有把《文学传记》写成文学传记,而是作了部微自传,其结果,英国文坛少了部传记名著,却多了本批评杰作。微自传部分，虽然章节不多，比重不大，但柯勒律治自报家门，让我们了解了作为批评家的柯勒律治的思想家底：他的文学训练、他的哲学渊源、他的德国学术背景等。所有这些构成了他作为论者的自传性。而在《文学传记》里，柯勒律治所耿耿于怀、长篇大论评析的是华兹华斯的诗，而不是华兹华斯这个人。也就是说，诗人的自传性，他鲜有论及。至此，《文学传记》是不是"新自传批评"，似乎不言自明。

"什么是诗？这个问题，几乎等同于：什么是诗人？"借助《文学传记》里的这句名言，柯勒律治好像又在宣示，诗人的自传性，乃诗学之核心。《哈姆雷特》不是简单的宫廷内斗剧，也不是单纯的王子复仇戏，而是剧作家在处理"自传性主题"——"内省与无能"。分析哈姆雷特，柯勒律治一方面从剧作家莎士比亚的角度切入，同时又掺入了自己的生命体验。因此，他的哈姆雷特具有双重自传性。晚年，柯勒律治甚至夫子自道："不妨说，我本人身上，就有哈姆雷特的味道。"

这样看来，"新自传批评"的先驱，柯勒律治到底该不该算上？

北京大学外国语学院教授、世界传记研究中心主任、世界文学学会（WLA）会长　赵白生

目 录

第一章 / 001

我为什么要写作和出版这本书？社会各界对于我出版的首部诗集的反应；在象牙塔中熏陶我自己的情趣；当代作家对于青年一代的影响；鲍尔斯（Bowles）的十四行诗；在亚历山大·蒲柏（Alexander Pope）出生前和离世后出现的诗人之比较

第二章 / 029

假设天才们的易怒状态；当天才面临现实拷问；天才被责难的理由和场合；这种指摘的不公正性

第三章 / 045

评论家赋予作者的权利，以及可能的情况；现代评论的原则；骚塞（Southey）先生的作品和特点

第四章 / 061

《抒情歌谣集》以及前言；华兹华斯先生的早期诗歌；关于幻想和想象；于艺术而言，重要的词义区分之探究

第五章 / 075

关于联想律；追溯从亚里士多德（Aristotle）到哈特莱（Hartley）的联想律历史

第六章 / 085

哈特莱的体系,就它与亚里士多德体系的差异而言,无论在理论上还是事实上都是站不住脚的

第七章 / 095

哈特莱理论的必然结果;被人们接纳的初始错误和模棱两可的表达;记忆之术

第八章 / 105

笛卡儿提出的二元论——先由斯宾诺莎改进,后由莱布尼茨(Leibnitz)改进并融入前定和谐概念(Harmonia praestabilita);泛灵论;唯物主义;这些体系,或任何可能的联想理论中,没有一个提供或取代了感知理论,也没有解释可联想事物的形成

第九章 / 113

哲学真的能被称为科学吗?它的条件是什么?乔尔丹诺·布鲁诺(Giordano Bruno);文学贵族,或者说学者之间代表着特权阶级的不言而喻的契约;作者对神秘主义者的义务——伊曼努尔·康德(Immanuel Kant);康德作品中文字和精神间的差异;在哲学教学中为审慎的辩护;费希特(Fichete)完善评论体系的尝试;费希特的尝试的局部成功和最终失败;对谢林(Schelling)以及英国作家中的索马里兹(Saumarez)的义务

第十章 / 129

一章题外话和奇闻逸事,以作为想象力或塑性力的本质和起源的前奏;关于卖弄学问和掉书袋式的表达;给年轻作者的关于出版的建议;一系列作者文学生涯的奇闻逸事及其宗教和政治观点的变化

第十一章 / 181
对那些早年想成为作家的人的深情劝诫

第十二章 / 193
对于下一章节细读和忽略的预感和需求

第十三章 / 229
关于想象力,或具有融合作用的力量

第十四章 / 243
《抒情歌谣集》的创作缘由和最初计划目标;第二版《序》;诱发的争论、起因和苛评;一首诗和诗歌整体概念的哲学定义(附批注)

第十五章 / 255
在对莎士比亚《维纳斯与阿多尼斯》和《鲁克瑞丝受辱记》的批评分析中阐明诗歌力量的具体表现

第十六章 / 267
当代诗人与十五世纪、十六世纪的诗人之间存在着明显的不同;将两者特有的优点结合起来的愿望

第十七章 / 275
考察华兹华斯先生的基本原则;田园生活(首先是低层的乡村生活)对人类措辞的形成特别不利;最佳语言是哲学家的作品,而非由小丑或牧羊人贡献;本质上理想和平庸的诗歌;弥尔顿的语言同样来自真实生活,但远远不止源自田家语

第十八章 / 291
格律作品语言与散文语言存在本质区别的原因和方面;格律的起源和要素;格律的必然结果及由此产生的条件对格律作家措辞的影响

第十九章 / 323

继续前一个主题;关于华兹华斯先生在其批评序言中可能提到的真正的目标;阐述和应用

第二十章 / 337

继续前一个主题;中性风格,或散文和诗歌共有的风格,以乔叟、赫伯特等人的作品为例

第二十一章 / 351

关于当前文学评论刊物办刊模式的讨论

第二十二章 / 365

华兹华斯先生诗歌的典型缺陷,进行缺陷判断的原则,推导出它们是缺陷;缺陷与优点的比例;在很大程度上,这只是他理论的特点

第二十三章 / 473

第二十四章 / 511

结束语

第一章

* 我为什么要写作和出版这本书？
* 社会各界对于我出版的首部诗集的反应
* 在象牙塔中熏陶我自己的情趣
* 当代作家对于青年一代的影响
* 鲍尔斯（Bowles）[1]的十四行诗
* 在亚历山大·蒲柏（Alexander Pope）[2]出生前和离世后出现的诗人之比较

---

1 鲍尔斯（Bowles），威廉·莱尔·鲍尔斯（William Lisle Bowles），1762—1850，英国著名诗人、教士和评论家。他的诗对于本书作者影响很大。
2 亚历山大·蒲柏（Alexander Pope），1688—1744，18世纪英国最伟大的诗人，杰出的启蒙主义者，推动了英国新古典主义文学发展。

不论是在日常言谈中，还是在一些出版物中，人们常要提到我这个人，而且提到我的名字之频繁程度简直让我感到"匪夷所思"，我的作品数量有限、微不足道、发行不广，加之我向来对自己所属的文学圈和政治圈都采取归隐和远离的态度。所以，我就只能说：我这个人算是命中注定了要成为人们的舆论中心的。多数情况下，这与我对某些指摘的否认或我从未考虑某些原则有关。但是，假如我本人并没有其他动机或者愿望，那也就谈不上要烦请读者出面来为我开脱了。下面的文字将说明我的其他目的。读者阅读本书就会发现，我的著述中最不涉及我个人的利害得失。我动笔写作的动机主要是为了保证工作的持续性，有的时候是由于某种特殊事态的出现，诱发我的头脑产生了各种新思考，因而我就动笔写了下来，但在更多时候，是为了介绍我坚持的政治、宗教和哲学原则，并将哲学原则衍生的规则运用到诗歌创作和文学评论的实践中去。然而，就我自己考虑的目标而言，并非最重要的要达到的效果，是要尽可能妥善地帮助文学界解决好人们在"什么是诗歌语言的真正本质"这个问题上长期存在的争论，同时要给"诗人[1]所应具有的真正的

---

[1] 诗人，这里指华兹华斯。

诗学特征"这个概念下一个最为公允的定义。这是因为：人们在"什么是诗歌语言的真正本质"这一问题上之所以会爆发争论，恰是起因于一些诗人写下的文章。自从这个争论爆发之后，诗人们又在那里为这个争论不断地煽风加油。

1796年的春天，我刚刚成年，当时我出版了一本篇幅不大的少年岁月的诗集[1]。该诗集里的作品在当时确是受到了一定程度的社会赞许的。尽管我当时年龄不大，可心里还是很明白：这些嘉许并非缘于我的诗歌多么出色，只是人们认为它们是希望的蓓蕾，期盼我未来能够创作出更好的作品。那时社会上的文学评论家们，无论是最宽容的，还是最严厉的，都异口同声地反对诗歌用词晦涩难懂、辞藻浮夸和存在大量人为生造双重修饰语的现象。第一种缺陷是一名诗人下笔之时最不容易由他自己觉察出来的一个毛病。而且，当时我的思想还没有得到足够的训练，还没有学会有效地吸收他人的、具有权威性的知识来消除存在于我自己头脑中的那种先入为主的偏执。我感到满意的是，这些思想当时无法以其他方式表达出来，或者至少更清晰地表达出来。我忘了问，这些思想本身是否并不需要去特别关注与诗歌的本质和目标相龃龉的情况。然而，这一说法主要（但非完全）适用于宗教题材的诗歌。对于其他批评，我完全接受，且因其善意忠告，我对个人和公众的批评表示了真诚的谢意。在后期编辑时，我毫不留情地删减了那些由我自己生造的种种同义

---

[1] 据亚当·罗伯兹（Adam Roberts）编辑，爱丁堡大学出版社2014年版《文学传记》第4页，脚注134中考证：柯勒律治的第一部诗集《关于各种主题的诗》（*Poems on Various Subjects*）出版于1796年4月。

反复的双重修饰的部分,并对思想和表述中的浮夸和华丽辞藻尽力进行了调整。事实上,这些年轻诗歌的"寄生植物"在我篇幅较长的诗歌中仍然存在,由于它们缠绕过于紧密,我常常不会剔除"杂草",以免折断"鲜花"。从那时到现在,我还未以自己的真实姓名发表过任何文字,所以也不可能受到任何匿名批评家的批判。即使与一位朋友的作品共同刊印的诗集[1]中的三四首诗歌受到了批判,其缺点或者相同,或者类似,但我未得到同等的公平待遇:除了牵强附会和过细陈述,同样存在修饰成分过多的毛病。(见关于《古舟子咏》的相关批评文章,发表于关于《抒情歌谣集》第一卷的《月刊》和《评论》[2])我必须补充说明的是,在我诗歌创作的初期,我便发现并承认简洁和更为自然的文风的优势,那时我的思想洞察的清晰程度,并不逊色于目前我的风格。在实现其目的方面,我所具有的判断力要强于我做事的魄力;我的语言缺陷,虽然部分源自主题选择错误,也由于我在表述一些抽象和形而上学的事物时总希望赋予它以诗一般的意境(以为通过这种方式,一个新的世界就会展现在我的眼前),这两种缺陷归根结底都是源于对自己分析比较能力的毫无自信。——在我青年末期和成年初期的数年中,我对那些重新介绍希腊和我国早期诗人雄浑简朴风格的学者深感敬佩,他们的热情让我觉得用同样的风格成功地写作是一种奢望。或许,其他诗人也有过类似经历。虽然我早期的作品以通俗易懂为特征,我

---

1 诗集,指与华兹华斯的诗歌合集《抒情歌谣集》(*Lyrical Ballads*)。
2 《月刊》和《评论》,指两本期刊 *The Monthly* (1749—1844) 和 *Critical Review* (1756—1817)。

学过这些诗，也许学得不太好，但它们对我的后期创作产生了深刻的影响。

我在基督教医学院（Christ's Hospital）上学时，敬爱的詹姆斯·鲍耶（James Bowyer）[1]先生是一位极为敏锐而又非常严格的老师，他对我产生了难以估量的影响。他奠定了我的诗歌倾向，使我认为狄摩西尼（Demosthenes）[2]优于西塞罗（Cicero）[3]，荷马（Homer）和忒俄克里托斯（Theocritus）[4]优于维吉尔（Virgil）[5]，维吉尔又优于奥维德（Ovid）[6]。他使我养成了将卢克莱修（Lucretius）[7]（在

---

[1] 柯勒律治原注，詹姆斯·鲍耶（James Bowyer），1736—1814，牧师，担任基督医院文法学校的校长多年。

[2] 狄摩西尼（Demosthenes），前384—前322，古希腊最伟大的政治家、演说家和雄辩家，希腊联军统帅。

[3] 西塞罗（Cicero），马库斯·图留斯·西塞罗（Marcus Tullius Cicero），前106—前43，古罗马著名政治家、演说家、雄辩家、法学家和哲学家。

[4] 忒俄克里托斯（Theocritus），前310？—前245？，古希腊诗人，欧洲田园诗牧歌的创始者。

[5] 维吉尔（Virgil），普布留斯·维吉留斯·马罗（Publius Vergilius Maro），后世通称维吉尔，前70—前19，古罗马诗人。他开创了一种新型的史诗，使史诗脱离了在宫廷或民间集会上说唱的口头文学传统和集体性。

[6] 奥维德（Ovid），Publius Ovidius Naso，又作 Ovid，前43—17，古罗马最具影响力的诗人之一。

[7] 卢克莱修（Lucretius），提图斯·卢克莱修·卡鲁斯（Titus Lucretius Carus），约前99—约前55，罗马共和国末期的诗人和哲学家，以哲理长诗《物性论》（*De Rerum Natura*）著称于世。

我当时读到的节选本中)、特伦斯（Terence）[1]、卡图卢斯（Catullus）[2]（最重要的是他那些文风简洁朴实的诗歌）与其他作家对比的习惯，不仅包括所谓"白银时代"和"青铜时代"的罗马诗人，还包括奥古斯都时代诗人的作品。从诗意浅显和普遍逻辑角度，看到并断言前者在思想和叙述表达真实性和本土性方面的优势。在学习希腊悲剧诗人的同时，他还让我们阅读莎士比亚（Shakespeare）和弥尔顿（Milton）的作品。这些课程需要我们投入大量时间和精力，否则别想在他面前蒙混过关。他让我知道，诗歌，即使是立意极为高远，甚至看似情绪恣肆的抒情诗，都有其特有的逻辑，其规律性与科学一样严谨；但是它们又比科学更难以把握，因为它们更加微妙，更加复杂，而且更多地依赖于偶然因素。他指出，真正伟大的诗人，不仅使用每个词汇都有缘由，而且每个词的位置都大有讲究；我清楚地记得，他利用狄迪莫斯（Didymus）[3]对荷马的校订，让我们对两者进行分析，说明校订本为什么不能达到原作的效果；原作字词的位置为什么特别合适。

在我们自己的英语作文中（至少在我们接受学校教育的最后三年），他对缺乏正常语感作支撑的词句、隐喻或意象，或者同样的

---

[1] 特伦斯（Terentius），Publius Terentius Afer，前195或185—前159？，在英语中被称为Terence，罗马剧作家，他的喜剧大约在前170—160年首次上演。
[2] 卡图卢斯(Catullus)，约前87—约前54，古罗马诗人。
[3] 狄迪莫斯（Didymus），据亚当·罗伯兹编辑，爱丁堡大学出版社2014年版《文学传记》第6页，脚注139中考证：狄迪莫斯生活在基督之前的一个世纪，他写了一篇关于荷马《伊利亚特》（Iliad）的评论，其中一部分用另一种说法（即通过同义词）复述了荷马的文本。

语感本可以用更直白的语言以同样的力度和尊严表达出来的情况下的作品,均持批判态度。鲁特琴、竖琴、里拉琴、缪斯(Muse)、女神、灵感、佩加索斯[1]、巴那赛斯[2]和希波克里尼灵泉[3],这些都是他嗤之以鼻的因素。冥冥之中,我耳畔仿佛又回响着他在课堂上的大声质问:"竖琴?竖琴?里拉琴?孩子们,你们应该说笔和墨!缪斯,孩子们,缪斯?你们是说,你保姆的女儿?比埃里亚诗泉(Pierian spring)?噢,啊!我想,是修道院的水泵吧!"部分介绍、明喻、实例也被列入了明令禁止的名单。在明喻中,我记得有一种明喻是曼奇尼果的明喻,这种明喻同样适合于太多的主题;但是,它明显不如亚历山大(Alexander)和柯律图斯(Clytus)[4]的实例,无论什么主题,它们都同样出色和恰当。这是野心勃勃吗?亚

---

1 佩加索斯,飞马佩加索斯(希腊文 Πηγασοs,拉丁文 pegasus,又译作珀伽索斯),伊索比亚的神话故事之一。希腊神话中最著名的奇幻生物之一,长有翅膀并可以飞的马。从女妖美杜莎的血泊中诞生,其蹄在赫利孔山(Helicon)上踏出希波克里尼灵感泉(Hippocrene),诗神(Muse)的座骑。

2 巴那赛斯,帕纳索斯山(Mount Parnassus),希腊中部德尔斐附近的一座圣山。在文学中,"帕纳索斯"这个名字通常指代诗歌、文学、学术之家,中文常译作"诗坛"。

3 赫利孔山灵泉,Hippocrene,在希腊境内,希腊神话中缪斯的圣泉,被认是灵感之泉。

4 亚历山大(Alexander)和柯律图斯(Clytus)均为古希腊神话人物。这两个人在年幼时是好朋友,柯律图斯的姐姐曾是亚历山大的乳母,所以亚历山大对她十分尊敬。柯律图斯曾救过亚历山大的命,而且对亚历山大的事业也曾做过很大的贡献。但是后来在他们两人之间出现了矛盾和互相攻讦的情形。终于有一次,亚历山大酩酊大醉之后和柯律图斯发生了言语争执,前者一怒之下挥起长矛刺进了后者的胸膛,后者当场毙命。但在柯律图斯死后,亚历山大感到万分愧疚。

历山大和柯律图斯！——恭维？亚历山大和柯律图斯！——愤怒？酗酒？骄傲？友谊？背叛？后悔？仍然是，亚历山大和柯律图斯！最终，对于农业的赞美在睿智的观察中得到了证明，如果亚历山大握着犁，就不会用矛刺死他的朋友柯律图斯了。这个久经考验的老朋友被公共法令<u>永远地</u>[1]放逐了。有时，我忍不住想象，应在我们的法庭和议会两院明确宣告，禁止使用此类或其他众所周知的和常用的介绍性和过渡性词汇，种类繁多的旨在表达谦恭意蕴的自谦词汇，以及旨在表达奉承他人之意蕴的"第三人称己称"[2]词汇，如此等等。这样，会对公众带来众多好处，可以为国家节省大量时间，也可大幅减轻国王臣子的负荷，最重要的是，可以让乡下律师及其委托人千恩万谢，使他们更加轻松地在下议院提交自己的私有提案。

尽管如此，我们的老师有一个习惯，在此，我不能悄悄略过，因为我认为它是可以效仿的，值得我们去研究。他经常以缺乏时间为由，让我们练习收集，直到每个孩子都收集有四到五处问题。然后，他将所有收集的资料放在桌子上，询问收集人，为什么这个或那个句子在这个或那个主题下无法找到一个合适的位置。如果我们不能提供满意的答案，或者在一份练习中发现同一类型的两处错误，

1　画线部分原文为拉丁文。据亚当·罗伯兹编辑，爱丁堡大学出版社2014年版《文学传记》第7页，脚注142中考证：来自于拉丁文版《圣经》（*Vulgate*）中的《马太福音·主祷文》（*Lord's Prayer*）。

2　"第三人称己称"(illeism)，在写文章或说话中，当提到书写者或说话人自己的时候，只用第三人称，而不用第一人称。这种做法就叫做"第三人称己称"。

他便发布不可撤销的"裁决",将练习撕毁,除了今天的练习,还会针对同一主题增加一份练习。我相信,对于我将回忆录献给这样一位老师,我想读者不会有什么异议吧。因为即使现在,他的严格要求也常常促使我追求梦想,此类盲目的幻想可以轻松地向我解释精神恍惚睡眠中的各种痛苦感受,但是他的做法既不会减轻,也不会混淆我对道德义务和精神义务的深层认识。他把我们送进了大学,成为出色的拉丁语和希腊语学者,还有相当不错的希伯来语学者。但是,我们的古典知识是我们从他热心和认真负责的教导中获得的最不起眼的礼物。现在,他已经获得了最终奖赏,饱经沧桑,荣誉无数。他珍爱学校郑重授予他的各项荣誉,一如既往地关注学校的事务,他在此接受教育,并将自己的一生献给了这所学校。

  从因果角度看(本文并不对此进行调查),昔日的榜样,无论多么完美,都不能像同时代天才的作品那样,对年轻人的心灵产生如此生动的影响。我接受的精神培养,<u>使它(我年轻的头脑)没有被诗流畅的基础和话语的核心所感动,也没有为诗的修饰和华丽的表达分心;相反,它检验词语的基础和本质,探询这些特征是否只是装饰,体察修辞的虚假性;假使真正的意义是以真正的激情将血红色从心中释放;</u>[1]——使我逾越了欣赏优秀作品的所有障碍,而且丝毫不会影响我的乐趣。于是,我开始研读鲍尔斯先生的十四行诗及其他早期诗歌,并很快受到了它们的影响,热情也与日俱增。

---

1 画线部分原文为拉丁文,这是柯勒律治自己的作品。

对于一个年轻人来说，过去时代的伟大作品似乎是另一个种族的东西，他的感觉必须保持被动和谦卑状态，犹如面对星辰和大山一般。但是，一位当代作家或距离年轻读者生活年代不很遥远的作家的作品，由于环境相同，行为规范类似，对他具有现实感，并激发了一种真实的人与人之间的友好情感。他对这些作家的钦佩之情就像风一样，吹拂得他满怀希望。他们的诗歌于他而言呈现出有血有肉的状态。背诵它们，赞颂它们，与它们一争高下，犹如向一个债主还债一样。

某些教育方式的确培养了与众不同的年轻人。这些教育方式使我们不得不鄙视我们伟大的公立学校和大学：

在他们的大厅里悬挂着，
古时无敌骑士的武器库。[1]

通过这种方式，孩子们将被蜕变成产品。我知道有许多神童就是这样产生的！自负、浅薄、傲慢和不忠的天才！这些接受教育的天才儿童，在记忆为其突出才能的阶段，并未存储记忆，以便未来更好地进行判断；并未受最高贵楷模的启发，产生纯粹的爱和敬仰，而这正是过去年轻人所拥有的自然和优雅的品格；相反，学校教育

---

1 据亚当·罗伯兹编辑，爱丁堡大学出版社 2014 年版《文学传记》第 9 页，脚注 147 中考证：这两行诗选自华兹华斯的"十四行诗第 16 首"（Sonnet XVI）《献给国家独立的诗》（*Poems Dedicated to National Independence*）第 9—10 行。

他们进行辩论和决断；怀疑一切，除了自己和老师的智慧；除了他们可鄙的傲慢，别无神圣可言；毕业之后，他们成为全能型、极度肮脏和无礼的匿名批评家。针对这种品性，普林尼（Pliny）的训诫完全适用："<u>一个作家碰巧还活着，这一事实不应被视为对他不利；因为如果他活跃于遥远的过去，则不仅他的作品，而且他的任何肖像和雕像都会引起强烈的好奇心；因此，我们是否应该仅仅因为他还活着，还在我们中间，就允许他的天才在没有荣誉和关注的情况下，出于我们的某种满足而凋零和消失呢？如果我们对一个实际上值得最高赞扬的人漠不关心，只因为我们能够看到他，能够和他谈话，能够为他鼓掌，能够和他成为朋友，这对我们来说是非常反常和恶毒的。</u>"[1]

刚满十七岁时，我最早知道了鲍尔斯的十四行诗，他的二十首十四行诗以四开本形式出版。一位即将上大学的校友——我们相处期间，他一直是一等生（或者按学校术语，是一名尖子）[2]，并一直扮演我的赞助者和保护人的角色——他将这本诗集送给了我。我

---

[1] 画线部分原文为拉丁文。据亚当·罗伯兹编辑，爱丁堡大学出版社2014年版《文学传记》第9页，脚注148中考证：引自小普林尼(Pliny)的《书信集》（*Letters*）。普林尼（Pliny），盖尤斯·普林尼·采西利尤斯·塞孔都柄（拉丁语 Gaius Plinius Caecilius Secundus），也被称为小普林尼，约61—约113，一位罗马帝国元老和作家，小普林尼最著名的是他的书信。

[2] 括号里内容原文为希腊文。

参考了米德尔顿(Middleton)[1]博士的论述，他是一位真正博学和各方面都很优秀的加尔各答主教：

> 备受赞誉的人，
> 赞美我的天才和我的笔的力量，
> 他用尖锐的马刺刺痛我的灵魂。地球还没有掩埋
> 一切；爱还活着，所以悲伤也活着；虽然被剥夺了
> 那些可爱的容貌，唯余哭泣与铭记。[2]

我从一位朋友那里得到了双重的快乐，至今还记忆犹新。这位朋友对一位诗人[3]如此尊崇，年复一年，我从这位诗人的作品中得

---

[1] 米德尔顿（Middleton），托马斯·凡肖·米德尔顿（Thomas Fanshawe Middleton），1769—1822，柯勒律治的校友，1814年被任命为加尔各答的第一位主教。据亚当·罗伯兹编辑，爱丁堡大学出版社2014年版《文学传记》第10页，脚注151中考证：他乘坐的1814年6月8日驶往印度的船在好望角遭遇了风暴，柯勒律治曾误以为他沉船溺亡，所以引用上面的拉丁挽歌，但实际上米德尔顿在1814年11月28日安全抵达加尔各答。

[2] 原文为拉丁文。据亚当·罗伯兹编辑，爱丁堡大学出版社2014年版《文学传记》第10页，脚注149中考证：引自彼特拉克（Petrarch）的 *Epistola Barbato Sulmonensi*(1359)，第12—16行。弗兰齐斯科·彼特拉克（意大利语：Francesco Petrarca，1304—1374），意大利学者、诗人，文艺复兴第一个人文主义者，被誉为"文艺复兴之父"。他以其十四行诗著称于世，为欧洲抒情诗的发展开辟了道路，后世人尊他为"诗圣"。他与但丁、薄伽丘齐名，文学史上称他们为"三颗巨星"。

[3] 一位诗人，指鲍尔斯。

到了如此热烈的喜悦和鼓舞。我最早的朋友可能不会忘记当初我那不守成规的热情似火和豪情万丈，我四处拉拢同道者，不仅包括我的同伴，还包括我的所有谈话对象，无论他们的地位如何，在什么地方，我都随时随地向他们宣传鲍尔斯的诗作。由于在学校时经济条件不佳，我无法购买成书，于是在不到一年半的时间，我抄写了四十多本，并成为我能送给那些在任何方面都赢得我尊敬的人的最佳礼物。后来，我又收到了该作者的三四本诗集，每次都让我欣喜万分。

　　虽然我对人性有了相当多的观察和认识，我也充分意识到，在信仰方面，我应该保持独立；如果我将受到的批评，限制在特立独行的程度内，那就好了。但是，我并没有因此而退缩，我认为，而且始终认为，精神义务是最神圣最值得感恩的行为。如果我能放心地参考和依赖与某人的对话或通信，那么一个有价值的思想，或者一连串特别的想法，就会给我带来更多乐趣。我对鲍尔斯先生的义务的确是重要的，而且是极其有益的。在我还没满十五岁的时候，我就迷上了形而上学，喜欢与人进行神学辩论。其他任何事情都引不起我的兴趣。我对历史和具体事实完全失去了兴趣。诗歌——（对于这个年龄段的学生来说，我在英文诗歌写作方面处于中上水平，并已经创作了两三首作品，如果不考虑我的年龄，我敢说，它们已经超过了普通水平，为我赢得了荣誉，甚至超过了我那位造诣深厚的老师的评判标准）诗歌本身，小说和传奇故事，并未激起我的兴趣。在孤身一人的假期游历中（我是一个孤儿，在伦敦几乎举目无亲），在我没有朋友的假期里，如果有一位游客，最好是一位身穿黑色衣服的游客¹与我交谈，我会感到非常高兴。很快，我就找到了将谈话转向我最喜爱的话题的方法。

> 就天意、先见、意志和命运，
> 就宿命、自由意志和绝对预知等问题，
> 试作高谈阔论；但都很迷茫，
> 如堕五里雾中，得不到结论。²

毫无疑问，这种荒谬绝伦的追求对我的天赋和教育的进步都是有害的。如果这样持续下去，也许会造成破坏性的后果。但是，我幸运地远离了这种习惯，部分原因是认识了一个和蔼可亲的家庭³，而主要原因则是由于受到了一种诗歌风格潜移默化的影响，那就是鲍尔斯先生的十四行诗和他的其他早期诗歌，它是那样温和而又雄浑，那样自然而又真实，那样高雅而又和谐。如果我的精神

1　据亚当·罗伯兹编辑，爱丁堡大学出版社2014年版《文学传记》第11页，脚注153中解读：柯勒律治在这里提到黑衣人的意思是，那人"碰巧是个牧师"，因此在深奥的神学问题上知识渊博。

2　据亚当·罗伯兹编辑，爱丁堡大学出版社2014年版《文学传记》第11页，脚注154中考证：引自约翰·弥尔顿《失乐园》第2卷第559—561行。本中译文参考自[英]弥尔顿著，朱维之译《失乐园》，上海译文出版社，1984年，第2卷，第67页。有改动。

3　一个和蔼可亲的家庭，据亚当·罗伯兹编辑，爱丁堡大学出版社2014年版《文学传记》第11页，脚注155中考证：指埃文斯家庭，柯勒律治的校友威廉·埃文斯（William Evans），1788年带着柯勒律治回到他寡居的母亲和姐妹们身边。

疾病从未复发，如果我继续采摘花朵，在田野中收割作物，而不是沉迷于不健康和捉摸不定的形而上学的知识，我将一直享受这种美好的生活。后来，如果我通过钻研深奥的学问缓解身体的痛苦和混乱的感觉，充分利用理解力及其微妙思维，同时又不会唤醒内心的感受，我仍然会有很长的美好时光，我的天赋得以发展，我的自然禀性也能得以发展——我的想象力，对自然的热爱，对各种形式和声音的美妙感受，都能得到充分展示。

第二点优势归功于我的早年精读，还有我对这些诗歌的赞赏（我得补充一句，虽然我是在晚些时候才知晓克劳先生创作的《刘易斯顿山》[1]），更直接地体现在我当前的主题上。在同我交谈的作家当中，通过诗人蒲柏(Pope)及其追随者的作品来看，有些作家无疑已形成了他们的独特品味及对诗歌的见解，或者更笼统地说，英国人针对法国诗派的理解进行了浓缩精炼，令其生机盎然，自上个世纪起便独领风骚。我并非对这种流派的优点视而不见，而是出于不谙世事，随之而来的是对这些诗歌的整体主题缺乏赞同，这些诗歌很难讨我欢心。很明显我低估了这一类诗歌，青年人的自负让我无视诗人的合理称谓。我发现这种诗歌的卓越性包含在人为社会状态下对人类与言行的公正敏锐的观察，作为诗歌的事件与主旨，按照

---

[1] 克劳，威廉·克劳(William Crowe)，1745—1829，英国诗人，温彻斯特学院(Winchester College)奠基人。他后来去了牛津大学，在那里成了公众演说家。《刘易斯顿山》(Lewesdon Hill:A Poem)写于1788年，一首中等长度的无韵诗（20页），描述了多塞特郡的同名山丘四季的变迁。

智慧的逻辑，采用流畅有力的讽刺对句表达出来，作为诗歌的形式：即便诗歌主题是针对想象力或智力，正如《夺发记》或《论人》所述；不仅如此，当诗歌属于连续叙述时，正如惊世骇俗、无与伦比的天才之作——蒲柏的译诗《伊里亚特》所述；在每个第二行诗的末尾仍旧有一个标点，而且整首诗歌宛如复合三段论；或者如果我可以将逻辑换成语法隐喻，那么整首诗歌就是讽刺短诗中的一个转折连词。与此同时，诗歌事件与言辞的诗意思想特征，好像不如转换成诗歌语言的思想特征更为明显。针对这最后一点，通过对伊拉斯谟斯·达尔文(Erasmus Darwin)[1]创作的《植物园》[2]展开频繁的辩论，我有理由将我自己的思想变得越发简明清晰起来。多年来人们对《植物园》夸口称赞，不仅仅是广大读者对此赞不绝口，还有那些拥有天赋和天生强大理解力的群体也对此赞叹不绝；这些群体所拥有的天赋和理解力，随后让他们成为驱散"绘画迷雾"的先驱，这种"绘画迷雾"偶尔从帕纳索斯山（诗坛）脚下的沼泽地上升起。在我剑桥大学的第一个假期期间，我帮助一位朋友为英格兰德文郡的一家文学社做投稿：在这篇投稿当中，我记得我将达尔文的作品比作闪闪发亮、寒冷短暂的俄罗斯冰宫。也是在同一篇文章里，我

---

[1] 伊拉斯谟斯·达尔文(Erasmus Darwin)，1731—1802，英国医学家、诗人、发明家、植物学家与生理学家。查尔斯·罗伯特·达尔文的祖父。

[2] 《植物园》，The Botanic Garden, 1791,伊拉斯谟斯·达尔文的两首诗,分别是《植被经济》(The Economy of Vegetation) 和《植物之爱》(The love of The Plants)。植被经济庆祝技术创新、科学发现，并提供有关当代科学问题的理论，如宇宙的历史。《植物之爱》一书对林奈的植物分类方案进行了推广、修订和阐释。

还论述了各种各样的理由,主要是从拉丁诗人的篇章与原始希腊语篇章(这些诗文是从希腊文借来的)的比较中得出的。所选取的内容更加偏向于柯林斯 (Collins)[1] 的颂歌,而非格雷 (Gray)[2] 的颂歌;更加偏向于莎士比亚 (Shakespeare) 作品中的明喻,

> 一艘新下水的船只扬帆出港的当儿,
> 多么像一个娇养的少年,
> 给那轻狂的风儿爱抚搂抱!
> 可是等到它回来的时候,
> 船身已遭风日的侵蚀,
> 船帆也变成了百结的破衲,
> 它又多么像一个落魄的浪子,
> 给那轻狂的风儿肆意欺凌![3]

而非《吟游诗人》中的模仿;

---

[1] 柯林斯 (Collins),威廉·柯林斯 (William Collins),1721—1759,英国 18 世纪最伟大的抒情诗人之一,代表作品《诗性颂》(*Ode on the Poetical Character*)创作于 1746 年。
[2] 格雷 (Gray),托马斯·格雷 (Thomas Gray),1716—1771,英国 18 世纪重要抒情诗人,毕业于剑桥大学,一生的大部分时间在剑桥大学从事教学与研究工作。
[3] 据亚当·罗伯兹编辑,爱丁堡大学出版社 2014 年版《文学传记》第 14 页,脚注 162 中考证:引自莎士比亚《威尼斯商人》第二幕第六场,此译文引自朱生豪译本。

> 美丽的早晨微笑着，和风轻轻地吹拂着，
> 在蔚蓝的国度里自豪地驰骋着；
> 镀金的船，饰以华丽的装点，
> 青春在船头，欢乐在船舵；
> 旋风摇摆着吹啊吹，
> 那静谧的沉睡，期待着傍晚的美味。[1]

（顺便说一句，其中"国度"和"摇摆"所在诗句采用非常明显的尾韵）——我更喜欢原作，诗句模仿完全取决于创作者的语言表达，或者是否加上一个大写字母，无论措辞应采用拟人表达还是纯粹的抽象表达，这两种情况均体现在这首诗歌以及同一名诗人的其他诗歌篇章当中。我提到这一点，是因为如果将格雷的各种诗句放在莎士比亚和弥尔顿作品的原始语境当中，会清楚地发现所有的适宜表达经语境转换之后全部丢失。我早年曾做过一种推测，多年以后，我又回想起华兹华斯先生在谈话中所提出的那个同样的想法，但这个想法要巧妙得多，发展得也更为纯熟。也就是说，我在上文所述这种风格的诗歌特征，是将散文思想转换为诗歌语言，如果这种诗歌的创作并非完全起源于此类转换，那么撰写拉丁文诗篇的习俗则保留了这种风格的诗歌，我们公学里的创作练习对此也极为重

---

[1] 据亚当·罗伯兹编辑，爱丁堡大学出版社 2014 年版《文学传记》第 14 页，脚注 163 中考证：引自托马斯·格雷的《吟游诗人》（The Bard，1757），是描写吟游诗人的诗歌。

视。无论十五世纪的情形如何,当文人学者均以采用拉丁语进行创作为风尚,而据说伊拉斯谟(Erasmus)[1]早已忘掉了自己的母语。但是就现在而言,不要以为一个年轻人可以用拉丁语进行思考,也不要以为他的措辞表达会有理有据、恰如其分,他只不过借用了作者的权威。结果就是他必须首先整理他的思想,然后从维吉尔、贺拉斯、奥维德这些大诗人的名言之中,或者更为简明地从他自己的诗文练习当中精挑细选出能体现这些思想的一半或四分之一的诗句来表达。

如果我发现一个年轻人(年龄在十七岁至二十四五岁之间)总是针对一个问题的一个方面争论不休,那么我也从来不反对这个年轻人的争强好辩。令我中意的同时代人,我只能通过他的作品来知晓他,我为他展现出我真实的热情,由此引发的辩论对我的独特品味与批判观点的形成和确立大有裨益。我要为之争辩的是彼此碰撞的诗句,不是每一个对句的结尾,是自然的语言,既不刻板也不粗俗,既无油灯之呛味,也无犬舍之怪味,例如"我会记住你"这句话的表达,就不是旧物翻新修饰的同一种思想。

在我幻想的眼睛带来记忆之前,

---

[1] 伊拉斯谟(Erasmus),德西德里乌斯·伊拉斯谟,德语 Erasmus (Desiderius) von Rotterdam,1466—1536,又译埃拉斯默斯,史学界俗称鹿特丹的伊拉斯谟,是中世纪尼德兰(今荷兰和比利时)著名的人文主义思想家和神学家。其母语即德语。伊拉斯谟是一个用"纯正"拉丁语写作的古典学者。

你在她的羽翼上显形。[1]

我不断引用希腊诗人的韵律与措辞,从荷马到忒俄克里托斯(Theocritus)[2];也从老一辈英国诗人的作品中来作引证,从乔叟到弥尔顿。但这并非全部。但是,后期名声响亮的诗人与我相悖,我经常对这种权威予以回击,即任何一种权威都不能违背真理、自然、逻辑和通用文法规律,我以前研究形而上学的热情也是我的驱动力。我的工作是建立在坚实的基础上的,这种坚实的基础将永远夯实我的观点,涉及人类思想本身的构建才能以及与这种才能相匹配的尊贵与重大。任何一首诗歌或篇章给予的喜悦,我都会依据这其中衍生的才能或始源来判断这首诗歌或这个篇章的价值。在我所有的阅读与思考中,我提炼出了两句批评格言,认为这些内容构成了诗歌风格的条件与标准。第一点,不是指我们阅读过的诗歌,而是那些令我们带着最大的喜悦去重读,拥有真正的力量,并被冠以"至关重要的诗歌"之名的作品;第二点,诗歌中的词汇凡是能够在转化为同一种语言的其他字后,意义上、联想上或任何有价值的感觉上,其原始意义均无丝毫减损,那么这样一首诗就可以被判定为是"在措辞上采取了极其恶劣的手法的诗作"。无论如何,在这

---

1 据亚当·罗伯兹编辑,爱丁堡大学出版社 2014 年版《文学传记》第 16 页,脚注 167 中考证:这里是柯勒律治自己对"我会记住你"这句话的滑稽模仿和过于诗意化的版本。在这里他嘲笑自己的少年时代,"记忆之翼"的比喻出现在他 1791 年从剑桥耶稣学院辍学时写的一首诗中:"我的灵魂 / 在记忆的翅膀上,像影子一样飘荡!"
2 忒俄克里托斯(Theocritus),约前 310—约前 250,古希腊诗人。

里我要特别着重地说明，我把一个诗篇仅能让读者得到一点新奇的快乐，或者从中感到对于作者的力量的令人兴奋的渴望，都排除在有价值的感受之外。自此，在我研究法国悲剧诗歌期间，我在每句诗的末尾处想象出两个标记，作为作者对自己聪明才智表示钦佩的象形文字。我们对一位伟大诗人的真心敬佩是一种源源不断的情感暗流！它无处不在，但是很少作为一种单独的暗自兴奋而存在。我习惯于大胆肯定，如果在弥尔顿或莎士比亚作品（至少是最重要的作品）当中改变一个词语或一个词语的位置，前提是不至于改变该处的原意或不至于使该处显得文理不通，那简直比靠赤手空拳从埃及的金字塔里抽扒出一条大石板还要难。即使是我们古代诗人的典型缺点，也和现代诗人的虚伪之美有巨大差异。

在老一辈诗人之中，例如多恩(Donne)[1]和考利(Cowley)[2]等人，他们用最纯正、最正统的母语英语表达出最异想天开的奇特思想；现代诗人则用最异想天开和最随心所欲的语言表达出最显而易见的思想。我们的才华横溢的老一辈诗人牺牲了诗歌的激情与激情的流动，选择了思辨的微妙与智慧的星辰；现代诗人则选择了一种永恒的闪耀光芒，伴随着一种破碎的异类意象，或者更倾向于选择一种由一半意象和一半抽象意义组成的双重事物。老一辈诗人放弃了内心情感而选择了理性智慧；现代诗人则放弃了内心情感与理性智慧，

1　多恩(Donne)，约翰·多恩（John Donne），1572—1631，17世纪英国玄学派诗人。
2　考利(Cowley)，亚伯拉罕·考利（Abraham Cowley），1618—1667，英国作家、诗人和散文家。他是当时形而上学派和18世纪新古典主义之间的过渡性人物。

选择了指向修饰。

　　读者必须让自己熟稔诗歌所处时代的基本创作风格，旨在理解并明白十四行诗以及鲍尔斯先生创作的《马特洛克之挽歌》(*The Monody at Matlock*) 和《希望》(*The Hope*) 对我产生的影响；这是因为随着独创型天才在提升当代人品味和鉴赏力方面的作用逐渐强大，他也随之失去闪耀的光芒，这种情况很特殊。韦斯特（West）[1]的诗歌的确拥有高雅纯正的优点和男子气概般的措辞，但是这些诗歌很冰冷，如果我可以这样表述，这些诗歌只有"死色"[2]。沃顿（Warton）[3]的上乘之作存在一种僵硬，经常让读者感觉是在模仿希腊作品。因此，无论珀西（Percy）[4]是出于何种原因或冲动而创作民谣集，这都对当今最受欢迎的诗歌产生了影响。据我所知，当时健在的诗

1　韦斯特（West），吉伯特·韦斯特（Gilbert West），1703—1756，18世纪早期和中期重要的英国诗人、翻译家和基督教护教论者。
2　据亚当·罗伯兹编辑，爱丁堡大学出版社2014年版《文学传记》第17页，脚注169中考证："死色"（dead-coloured）是艺术家在画布上（通常是白色，有时是黑色）作画之前画在画布上的底面。柯勒律治的意思是韦斯特的诗是诗歌的基础，而不是诗歌本身。
3　沃顿（Warton），托马斯·沃顿（Thomas Warton），1728—1790，英国评论家、诗人。1785年，沃顿继威廉·怀特黑德后获得桂冠诗人的称号。他从牛津大学毕业后，留校任诗歌教授。
4　珀西（Percy），托马斯·珀西（Thomas Percy），1729—1811，爱尔兰唐郡德鲁莫尔的主教（Bishop of Dromore）。在成为主教之前，他是乔治三世（George III）的牧师。珀西最伟大的贡献被认为是他的《英诗辑古》(*Reliques of Ancient English Poetry*, 1765)，这是第一部伟大的民谣集，最负盛名的英国诗歌民谣复兴的作品之一，浪漫主义运动的重要组成部分。

人柯珀(Cowper)[1]与鲍尔斯,最先将本能的思想与本能的措辞结合起来,并调和了内心情感与理性智慧,创造出一种更加持久、更加崇高的风格。正如我在前文所述,由于我对自己的能力缺乏信心,我曾一度采用了一种繁琐华丽的措辞,在我自己看来,这种措辞即便不是绝对差劲,但也很低劣。然而,我的创作练习逐渐提升了我的鉴赏力,也提升了我在二十四五岁时的作品的水平(例如,短行无韵诗,其诗句目前用在《国家命运》[2]引言段,也以《悔恨的悲剧》[3]作为该诗的结尾)——在基本风格构成方面,相比我最新创作的诗歌,并不低于我目前的理想水平。评论家的错误至少是既往影响的残留,有些评论家将我的诗歌与更优秀的作品混为一谈,有一两名评论家假装从我的诗集当中举出一些不自然的淳朴示例;如果想将我刻画成具有独裁布道者的特质,那么他们原本可以从我创作的一半荒唐、一半易怒的诗集中举出一个示例即可。我打算标举自己的特点,以"更适合散文和对话的形式"[4]。

然而,每一次变革都很有必要,结果都因为那些脆弱的心智而

---

1 柯珀(Cowper),威廉·柯珀(William Cowper),1731—1800,英国诗人。他是那个时代最受欢迎的诗人之一,通过描绘日常生活和英国乡村场景,改变了18世纪自然诗的方向。在许多方面,他是浪漫主义诗歌的先行者之一。柯勒律治称他是"最好的现代诗人"。
2 《国家命运》,柯勒律治的诗歌《国家命运》(*The Destiny of Nations*,1796)。
3 《悔恨的悲剧》,柯勒律治的诗歌《悔恨的悲剧》(*The Tragedy of Remorse*)。
4 画线部分原文为拉丁文。

做过了头，这本身就需要变革。我是第一个诚实地嘲笑[1]着揭发诗歌三大罪过的作者，其中的一个或另一个罪过极有可能困扰着年轻作家，读者将会因为观察到这一点而谅解我。很久以前，在以尼希米·希金巴顿(Nehemiah Higginbottom)之名义出版的第二期《月刊》上，我投稿了三篇十四行诗。第一篇旨在激发人们对可悲的唯我主义的善意的嘲笑，重现人们喜爱的词句，有着既陈腐又放纵的双重缺点；第二篇披着淳朴的外衣，呈现低沉蔓延的语言和思想；第三篇的措辞完全借用我自己的诗歌，不加选择地使用精心夸张的语言和意象。读者将会在下方的备注发现这些内容。* 我认为重印这些内容只是出于传记性的目的，而不是出于诗性价值。我的诗歌风格总是带着一种积习宿弊，当时这种观点是如此盛行，如此板上钉钉。一位大名鼎鼎的医生（哎！没有更多）用他一贯亲善的态度与一名绅士在其他方面谈到了我，而这位绅士即将与我在一次宴会中碰面。这位名医忍不住给了这位绅士一个暗示，不要当着我的面提到"杰克建造的房子"，这是因为"那首十四行诗让我痛如刀割"，这位绅士不知道我就是这首十四行诗的作者。

*柯勒律治备注的三首十四行诗如下：

1　画线部分原文为拉丁文。

十四行诗·I

我在黄昏冥想,在这艰难的世界上沉思,
我可怜的心含着悲伤;在月球上,
我凝视着,叹息着,唏嘘着;啊!多快啊!
夜幕降临!我的眼睛审视着,
泪流满面,湿润的草地空空如也,
它在苍白的光线中哭泣,闪闪发光;
在我孤独的路上,我确实停了下来
我沉思着那些经过的不幸的人们
在忧伤荒凉的原野上。但是,唉!
我思虑最多的是我自己!当它降临
那是抚慰心灵的微风吹拂树林
对着我的耳朵呼吸:"一切都很美,
但有一点,多为徒然。"
哦,我可怜的心莫名其妙地膨胀起来!

十四行诗·II

哦,我真的爱你,温柔单纯!
因为在你的歌声中,有朴素的催眠
深入我的内心,抚慰每一个小小的忧伤。
苦难虽小,于我却是莫大的,

在幸运女神最柔软的衬垫上就是这样

我漫步,但不知为何

倍感哀伤!难道我和我的朋友就该

蹙额,怨怼,分离,令我伤怀。

那么就以十四行诗和怜悯

我梦一般的胸中神秘的悲哀使我沮丧

此刻我那虚伪的朋友哀怨地呻吟,

此刻又对人类赞美;

但无论是悲伤还是激烈,一切都那么单纯,

单纯,温顺的简单!

十四行诗·III

这所房子,是他建造的,

哀叹的杰克!这是他倒出的麦芽酒

警戒皆为徒劳!这些老鼠,发出狂野的叫声,

对它们父辈的罪恶毫无知觉。

他没有看见她在林地空间上的熠熠之光吗?

像她一样,少女皆被遗弃。

虽然她没有挤过带角的奶牛,

可是,她常出没于她曾经迷失的山谷;

看啊,在她的石柱旁是她那紫红色的骑士

他的脚上还穿着那双穿惯了的粗革皮靴,

穿惯了的皮靴，虽是残破不堪，
他回首的魅力自闪烁着一种超自然的白色。
啊！就这样，在夜之全盛，穿过细碎的云朵
窥视美丽的碎片，露出圆满的收获之月。

第二章

* 假设天才们的易怒状态
* 当天才面临现实拷问
* 天才被责难的理由和场合
* 这种指摘的不公正性

我常常想，分析并把读者普遍反对作者而赞成评论家的那种复杂情感带进自己的意识中去，既不乏教育意义，也不乏乐趣。他们把贺拉斯对同时代文人那种古老的讽刺用在了所有诗人身上："诗人是易激怒的种族。"<u>¹</u> 我们很清楚，想象力的衰弱和暗淡，以及随之而来的对感官的直接印象的依赖，确实容易令头脑迷信和狂热。由于缺乏内在而适当的温暖，这类人的头脑在人群中"<u>绕着神庙转</u>"²，狂热地寻求一种非他们独自拥有的共同的温暖。像潮湿的稻草一样，它们自身的性质是寒冷和黏腻的，通过共凝作用加热和融合；或者像蜜蜂一样，会因为聚集在一起温度升高，而变得焦躁不安。因此，德语中表示狂热的词（至少它最初的含义是如此）来自蜜蜂的群集，即 schwärmen 或 schwärmerey。激情与洞察力相反，那个越生动，这个就越不明显。在他们自己的头脑中缺乏对安全和幸福既真实又无可指责的基础，因此只能产生一种不安的感觉，一种不由自主的恐惧感。大自然除了用愤怒来拯救自己，别无他法。愤怒就是不可避免的结果。经验告诉我们，对意志薄弱的人而言，

---

1 画线部分原文为拉丁文。据亚当·罗伯兹编辑，爱丁堡大学出版社 2014 年版《文学传记》第 21 页，脚注 179 中考证：该句出自贺拉斯《书信集》(*Epistles*)。
2 画线部分原文为拉丁文。

首要的防御就是反责。

> 没有哲人不知晓
> 愤怒恐惧皆同弊
> 此或燃烧，彼又结冰
> 一如身患疟疾

——《疯牛》（*Mad Ox*）[1]

但是，如果这些思想是生动的，存在着把它们结合起来并加以修改的无穷力量，感受和情感就会更容易、更密切地与这些理想的创造物结合在一起，而不是与感官的对象结合在一起，人的思维就会受到想法的影响，而非受外在事物影响，掌握了这种力量，当最重要的事件和事故通过冥想进入思想时，才会感到必要的兴趣。人的思维有两个极端，一端是盲目的狂热，另一端是漫不经心与慢条斯理，而理智的头脑居于中间。很多人都具有活跃而丰富的思维，这并非天才（一些借鉴和应用别人知识的教员同样具备）的专利，最重要和最关键的是如何实现这些思维，而这需要真正的天才所具备的创造力和自给能力。所以，他们是能够掌控天才思维的一群人。前者的思维停留在思想与现实之间，就像它存在于一个空间之

---

[1] 据亚当·罗伯兹编辑，爱丁堡大学出版社 2014 年版《文学传记》第 21 页，脚注 181 中考证：该诗句引自柯勒律治诗歌《弃绝：如疯牛的故事所示》(*Recantation:Illustrated in the Story of the Mad Ox,* 1798), 第 63—66 行。1798 年 4 月 16 日发表于《伦敦邮报》。

中，由生活在现实之中的精神为这个空间提供物质，而他们的想象则呈现出千变万化的形式；后者则必须把自己的先入之见施加于外部世界上，以便以满意的清晰度、鲜明度和个性度把对外部世界的感观重新呈现到他们自己的视野之中。当感觉岁月静好时，他们会从宁静的皇家园林或幽林古刹中创作出完美的诗篇，从浩浩荡荡的大河以及山峦叠嶂和惊涛骇浪的自然景观中创作出唯美婉转的爱情故事。但是，在动乱的时候，他们注定要出来，成为毁灭的精灵，创作出改朝换代、天地巨变的史诗般的作品，仿佛风卷残云一般。已有的文学记录貌似佐证了这一理论。对于那些最伟大的天才，从他们的作品或者同时代人的叙述中可以看出，他们对自己的得失似乎都表现出一种镇定和恬淡尔雅的特质。在内心深处，他们为了获得永久的名誉，似乎对眼前的名誉漠不关心或听之任之。在乔叟（Chaucer）的所有作品中，都弥漫着一种谨慎、一种男子气概的幽默，这使得我们几乎可以断定，作者本身在生活中也应该是这样的性情。莎士比亚性情平静温和，这在他那个时代几乎是众所周知的。这种性情并不是因为他不知道自己有多伟大，这一点从他的十四行诗中就能找到充分的证据，这是蒲柏先生几乎不可能知道的。蒲柏断言，我们这位伟大的诗人——"尽管如此，他依然不朽。"[1] 在提到自己曾赞美过的一个人时，莎士比亚将其传流于世的作品与其短暂的生命进行了对比，并补充道：

---

[1] 据亚当·罗伯兹编辑，爱丁堡大学出版社 2014 年版《文学传记》第 23 页，脚注 183 中考证：该句引自蒲柏诗集《对贺拉斯的模仿》（*Imitations of Horace*，1738）。

你身虽殁有我的诗章使你长生,
但我一旦辞别当永世化作微尘。
地阔天长,只赐我孤坟一处,
人心为家,你在千万人眼里葬身。
我笔下诗行化作你坟前墓碑,
来日方长,自有人细读碑铭。
纵当今世界万众皆成厉鬼,
有千口万舌对后世缕述你生平,
凡有活人处你便活在人口,
你与天齐寿,全仗我笔力千钧。

——十四行诗第81首[1]

不仅如此,莎士比亚还不吝于倾力地赞美他的对手,而且他有着与那些他认为最值得赞美的人平等相处的自信,这在第86首十四行诗中同样得到了体现。

难道他的诗帆已长驱直入你的沧溟,
先声夺人俘获了你价值连城的芳心?

---

[1] 莎士比亚十四行诗第81首,第5—14行。此处译文引自威廉·莎士比亚著,孙法理、辜正坤译《莎士比亚全集》第8卷,译林出版社,2016年版,第235页。本首译者为辜正坤。

可怜我情思万种却只能愁锁脑际,
忍叫化育情思的子宫变作荒坟。
难道是他的诗心受鬼使神差
写下超凡的诗句,令我落魄伤魂?
不,不是他,也不是夜半的精灵
曾助他一臂之力使我的诗思告罄。
他和那个伸出援手的和蔼幽灵,
都不能夸口曾星夜用智共举奇兵,
遂使我情场败北,无奈缄口称臣,
因而我镇静自若,不诧也不心惊。
但当他的劲作直入你的心门,
我无门可进,软搭搭没了精神。

——十四行诗第 86 首[1]

　　确实,在斯宾塞(Spenser)[2]身上,我们可以看到一种天生温柔、细腻的心灵;与他的三位伟大的同辈人相比,我几乎可以说,斯宾

---

[1] 莎士比亚十四行诗第 86 首。此处译文引自威廉·莎士比亚著,孙法理、辜正坤译《莎士比亚全集》第 8 卷,译林出版社,2016 年版,第 240 页。本首译者为辜正坤。

[2] 斯宾塞(Spenser),埃德蒙·斯宾塞(Edmund Spenser),1552—1599,英国文艺复兴时期的伟大诗人,是从杰弗雷·乔叟到莎士比亚之间的最杰出的诗人。

塞有种女性的柔弱感;而伯利(Burleigh)¹受到的不公正迫害以及他晚年所遭受的严重灾难,更使他感到悲哀。这一切弥漫在他所有的作品里,形成了"一种忧郁的优雅"²,并会偶尔从温柔的诗句里引出更加哀伤的旋律。然而,我们永远找不到他生气的蛛丝马迹,更看不到那些指责他的人所说的争强好胜或者对别人表现出装腔作势的轻蔑。

弥尔顿同样如此,他的诗歌和诗性同样表现出了冷静,甚至是更强的自制力。他把愤怒留给了宗教、自由和国家的敌人。我的脑子里所能想到的,无非是从这位伟人晚年景况中所感受到的一种令人敬畏的意境:贫穷、疾病、年老、双目失明、遭谤与迫害,

前方是黑暗,而背后是危险逼近,³

---

1 伯利(Burleigh),据亚当·罗伯兹编辑,爱丁堡大学出版社 2014 年版《文学传记》第 24 页,脚注 187 中考证:这里指第一任伯利男爵(Baron Burghley,有时被拼作 Burleigh),威廉·塞西尔(William Cecil,1520—1598),英格兰历史上著名的政治家,也是文艺复兴时期治世经国的人才。伊丽莎白一世(Queen Elizabeth I)在位期间的首席顾问,自 1558 年伊丽莎白即位后,成为她唯一的秘书。曾两次担任国务大臣(1550—1553 年和 1558—1572 年),1572—1598 年担任财政大臣。1571 年受封为伯利勋爵。阿尔伯特·波拉德(Albert Pollard)说:"从 1558 年开始的四十年里,塞西尔的传记几乎与伊丽莎白和英格兰历史没有什么区别。"
2 "忧郁的优雅"("Melancholy grace")引自托马斯·格雷的诗歌《悲欢离合颂》(*Ode on the Pleasure Arising from Vicissitude*,1775)第 28 行。
3 据亚当·罗伯兹编辑,爱丁堡大学出版社 2014 年版《文学传记》第 25 页,脚注 188 中考证:该句引自华兹华斯自传体长诗《序曲或一位诗人的心灵成长》(*The Prelude; or, Growth of a Poet's Mind*)第 2 卷 288 行。

在那个不被他所为之斗争的群体所理解,甚至被其反对的年代里,他大步流星地走在时代前端,这使得同时代的人们无法认识到他的伟大之处。然而,即使面临这样的境遇,他依然能够聆听到自己的思想之歌,尽管他的作品只能得到同时代两三先知的认同,但他从不抱怨,

  ——然而我并不抱怨
  神的安排或意旨,
  我依然充满了热情与信心,
  我还能勇往直前。[1]

只有从别人那里,我们才知道,弥尔顿在晚年曾经面临无数的嘲笑者和诋毁者,因为,在他年轻和充满希望的日子里,除了国家的敌人,我们根本看不到他有其他的敌人。

  我深知,在大师济济的文学最高殿堂里,一个人如果具有高度的天赋,加上卓越的鉴赏力和判断力,并将其运用于文学创作中,就会被称为伟大的天才。在某些社会状态下,天才们利用比喻手法创作的作品甚至可能比绝对的现实更加受人欢迎,而如果你想从这些作品中找出作者本身的想法和喜怒哀乐,将会一无所获。然而,即使是在这种情况下,仔细观察我们经常会发现,很多被认为作者是由于自负才高所出现的易怒情绪,其实都是源自于作者身体的不

---

[1] 据亚当·罗伯兹编辑,爱丁堡大学出版社 2014 年版《文学传记》第 25 页,脚注 189 中考证:该诗句引自弥尔顿十四行诗第 22 首《致西里亚克·斯金纳》(*To Cyriack Skinner*),发表于 1694 年,第 6—9 行。

适、对痛觉的迟钝或者先天就缺乏对快乐的感知能力。我们说某位作家易怒时，也许他本人比其表现出的更加没有耐心，而这种影响也要为他的易怒承担责任。

那么，如果这种指责本身不像我所努力表明的那样具有经验支持的话，我们该如何解释这一指责在公众中的普遍可信性呢？在我看来，这个问题并不难回答。在文学作品广为传播的每个国家，都有很多人错误地抱有一种自己是诗歌天才的欲望，并渴望掌控拥有天才声誉所需的真实力量和原始倾向。但是，如果一个人的愿望完全建立在超出其自身能力的某件事物上，那么他就会变得在任何情况下都或多或少地不耐烦并容易发怒。除此之外，尽管这样断言有些矛盾，但一个人可能会明知某种事实却依然相信相反的一方，而一个虚荣的人确实可能会习惯性地纵容自己的愿望并不断尝试，以让自己看起来并不像自己真实想法所表现的那样。然而，即使从个人感情的角度看，这种虚假和人为的说服与真正的内在力量必不相同，那么，当人们面对这种原形毕露的差异时，还有什么比以怀疑和嫉妒的易怒情绪来表现更自然的呢？就像漫山遍野的野花一样，只能靠随风摆动才能让人看到自己的身影。

但是，唉！大量的典故书籍和四处传播的文字已在文学的世界里产生了可悲的效果，这些大量的解释（尽管都没有什么凭据）为我们埋怨那些备受指责的天才性格轻浮或耽于享乐提供了最好的理由。在乔叟和高尔（Gower）[1]的时代，我们的语言（在适当考虑到

---

[1] 高尔（Gower），约翰·高尔（John Gower），1330—1408，与乔叟同时代的英国诗人，作品内容主要是道德伦理上的讽喻说教。

明喻的不完美之处的情况下）可以比作是长满直管芦苇的荒野，就算是只粗糙的潘神箫，也只有潘神（Pan）或阿波罗神（Apollo）的宠儿才能创造得出来，并以此吹出音乐的旋律。而现在，在历代诗人的努力以及社会和社会礼仪变得更加繁琐的背景下，语言开始变得像架机械管风琴，能够同时弹奏和吹出曲调。就连聋子都能演奏，这让很多人暗自欢喜。有时（因为有了比喻，就像酒桌上的俏皮话一样，我们开始拐弯抹角地说话），我想要以放满大大小小的印刷铅版的印刷室作为比喻，从语言与文学之间的关系着手，描述一下我们语言的现状。在这种流行盎格鲁 - 高卢派（Anglo-Gallican）式讽刺手法和天马行空的时代，人们只需将一些普通的智慧进行无尽的变化，就能产生出一些即使没有意义，仍看起来不错的作品。也许这样更好：因为它能免去读者思考的麻烦，能够帮人驱除空虚，同时也让人任意懒惰，以保护记忆，免于出现知识过剩的危险。因此，在所有行当之中，文学目前是需要才能或信息最少的一个行当；而在所有的文学形式中，诗歌创作又首当其冲。这些作品和天才作品之间的差别不亚于鸡蛋和空蛋壳的差别，但远远看去，又长得无比相似。

如今，然而，同样值得注意的是，纯文学作品通常很少被人批判，不仅普通读者对纯文学作品关注极少，一些一流的人才也很少关注这种作品，直到某次偶然或意外的讨论引起他们的注意，让他们提高警惕。因此，平庸之辈的天生力量要比他们掌握的知识更强；不仅如此，那些甚至连最低等的机械技巧都无法掌握的拙劣的人，他们的狂妄与其理智和情感的缺乏刚好成了正比；那些起先因为懒惰和无知而变成三流作者，随后又因嫉妒和怨毒而变成诽谤者的末流作家们，已经学会了成功让书商为他们大吹大擂；不仅如此，他们还通过运用各种强大的奉承手段，迎合人类对恶与邪的激情，吹捧和拔高自己在大众中的名声和声誉，一时变得声名鹊起。但是，轻蔑、嫉妒和一切恶习的本性都会让这些人无法持之以恒并改变目标，因此，这些作家迟早会从虚荣的梦想中醒来，最终徒留失望并在痛苦和怨恨的情绪中被人忽略。即使是在他们短暂的成功时期，尽管他们自知成功的根基并不稳当，但是，只要对方哪怕不肯称赞他们，就会引起他们像痛恨强盗一样的憎恶。即使是最公正的指责也会立刻引发他们狂暴而混乱的辱骂，直到急性病变成慢性的、致命的和不那么猛烈的恶疾，这些人慢慢就变成了文学诽谤和道德诽谤的帮凶。这时，他们不再接受质疑，也不再暴露于众人的嘲弄之下，因为他们变成了匿名的批判家，用安德鲁·马韦尔（Andrew Marvell）的话说，他们成为了<u>"皇家"授权</u>[1]的<u>"综合批判者"</u>（"synodical individuals"）！这就好比文学形成了阶级，就像印度的帕拉斯人一样，就算备受虐待，也不能认为自己受到了委屈！仿佛在所有其他情况下，由于诽谤是匿名的，它给诽谤增添了一种更深的色彩，而在这里却只是为了使诽谤者不可侵犯！因此，在某种程度上，一个人（当然是指有一定才能的人，但绝非天才）偶然会发脾气，当他们渴望表现得更像天才时，脾气就会变得更加暴躁，而当普通人想要冒充人才和天才时，则会更加泛滥地使用这种

---

1 画线部分原文为拉丁文。

手段，然而，那些被认为是天才的人，要比真正的天才多得多。另一部分是源自于天性，而非公众本身对文学和其他一切特性的片面和不公正的区别对待，我认为，人们已经产生了一种偏见，认为脾气暴躁是天才的特点所在。我们假设，如果报纸上发表这样一篇评论，用文学期刊一样的方式和人格自由，以纺织工人、印刷工人、家具店和陶瓷作坊所公开展示的主要作品为对象，做出激烈的批判，会产生怎样的反响？这个设想也会能够纠正大众读者的道德情感。我想，他们几乎不可能否认自己的信仰，他们不仅会将易怒诗人的群体从吟游诗人扩展到更多的派系，还会很快地将易怒的罪名从对诗人的怨恨，演变为派系对比中的暗斗（或者说是斗殴）。或者说，财富是否为人类利益的唯一理性目标？抑或甚至说，你是否承认，诗人的作品中并不存在价值？又或在极少情况下，当一个人有意放弃对名利的追逐之心，而全身心地投身到对市民的教化或感化之中时，是否应将其从缪斯的圣坛中移出？我们应该放弃一切崇高的目标和动机，放弃一切无私的善行，甚至放弃那种既能支撑又能背叛人类美德的持久的赞美之心，难道为我们的精神乐趣而劳动的个人的品格和财产，不如酒商或女帽商的品格和财产更有资格分享我们同胞的感情吗？的确，敏锐而深刻，不仅是天才的特质，而且可以被认为是天才不可或缺的组成部分。但真正的天才还有一个重要标志，那就是这种情感是由超出其个人利益的其他更强大的诱因所激发产生的，这是显而易见的道理，天才大都生活在理想国，他所存在的当下还包含着未来或过去，因为他的感受总是习惯性地与思想和形象联系在一起，与自我感觉到的数量、清晰和活泼成反比。然而，他或许应该有机会来反驳一些虚假的指控，或纠正一些错误的谴责，这些指控和谴责大多都与其在受到相关的特殊刺激时所亮出的态度和语言有关。

就我自己而言，从自身感受以及对他人较为可信的观察结果中，我已经意识到文学界的易怒或嫉妒情绪，但我深信，我自己既不愚蠢，也不傲慢，还不至于因为自己的表现，而将这种缺陷归咎到天才身上。但是，二十年来的经历让我认识到（如果我补充一句，我应该不需要什么证据来证明我说的这一切），我的性格的原罪就在于对公众舆论及其对影响这种舆论的人群所发出的攻击漠不关心；除了出于同情而表现出的肯定外，对他人的赞扬与认可与日俱减；不仅如此，对于我来说，让我有兴趣来盘算自己作品的销售额和利润会是件非常困难和痛苦的事情，而在我目前的情况下，又必须考虑这样的问题。然而，我从来没有考虑或想象过，大自然或教育赋予我的智慧力量，与我的这种感情习惯有任何关系。或者，认为除了本身懒散以及在身体不适时变得更加倦怠之外，还存在其他的滋生原因或促进因素。拖延会带来尴尬、精神上的怯懦（拖延不可分割的伴侣）使得我们急于思考和谈论任何事情，而不是与我们自身有关的事情。总而言之，所有这些近距离的烦恼，无论是由我的过错还是由我的运气引起的，与那些相对遥远的外来恶意相比，都只给我留下很少的痛苦。

因文学上的种种错误而产生的愤慨，就让那些生在灿烂星辰下的人们来消解吧，我是无以承受了。但到目前为止，我都没有谴责过那些可承受之人，而是认为这是一名作家当之无愧的职责所在，也认为他的心是值得赞扬的，因为他感到并表达了一种怨恨，这种怨恨与他所从事的职业的粗俗程度和写作对象的重要性是相称的。这世上没有哪一种职业堪比诗歌那般的令人瞩目，诞生得更早，持续得更久，生生不息延续下去。事实上，若非这种职业完全满足审美与逻辑的要求，也就没有哪一种职业可以整体与文学创作相提并论。有些人晚年尝试诗歌创作却以失败告终，即便韵文诗律是多么纯粹单一，但诗歌创作仍是一项艰难和微妙的任务。当一个人在最早的芳华年代为实现某个目标而全力以赴，那么从古至今这世上所有的文明国度都将他的这种行为视为一种高尚的追求、一项光荣的成就。除去品德以外，倘若我们可以对他的理想守护提出更为公正的要求，或者准许他捍卫自己的追求，而不是让他呕心沥血创造出心智成果，那么他自己和他的家人又会怎样呢？即便本能情感的缺陷或转移妨碍了我们的感受，但是对于更为高尚的人类后代与典型人物而言，严谨本身就会要求我们表现出一种理所应当的关注与理应存在的焦虑。啊！惨痛的经历让我参悟了。我带着鸵鸟般的漫不经心与埋头遗忘，在这个荒野世界的滚烫热沙里面埋下了太多的蛋。绝大多数的蛋的确被踩在脚下，抛之脑后；但是，仍有许多蛋慢慢孵化成生命，它们的羽毛有些作为装饰插上了别人的帽子，但更多的是被人拿到我的仇敌那里插上了他们箭筒里的箭，我的仇敌们无缘无故地暗中埋伏，等待着机会来向我的灵魂万矢齐发！

"<u>所以你们蜜蜂酿蜜，不是为了你们自己！</u>"[1]

1　画线部分原文为拉丁文。

第三章

* 评论家赋予作者的权利,以及可能的情况
* 现代评论的原则
* 骚塞(Southey)先生的作品和特点

我很认真地相信并且承认，就我所获得的声誉和公众关注而言，只有三分之一的功劳属于我自己。剩下的全要感谢各类评论、杂志和新闻报刊中的匿名评论家，以及诗歌、散文或辅以散文注释的诗文中的署名或匿名讽刺作家。因为当一个人的名字在众多作品中如此长时间反复出现时，这些作品，再加上占满书架的美文、文雅的摘录和言论集，差不多就是读者大众的主要读物。这些读者自然对这个名字耳熟能详，至于这个名字到底是赞美的主角还是谴责的对象，早已迷离惝恍。若将仔细阅读期刊作品的习惯适当地添加到阿威罗伊（Averroes）的"反助记目录"，或者"记忆力的削弱者中"，这种情况就更有可能了。但若并非如此，读者则会怀疑声誉这东西里一定存在一种异常强大和广泛的东西，会需要或能忍耐如此残忍无情又没完没了的炮轰。因此，还请允许我对此种情况表达些许惊讶，而非愤怒（确实，于我而言毫无必要）：我确曾犯下某种级别但从不严重至要上法庭的过错，也因此遭受了众人的责罚；然而，因一些我从没犯过、完全相反的过错，却要被他们拖拽到被谴责行列的最前排，被迫在虐待辱骂中首当其冲。年复一年，季复一季，月复一月（更别提革新越来越快的各类小期刊，"周报或日报"）——这暴行持续了至少十七年之久。这我该怎么解释呢？

不管别人是什么情况，我所遭受的迫害无法归因于个人喜恶、嫉妒或带有仇恨的恶意。排除个人喜恶，是因为我在文学领域的熟人甚少，还都来自于巧合的引见，或偶遇于形形色色的交际场合；除此之外，我确有几个非常亲密的朋友，但相识之时他们还未以作者的身份为世人所知。以言语和表象为根据，我可以笃定即使在这些情况下，我也未曾激起任何不友善的情绪。同样的，不论是文字还是对话，对正常社交之外的意见交流，我也不曾有过任何纷争或辩论。不仅如此，我也不认为我的信仰在根本上有什么与众不同之处，因为以我的习惯（允许我补充说明）和我的秉性，比起我的信仰本身，我更注重于明确信仰背后的原则，与此同时，我也不会表达异议，除非我可以建立起一些可以获得完全同情的论点和双方共同的理由，并以此进行解释。

这些攻击不可能是出自嫉妒。我所出版的那几页纸，都已年代久远，并且从它们的销售情况来看，在任何时候都不受欢迎，所以要说这些作品引发了嫉妒是几乎不可能的——我差点儿就说没道理了，若有人因其中任何一部作品而嫉妒我，那他一定是个嫉妒狂！

最后，要我怀疑攻击的原因是有人对我充满仇恨敌意，也是完全不合理的。我先前已说过，我认识的文人有限且与他们关系疏远，也不曾有过任何纷争或辩论。自我来到世间，我要么旅居国外，要么过着退隐的生活。我在不同时期发表过一些有关国家利益的文章，先是在《晨报》（*Morning Post*）上，后来在《信使》（*Courier*）上，这些，再加上我有关适用于莎士比亚和弥尔顿评论原则的讲座，就是我公开的全部内容，也是我唯一有机会冒犯文坛中任一成员的机会。唯有一次，我的言论先是被曲解，后又被随意地套到某个人身上，但除此之外我从来没在我的文学同代人间激起过任何不愉快。我曾宣布过有意开设讲座，内容针对不同领域英文诗歌中典型的优点与缺陷。第一部分从乔叟到弥尔顿时期；第二部分从德莱顿（Dryden）[1]到汤姆森（Thomson）时期；第三部分则是从珂珀（Cowper）到当今时代；后来我又改变了计划，将我的探究范围缩小到前两个时期，因为我以为这样就不会引来没头没脑之人的误解，或是不怀好意之人滥用我的言论，并贴上他们自己的曲解作为标志，当作货币在废话和贬损的市场上发行。

炽热的心将对不肖之人的称赞看作是对相称之人的抢劫。这再真实寻常不过了，就像没人阅读培根（Bacon）、哈林顿（Harrington）、马基雅弗利（Machiavel）和斯宾诺莎（Spinoza）的作品，而读休谟（Hume）、康迪亚克（Condillac）和伏尔泰（Voltaire）作品的人却大有人在。但在混乱的群体中，在他自己所谓的领域里，谨慎之人都不会质疑同时代人的优点；反之，赞美他眼中优秀之人使他感到满足。若要我将反对人们的虚荣造作视作自己的责任，我的反对方式则会以书籍的方式呈现，因人们会对书籍进行衡量考虑，并有所回应，同时，书籍必有的限制与修饰也可使我完整地表达自己

---

[1] 德莱顿（Dryden），约翰·德莱顿（John Dryden），1631—1700，英国诗人、剧作家、文学评论家，是英国戏剧史上戏剧评论的鼻祖人物。一生为贵族写作，为君王和复辟王朝歌功颂德，被封为"桂冠诗人"。他也是英国古典主义时期重要的批评家和戏剧家，他通过戏剧批评和创作实践为英国古典主义戏剧的发生、发展做出了杰出的贡献，在欧洲批评史上享有极高的地位。他影响了亚历山大·蒲柏和其他年轻的作家，被这些人称为"光荣约翰"（Glorious John）。

的理由和感情。在并非不可挽回的对话中，无论理由是多么充分，这些感情的产生一定会被归因于嫉妒或不满。此外，赞美不肖之人一定是无知和不明智的，对于这点我深知并坚信，也会有所行动；评论家毫无品味和判断的颂词，对于缺乏感情又毫无天赋的作者来说，则是一种自然的奖励。"让每个人都有自己的奖励。（Sint unicuique sua praemia.）"

那么，若不是这三个原因，我又该如何解释这些攻击呢？这些没完没了、顽固不化的攻击，不是这三个原因又能是什么呢？答案似乎是这样的——我可是华兹华斯先生和骚塞先生的密友！然而，这也只是将难题转移，而并非完全消除。无论如何，"被伙伴认可"（noscitur a socio），这句古谚语不合情理的延伸，解释了为什么我的文学朋友永远不会受到瀑布般评论的影响，而我却一定会被溅湿；可话又说回来，如此洪流为何会落到他们身上？

首先来说骚塞先生。我清楚地记得他早期作品的反响。这些作品包括：与洛弗尔（Lovell）先生一起，以莫斯楚斯（Moschus）和比翁（Bion）的名义出版的诗歌、两卷以他自己的名义出版的诗歌和史诗《圣女贞德》。专业评论家的谴责至今犹存，并且可以轻易找到：粗糙的诗句，不同诗歌的优点价值参差不齐，以及（在不那么严肃的作品中）过于奇异和天马行空；简而言之，这些可能在年轻浮躁的作家中预料到的不足，在这些作品里显露无遗。当时也不需要一个党派精神来加剧一个诗人的缺陷；这个诗人带着他年轻时的勇敢质朴，向世人宣称自己对自由事业的热诚和对压迫的憎恶，无论这种压迫拥有何种神圣的名义。然而，正如诗人自己所愿，他在墨守成规和深谋远虑上偏爱粗糙和平淡的诗句，甚至在其他诗歌艺术理论面前装模作样，对此很少有人提出反对意见；贺拉斯和昆提利安（Quinctilian）令人钦佩的对话"De Oratoribus"（通常归功于塔西佗或斯特拉达的序言）中的艺术理论除外；前提条件是，对自己母语中的最佳典范的良好意识和早期研究，并没有更牢固，（或允许我这么表达）更加灵活地灌输相同的准则。可以明确推断出的是，以骚塞先生对作家的品味和评价来看，相比约翰逊博士（Dr. Johnson），他更认同托马斯·沃顿。同样的，我相信骚塞先生和菲利普·西德尼爵士（Sir Philip Sidney）一样，更加欣赏一首优美而谦逊的民谣，而不是二十篇趾高气扬却毫无感情的诗歌。自发表以来，他的作品一部比一部更加引人注目，这其中的原因除了作品中更宏伟的光辉、更深沉的悲怆、更深刻的沉思，以及语言和韵律上更持久的尊严，还能是什么呢？即使这一天尚且遥远，但当时机到来，当一个配得上为他写传记的编辑将他的所有作品收集起来时，我相信定会附有一个摘要，收录近二十年内，所有出现在小册子和期刊里对他作品、名字和品质进行攻击的文章。然而，我不敢奢望在之后的日子里，这种做法是有益的。因为只要有对诽谤喜闻乐见的读者，就会有乐于中伤的评论家。这样的读者极可能会越来越多，因为文学的进一步扩散会导致一知半解者的增加，而一知半解带来的则是心浮气躁和自以为是。在古代，书籍如同宗教神谕；然后随着文学的发展，它们成为令人尊敬的导师；后来，他们降为益友；再后来，随着数量的增加，他们继续沉沦，与玩伴同级；而如今，他们似乎已被贬低成犯人，不仅要在法庭上向自我任命又无比专横的法官（这类法官不是为哗众取宠下笔，就是以敌意傲慢成文）举手投降，还要忍受那些"带着恶意阅读，或是拿来饭后消遣的人"。

　　这一倒退现象可追溯到作者对自己和读者之间关系的假设。先是培根高傲的致辞："此为维鲁拉姆男爵弗朗西斯（Francis）的沉思录，他认为这是子孙后代所需要和感兴趣的。"还有将给予的荣誉和已答谢的恩惠视为同等重要的，对君主或教皇的献词。最后是品达（Pindar）[1]的诗：

> 一些人在某一领域功勋卓著
> 一些人在另一领域成就斐然
> 但至高境界的顶峰是王者
> 莫将眼睛抬得比那还高
> 愿你一生一世高高在上
> 让这成为你的命运
> 愿我有生之年与胜者为伍
> 凭我技艺享誉全世界讲着希腊语的族群
>
> ——《奥林匹亚颂歌·I》[2]

---

[1] 品达（Pindar），或译品达罗斯，约前522或518—前442或438，有"抒情诗人之魁"之称，是希腊作家中第一位有史可查的人物。品达是职业诗人，以合唱歌著称。他的诗气势宏伟，措辞严谨有力，诗中充满生动的比喻，诗品意境都比较高，思想深邃。他的诗以整个希腊民族为歌颂的主体，被誉为"国民诗人"，主要以赞美奥林匹亚等竞技胜利者的颂歌为主。

[2] 原诗为希腊语，共分八行。引自古希腊抒情诗人品达的《奥林匹亚颂歌》（*Olympian Ode*）第一首的最后四行，这首诗是献给公元前476年奥运会单项赛马冠军锡拉库（Syracuse，意大利西西里岛东部一港市）的希尔罗（Hieron）的。当时，希腊盛行体育竞技，竞技活动又和敬神的节日结合在一起，品达在诗中歌颂奥林匹克运动会及其他泛希腊运动会上的竞技胜利者和他们的城邦。

从这些例子中我们可以看到，礼仪不断被弱化，自命不凡的风格也不如从前那么明显。诗人和哲学家，因其数量的增加而变得胆怯；他们与"博学的读者"对话，希望能得到"坦率的读者"的青睐。然而评论家还是在不断上升，作者沉没，直到文学外行者集体成立了一个法官的自治区，并被视为至高无上的权威！而如今，终于所有人都能够阅读，所有读者都能够评价，浩瀚的群众在抽象的魔力下被塑造成一个个独立的个体，并化为名义上的暴君端坐在评论的宝座上。可是啊，唉！和其他暴政一样，它附和着无形部长们的决定，而这些部长对缪斯监护权的知识主张很大程度上和他们的东方兄弟在管理后宫上采用的肉体条件类似。正因如此，圣枭玻穆（St. Nepomuc）被任命为桥梁的守护者，因为他曾从桥上坠落而沉没不见；也正因如此，人们认为圣塞西莉亚（St. Cecilia）首先被音乐家劝解，因为她自己失败的尝试，使她对艺术和其所有成功的教授产生厌恶。我之后将更详尽地呈现我对此种情况的信念，及其对品味、天赋和道德的影响。

在作品《莎拉巴》（*Thalaba*）、《马多克》（*Madoc*），尤其是独特的熙德，《克哈马》（*Kehama*），以及最后，也是最好的《罗德里克》（*Roderic*）中，骚塞给出了充足的证据：<u>他想，让公众处理工作是一件非常艰难的事情；他只能接受劝说，一个人期望的事情，必须经过多次改变和多次咨询，才能获得普遍和永久的满意结果。</u>[1] 但话说回来，我想骚塞先生怎么也想不通，几篇玩味性质的诗歌何罪

1　画线部分原文为拉丁文。据亚当·罗伯兹编辑，爱丁堡大学出版社 2014 年版《文学传记》第 45 页，脚注 245 中考证：柯勒律治修改了《小普林尼书信集》（*Pliny the Younger's Letters*）中第 7 卷第 17 节中的一个用语，将第一人称都修改为第三人称。

之有，又会带来何种灾祸；不止诗歌，更广泛来讲就是以乐趣或消遣为目的的创作——具体要看读者的品味和心情，前提是不包含任何不道德的内容。于当今而言，做足文章这一要求着实不合理。在他发表到国外的作品中，即使是最微不足道的琐事，也比那些愚蠢的评论更能凸显笔墨纸张的价值，这些评论无非证实了这件琐事本身也不是为评论家而作；同样的，也比那些为公众而作，无比庄严的训词更有意义——好像在书中消极的一页上印了一句警句或一首打油诗，就立刻被赋予了机车般的动力和一种普遍性，使公众对上述神秘人士的恼人之处感到不安。使这些哀歌更加荒唐可笑的是，若评论家在一卷诗中发现一首他觉得尤其卑劣的诗或篇章，他一定会将其挑选出来，重印在评论里，并在评论中以他自己的理由，浪费比原诗作者更多的纸张，正如那时髦的评论总是比原作数量更多一样，在最突出的例子中，该比例可高至一千比五百。在我看来，没有什么比（并非通过性格缺陷，因为于有天赋的人来说，这些缺陷都会被看作他性格上的魅力。）通过偶尔的失败或劣等篇章来决定一位诗人或画家的优点价值，更为卑鄙；唯一有过之而无不及的就是为此种行为厚颜无耻和认为理所当然的辩论，以及那满是指导启发意义的评论。直接忽略或随意带过拉斐尔（Raffael）画作中人物的表达、优雅和分布，但无比仔细地嘲笑其中的编织针和扫帚枝，这些代表了背景树木的东西，也永远别让他离开药罐子！承认弥尔顿的《快乐的人》和《幽思的人》并不是毫无价值，但将这两首诗重印于《在大学承运人霍布森的墓志铭上》[1]

1　On the University Carrier［Hobson's Epitaph］选自《诗集》（*Poems*, 1645），这里的 Hobson 指的是托马斯·霍布森（Thomas Hobson, 1544—1631），英国承运人，以在剑桥出租马匹并因此创造"霍布森的选择"（Hobson's choice）而得名。

上并附有你的长篇大论，来以此补偿你作出的让步吧！引用此句来作为他十四行诗的代表，

  最近写的一本书名叫《四弦琴》；

  然后，引用他对第一和第二《诗篇》的逐字翻译来展示他独特的节奏和韵律！为了证明自己是对的，你只需断言若你将重点放在了诗人的魅力和卓越上，那么由此而生的仰慕之情会引诱未来作家放弃他们钟爱并向往的事物，去模仿一些根本无法代表诗人本身风格的诗词和篇章。

  但在以其他原则、其他动机实施评论之前，在肆无忌惮的专制言论和任意妄为的冷嘲热讽到来之前，评论者会以已确定的评论标准来支持他们的决定，这些标准通过人的天性建立并得出结论。评论者会宣布文人的傲慢，并宣称自己为他们品味和评价的向导。这对于购买者和纯粹的读者来说，在任何情况下都是不公正的。若有人向我讲述一部新作中的缺陷，他所说的内容于我而言没什么新意。相反，若有人点出并阐明一部原作的魅力，却能让我获得有趣的信息，而这些信息从经验来看都是无法预料的。至于作者自己所发表的作品，<u>于是我们自己知道这些事情算不得什么</u>，[1] 难道因为一位

---

1 画线部分原文为拉丁文。据亚当·罗伯兹编辑，爱丁堡大学出版社 2014 年版《文学传记》第 47 页，脚注 250 中考证：这句话最早出自罗马帝国诗人马提亚尔（Martialis）的《隽语》（*Epigrammata*）。马提亚尔 (Marcus Valerius Martialis，约 40—103 或 104)，生于比尔比利斯 (Bilbilis)。公元 84—85 年，他刊发了挽歌对句集，后成为《隽语》的第 13 卷和 14 卷。其内容多是轻松短小的箴言，在萨图恩节 (Saturnalian Festival) 附在赠品上。

055

作者还在世，而另一位已安息，我们就要以不同的标准来衡量这两部作品吗？斯普拉特（Spratt）曾不愿让他的朋友考利（Cowley）以拖鞋和便袍示人，又有哪位文人不对这般假正经感到惋惜呢？闲暇时光里，我应该不是唯一一个从斯威夫特（Swift）与其通信者间的谜语、难题、三音节诗句这类作品中获得乐趣的人；反而，若是去阅读他更完整的作品，于我而言收效甚微，并多多少少于作者也有失公允。但究竟是何种违逆的评价才能将这些出于天赋的消遣，视作依据并以此诋毁他作为《格列佛游记》或《桶的故事》作者的名誉，我百思不得其解。若骚塞先生写了两倍之多的诗歌，每首都如每日期刊中的一般低劣又偏激，那么评论家就会将他标榜为善良又明智，不仅仅也不主要是为了证明他天赋的多才多艺，而是其心灵的纯洁，即使在轻浮时也从未写出有失道德品性的语句。

  我曾向想象中骚塞的传记作家交付这样一个责任：收集骚塞从少年到成年期间，他所遭受的匿名评论家的攻击和无休止的恶意，并与他已确立并应得的名誉进行对比。但我也不能将人性想象得如此不堪，认为这些评论家还未为自己感到羞愧，不管他们攻击的对象是他的道德还是文学品质。难道不该转而反思他所取得的成就之深度和广度吗？无论作为一个历史学家还是书志学家，他都无人能及；而当我将他视为一个颇受欢迎的评论家时（评论中他所创作的大部分文章，比起对特定作品的评论，都富于深刻奇异的趣味），我找不到第二个作家，能够以如此生动又尖锐的风格，从如此众多而高深的素材中，通过如此合理而新颖的思考，传达出如此丰富的信息，与此同时又是如此一如既往的经典和清晰易懂。简而言之，没有人能够将如此充裕的学识与才智，真理与知识，生活与幻想合为一体。他的散文也都常常明白易懂又不乏趣味。于诗歌，他几乎尝试了所有已知的创作种类，并注入了新的血液；若我们除去最高级别的抒情诗（寥寥无几的伟人才具备如此能力），他已成功地尝试了所有种类：不论是充溢了真诚的喜悦和爱国的欢腾的当今政治诗，还是狂热的歌谣；不论是轻松的书信和优美的叙述，还是严肃猛烈的道德朗诵；不论是田园魅力还是莎拉巴（Thalaba）狂野的川流不息的灯光，其中的情感和意象甚至为好奇心的刺激带来了永恒；不论是克哈马（Kehama）的燎原大火（一组已完成的图画组成了一幅精美的画卷，尽管如此，在这幅画中，崇高的道德地位逐渐超越了色彩的光辉，以及机器的大胆和新奇），还是《马多克》更为清醒的美丽；最后，从他的《马多克》到《罗德里克》（Roderick），在保留了作为诗人以往所有独树一帜的卓越之处的同时，他在语言和韵律、整体结构和篇章的光辉上都超越了自己。

现在我可以做出结论了吗？早着呢！对已逝之人品质的描述，正如墓碑上的赞美，被赋予了虔诚的温柔；对它们的阅读确实伴有同情，却少了理性。有一些人，值得被更好地记载，不仅仅对于子孙后代，这些人及其品质也应被同时代人所熟知；趁着公正的谴责，甚至独具慧眼的嫉妒还没有消失殆尽，在不触犯人道礼仪的情况下来对这个故事进行仔细审阅；同时，当某一赞颂者被发现有夸张或谬赞的行为时，他必须因他的卑劣受到充分的惩罚，并被打上诌媚者的烙印。骚塞先生曾公开被人辱骂，因出于对人性的尊敬我愿意相信，这些人开火攻击的只是他们臆想之人；他的天赋曾被公开地贬损，他的原则被抨击；而我，作为他的熟识者，有义务公开为他做些声明：骚塞先生还没有那个福气——在拥有无与伦比的天赋的同时，免受其特有的瑕疵影响。若有人还记得大概二十年前我们的公立学校和大学的情形，就会发现对于任何人来说，在从纯真无知到德才兼备的成长过程中，若说从未沾染不节制的行为，或类似不节制的堕落，都是不正常的，就更别说规避所有恶习了。弥尔顿在他成年初期和第一部有争议的作品中，就声称拥有自行辩护的权利，不仅维护了自己的思想、心灵和习性，还挑战了他的诽谤者来进行反驳；他的同学和成年的朋友都是见证，而这些人的自信与获取知识的多少成正比；罗伯特·骚塞的一生也是如此。在他的追求中，这位诗人所展现的举世无双的勤勉和坚持，哪怕对于那些因传记或自身经历而熟知天才习性的人，也是非同寻常的；这些追求的价值和高贵，他对作品的献身——哪怕只有短暂的兴趣，或他的天赋本身就能够创造不同；在满足了这些感情或谨慎方面的要求后，他还为自己腾出时间和精力，根据自己的选择和抱负，去获取更多各种各样的成就，这在作家中可以说是数一数二。与此同时，作为自己美德的掌控者，骚塞支配着他的天赋，而不是被天赋支配。在最机械的日常工作劳动中，他井井有条的基调是罕见的，也可能被普通商人所嫉妒；因为任何形式的仪式和拘谨，在他端庄朴素的举止中，在他充满活力与健康欢乐的精神中，全都消失不见。他总受聘于人，而他的朋友又总发现他空闲安逸。他不仅在履行至高职责上坚定不移，在琐事上也守时精确，而且不像有些奇怪之人，他从不给他人造成小的痛苦或不便，而这些小事聚集起来也常常化为幸福和功用上的巨大障碍；恰恰相反，他将所有的快乐给予他身边或与他有联系的人，并为他们带来舒畅的心情；而完美的一致性，以及（如果这个词适用）绝对的可靠性，无论是在小事上还是在大事上，都会不由得给人以启发和恩赐；善良和温柔会让人变得柔和，而非变得软弱。一个古人如此评价马尔库斯·加图（Marcus Cato）：他与美德最为接近，因为他的行为似乎是正确的，不因对任何法律或外在动机的服从，而因一种快乐的天性，而这种天性本身就无法做出错误的行为。我知道很少有人能获此评价。作为儿子、兄弟、丈夫、父亲、师父、朋友，他以坚定又轻快的脚步前进，毫无虚饰，为人楷模。作为一个作家，他总是把自己的才能屈从于人类的最大利益，屈从于社会美德，也屈从于对家庭的虔诚；他的事业一直是纯粹的宗教、自由、民族独立与民族光明的事业。当未来的评论家对他所获得的称赞和谴责进行衡量时，他们会发现，可供谴责的素材如此匮乏之人，也就只有诗人骚塞了。同样他们也不会失于记载：作为朋友，从未有人如他一般忠诚永恒；作为诗人，在所有优秀的群体中，他拥有最为众多的朋友和无人可比的赞誉；而他唯一的敌人，来自于教育界的庸才、政治界的俗辈和评论界的市井小人。

第四章

* 《抒情歌谣集》以及前言
* 华兹华斯先生的早期诗歌
* 关于幻想和想象
* 于艺术而言,重要的词义区分之探究

我离眼前的目标已越来越远，但我自己幻想着或许会有读者尊重那些使我偏离主路的想法，并斗胆指望为数不多的几位会对此施以温暖的同情。目前，相比于我自己的作品，若我能证明骚塞先生的著作并没有更多地为这个臆想出的新诗歌学派提供最初的成立契机，也没有为人们对这一学派的假想创始人和信仰改变者的议论叫嚣创造理由，那我的目的就达到了。

　　同样的，我也不认为华兹华斯先生的《抒情歌谣集》是原因所在。我的论述只局限于上述诗集的那两卷诗。将其仔细反复地研读后，我对这一观点更加笃定：若能把将近一百行诗句删去，十分之九的评论都不会存在。然而，我冒险做出的此般结论是建立在读者已经选择去阅读这本诗集的假设上，就像他会选择同一类型的其他任何诗集一样。这类诗集的主题与趣味来自于家庭或日常生活中的事件，夹杂着诗人自身人格与品性呈现出的更高层次的沉思，还有一个前提是：在阅读这些诗词时，读者从未了解或参考过作者的特有见解，阅读之前也不曾将其注意力放在这些独特之处上。在这种情况下，同骚塞先生的早期作品一样，一些有可能触犯了整体风格的诗句或篇章，会被看作是发挥失常，并归因于疏忽，而不是判断上的违逆。主要生活在城市中的商人通常会喜欢阅读简单、正确又尖锐的语言，及其对人们和行为举止的敏锐观察和表达；还有一些很少阅读诗歌的人，会因为这一文体与散文巨大的差别而感觉受到了巨大的刺激。这两类人很可能压根儿就不会对这部诗集感兴趣。还有一类品味更偏向天主教的人，在被猛烈刺激时感到最为愉悦，他们会满足地认为这个作者在其风格和主题的升华上已经是成功的了。当然应该还有不少人，会因为对《廷腾寺上游几英里处的诗行——记重游怀河河岸》（简写为《廷腾寺》）、《紫衫》、《康伯兰的老乞丐》、《露丝》的欣赏，而渐渐地带着同类的情感去详读《兄弟》《鹿跳泉》和诗集中其他类似的诗歌，这类诗歌的风格处于最高尚和最谦逊之间，具体例子包括风格处于《廷腾寺》和《荆棘》或者《西蒙·李》之间的诗歌。同时，他们也可能不在品味上做出任何改变，并始终无法适应口语化或类似风格的语句，也就是多多少少分散在上述类别的风格中。虽然这一类人数量不多，但他们也会认为此类风格对整体价值的影响微不足道，或是认为对于新晋作家的作品来说，这并不是什么严重的问题，因为它有助于确定作者的自然倾向，从而确定作者天赋的正确走向。

所以，我想我们可以放心了，因为《抒情歌谣集》前后都附带的评论性言论才是那些反对声音唯一的真正源头，而这也是华兹华斯先生的作品从此注定要遭遇非议的原因。诗词中稍低劣的篇章被评论者抓着不放，并被引用作为证明反对理论的依据。它们自身及所含内容本应被视为小瑕疵，最差也是相对来说的失败，理应被人们淡忘或原谅；相反，评论家经过深思熟虑后宣称这些过失是故意而为，引发了直接的敌意。于是，诗集中其他三分之二的诗歌，即使被所有人赞美，即使与那些公认的佳作相提并论，却还是弥补不了少数例外造成的缺陷（虽然我们想当然地觉得读者的判断是正确的，但如此补偿本就理所应当），反而被用做煽风点火的工具，来加深人们对诗歌和诗人的敌意。困惑中的恐惧导致了愤怒。他们无法否认作者拥有着天赋和强大的智慧，他们对此非常肯定，但对于此作者是否是正确的，以及他们自己是否是错误的，却拿捏不准；一个不得安宁的头脑为了得到缓解，会与它所在的情形争论，也会怀疑这个为了说服他们而做出长篇大论的人，是否不正常，因为公平即犯规，犯规即公平；换句话说，他们一生都在盲目崇拜，毫无判断力，现在又要无缘无故地加以指责。

显而易见的事实诱导我去相信如此猜想并不是毫无道理的，而且从我自身的认知来看，不同的人，以不同的诗歌作为依据，却做出了同样普遍的谴责。我清楚地记得，在我眼中无比正直，拥有高度判断力的一群人里，有六个人不喜欢《抒情歌谣集》；他们在抒发反对意见时，言辞相同，目的无异；在反对的同时，他们承认其中多篇诗歌都曾给他们带来极大的享受；虽然听来奇怪，但于同一部作品，有人觉得无法忍受，有人却视如珍宝。若是将那著名的图画实验用于这些诗卷上，结果定会如出一辙，对此我深信不疑；今天被覆上黑点的地方，到了明天又会被添上白色印记。

不管事出何因，都不该死盯着几篇单独的诗歌并投以厌恶之情，好像瘟疫般的缺点遍布了整个作品；而应像忽略书商目录中的空白页一样，默默地将它们略过；毕竟还未曾有人假装声称在这些诗里发现过不道德或粗鄙的内容；因此这些诗歌，最不济，也应被视为一卷金币中稍次等的钱币，而不是一堆金块中成色低劣的合金。我有一位朋友，他的才华令我无比敬佩，他的判断力和强烈的理性也总是令我肃然起敬，但他经常就华兹华斯先生小诗的风格和主题向我提出不满；我承认有些问题我自己也无法充分地解释，比如其中几个故事在记载时使用了带有韵律的形式。我举《艾丽丝·菲尔》作为例子。"不对，"我朋友回答说，态度比往常更为敏捷，"在这点上我可不同意你的看法！——不过我承认，那确实是一首非常优美的诗。"就《抒情歌谣集》来讲（我的经验还不足以让我对后续发表的其他诗卷作出评价），我已听到不同的人在不同的时间，对同一首诗褒贬不一。除了更崇高的那一类，正如先前所观察的一样，这些诗歌似乎已有口皆碑了。如果是我，就会因为这一事实而慎于谴责；然而现实是：反对的高温持续不断，与自圆其说的错误本质之间形成了奇怪的对比，反而为评论者提供了更有力的依据。人们很可能合理地认为考利、马里诺（Marine）[1]或达尔文那些<u>可爱的过失</u>[2]会破坏公众的判断力长达半个世纪之久；为了推翻这些篡位者，重新建立合法的品味，需要二十年的战争和一场又一场的革命运动。可话又说回来，即使是如此彻底的简单风格，再加上矫揉造作的朴素天真、乏味无韵的词句、愚蠢的思想和幼稚的措辞，以及对鄙陋、可耻，或充其量称得上是繁琐的关系与角色的偏好，却

---

1 马里诺（Marine），1569—1625，意大利诗人，长诗《阿多尼斯》是他的代表作，他的诗歌反映了17世纪意大利文学衰落时期贵族阶级的趣味。
2 画线部分原文为拉丁文。

也成功地引来了一群人模仿，一群近乎虔诚的仰慕者，并在赤诚的年轻人中建立起博雅教育，也没有被剥夺学术上的荣誉；这些诗歌被称为赤裸裸的诗歌赝品，连被评论的资格都没有，却在近二十年里，在各个评论、杂志、小册子、诗集和段落中被仔仔细细地评论并当作笑柄，这可真是一件不可思议的事。更不可思议的是，这场争辩仍在继续，悬而未决[19]，和巴克斯（Bacchus）与阿里斯托芬（Aristophanes）的青蛙如出一辙；当前者下降到逝者的领域，带回古老和真正的诗歌精神；

齐声：哇哇哇，呱呱呱。
狄俄尼索斯（Dionysus）：停，不要再叫了！
除了呱呱呱，你们什么都不做……
快，不要再叫了；能不能不要再烦我？
齐声：只要我们喉咙正常，
我们就会继续高声鸣叫，
终日鸣叫不止
哇哇哇，呱呱呱。
狄俄尼索斯：你们永远赢不了这场战斗。
齐声：你战胜不了我们。
狄俄尼索斯：是的，你们也战胜不了我。
永远不能！如果需要，我会终日吼叫，
直到我掌握这种技能
让你们不再聒噪！

齐声：哇哇哇，呱呱呱！¹

  1794 年，也是我住在剑桥的最后一年里，我接触了华兹华斯先生的第一部作品，名叫《素描集》，其中独创的诗歌天才，在文学界几乎无人可以媲美。在整首诗的形式、风格和方式，以及特定诗句和时期的结构上，一种粗糙和尖锐与其中闪光的辞藻与画面相结合，让人联想到植物世界的种种：绚丽的花朵从坚硬而多刺的外壳中长出，精心培育其中丰富的果实。这些诗歌的语言不仅独特而强烈，有时也因自身焦躁的力量变得多节而扭曲；其画面的新颖和奋力昂扬，加上风格上的不易理解，阅读时需要比普通诗歌——至少比描述性诗歌——更加专注。因此，对晦涩的不满也不是全无道理。在阅读以下节选时，我时常想象看到了诗歌本身的象征，诗人的天赋也随之展现。

---

1 原文为拉丁文。据亚当·罗伯兹编辑，爱丁堡大学出版社 2014 年版《文学传记》第 59 页，脚注 275 中考证：柯尔律治将阿里斯多芬尼斯（Aristophanes）的诗歌《青蛙》（*Frogs*）第 225—257 行和第 257—267 行两部分放在了一起（跳过了第 265 行）。这段的背景是当狄俄尼索斯进入地狱将一个悲剧诗人的亡灵带回（以拯救雅典）时，在地狱沼泽遇到了一群合唱的青蛙。阿里斯多芬尼斯（Aristophanes），约前 446—前 385，古希腊早期喜剧代表作家，雅典公民，生于阿提卡的库达特奈昂，一生大部分时间在雅典度过，同哲学家苏格拉底、柏拉图有交往。相传写有 44 部喜剧，现存《阿卡奈人》《骑士》《和平》《鸟》《蛙》等 11 部。有"喜剧之父"之称。阿里斯多芬尼斯及在他之前的喜剧被称为旧喜剧，后起的则被称为中喜剧和新喜剧。

这风暴，时常隐于雾中。
洪水终日发出低沉的潺潺声；
天空蒙着面纱，每一个欢乐的景象
夜降临，大地一片漆黑；
一束强光，突如其来！
在风暴的怀抱中凯旋。
扫视火鹰盘旋的身影；
东方，在漫长的远景中，闪闪发光
那湖上斜倚的木冠峭壁；
远离高山，百条溪流，
金色火焰立刻变成了柱状；
船帆后面，农民奋力躲避
西方，燃烧着就像一个膨胀的太阳，
在巨大的熔炉中终结
山岭滚烫，如同火炭。[1]

  诗者的灵魂，和它在希腊语中的名称《蝴蝶》一样，在全面成长的过程中经历了很多改变。天才以令人惊叹的速度，能够在早期作品的缺陷和错误中出淤泥而不染，而这些在最早期作品中的错误是最突兀而又最融合的，因为作为只有短暂用处的异种元素，它们自己就烟消云散了。我们也可以将它们比作某些疾病，治疗期间在

---

[1] 节选自华兹华斯的《素描集》（*Descriptive Sketches*）。

注意情绪的同时,也要铲除表面上的病症,以防止病患未来再次复发。我在二十四岁时有幸与华兹华斯先生本人相识,在记忆力尚未消退之前,我都不会忘记在听他诵读一首草稿诗时心灵受到的突然冲击;这首诗至今还未发表,但其中的结构和风格语调同最初发表在《抒情歌谣集》第一卷的《女流浪者》类似。诗中没有牵强的思绪、造作的措辞,意象上也毫无拥挤混乱之感;正如诗人自己在重游怀河河岸一诗中描述的那样:人类的沉思和联想不仅给予自然事物以多样性,还添加了额外的趣味,但于他而言,这些自然事物拥有初恋般的激情与欲望,既不需要也不允许这些所谓的赠予。而诗人之前因对母语资源的不完美掌控而产生的朦胧晦涩之处,以及更糟的措辞上的不足,在这里几乎完全消失了;如此措辞,看似随心所欲又不合逻辑,实则平庸与奇异共存;这一技巧在普通诗歌中拥有着独一无二的地位,也会或多或少地聚合早期诗歌中的真正天才,除非所有的注意力都转移到了它们毫无价值和不协调的地方。在他诵读这首诗时,我没有察觉其风格上有什么特别之处,除了思想和形式间不可分割的差异;诗中斯宾塞诗节总能多多少少令读者回想起斯宾塞自己原本的风格,这在我看来,无疑是对日常化用语的认可,若是用了英雄双韵体反而会相形见绌。然而,这并不是说我完全不受错误品味的影响,无论是普遍共存的缺陷,还是他自己特有的不足,因为这些不足即刻在我的情感上留下了非同寻常的印象,随后也对我的判断力有所影响。相反,这是深刻情感与深远思想的结合;是观察的真理与被观察之物间的细微平衡,其中想象力起到了修饰作用;也尤其是呈现基调与氛围的天赋,和以此塑造出的一个围绕各种形式、事件和情景的理想世界，以及这个世界的深度和高度；若是以普通的眼光看待这个世界，约定俗成的习惯早已使所有光辉黯然失色，那些闪光点和露珠滴也早已干涸枯竭。

　　此等卓越，几乎占据了华兹华斯先生的所有著作，也构成了他的心灵品质，而这一点我一发现就开始试着去理解。反复的思考使我开始去怀疑（并在对人的各种才能及其适当的标志、功能和作用作了更深入的分析后，我的猜想就完全成立了），幻想和想象是两种截然不同的能力，虽然在普遍的认知里，它们只是同一种含义的两个名称，或者最多也只是同一种能力的不同程度。然而我承认，这两个词已经是对其希腊词源 phantasia（幻想）和拉丁词源 imaginatio（想象）最为贴切的翻译了；但也不可否认，在所有社会中，都存在一种成长的本能，和一种集体的、无意识的良好判断力，它们会逐步对一些原本含义相同的词进行"去同义化"；这种多词同义的现象来自于同质语言中方言的汇合，比如希腊语和德语；也来自于混合语对不同国家原著的翻译中出现的事故，比如我们所用的英语。要证明的第一点，也是最重要的一点是，当一个词因含有两种截然不同的概念而产生混淆，就将这个词的含义完全挪用于其中一个概念；若它还有同义词，就将同义词完全挪用于另一个概念。但如果（这种情况在艺术和科学中经常出现）这个词没有同义词，我们就必须要么发明一个新词，要么借一个词。目前，词义挪用已开始被使用，并在派生形容词中得到合法化。弥尔顿富有想象力，而考利充满幻想。因此，如果我能成功地为两种完全不同的能力建立起实际存在性，命名法则会即刻被确立。我们将描述弥尔顿能力所用的词语限定为"想象",另一个作为对照则被限定为"幻想"。现在一旦完全确定,这一区分在本质上就和词语"精神错乱"与"狂躁"的意义区分同样有理有据,其他例子包括奥特韦(Otway)的"鲁特琴、桂冠、牛奶海和琥珀船",莎士比亚的"什么!他女儿将他带到这个入口了吗?"。还是从前面的省略符号中带到自然元素上了呢?艺术理论,特别是诗歌理论,不由得导出一些额外而重要的启示。这一区分立即产生的效果不仅为哲学评论家,也最终为诗人本身提供了一把引导的火炬。在充满活力的头脑中,真理在驯化下演变成力量,并在产品辨别与鉴定的指导过程中,成为生产的影响因素。带有原则的仰慕欣赏,是唯一不失独创性的模仿方式。

  我之前就有过暗示,形而上学和心理学一直都是我的爱好。但是,拥有一个爱好并因此变得浮华这两种行为通常是密不可分而又大同小异的。因此我相信,读者惩罚我的自满时露出的微笑,更多是出于幽默而非轻蔑,因为如果我自己也无法确定在掌握了一个新的真理后,油然而生的满足感是否会因为自大而变得更加尖锐,并对此供认不讳,那么对于公众而言也是一样的。曾确有一时,我对自己表示赞赏,因为作为同胞中的第一人,我提出了两个术语能够拥有的多种含义,并分析了应该如何挪用它们的意义。W. 泰勒(W. Taylor)先生最近有关同义词的作品我还没看过,但华兹华斯先生在后期诗集的前言里就已清楚地指出了 W. 泰勒先生对有关术语说明的不充分和不正确之处。华兹华斯先生自己给出的解释与我的有所不同,主要可能是因为我们的目的不尽相同。这也是唯一合理的情况,因为我享受着与他频繁交谈的优势,交谈的内容包括我对他诗歌的兴趣；也因为他能根据脑海里自然物体的运作举出许多巧妙的事例，从而使我的结论更加明朗。但于华兹华斯先生来说，他的目的是对诗歌中所呈现的幻想与想象的影响进行思考，并根据不同的效果来总结它们的多样性；而我的意图在于研究因果原理，并从种类推断出程度。我的这位朋友已画出一幅精湛的素描，上面有树枝和枝上诗意的果实。我想添上树干，甚至树根中露出地面的部分，也是我们共同意识里肉眼可见的部分。

但即使在这个尝试中，我也意识到我应当把注意力更多地放在读者身上，而不是如此不成体系地杂集；胡克（Hooker）为受教育时代中有文化素养的人而写作，也因他作品的明晰、语言的高贵而备受仰慕。尽管如此，在这样一位人物的作品中（教会体制），这位明智的作者还是预测到了人们"对晦涩的不满"并作出防范，常常追溯他的主题至"最高的源泉"。因为（他继续说道）"痛苦于我们而言是必须承受的，而不该被勉强忍受，对此人们并不习惯；而我们遇到的问题，（在头脑对他们更加熟悉之前）会因为新奇而变得黑暗，错综复杂。"若我知道如何不用此长篇大论就能清楚易懂地呈现我的诗歌信条，我欣然愿意为自己和他人省去这个麻烦。此信条并不是我的个人观点——毕竟它毫无价值，而是以此种形式传达出的现存前提之推论；这一信条的目的是在根本上动摇一个信仰，抑或在根本上遭到驳斥。请允许我再一次引用胡克的话，

那些在我们眼中沉闷乏味的人并不会被我们伤害，因为能够免除这项遭遇的人正是他们自己，可他们却毫不情愿。

也请允许我补充：那些人不遗余力地指责我荒诞，品味违逆，且为了支持这一指控，不惜将自己臆想出的古怪观念视为唯一的权威；若是对我的理论陈述毫不关注，或是干脆畏缩不前，不予理会我的理由依据和辩论观点，这于他们自己，于我，都是不公平的。

第五章

* 关于联想律
* 追溯从亚里士多德（Aristotle）到哈特莱（Hartley）的联想律历史

古往今来，总有一些人被一种本能所驱使，将自己的天性视为一个问题，并致力于解决这个问题。解决方案的第一步则是建立一个集合了差异的表格，因他们认为这些差异构成了意志力的存在或不存在。我们多种多样的感觉、感知和运动被分类为主动或被动，或是共同参与两者的媒介。很快自愿和本能之间也建立了一个更加细微的区分。在我们的感知中，我们似乎只是一个外界力量的被动接收者，就好像一个将景色尽收眼底的镜子，或是一张空白的帆布，被未知的手涂涂画画。值得注意的是，若是追溯起来，后者即唯心主义体系的源头可能和前者即唯物主义一样久远。贝克莱（Berkeley）可以夸口说他的祖先至少和加森迪（Gassendi）或霍布斯（Hobbes）的祖先一样德高望重。然而，这些有关我们的感知发生模式的猜想无法改变"事物"和"思想"间的自然差异。于前者而言，起因完全是外在的，而于后者，有时我们的意志会以产生或决定因素来进行干涉，有时我们的本性会以它自身的机制行动，不需要任何意志上的有意识助力，甚至也不需要反力。于是我们的内部体验被分为三个独立的级别，首先是被动感觉，经院哲学家称之为思想的接收特性；其次是自愿；最后是处于两者之间的本能。但人类的天性决定了在思考任何一种行为模式时，必然会对支配它的规律进行探究，而在解释我们生命中的本能运动时，形而上学者比起解剖学家和自然哲学家要更胜一筹。在埃及、巴勒斯坦、希腊和印度，对思想的分析已经到了全盛和成熟的阶段，相反，试验性研究还处于开端和婴儿时期。在智力或道德的哲学中，很难推进一个新的真理，甚至是一个新的错误，千秋万古都是如此。然而，在指挥思想中本能运动的规律，以及这些运动背后的智力机制中，存在一个重要的例外，一个现代社会最为光荣可敬的例外，也是我们国家占据功绩最多的一个例外。詹姆士·麦金托什爵士（Sir James Mackintosh）——在他多种多样的天赋和成就中，他在哲学上的探究既充满了深度又无比精准，同时他的口才雄辩使其中的结果变得清晰明朗，即使这些结果既难懂又枯燥——在林肯律师学院举办的讲演中说到，联想律建立在原始印象的同时发生性之上，并为真正的心理学奠定了基础；而那些不在这一心理学（也就是经验心理学）范围内的本体论和形而上学，不过是一个抽象和泛化编织的网罢了。他宣称霍布斯是这一多产的真理，这一伟大的基本定律的最早发现者。至于它在整个智力系统上的完整应用，则要归功于哈特莱，他于霍布斯就如牛顿（Newton）于开普勒（Kepler），思想上的联想律也就相当于物质中的引力。

因为这一定论的前半句话是向古代形而上学家的比较优点，包括他们的评注者经院哲学家，以及从霍布斯到休谟、哈特莱和康迪亚克等现代英国和法国哲学家的比较优点致敬，所以就不在这里讨论了。詹姆士·麦金托什爵士的哲学信条与我自己的大相径庭，全无协调的可能，若是将自己的论述讲给对方无异于对牛弹琴：若是非要在中间搭建一架桥梁，这其中所需要的时间、技巧和能力都是我所不具备的。然而，后半句很大程度上涉及了有关事实和历史的问题，而这一陈述是否准确就要用文献记载来检验，而不是理论。

那么首先，我完完全全地否定霍布斯的主张：因为笛卡儿（Des Cartes）比他抢先一步；笛卡儿的作品《方法论》比霍布斯的《论人》早了一年还多。但更重要的是，霍布斯没有在他公布的原则上建立任何东西。他甚至都没有公布他的原则，因为从任何方面它都不同于物质运动和撞击的一般规律：他也根本无法这么做，因为他的体系只与物质和机械有关。笛卡儿的情况就截然不同了，虽然他后来的作品（以及他的追随者路易·德拉福格[1]和其他更恶名昭彰的人）在试图用神经流体和物质构型理论来解释真相时，反而使真相变得更难理解。但是，在他的作品《方法论》中，笛卡儿讲述了最初引导他去思考这一问题的情形，并被后人频繁引用来对这一定律进行例证和说明。当时，一个双眼被绷带蒙住的孩童，因为截肢失去了好几根手指。之后的许多天他都不停地诉说痛苦，有时是这个关节痛，有时是那个关节痛，而他所说的这些关节都是在那些已经切掉的手指里。我们在感受到任何内部的痛苦或不适时，会将这一感觉归于某个特定的地点。而由于这一事件，笛卡儿开始思考这一判断中存在的不确定性，并在深思熟虑后将这一不确定性建立为一种

---

1 路易·德拉福格 (Louis de La Forge)，1632—1666，法国哲学家，他的《人的精神》(*Tractatus de mente humana*，法文名 *Traité de l'esprit de l'homme*，英文名 *Treatise on the Human Mind*，1664) 阐述了偶因论的学说。他生在拉弗莱什，死在索穆尔。他是笛卡儿的朋友，也是笛卡儿主义最杰出的阐释者之一。

一般法则：同时发生的印象，不论是图像还是感觉，都会以机械的方式相互回忆。基于这一原则，他进一步完善了人类语言的整个系统，将其补充为一个持续的联想过程。他展现了一般术语和通用图像——以抽象想法命名——究竟以何种意义而存在，以及这些术语和图像的本质和力量是什么。就像一个词可以说明许多词的含义，那么通过联想，一个简单的图像就可以代表一整个类别。但事实上，霍布斯自己从未声称有过任何发现，却在介绍联想律或（用他自己的话说）思想中的推理时，将它视为公认的事实，并以纯粹生理上的理由，擅自宣称自己是解答的原创者。他的体系大致是这样的：每当感官受到外界物体的撞击时，不管是光线的折射还是其中更微小的粒子的流出，最深处和最精细的器官都会有所反应。这一动作会构成一种表现，并以同一动作留下一个印象，或某种重复这一动作的倾向。每当我们在同一时间感觉到多个物体时，它们留下的印象（休谟先生称之为想法）是紧密相连的。因此，在由一系列运动构成的一个复杂的印象中，每当其中一个运动被感官重新唤醒，其他运动也会随即机械地效仿。联想律中的运动构成了我们的思想，而霍布斯、哈特莱和其他一些人根据假定物质的联系与互相依赖得出联想律，那么这些人必然会把它的所有形式归结为一个定律，即时间定律。尽管如此，由于缺少了哲学上的精准性，就连宣告这一定律的功绩也无法名正言顺地落到霍布斯头上。因为任何两种想法的对象并不需要共存于同一感觉中才能实现相互联想。在只有其中一种想法通过感官表现，而另一种通过记忆表现时，也会出现同样的结果。

早在霍布斯和笛卡儿之前，袁·路易斯·维韦斯（Ludovicus Vives）就已定义了联想律，并提出了它的重要功能。值得注意的是，维韦斯用幻想（phantasia）来表达理解力中的心智力量，换句话说，就是思想的主动功能；用想象（imaginatio）来表达印象的感受性（via receptiva），也就是被动感知。他将组合的力量赋予前者：<u>想象就是依次接受认知；但是，幻想需要综合和分解。</u>[1] 并将本能呈现的思想所依据的法则归纳为：<u>当幻想同时理解几个事物时，只是因为一个意象引发了另外一个意象。</u>[2] 因此，他将联想中所有其他唤起性原因归属于时间。灵魂以<u>从因到果，从此到彼，从部分到整体。</u>[3] 行进，从那里到一个地方，从地方到人，再从这一点到它之前或之后的任何一点，而这所有的一切都是整体印象的组成部分，并能够相互回忆。<u>通过最漫长的跳跃和过渡。</u>[4] 他用同一种思想对此进行解释，也就是作为两个或更多整体印象中组成部分的思想。因此<u>从西庇阿（Scipio）的思考，我想到了突厥的力量，因为西庇阿（Scipio）取得胜利的地点位于安条克统治的亚洲地区。</u>[5]

但我马上要说的是维韦斯学说的源头，也就是（至少在现存的希腊哲学范围内）联想原则的第一部——也是最完整和最完美的阐明——亚里士多德的著作，尤其是其中《论灵魂》和《论记忆》的

1　画线部分原文为拉丁文。
2　画线部分原文为拉丁文。
3　画线部分原文为拉丁文。
4　画线部分原文为拉丁文。
5　画线部分原文为拉丁文。

论述，和最终收录于旧译本《自然诸短篇》（Parva Naturalia）中的一系列文章。虽然之后有作家在他的学说基础上进行了偏离讨论，或加入了新的内容，但在我看来，这些都是错误并毫无依据的假设。

　　首先需要说明的是，亚里士多德在这一学科上的观点不掺有任何子虚乌有的内容。与霍布斯不同，这位明智的吉拉人不论及连续粒子的传播运动，比如台球；也不像笛卡儿的追随者和所有的体液病理学家那样，论及神经和动物灵魂，也就是无生命的和无理性的固体在被融化后，进行精华提取或上升过滤，变成有生命有智慧的液体，并在大脑上反复蚀刻；更异于哈特莱的教学内容：一种对脑内神经进行作用的振动以太，这类神经被认为是固体纤维，由动物灵魂在空心管的概念下提供——最后，（和最近很多梦想家一样）他也不论及选择性亲和的化学成分，或一种在同一时间里，既是直接物体又是最终内部视觉器官的电光，这种电光会如北极光一般上升至大脑，并在大脑中以各种各样的形态玩耍——就好像加减之间、正负之间的平衡被摧毁或重建——也会输出过去和现在的图像。在没有假装做出假设的情况下，亚里士多德提出了一个公正的理论。换句话说，他展现了一个对不同事实以及它们之间关系的全面调查，而非推测，即以众多事实共同支持和解释的另一个事实，虽然在大多数情况下，这些假设和推测更应该被称为<u>从属</u>[1]或<u>替代</u>[2]。他确实

1　原文为希腊文。
2　"Suffictions"是拉丁语"sufficio（放在下面，放在某个位置，替代）"对应的英文词汇。

用了运动[1]来表达我们称之为表现或想法的东西,但他仔细地将它们与物料运动区分开来,并在解释后者时一律使用地点[2]或是运动位置[3]。相反,在《论灵魂》里有关所有思想运作原理的论述中,他排除了无论是作为表现还是意志的地点和运动因素,因为这两者是异种特质,如此归因根本就是荒唐的。

联想的一般规律更准确地来说,就是所有唤起性因素作用的共同条件,而在此条件中,这些因素是可以被归纳的。亚里士多德如此解释联想律:众多想法通过汇集而获得一种互相回忆的力量;或是每一个片面的表现唤醒了它所在的完整表现。将这一共同原则实际用于特定回忆时,他承认了五种媒介或偶因:第一,时间中的关系,不论是同时的、之前的,还是连续的;第二,空间中的周围地区或关系;第三,作为因果的互相依赖或必要的关系;第四,相似;第五,反差。对于复制再生的连续性中偶然出现的裂缝,他做出了以下证明作为补充解答:拥有以上五个特点之一的运动或想法,在通过大脑时起到了中间链环的作用,并能够在共存过的整体印象中,足够清楚地回忆起这一整体印象的其它部分,但若要实现清晰地回忆——我们倾向于称之为后意识——这一作用唤起的注意力程度还不够强烈。所以在亚里士多德心理学中,联想这一现象由印象的复制再生的整个机制组成。被动想象和机械记忆的一个普遍法则就是:它们为所有其他功能提供对象,也为所有思想提供材料要素。

---

1 画线部分原文为希腊文。
2 画线部分原文为希腊文。
3 画线部分原文为希腊文。

在研读圣托马斯·阿奎那（St. Thomas Aquinas）有关亚里士多德《自然诸短篇》的精彩评注时，我立即因它与休谟在联想上的著述的相似之处感到震惊。不仅两者的主要思想是相同的，思想的顺序是相同的，就连例证说明也大同小异，唯一不同之处在于休谟在某些地方替用了现代的例子。我将这一情况讲与我在文学领域的几个熟识，他们也都承认这一相似之处，并认为相似程度之深，是巧合所解释不了的，但他们认为在休谟眼中，天使博士（Angelic Doctor，阿奎那的称谓之一）的作品很有可能不值一读。但不久之后，佩恩先生（Mr. Payne）向詹姆士·麦金托什爵士展示了圣托马斯·阿奎那的几卷作品，可能是因为听说过他在讲演中对这个受封的哲学家致以了崇高的敬意，但主要还是因为这些书卷曾属于休谟先生，书中空白处有许多可以作为参考的手写笔迹注释。这些书卷包括了《自然诸短篇》（*Parva Naturalia*）的拉丁文版本，上面就挤满了提到过的那些评注。

至此我的任务还未完成：首先我还需要对哈特莱和亚里士多德的差异进行论述；其次为我的定论——哈特莱的不同之处都是错的——呈现理由；然后，作为结果，展示联想的力量是如何通过选择和评价的影响变成记忆或幻想；最后，我将把思想剩下的工作适当地分配给理性和想象力。对于这样一个课题，在语言本质的允许范围内，我会尽我所能地做到清晰易懂，所以在踏上"试探我那暗淡而危险的道路"时，我恳切地请求读者能够给予我美好的祝愿和友善的耐心。

第六章

*哈特莱的体系,就它与亚里士多德体系的差异而言,无论在理论上还是事实上都是站不住脚的

哈特莱对神经的以太及其振动的假设，是他与亚里士多德两者体系之间第一个，也是最明显的区别。对此我不多做论述。哈特莱的这类尝试旨在证明视觉中的物体与视觉毫无关系，而年轻的赖马鲁斯（Reimarus）、马斯（Maasz）和其他人早就有理有据地将这一论述揭露为对机械学原理的玷污，而此原理的价值就在于它的机械性。至于机械哲学是否合理，甚至机械系统能否被称为哲学，就不在这里讨论了。然而可以确定的是，若我们否认机械系统而肯定哲学，那么每当我们冲进因果关系的内殿时，就会感到不知所措，而那些费力的猜想也只能填补幻想的空白。在眼睛的专制独裁下（毕达哥拉斯从他的数字中解放，柏拉图从他的音乐和符号中解放，同时两者又都从几何原则中解放，以完成思想的第一次训练）——在这强烈的感官影响下，我们因无法看到隐形的事物而感到焦躁不安；所以在大部分情况下，形而上学体系之所以受欢迎，不是因为它们的实质，而主要是这些体系将看不见归因于"物体若要被看见所需的敏感度"，前提是我们的视觉器官足够强大。

从一百个合理的驳斥中，我们拿出一个来论述就足够了。在这个体系中，我们将一个外界物体命名为 A，因 A 产生的想法或振动称为 a，同样的，外界物体 M 产生的想法或振动为 m；a 在自我传送后复制了振动 m，从而 a 和 m 变得可以相互联想。然而 M 的原始印象和 A 的印象有着根本上的不同：除非不同的起因能产生同一个结果，不然振动 a 永远无法产生振动 m，所以这绝不可能是 a 和 m 进行互相联想的方式。要了解这一点，细心的读者只需要记住：在哈特莱体系中，想法本身不过是它们适当的组态振动。在任何联想的链条中，若是将想法的预先存在比作下述情况，无异于幻想中的错觉：在许多不同颜色的台球互相接触时，当物体台球杆击中第一个也就是白球时，相同的运动自我传送并通过红球、绿球、蓝球和黑球，然后导致整体运动。错！若是这样的话，我们就得假设使白球运动的力和使红球、黑球运动的力是同一个；换句话说，就是构成圆形的想法和构成三角形的想法是同一个，这根本说不通。

但是可以说，神经通过来自物体 A 和 M 的感觉，获得了一种对振动 a 和 m 的倾向，因此只需要重复 a 即可复制 m。现在我们暂时承认，这一倾向有可能在实际的神经中发生；虽然这听起来无比荒唐，就好像说一个风向标因为风长时间在东边而养成了总是向东转的习惯。若是有人答辩道，我们必须考虑到生活中的情境，机械哲学又将变成什么？而神经则无异于打火石，被一个不正经的人放入锅中，作为他石头汤中的第一个配料，然后只要放盐、萝卜和羊肉就够了！但若我们先将这些荒唐之处搁置，假设这样一个倾向真的存在，那么将会出现两种情况。第一种，每个想法都有它自己的神经和相对应的振动，第二种则是相反的情况。如果第二种情况是真的，这些倾向于我们而言就百无一用了。因为如果每个神经都有多种倾向，那么当运动被传送至任一神经中时，没有任何理由和起因来解释，为什么偏偏只产生了振动 m。但若我们相信第一种情况，也就是每个想法只有自身一种神经，那么每个神经都一定能够将自己的运动传送至许多其他神经。但同样的，没有理由解释为什么产生了振动 m，而不是任意其他的振动。

对哈特莱的振动和微振动说法一笑置之已成为时尚，普里斯特利（Priestley）也将他的作品重新编辑，并删除了他在物质上的假设。但是哈特莱实在是太伟大了，他的思想实在是太清晰连贯了，以至于无法做到这一点，无论是出于一致性还是任何明智的目的。因为一旦将他体系中特有的所有其他部分从它们的机械基础上移除，这些部分不仅失去了主要支撑，还失去了促使它们被采纳的动机。因此亚里士多德将同时发生的原则当作所有联想律的共同条件，而哈特莱只能把这一原则本身作为唯一的规律来表述。而物质原子的活动除了遵循邻近地点的规律之外，还能遵循什么规律呢？同样的，它们的运动除了符合时间法则，又能以什么为依据呢？于是，这就不可避免地导致了意志、理性、判断力以及理解能力都变成了联想的产物和机械效应，而不是确定联想的起因。设想一个宽广的溪流蜿蜒穿过一个多山的国家，其中数不清的支流因山间吹来的风而变幻莫测，相互交汇。几个支流暂时地合而为一，形成了暂时的干流；从这一景象就可以准确地了解哈特莱有关意志的理论。

若这一理论成立，那么我们整个人生将会被划分为外在印象的专制和无意识、被动记忆的独裁。以最为抽象、最为哲学的形式来理解他的规律，即每一个片面的表现唤起它所在的完整表现，只拥有普遍性的规律将变得毫无价值。即使放入实践中也不足以称之为规律。细想，若是从圣保罗教堂顶部向下看，整个印象的范围将会是多么无边无际，而这一系列整体印象的产生又会是多么迅速而连贯。因此，如果我们假设免受所有意志、理性和判断力上的干扰，必将导致以下两种结果中的任意一种。一种是该印象的想法或遗迹会准确地复制这一印象本身的顺序，而这将造成绝对的精神错乱；另一种则是该印象的任何一部分有可能会唤起其他部分，并且——根据连续性定律，每个整体印象中都会有一个或多个部分构成了后续的整体印象，然后无限地以此类推——任何一个整体印象的任一部分都可能唤起另一个整体印象中的一部分，而且没有起因来确定具体是哪一部分。为了将其带入意志，或作为理由，作为其自身缘由的根源——即时因果，可以满足那些假意以上帝为名，首先主张良好组织是智力的唯一原因和基础，一番冷静之后，又主张天生智力作为良好组织的原因和基础。事实上，这一理论只适用于一种状态，即头晕目眩。然而由于意志和理性可能永远不会全部停止，所以即使在这种情况下，这一理论也不是完全合理。

在我来到哥廷根的前一两年，在德国的一个罗马天主教小镇就发生了这样的案例，并从此一直是人们频繁谈论的话题。镇上有个二十四五岁的年轻姑娘，既不认字也不会写，在一天突然患上了伤寒。在患病期间，附近所有的牧师和僧人都发誓说她是着了魔，而且似乎那是一个很有学问的魔鬼。她不停地说拉丁语、希腊语和希伯来语，声调浮夸而又吐字清晰。在知道她是或曾是一个异教徒后，人们就更加相信她是被魔鬼附体了。伏尔泰幽默地建议那个魔鬼拒绝所有医学诊断，并对魔鬼说，如果他现在接受了这个建议，就会更加声名大噪。这一事件引起了一个年轻医师的特别注意，许多著名的生理学家和心理学家也都在听了他的讲述后来到这个小镇，并对这一事件进行了仔细的现场考察。他们将她的胡言乱语记载了下来，一张又一张，写得满满当当；其中每个单独的句子都清晰连贯，明白易懂，但句子之间又几乎毫无关联。在她说的希伯来语中，只有一小部分来自圣经，剩下的似乎是希伯来语的某种方言。人们排除了任何恶作剧或阴谋的可能。因为这位姑娘不仅是个无害、单纯的生物，而且很明显她确实是在遭受伤寒的折磨。然而，即使她已在这个小镇生活了多年，并在多个家庭中做过用人，镇上也没有人能对此做出解释，病患自身也已不具备理智作答的能力。尽管如此，那个年轻医师下定决心要一步一步地追溯她的过往。最终，他成功地发现了她父母曾经住过的地方。到了那里以后，他发现他们都已过世，除了一个叔叔还健在；并从他身上了解到病患在九岁时被一位新教老牧师仁慈地收留，陪伴了他多年直至老人去世。她叔叔对这位牧师一无所知，只知道他是个非常善良的人。历经万难，做尽研究，我们年轻的医学哲学家找到了这位牧师的侄女，她曾作为管家与牧师一起生活，并继承了他的财产。她记得这个姑娘，她受人尊敬的叔叔非常宠溺这姑娘，从不忍心让这姑娘受到责备。她还说她本愿意继续收留这个姑娘，但牧师去世后姑娘就自己离开了。当然，医师接着又焦急地询问牧师的习惯，随之这一现象就立刻得到解答了。原来这位老人多年来一直有一个习惯，那就是在他的屋子和厨房间的走廊来回踱步，同时大声地朗读他最喜欢的书籍。其中很多书籍都还在他侄女的手中。她补充说，他是一个很有学问的人，也是一个希伯来语学者。在这些书中，有一套希伯来语的作品，和几位希腊和拉丁祖先的著作。随后，医师成功地辨认出这其中许多内容，都与那位年轻姑娘在病床上被记载下来的言语相吻合。由此，任何理性的头脑都能够想明白那些留在她神经系统上的印象究竟从何而来。

  这一经过证实的案例为以下结论提供了证据和实例：感觉的遗迹可能以一种潜伏的状态无限期地存在着，其顺序与最初印象的顺序完全相同；同时，通过理性的思考我们得出，由于大脑的发烧状态在这里只有可能起到了刺激物的作用，所以这一事实（而且不难列举出几种相同的情况）更加证明了所有思想自身的永恒性；除此之外，如果要使智慧的能力变得更为全面，它只需要一种不同且各司其职的组织——天体而非陆地生物——就能把它过去整个存在的集体经历带到每个人的灵魂面前。而这，也许就是那恐怖的判断之书，用神秘的象形文字记载了懒惰无聊的言语！没错，在生命精神的本质中，比起一个单独的行为、单独的思想在起因链中变得松弛或被丢失，宇宙万物的逐渐消散似乎更有可能发生，而在那起因链的每一链环中，自由意志，也就是我们唯一的绝对自我，无论在有意识还是无意识的状态下，都是共同延伸和共同存在的。但现在，来自我内心和外界的声音都在警告我，对这些奥秘的谈论是一种亵渎，所以我不敢将这番探讨继续下去了，而是等待着一种更高尚的心情，一个更高贵的话题。

  对于那些从未有过想象的人来说，正义和智慧的面容是多么美丽，就连早晨和傍晚的星星都无法与之相提并论。因为若是要正确地看到景象，观看者理应变得与所观看物体同质和相似。若不是眼睛在本质和外表上都与太阳相似，它又怎么能看到太阳？"（也就是说，眼睛通过它和光线在本质上的相似，预先组态成光线）

"一个丑陋的灵魂也同样无法拥有对美的直觉。"

——普洛丁[1]

---

[1] 引文原文为希腊文，由柯勒律治本人翻译为英文并作为1907版《文学传记》该段希腊文的脚注，本段中译文由此英文版译出。普洛丁（Plotinus），204—270，古罗马时期的希腊唯心主义哲学家、新柏拉图主义创始人。

第七章

* 哈特莱理论的必然结果
* 被人们接纳的初始错误和模棱两可的表达
* 记忆之术

从我们自己的意识中抽离出来的人类行为的外在表现，将理性的表象强加于我们，而就让我们带着这一表象忽略这一规律的完全不相容性——且先勉为其难地称之为规律。但我们同意先暂时忘掉这一点，并转而将注意力放在人体的终极因从属于动力因，从假设到必然，且意志以及所有带有意志的思想和关注点的行为，均是这一盲目机制而非独特力量的一部分及其产物，其作用在于控制、决定和改变联想的迷幻和混乱状况。灵魂则变成了纯粹的逻辑，作为一个真正可分离的存在，它要比《旁观者》里描述的猫琴中的猫咪还要可笑，毫无价值。但至少这些猫在这个过程中起到了一定的作用；可在哈特莱的计划中，灵魂的存在不过是为了被掐捏或抚慰，而因此发出的叫声则由一个完全独立、性质相异的中介负责。这就涉及了属性截然不同的物质间在互相交流时，所遇到的理解上的难题（如果这不是真的荒谬的话），但做出的任何解答都无法令人心悦诚服地认同这个二元假设。因此，哈特莱式程序的残骸已被他的追随者所抵制；而哈特莱眼中的意识：一种类似微风与竖琴共同作用而产生曲调的结果，也不过是将一个无稽之谈转移，来给另一个荒谬之论让路罢了。因为和谐难道不是一种本质为感知的关系模式，和一种作为力量的前提，通过感知产生的理性吗？剃刀刀刃锯开了全副武装的视野，对于一个将时间划分得比常人精细了千倍之多的人，珀塞尔（Purcell）和奇马罗萨（Cimarosa）美妙的旋律在他耳中可能只是杂乱断续的噪声。但假设我们也跨越了这一障碍，并"纵身一跃冲破界限"，根据这一假设，读者正阅读的这一长篇论述，既有可能是我写的，也同样可能是出自圣保罗教堂：因为这纯粹是我的肌肉与神经运动的产物；这些肌肉和神经由于被动的外部原因开始运动，而这些外因与所有存在或曾经存在的事物相互依赖。因此，整个宇宙都一笔一画地参与了其中每个字母的书写，除了我自己；全宇宙只有我和这篇文章无半点关系，要说有，也只是在它完成后毫无原因又毫无成效地阅览罢了。甚至连阅览都谈不上，因为这既不是一种行为也不是一种效果，而是一种源自其对立面的不可能创造的存在。我就像镜子背后镀的那层水银一样，可怜又一文不值！我的道德与智力间的交流在溶解为众多元素后，它们的总和被简化为延伸、运动、不同级别的速度，和构型运动缩小后的副本，而正是这些副本构成了我们所说的概念，以及概念中的概念。针对这一哲学，巴特勒（Butler）很可能会说——

> 形而上学不过是木偶的动作
> 这和螺丝钉有关，概念的概念；
> 副本的复制和蹩脚的草稿
> 不自然地从思想中提取
> 它伪造了所有的哑剧技巧，
> 转动眼睛，像一个古老的十字架；

这与它的叫法正好相反

用另一个名字，并使其为真或假；

把真理变成谬误，把谬误变成真理，

借助巴比伦人的牙齿。

——《杂想》（*Miscellaneous Thoughts*）

若这一理论成立，那么手表的发明者并不是发明之人本身；他只是在一边看着，那些盲目的原因，也就是真正的艺术家，自己就呈现出来了。由此可见，我的画家朋友阿尔斯顿（Allston）在创作那幅描绘了一位死者被先知以利亚（Elijah）的骨头复活的油画时，也一定是这样的。骚塞先生和拜伦勋爵（Lord Byron）分别在创作罗德里克和《恰尔德·哈罗尔德游记》时也一定是这样的。不光是哲学的所有体系，这一情况还一定适用于所有的艺术、政府和海陆战争，简而言之，就是一切已经存在或将被产生的事物。因为根据这一体系，在运作的就不是感情和热情了——只要它们还是感觉和思想。我们行为的源头是理性的决心，谨慎的动机，或因怒火、爱和慷慨而产生的冲动——这一切都将只是我们的幻想。而这其中真正的媒介是某种子虚乌有的东西；我们知道它所做的一切，它自己却全然不知。

在这一体系中，无限的精神、智慧和神圣的意志也都将变成被清晰表达出来的空气运动。同时，外部印象引发了初级感觉，初级感觉构成了联想的外部现象；而人类理解力的功能也无非是为了与这些现象相结合并加以应用；由此，那看不见、听不到、摸不着的上帝就只能存在于"上帝"这两个字和述说他特性的其他文字中，以及描述这些内容的声音里了。如果我们没有意志力和科学推理的能力，那我们要么一生下来就知道有这些能力，而这将颠覆整个体系，要么对这些能力一无所知。休谟将因果概念降格为幻觉和习惯的盲目产物，变成了纯粹的生命进程（nisus vitalis）的感觉，并与记忆的形象相联系；而伦理学和神学中每一个基本思想都必将经历如此这般的降级过程。

我对这些后果感到憎恶，但绝不会迁怒于他人的道德品质，即使这些人创立或采用了这一体系！最值得注意的是，优秀而尽责的哈特莱在他第二部[1]的开头证明上帝的存在和属性时，没有提及第一部的原则或结果。在第一部中，他假设想法只可能存在于虚无形态的媒介的振动，而这一媒介为神经和大气所共用，并以此作为他理论的根据。事实上，除了极个别例外，整个第二部的内容与他独特的体系无关。信仰是一种集体的能量，它提供救赎，神圣无比，是整个道德存在的整体行为；它活着的感觉中枢位于心脏；所以理解上的过错，若不是发自内心的，就不会受到道德上的责难。但至于这些过错是否出于内心，人们恐怕连自身情况都难以确定，就更别说对其他人进行判断了。于是不可避免地就有了如下结果：人类也许可以肯定什么是异端邪说，但只有上帝才能知道谁是异端者。

---

[1] 第二部，指的是哈特莱的作品《对人的观察》（Various Conjectures on the Perception, Motion, and Generation of Ideas）。下面文中的"第一部"指的是他的《观念的联想》（Various Conjectures on the Perception, Motion, and Generation of Ideas）。

然而，这完全不是说根本上错误的观点就是无害的。一个复杂的解药或许由一百个原因共同组成。即使有很多拿起过蝰蛇的人都没有被它伤害，但不代表这邪恶的东西就没有毒。至少在一个不幸的邻国[1]中，似乎确实有人在全面审视了这一体系对道德和信仰所造成的影响后，依然选择接纳它；这些人——

> 那些自以为最自由的人，
> 当他们在这个肉眼可见的球体中
> 束缚住飞翔的思想，嘲笑着上升，
> 骄傲于自己的卑劣；他们欺骗自己
> 带着空洞嘈杂的学术用语，
> 微妙的流体，影响，精华，
> 自我运转的工具，未加工的效果，等等
> 那些盲目的无所不知的人，那些全能的奴隶，
> 上帝空乏的造物！[2]

这些人需要的是训导，而非争论；他们必须首先变成更好的人，才能变得更加明智。

---

[1] 由亚当·罗伯兹编辑，爱丁堡大学出版社 2014 年版《文学传记》第 87 页，脚注 338 中认为此处的"邻国"指的是大革命中的法国。
[2] 据亚当·罗伯兹编辑，爱丁堡大学出版社 2014 年版《文学传记》第 87 页，脚注 338 中考证，这段来自柯勒律治的诗歌《国家命运》（The Destiny of Nations，1796）第 27—35 行。

若是将注意力集中于发现并揭露谬论，将会有更大的收获；因为谬论的奇妙之处就在于，即使是思想更高尚的人，也可能拥有此种信仰。在我看来，以下谬论都可以归结于一种诡辩，作为他们共同的属：将事物的条件误认为是它的原因和本质；将了解一个能力的过程误认为是能力本身。我呼吸的空气是生命的条件，而非原因。同样的，若是没有"看见"这一过程，我们永远无法得知眼睛的存在；并且在看见之后我们知道眼睛一定是事先存在才会有这一看见的过程。将这一点清楚地区分后，我们再来仔细审视哈特莱的体系，我们会发现同时性（莱布尼茨的<u>连续性法则</u>[1]）在作为思想规律的限制与条件的同时，自身就是物质的法则——至少也是实质性现象的法则。而至多，它与思想间的关系相当于引力和运动间的关系。在每一个自主的运动中，为了能够利用引力，我们首先要把它抵消。也就是说，一定存在一种会被抵消的东西，而它的反作用会帮助抵抗它的力量。我们来试想跳跃这一过程。首先，我们通过一个完全自主的动作抵抗引力，然后再通过另一个部分自主的动作屈服于引力，从而降落在地上，就像我们事先预想的那样。那么现在，让一个人在他创作的时候观察自己的思想运作，或者更为常见的情况——试图回想起一个名字的时候，他就会发现这其中的过程完全是类似的。相信大部分的读者都观察到溪流表面上有一种小的水性昆虫，它会在小溪被阳光照射的底部留下一种呈五点状、边缘色彩斑斓的倒影；读者们也会注意到这种小动物是如何通过主动和被动

1　画线部分原文为拉丁文。

运动交替的节奏，从而做到逆流而上的；它们时而抗拒涌流，时而为了恢复体力和找到一个短暂的支点屈从于涌流，以便进一步推进。用这个例子来比喻思想过程中头脑的自我体验再恰当不过了。显而易见，在这个过程中，有两种力量在产生作用，相对于彼此而言，它们分别是主动和被动的力量；而这两者之间还必须再存在一个起媒介作用，既主动又被动的能力。在哲学的语言里，我们必须将此能力的所有等级和测定都命名为想象力。但是在通用语言中，尤其在诗歌这一领域里，我们将这个名称挪用至此能力的更高等级，使之成为一种对此能力的超级自动控制力。

那么，同时性作为所有联想律的共同条件和主题的组成部分，其中将被联想的部分必须和整体共存。所以，若是让一个粗心大意的人将想象力——人们的忠实伴侣——当作所有事物的本质，这简直轻而易举。但如果我们诉诸于我们自己的意识，就会发现即使是特定联想行为的起因，即时间本身，也和作为所有联想条件的同时性截然不同。如果我在食用鲭鱼时使用了鹅莓作为调味汁，那么看到鲭鱼我可能就会马上联想到鹅莓。继而，"鹅莓"中第一个字和与其并存的禽类图像，也许会让我联想到一只鹅。接下来，我的脑海中可能会浮现一只天鹅的图像，即使我从未见过这两种鸟同时出现。在前两步中，我意识到，鲭鱼和鹅莓在时间上的共存提供了使我能够回忆起它们的环境；我也同样意识到，天鹅是通过相似和对比的共同作用而被我想起的。因果关系也是如此，秩序也是一样。所以我能够清楚地辨别究竟是时间上的邻近还是空间的连续，使我因提到 A 而想到 B。它们确实与同时性密不可分，因为若脱离了同时性，就是与思想本身分离。意识的行为在本质上确实与时间是相同的。而我所说的是时间本身，与我们对时间的概念相反，因为时间总是和空间的概念混为一谈，而空间作为时间的对立面，因此成为了它的衡量标准。尽管如此，在同一时间看到两个物体，和在同一地点看到这两个物体，是两种截然不同或可区分的起因；真正的实用性一般联想律是：整体印象中，有些部分要比其他部分更加生动或清晰，而且尽管在同时性，或我认为更恰当和哲学的表述——"持续性"，这一共同条件每一部分都是相同地被联系在一起，这些部分也会被思想优先回忆起来。然而，通过对注意力的限制和强化，意志本身能够任意地使任何物体变得更加生动或清晰；由此，我们可以看出最近某些体系的无用之处，甚至是荒谬之处。它们言之凿凿，声称有一种人造记忆，但实际上，除了对幻想进行混淆和贬低之外，毫无价值。良好的逻辑，即作为个体对物种的习惯性从属，以及作为物种对属的习惯性从属；在因果关系下对事实拥有哲学上的见解；愉快而健谈的性情（能让我们注意到事物的相同点和不同点，并以此相互阐明）；问心无愧；免于焦虑的状态；健康的身体，和最重要的（就被动记忆而言），健康的消化系统。以上这些，才是最好的，也是独一无二的记忆之术。

第八章

* 笛卡儿提出的二元论——先由斯宾诺莎改进,后由莱布尼茨(Leibnitz)改进并融入前定和谐概念(Harmonia praestabilita)
* 泛灵论
* 唯物主义
* 这些体系,或任何可能的联想理论中,没有一个提供或取代了感知理论,也没有解释可联想事物的形成

据我所知，笛卡儿是第一位将灵魂的绝对和本质异质性作为智慧，将身体作为物质进行讨论的哲学家。这种假设和说话的形式仍然存在，虽然否认的声音早已炸开锅：否认物质的所有属性，除了延展性，并以此为依据否认整个二元论体系。因为既然不可入性只能作为一种反抗的方式被理解，所以承认这点即是把物质的本质放在它与精神共有的行为或力量中；于是，物质和精神不再是绝对的异质，而是在一个共同的基础下，完美的不同模式和程度。但是，对这一可能性的关注是不合时宜的。灵魂是思考的物质，而物体是填充空间的物质。这两者表面的相互作用重重地压在了哲学家一边的肩膀上，而另一边肩膀则承担着下述同样沉重、显而易见的真理：因果律只存在于同质的事物之间，也就是拥有相同属性的事物，它们不能从一个世界延伸至另一个与之相反的世界。仔细分析后就会发现这一真理是如此荒谬，就好像询问一个男人对他妻子的感情是位于对他孩子的爱的东北部，还是西南部。莱布尼茨的"前定和谐"这一概念无疑是从斯宾诺莎那里借来的；而斯宾诺莎的灵感来源于笛卡儿的动物机器，但他的解读过于奇怪，无法超越原作者——于我们的常识来说也过于令人厌恶。然而即使这一理论在科学哲学法庭上没有合法的发言权，但他们的低语依然有着强大而私密的影响力。甚至莱布尼茨学说的追随者和杰出的组织者，沃尔夫（Wolf），也只是满足于对这一概念的辩护，而不将其接纳为整个宏伟组织的一部分。

另一方面，泛灵论的假说使所有的理性生理学和所有的自然科学都纷纷走向灭亡。因为这一假说对术语有限制要求，且不与通过神秘特性而复制属性的强权相容。此外，它没有任何用途，除非难题真的能通过复制得以解决，或者我们能够通过被告知拥有一百万个灵魂、我们身体的每一个原子也都有它自己的灵魂，从而对我们的灵魂有一个更清楚的概念。那还不如一劳永逸地承认这个难题，并就此撒手不管。容器底部虽然确实有沉积物，但上面的水还是透明清澈的。而泛灵论者却将它摇来摇去，现在整个容器都浑浊不堪。

但是，无论出于人类的天性，还是哲学家的职责，除非在肯定了这一重要问题将永远无法解答，其困难程度相当于将圆形变成方形时，才会轻言放弃。本体和求知，这两个完全不同的事物是如何相互联系，以及存在如何转化为认识，都只能在一种情况下设想，即如果能证明表现或知觉本身就是一种存在；进一步说，既可以作为属性和特性，也可以作为本质和生存。前者——思想是物质在特定条件下的一个属性——其实是唯物主义的假设；这一体系若能履行它的承诺，就能得到哲学家们的肯定。但事实上，外界的情感是如何将它自己塑造成感知或意志这一问题，唯物主义者不仅在发现后没有提供任何程度的解答，还将它恶化成一个可理解的荒谬之论。就算承认一个外界物体可以像根据一个同质物体一样，按照自己的意识行事，此类情感也只能产生和自己同质的东西。运动只能传播运动，物质没有内在。我们移除一个表层，却又遇到另一个。我们只能将一个粒子分成多个粒子；每个原子本身都理解物质宇宙的性质。任何知觉的传达都是通过某种冲击或外界印象实现的。以此假说为基础，我们做一个实验，让善于思考的人向自己解释感官直觉的证据。在第一种情况中，也就是对感知者或实体代表的冲击，只有物体的作用和效果，而非物体本身，会变成同样的东西。就像进入撞钟金属中的是铁舌的振动，而非铁舌本身。但在我们的直接感知中，直接存在的是物体本身，而不是物体纯粹的力量和作用。我们确实可以通过一系列推理和结论来尝试对这一结果进行解释，但首先，推理和结论的能力本身就需要被解释；其次，以逻辑概念为依据的媒介，比如因果关系，事实上并不存在。存在于我们意识中的是物体本身，而非三段论的产物。或者我们可以通过被刺激而开始运动的生产能力，来解释物体到感觉的转换；然而物体被刺激后到达感知者的这一转换过程，拥有一种能够渗透并完全掌控灵魂的力量。

> 如上帝一般以精神艺术，
> 全力以赴，全力以赴。
>
> ——考利[1]

---

[1] 据亚当·罗伯兹编辑，爱丁堡大学出版社 2014 年版《文学传记》第 94 页，脚注 356 中考证，本诗选自考利的作品《爱意盈盈》(*All-over Love*)，出自他的诗集《情妇》(*The Mistress*)，9—10。

那感知者又是怎么一回事呢？而那神通广大无所不能的物质又变成了什么呢？它不是声称能只通过力的形象，重量和运动就能创造所有奇迹吗？教条的唯物主义者最前后一致的行为就是回归到最普通的灵魂——肉体学者这一级别；当然还有对神秘之物的影响：他们宣称这整个过程都是一个不可被理解的启示，若是研究得太仔细反而会变成一种亵渎。<u>给予而非理解</u>[1]。但对于这样一个不经神迹确认的启示、一个不受良心指挥的信仰，哲学家应有资格视而不见，并免于不虔诚地被怀疑与指控。

因此，正如唯物主义通常所普遍教导的那样，它是完全不可理解的，而它所有的改变信仰者都出自于人类再普遍不过的倾向，即把清晰的图像误认为清楚的概念；反之亦然，抵制自己本性中的东西，认为它匪夷所思这一做法，简直不可思议。但在它变得可理解的那一刻，它也就不是唯物主义了。若是要将思想解释为一个物质现象，需要将物质提炼成拥有出现与感知这两种功能的智力修饰。普里斯特利就是如此与普莱斯（Price）进行争论的。他把物质的所有物质属性剥去，取而代之的是精神力量；而当我们认为会看到一个物体时，看哪！我们只能看到它的鬼魂，一个死去的物质的幻影！

我将不再对这一论题继续深入，因为（如果上帝授予我健康和许可）我还会在一部准备了多年关于人神生产理法的作品中，对它

---

[1] 画线部分原文为拉丁文。据亚当·罗伯兹编辑，爱丁堡大学出版社2014年版《文学传记》第95页，脚注357中考证：此处是柯勒律治借用了伊拉斯谟的名句。

进行更详尽的论述；这一论题还将作为引言，写入《约翰福音》的完整评注。为了确保我在当下这一课题上的论述清晰易懂，我只需对以下三点进行简要总结：一是所有联想都需要思想和图像的存在，并以此为前提。二是根据唯物主义，与我们自身存在的图像和修饰相对应的外部世界才是我们唯一实际看到的世界——而这一假说从头到脚都和贝克莱的唯心主义无异，不仅如此，它还将所有现实和感知的直接性移除，把我们置于一个满是幽灵和幻觉的梦幻世界，也就是那些挤满了我们大脑的无法解释又模棱两可的运动。三是对于感知者的机制和共同充足的力，这一假说既没有提供解释，也没有排除它的必要性，好像在外部刺激这一充满魔力的手法下，感知者自己创造了一个全新的对应物体。副本的形成，单凭原作的事先存在是无法实现的；复制拉斐尔《基督显圣/基督变容图》的人一定多多少少完全重复了拉斐尔的过程。若是用视网膜上的成像或是光术几何来解释思想就会简单得多，前提是后者中的光没有呈现出同样的困难。我们可以理性地用《这是杰克建造的房子》这首歌的旋律来唱卜拉欣（Brahim）的乌龟信条——那支持熊、支持大象、支持世界的信条。<u>我们都承认主在其中</u>[1] 是充分的原因，而那神圣的善良是充分的理由；但解答了根源和原因不等于解答了方式，而方式才是生理学家唯一关心的事。胆怯的傲慢（正如培根所说）是令人厌恶的，它高举凡人幻想的偶像，吩咐我们将其视为神圣智慧之作、从天而降的盾牌和守护神来俯伏敬拜。托勒

1　画线部分原文为拉丁文，引自《圣经·旧约·诗篇》第 68 篇第 17 节。

密天动学说的支持者可能就用了相同的观点来拒绝信仰牛顿学说的人，并带着自鸣得意的笑容指向天空，用常识来判断太阳有没有移动、地球是否静止。

第九章

* 哲学真的能被称为科学吗？它的条件是什么？
* 乔尔丹诺·布鲁诺（Giordano Bruno）
* 文学贵族，或者说学者之间代表着特权阶级的不言而喻的契约
* 作者对神秘主义者的义务——伊曼努尔·康德（Immanuel Kant）
* 康德作品中文字和精神间的差异
* 在哲学教学中为审慎的辩护
* 费希特（Fichete）完善评论体系的尝试
* 费希特的尝试的局部成功和最终失败
* 对谢林（Schelling）以及英国作家中的索马里兹（Saumarez）的义务

在我逐一对洛克（Locke）、贝克莱、莱布尼茨和哈特莱学派进行研究之后，发现也无法在它们之中为我的推理找到容身之处，于是我开始问自己：不同于纯粹的历史和历史性的分类的哲学，真的合理吗？如果合理，它的必要条件又是什么？我一度想对第一个问题进行否认，并承认人类思想唯一切实可行的工作就是观察、收集和分类。但我又马上感觉到，人性本身就在与这种智力的任意放弃抗争；于是我同样迅速地发现这一计划，在承担了它的一切后果并清除了其中一切矛盾后，相比于难以实施，更多的是违背自然。假设这一观点的完整范围，<u>没有意义，就没有智慧</u>[1]，假设没有莱布尼茨对<u>智力之外</u>[2]的肯定，并以同样的意义，即哈特莱和康迪亚克所理解的那样；以及休谟从因果关系的让步中做出的明确推断，将会对所有其他十一种分类形式及其对应的逻辑功能施加同等的破坏力。没有稻草我们怎么做出砖块？没有水泥我们又拿什么进行建造？我们确实是从经历中学习所有事物，但正是我们所学的这些事实迫使我们在内心对前因进行探究，而这些前因就是使经历本身合

---

1 画线部分原文为拉丁文。
2 画线部分原文为拉丁文。

理的前提。洛克的第一本书（如果它努力要推翻的所谓错误，不是稻草之辈，而是一种从未有人做过，或者说也确实不会有人相信的荒谬之事）建立于<u>谬误推理</u>[1]，并涉及了<u>因为一件事与另一件事同时发生，所以它被认为是由那件事引起的。</u>[2]的错误。

"哲学"这一术语将它定义为对真相的探究，但真相是与存在相关联的。同样，除了将这一点假设为基本条件之外，没有其他使之合理的方法；这一条件就是两者从一开始就是相同且固有的，而智力和存在是相互作用的基质。我猜想这是一种合理的概念（也就是说，它不涉及任何逻辑上的不协调），毕竟上帝的学术定义<u>没有潜能的纯粹现实</u>[3]已经被神学派中的教皇信奉者与改革派的神职人员接纳，并持续了很长一段时间。我在早些时候做了这些研究：柏拉图（Plato）和普罗提诺（Plotinus）及其评注，和那位杰出的佛罗伦萨人的《柏拉图的神学》，以及普罗克洛（Proclus），格弥斯托士·卜列东（Gemistius Pletho），还有后来的那位来自诺拉的哲学家[4]的《论无量与无数》[5]和《论原因、本原与太一》[6]；这位哲

---

1 画线部分原文为希腊文，这一概念来自于康德。

2 画线部分原文为拉丁文。

3 画线部分原文为拉丁文。

4 来自诺拉的哲学家，是指乔尔丹诺·布鲁诺（Giordano Bruno，1548—1600），文艺复兴时期意大利思想家、自然科学家、哲学家和文学家。

5 原文为拉丁文，此处是指乔尔丹诺·布鲁诺的著作《论无量与无数》，完成于1591年。

6 原文为拉丁文，此处是乔尔丹诺·布鲁诺的著作《论原因、本原与太一》，完成于1584年。

学家可以夸口说菲利普·西德尼爵士和富尔克·格雷维尔（Fulke Greville）是他的赞助人，而在 1600 年，他作为无神论者被罗马的崇拜者焚烧；<u>上述所有研究都帮助我做好准备以迎接我想我是怎样的人，我就是怎样的人</u>[1]；这一哲学看似大胆，但其实是最古老的，因此也可据以推定是最自然的。

我为什么要害怕呢？我怎么敢因为日耳曼神智学者雅各布·贝曼（Jacob Behmen）感到羞耻？他的妄想确实又多又恶劣，比如频繁地为学者战胜贫穷又无知的鞋匠提供充足的理由——那鞋匠竟敢独立思考。但也让我们记得，他的这些妄想来自于他在智力训导上的缺失，以及他在理性心理学上的无知；同时我们也不能忘记，与他同龄且最有学问的神学家也拥有第二个缺陷。他也不曾与书籍和书籍学者熟悉亲近。作为一个谦恭、害羞又安静的人，他的智力从来不是被一群改变宗教信仰者，或改变宗教信仰的野心所激发。雅各布·贝曼是一个最严格意义上的热衷者，不仅仅与狂热者有所区别，而且是与之完全相反。虽然以下观点有一部分是我对一位来自欧洲大陆的当代作家观点的翻译，但请允许我事先声明，这些内容可能来自于我自己的备忘录，而这些备忘录比他小册子的问世还要早许多年；此外，比起自己的言论，我更喜欢用别人的，一部分是出于对出版优先权的致敬，但更多的是出自于赞同的喜悦，因为在这种情况下，只有巧合能说得通。

在过去这两三个世纪里，对哲学史有所了解的人不得不承认，

1　画线部分原文为拉丁文。

在学者之间存在着某种私密且不言而喻,又不打破思辨科学界限的契约。自由思想的特权受到了高度赞扬,但在实践中它只有在这一界限内才是有效的;但凡是冒险踏出界限的人,哪怕只是一步,这一犯规者都会遭到责骂。学者阶层中少数的几个天才确曾超越过这个界限,并在此后都焦虑地不敢露面。所以说,科学的真正深度、从最深处中心,向着它们永远遥远的圆周反向发送的所有知识线和对此中心的渗透,对于没有文化且头脑单纯之人是可望而不可即的;然而他们从未停止的渴望和一种原始、迸发的热情,促使他们去探究万物的内在和生存基础。但由于他们的名字从未被学者公会所接纳,这些人就会被已注册的公会成员迫害,并被称为是闯入者,侵犯了那些成员的权利和优待。资质平平的学术联盟(AU)被烙上狂热者和幻想者的标签;其中,有些人狂放过分的想象实际上只产生了奢侈的和怪诞的幻想,而且他们的作品多半是拙劣的复制品,和根据真正灵感所作的粗鄙的讽刺画;然而除此之外,也有真正被启发的人,也就是原创者本身。于后者,这其中的原因无非就是因为他们没有学问,出身卑微而又职位低贱。

  我们在什么时候,又是从文学界中的哪一位听到那神圣的赞美诗被一遍遍重复,我感谢你,神父啊!天地之主!因为你将这些事隐瞒于明智谨慎之人,却透露给天真幼稚之人;那些傲慢的学者们不仅把所有敢于从喷泉中汲取生命之水的人驱逐出了学校和科学市场,还将他们赶出了圣殿,而与此同时,买家、卖家和放债人都饱受折磨,变成了"贼窝"。

  这些文人通过对伯麦、拉潘·德·图瓦拉(Thaulerus)、乔治·福克斯（George Fox）等人的鄙视来使自己显得与众不同，然而若要在他们身上找到这种轻蔑骄傲的实质基础并不容易；他们可以用正字法写作，能写出流畅的段落，写作的风格毫不夸张地说也几乎全由他们的指尖决定；而另一些灵魂单纯之人，写出的话语则直接反映了他们的心声与情感。因此，他们经常使用的词句，被人们误认为是假装获得了即刻的灵感。例如，"这是交付于我的""我尽力不去发声""我说了，我会保持沉默""但这句话在我心里犹如燃烧的烈火""我无法忍受"。同样的，他们也不愿冒犯别人；他们深谋远虑和对喧嚣充满恐惧，因为这些喧嚣都会被用来反对他们，而反对之人会很自然地用他们唯一熟悉的那本书中的词句，来在他们的作品中公开地表达评论。"我是如此命苦，变成了一个喜欢斗争表论之人——我本热爱和平，人类的灵魂于我而言弥足珍贵，但他们每个人却因为我寻求光明，而对我加以诅咒！"哦！若要使一个未受过教育的天才获得内部的奋斗力与躁动，从而领悟到一个新的、至关重要的真理，就需要他比大多数在孩童时期就将推理和流利表达的能力当作手艺来学的人，拥有更深层次的感觉和更强大的想象力。他的沉思几乎不可避免地被用到不朽或永恒，因为"这个世界不是他的朋友，世界的法则也不是"。那么，一个人的身体在如此强烈而又不同寻常的兴奋之下，而对他思想上的挣扎感到同情，对此我们应该感到惊讶吗？或者，他有时会被迷惑至错把他神经上混乱的感觉和与幻想共存的幻觉，误认为是真理的某些部分，或是真理在他身上展开的象征——这又有什么不可思议的呢？确实有人颇有见地地注意到，要想从这些无知的奥秘派的作品中获得任何好处，或收集任何可以理解的含义，读者就必须带着一种高于作者自身的精神和判断：

他带来了什么，他还需要寻找什么？

——《复乐园》

我完全赞同沃伯顿（Warburton）的看法，即诡辩对于弥尔顿来说是不适宜的。一个人还可以可敬到什么程度，使其置喙？我自己的经历告诉我，有一点是可以确定的，即人类的理解力和本性要比他们的地位和名声更值得花几页纸来讨论，前提是整卷书可以与乔治·福克斯、雅各布·贝曼，甚至贝曼的评注者——虔诚的威廉·劳（William Law）单纯的文字中所爆发出的心灵和智力的充盈相媲美。

我对这些人心怀的感激之情使我逐渐离题，超出了我的事先预期和计划；但话又说回来，若在我总结我的文学生涯和文学见解时，只将他们粗略带过，就会显得我好像在否认债务，隐瞒恩惠。因为这些奥秘派的作品使我的思想免于遭受任何一种教条系统的禁锢，并起到了相当大的作用。他们帮助我的心灵保持活力，并给予了我一个模糊不清却又令人激动的预感：纯粹的思考能力的所有产物都会迎来死亡，除非它们能够为我的心灵提供食物或庇护；它们就像冬日里发出嘎嘎声的树枝和雾，我未刺穿的树根中不会有树液流出。当我在怀疑的荒野中漫游时，白天的它们总是像一朵移动的云烟，到了晚上，它们又总如一柱火焰，使我能够不用穿越就能绕过这一充满了无信仰的沙漠。我深知这一体系能够转换为反宗教的泛神论。斯宾诺莎的《伦理学》或许可以，又或许不能被作为例子。但我无论如何都无法相信，它在本身和本质上是与宗教不相容的，无论是自然宗教还是启示宗教；现在我已彻底地相信事实正相反。作为批判哲学的奠基人，柯尼斯堡的这位杰出圣人的著作，比任何其他作品都更能激励和训导我的理解力。这些作品富于原创性、深度和对思想的浓缩；在特性区分上不仅标新立异、敏锐微妙，还充满了合理性与重要性；还有那坚不可摧的逻辑链；我冒险补充——对于那些从评论家和法国人口中了解伊曼努尔·康德的人，这似乎自相矛盾——《纯粹理性批判》《判断力批判》《自然科学的形而上学基础》《纯然理性范围内的宗教》中的清晰和例证令我望风而靡。在研读了他们十五年后，现在再读这些以及他的其他作品时的愉悦，和对他越来越强烈的仰慕之情，都毫无衰减。有些我无法理解的片段，在仔细思考之后（比如原始统觉那一章），发现其中表面上的矛盾其实是一些康德本人也认为不应公开声明的，对想法的暗示和影射；他认为在单独对思辨智力，而非对完整人类本性的纯粹分析中，这些内容一直是遗留问题。于是，他不得不从思考或自然意识出发：虽然他的道德体系允许他假设一个更高级的理由（意志的自主性）作为无条件命令的基本要求，或者说（他学派中的术语）良心的绝对命令。在普鲁士已故国王统治期间，在那充满了无法无天的放荡和受僧侣支配的迷信时期，他面临着迫在眉睫的检控迫害：在他老年时期，他很有可能已经没有兴趣去再一次挑战命运，并像沃尔夫那样以一发之差，匆忙逃窜。康德的门徒之一在耶拿大学试图通过与萨克森和汉诺威法院联手，没收和禁止那讨厌的作品，并以此完善他的体系；他是被康德开除的第一个门徒，同时也印证了这位值得尊敬的老人所表现出的谨慎并不是毫无道理的。因此，即是他自己曾做出宣言，称他所说的本体，或者事物本身，并没有字面之外的意思，对此我永远都无法相信；同样的，在他自己的观念中，他把整个等离子体的力量限制在智力的形式上，而把外在的原因留给我们感觉中一种没有形式的物质，这无疑是不可思议的。我同样怀疑在他自己的思想中，他是否将所有的压力都置于道德准则上，看起来确实如此。

想法一词的最高层意义，只能通过一种符号来表达；并且，除几何学之外，所有的符号在表面上都是矛盾的。<u>与智者言</u>[1]：他的作品并不是为了那些无法解读这些符号的人而作。那些必须将解答者置于人身威胁之中，否则无法得以充分解答的问题，本就无权获得公正的答案；然而若要公开地如此宣称，就会在很多情况下为敌人提供了他一直暗中搜寻的可乘之机。真实与准确不存在于对真理的述说，而在于交流真理的意图；若一个哲学家在对整个真理进行表述时传送了错误的概念，并很可能与此同时激起了最深的恶意，那么他表达自己的方式要么神秘兮兮，要么模棱两可。因此，当人们一再要求康德本人通过明确宣告他的想法来解决评注者间的纠纷

---

[1] 画线部分原文为希腊文，引自古希腊抒情诗人品达的《奥林匹亚颂歌》（*Olympian Ode*）第二首第85行。

时，他除了做出这般简单的回复"我的言论即是我的想法，而且在我即将八十岁之际，我有比写一篇关于我自己作品的评论更重要的事去做"之外，还能以什么冒犯更少的方式来拒绝牺牲的荣誉呢。

费希特（Fichte）的知识学，或者说终极科学知识是，为了给拱门添加楔石：通过从一项行为，而非一个事物或物质开始着手，费希特无疑给了斯宾诺莎主义第一次致命的打击，就像斯宾诺莎自己所教导的那样；同时他也提供了一个真正形而上学的系统，和一个真正系统的形而上学的概念（在自身范围内拥有自己的活力和原则）；但是，他所用的大量纯粹的概念和主观臆断的心理行为，过度建设了这一基本概念。于是他的理论退化至一种粗糙的利己主义，一种对自然充满自负和极度禁欲的敌意，认为自然是无生命的、无神的，也是完全不神圣的：虽然他的信仰只包含了一个简单的<u>排序规则的</u>[1]假设——我们可以称它为上帝；他的伦理观也是一种苦行且近乎修道的对自然激情和欲望的禁欲。在谢林的自然哲学与《先验唯心论体系》中，我先是通过自己辛苦地研读找到了一个亲切的巧合，而后发现了一个对我之后要做的研究强有力的帮助。

我对这句话的介绍（鉴于它与这一总结的叙述性本质相符合），与其说是指我在前一页所述说的内容，不如说是我目前的主题。我想警告我未来的读者，如果思想的完全相同，甚至是措辞的相似在所有时候都不能成为确定的证据，来证明该片段是从谢林那里借来，或者其中的概念原本是从他那里学来的，那么于我而言再公平不过

1　画线部分原文为拉丁文。

了。和我之前提到过的施勒格尔戏剧性的讲座类似，在这一事例中，出自同一种对抄袭指控的自我防卫动机，我要声明其中很多最明显的相似之处，也确实是所有的主要和基本概念，早已在我接触那位德国哲学家的任何作品之前，就在我的脑海中诞生并逐渐成熟；在谢林更重要的作品被创作出来之前，或者至少是被公之于众之前，我确实可以肯定这一事实。这一巧合一点也不足为奇。我们曾在同一所学校学习，曾接受同一个预备哲学训导，即康德的著作；我们都同样地从乔尔丹诺·布鲁诺那里学到了极地逻辑和动态哲学；最近，谢林也开始对贝曼和其他奥秘派的工作表示出同样深情的尊重，而此般尊重我很早之前就有了。谢林宣称他的体系与贝曼某些普遍观点的重合仅仅是一个巧合，而我的责任更加直接。他只需向贝曼传达赞同的情感，而我却欠了他一份人情。上帝不容！不容我心存与谢林竞争的想法，竞争那明显属于他的荣誉：不仅作为伟大又独创的天才，还作为自然哲学的创始人，作为最成功的动态系统的改进者；这一系统由布鲁诺创立，并由康德（以一个更为哲学的形式，摆脱了所有的杂质和空想的伴随物）重新提出；而于康德来说，这是他自身体系天然而必要的成长。然而，康德的衣钵（大部分）已落到他的追随者身上，或者说在继承了他极少的精神后，他的追随者将他的动态思想仅仅作为一种更为精细的力学进行采纳。除了一两个基本概念不能从费希特那里剥夺之外，这场哲学革命的完成和最重要的胜利都要归功于谢林。对我来说，如果我能成功地使我的同胞们理解这一体系本身，并把它应用于最困难的问题上，以达到最重要的目的，就已经足够幸福和荣幸了。至于一部作品是否是一个人自身精神以及原创思想的产物，将由它独有的合法评判者，通过比仅仅是参考日期更好的测试方法，判断并得出结果。至于大众读者，如果在当下这一作品，或在我未来的任何作品中，找到与我这位德国前辈相似或一致的学说论述，即便我的作品发布于当代，也请将功劳全部归于他，也就是说，我没有对他的作品进行明确的引用（因为我并不总能确定这些引用或思想是否真的来自于他）；而且我相信，在做了上述统一承认之后，这些引用就会变得多余；所以不要将心胸狭窄的隐瞒或故意剽窃的罪名加到我的头上。目前为止，我所拥有的他的作品真的（<u>唉！我的家庭生活的困境啊！</u>[1]）不超过两本书，即短文合集的第一卷和《先验唯心论体系》；不过，我还得加上一本反对费希特的小册子，因为在我看来，其中的精神与原则格格不入得令人痛苦，而且这本小册子（对其对立面给予了通常的许可），相比于爱的智慧，更多地展示了智慧中的爱。我将真理视为神圣的口技者：我不在乎这些话是从谁的口中说出，只在乎能否听见并听懂。不过，我必须承认，对于我是否应该把它说出来，我半信半疑；因为它与世界的眼光，与大多数人心中所信服的世界是如此的背道而驰，以至于我将承受不被重视或不被理解的风险。

就让我用一串引文来结束引用这一主题。这些引文来自一些不常用的书籍，可以作为布道前的自愿读物，提供给读者以消遣：

1　画线部分原文为拉丁文。

事实上，我很痛心的是，那些人，尤其是那些自称是基督徒的人，竟如此沉迷于文学的甜蜜诱惑，以至于他们只能忍受阅读那些能给他们立即带来满足的东西，不管这些东西多么低级或肉欲。因此，哲学中比较严肃和有纪律的分支，即使是在博学的人中，也几乎完全被忽视了。这是一门如果不及时纠正，甚至比我们祖先时代的野蛮行径所造成的后果还要严重的学问（如果这样的阅读，怀着这样的目的，可以称得上是门学问的话）。我承认，野蛮是一种恣意任性的东西，但是，尽管它盲目固执，它所造成的伤害却比不上这种自给自足、自我陶醉、朴实无物的常识性写作风格，如果这种审慎而又受欢迎的写作风格被理性和科学的洞察力所抛弃的话；令人遗憾的是，它以一种和蔼可亲和实用智慧的令人印象深刻的方式，迷惑了人们的思想，以至于那位快乐的读者几乎对每一件事都一无所知。因此，我认为在不久的将来，我们时代的无礼和乡气，将是文学中不可忍耐的俗。那些雄心勃勃的候选人，为了争取明智的公众的支持，而做出种种狡诈的谦卑，如果我们不好好注意，它就会在我们面前瓦解和分散所有具有健壮性和男子气概的智慧活力、所有男性刚毅的美德。

西门·谷利纽斯(Simon Grynaeus)，纽约，1557 年[1]

---

[1] 这段长引文在柯勒律治原文中为拉丁文，引自西门·谷利纽斯（Simon Grynaeus，1493—1541）将斐奇诺的《柏拉图》一书翻译为拉丁语版并为其撰写的序言"致坦诚读者"。这段引文 1818 年由柯勒律治本人在其独自撰写、编辑和发行的期刊《朋友》(*The Friend*)中译成英文，本段中译文据此译出。西门·谷利纽斯的名字在本段原文中为德语。西门·谷利纽斯是一位德国学者，他将亚里士多德、普鲁塔克和迪奥·克里索斯托姆的作品翻译成拉丁文。"坦诚读者"一词在本段原文中为拉丁文。"纽约"一词在本段原文中为拉丁文。

一个极富预见性的评论，且从 1680 年至现在的 1815 年都一直在被应验。通过<u>获得智慧，谷利纽斯</u>[1] 指自我满足的常识，而不是科学和哲学的推理。

　　有一种中间等级，类似于骑兵等级，是有敏锐天才的人的等级，他们在为人类的其他事务服务方面有许多贡献，但是他们没有达到最高的等级。可以这么说，这些人中的任何一个，比供给他的粮食价值还高。他们专心致志，不慌不忙，习惯于努力工作，谨慎和节制可以掩盖他们的弱点，而经验和工作使他们有能力——人们认为这一切无非是他们的本性和他们的伟大品格。[2]

　　于是，即使医师们明知什么是最合适的治愈方法，却还是要频繁地被迫放弃，并在对病人的不耐心做出让步后，心甘情愿地尽自己所能；同样的，考虑到我们所处的这一时代，满是聒噪缺乏于思考，看哪，我们将会（如果我们的主题允许）屈从于这一时代的潮流。那样我们就能满足于对自己论点的证明，尽管论点本身就糟糕透顶；但因为当今普遍的低能，这种论点更适合也更可能得到人们的深思。[3]

——胡克

1　画线部分原文为拉丁文。
2　原文为拉丁文。引自苏格兰讽刺作家和新拉丁语诗人约翰·巴克莱（John Barclay，1582—1621）最负盛名的代表作《阿赫尼斯》（*Argenis*）。
3　引自理查德·胡克（Richard Hooker，1554—1600）的著作《教会组织法》（*Of the Lawes of Ecclesiastical Politie*，完成于 1594 年）。胡克是文艺复兴时期英国神学家，其多卷本著作《教会组织法》成为了英国圣公会的基石。

如果这种恐惧在胡克那一充满争议的时期，在当时对学术逻辑性稳健的训导下，可以合理地被接纳，那么当一个当代作家因他的主旨过于深奥，因他的真理需要仔细的思考、耐心的注意力才能被交流和接受，而只拥有为数不多的观众时，也应该受到宽恕。

如果我没有算错这些点，
一颗愚蠢的恒星在此刻占据着主导，
驴子和骡子同时存在。
现在已不是阿普列乌斯的时代：
在那些日子里，只有一个人变成了驴子；
如今哪里有一千头像人的驴！

——萨尔瓦多·罗萨（Salvator Rosa）[1]

---

[1] 原文为意大利文。引自萨尔瓦多·罗萨的讽刺诗集中的《音乐》（*La Musica*）一诗，第10—15行。萨尔瓦多·罗萨是17世纪意大利那不勒斯巴洛克风格的画家、诗人、版画家和作曲家。他生前写下了一系列讽刺诗，关于"音乐""诗歌""罗马""忌妒"等，但直到他死后的1719年，这些诗才公开发表。

第十章

* 一章题外话和奇闻逸事,以作为想象力或塑性力的本质和起源的前奏
* 关于卖弄学问和掉书袋式的表达
* 给年轻作者的关于出版的建议
* 一系列作者文学生涯的奇闻逸事及其宗教和政治观点的变化

"有融合作用的（esemplastic）这个词既不出自约翰逊，我也没在其他地方见过它。"我也没见过。这是我自己将希腊词语"<u>在其中塑造成型</u>"[1]变形塑造出的一个词；因为我觉得若要表达一个新的意义，使用一个新的术语可以在帮助我回忆含义的同时，防止它与想象力一词通常的意义相混淆。"但这是在卖弄学问！"我想未必如此。如果我没记错，卖弄学问指的是在不合适的时间、地点和人群中对某些词语的使用。市场上特有的语言若放在学校里，则会显得卖弄学问，反之亦然，虽然前一种情况不太可能受到这一词的非难。世界上有些普通人坚持要求在科学研究中，只能使用和日常对话同等的用词，同等的精确度，那么这些人和学者一样是卖弄学问之人；后者常常高估了他听众的能力，或者以为所有人都和他一样，对专业术语或学术术语无比熟悉，而将他在博物馆或实验室的思维搬到了酒桌上；即便后者不会让他的妻子去泡茶，而是会让她在煮沸的氢氧化物中加入足够量的中国茶。[2]用一个更通俗的（也确实有点粗俗的）比喻来解释：如果一个修道院的学究和大厅的学

1　画线部分原文为希腊文。
2　氢氧化物即指水，这是柯勒律治对于泡茶方式幽默的说法。

究身上都带有商店的味道，正宗俄罗斯式装帧的对开本和四开本的味道，至少比酒馆或妓院中的热气招人喜欢。不，虽然有时学者的学究之气会显得有些卖弄，但我认为，对于一个正常的头脑来说，有学问之人虚荣浮华的狐狸尾巴，要比自大无知的毫不掩饰更容易被忍受，因为后者自我安慰地嘲笑那尾巴的傲慢和累赘，并从无尾巴的缺陷中获得优越感。

　　哲学训导的第一节课就是削弱学生对事物程度的关注（也就是日常生活中所用的词汇），并将注意力转移至从程度中所抽离的种类。因此，在教导下，化学学生不会对冰块中热度的研究，或潜在易挥发的光的研究感到惊讶。在这样的论述中，教师只有两种选择：要么使用具有新含义的旧词（就像达尔文在《动物法则》中使用的方法一样）；要么就像林奈（Linnaeus）和现代化学术语的制定者那样，引进新的词语。第二种方法明显更可取，因为在第一种方法中，思想需要在同一种情况下消耗双倍的力气。对于读者或听众来说，他们不仅仅要学习并铭记新的定义，还要忘却和远离那个旧的、习惯性的意义；这无非是一个更难也更复杂的任务，若只是为了表面上不被当作是在卖弄学问，在我看来如此做法并不值得。然而，当我们能够想起一个未被使用、因不充分理由而淘汰的词，毫无疑问，恢复这个词要比创造新词更加可取。因此，为了用一个词来表达所有与感知（perception）有关的、被认为仅仅是被动的接受者的东西，我从我们前辈的经典著作中借用了"感觉上的"（sensuous）这一词；因为"肉体上的"（sensual）目前只有一个不好的意义，至少在道德上有所区别；而"敏感的"（sensitive）与"明理的"

（sensible）所传达的含义都与我的原意有所出入。于是我也效仿了胡克、桑德森、弥尔顿等，通过词语的直觉来指定所知行为或物体的直接性；词语的直觉有时被主观地使用，有时被客观地使用，甚至就像我们使用思想这一词时，它既可以用作思考这一行为，也可以用来表示我们思考出来的事物；我们在使用的时候也不会感到困惑或指代不明。我斗胆将往昔学校里经常出现的主观和客观的词语重新定义，因为我无法通过更熟悉的术语将感知[1]和知觉[2]更简洁、更方便地区分开来。最后，我谨慎地对"推理"（reason）和"理解"（understanding）这两个词做出区分，并在大革命之前获得了我们真正的神学家和哲学家的鼓励与肯定。

> 生命和感觉
> 想象和理解，灵魂从中接受理性，
> 理性是她的本体，有推理的
> 和直观的两种。推理多半是你们的，
> 直观多半是我们的，这只是
> 程度的不同，实际是同类。
>
> ——《失乐园》（*Paradise Lost*）[3]

1　画线部分原文为拉丁文。
2　画线部分原文为拉丁文。
3　此为《失乐园》第 5 卷第 485—490 行。此中译文引自 [英] 弥尔顿著，朱维之译《失乐园》，上海译文出版社，1984 年，第 5 卷，第 195 页。

我想说的是，我之所以能获得如此可敬之权威的肯定，是因为我之前就深信词义区分的重要性，不，应该说是必要性，并拥有更强烈的动力。在我看来，无论在伦理形而上学还是神学形而上学中，词义区分都既是一个不可或缺的条件，也是一个至关重要的组成部分。《朋友》杂志的主要目标之一就是建立词义区分；如果即使在我自己文学生涯的传记中，我也能适当地提及一部作品，它被印刷而非发表，或者已经发表，因为如果它仍然是原稿的话，对这位不幸的作者来说是件好事。甚至到了现在，我也有痛苦的理由记起这一点，而对于我的众多订阅者来说，一个微不足道的动机就足以使他们遗忘。这种不平衡本来是可以避免的，但我宁愿自以为是地认为读者不像在东方使用体罚的教授那般严厉；那位教授会在试图将一个犯人<u>屈打成招</u>[1]时，打断犯人因痛苦而产生的强烈抗议，并提醒他这些抗议"根本不是重点！""乱七八糟！没一样说到点儿上，也完全没回答我的问题！""啊，但是，"受刑人回答说，"这是对你的殴打最中肯的回答了。"

　　一个内心善良的粗心之人，只要有可能，一心也只想着为他人着想，就连他的粗枝大叶也不能不为别人的利益着想。所以，如果这篇半叙述性作品的任何一位读者正在准备或打算创办一部期刊，我想事先提醒他，千万不要相信订阅名单上的人名数量。因为他无从得知这些名字的登记是否足够权威；就算他能确定这点，也无法知道它们是不是被某个过于热情的朋友强迫至此；说不定订阅者只

1　画线部分原文为拉丁文。

是没有勇气说"不",而不得不供出他的名字,以早早结束这一任务。有一位先生为我的《朋友》获取了将近一百个订阅者,不仅一有机会就提醒我他这一揽客的成功,还竭力让我铭记我对这些订阅者的责任,因为(非常执着地告诫我的那样)"一年五十二先令对于一个人来说可是笔大数目,毕竟还有那么多人都对慈善人士的帮助有着强烈的需求。"在这一百个赞助人中,有九十个在第四期发行之前就毫无事先通知地停止了订阅;虽然他们清楚地知道,因为距离,以及运输的缓慢与不规律的原因,两个月内我都会被囤积的、已盖上邮戳的杂志淹没;也知道这杂志中的每一张纸在放入我的打印机之前是五便士;也知道在期刊发行后的第二十一周后我才会收到订阅费;还有最后,他们也知道十有八九我都要为我收到的那两三期的钱支付同等金额的邮费。

我会从众多事实中挑选出一个来证实我的第一个提醒。在我的订阅名单上,有相当多的名字都令我感到欣喜,其中就有一位科克伯爵,以及他的地址。而就我对他的了解而言,还不如称他为瓶子伯爵(科克 cork 有瓶塞的意思),因为他只满足于抽象地维护贵族的地位,而不付诸具体行动。我按照订阅定期地将《朋友》寄给他,如果我没记错的话持续到了第十八期;也就是说,截至交付订阅费的两周前。瞧!就在这个时候,我收到了这位伯爵的一封来信,言辞高傲无理,斥责我厚颜无耻地将这小册子发给他,而他压根儿就不知道我这个人的存在,更别说我的作品了!然而,这位伯爵欣然留下的这十七八期的杂志,大多是贡献给了他仆人在厨房中的便利。

其次,我想提醒所有人,不要试图脱离这一行业发表作品的正常模式。我确实认为，购书款的百分之三十是给了书商还是政府，于购买者而言差别不大；但从自己家门口的邮箱中就能拿到书的便利会让他更倾向于后者。我承认在收集和整理这些材料方面，我已经辛苦了很多年。把一切生活必需品购置好以后所能省下的每一分钱都用在买书或支付旅费上，而旅行若不是为了咨询有关这些书的问题，也是为了追溯事实的来源；然后还要购买纸张，支付印刷和其他费用，总计下来比能在这一行业挣到的金额，高出了至少百分之十五；在这一切都完成后还要将销售利润（毛利润而非净利润）的百分之三十支付给一个人，而这个人的职责仅限于为这些书提供书架或仓库，以及准许他的学徒将这本书递给前来柜台购买的人；然后就这样一本一本地卖，虽然关于哲学或科学的作品可能要花上数年才能卖完。我承认，所有这一切必然是艰难的，而且其他工业产品都不受这一困难的影响。但即便如此，比起试图以任何方式将作者和出版商的功能联合起来的做法，上述情形已经好太多太多了。但最谨慎的做法，还是将至少一版或多版的著作权，以这一行业能出的最高价卖出。只有少数作品能获得大额的报酬；但对于文人来说，比起五百镑和必将遭受的羞辱和降低身份的忧虑，五十镑和舒畅的心情才是真正的收益。如果我书写这一说法的意图被解读为是对书商或出版商人格的减损，那么就严重地误解了我的本意。这些人虽然不是制定行业法律和规矩的人，但却没有对它们提出任何异议，不过这在其他行业中也屡见不鲜了。在证明恶魔能被除掉，且不会被同等或更糟的麻烦替代之前，就连抱怨也会显得怯懦而鲁莽。但若是将其作为借口来对这些商人在语言上，甚至想法或感觉上有任何不友好或无礼之处，就不能单单是用怯懦或鲁莽来形容了，因为已经到了伤风败俗和恶语中伤这一程度。而我的动机指向的则是完全不同的方向和相去甚远的目标，这些内容我会在本章结尾中提到。

有一位学识渊博、为人楷模的老牧师，在很多年前伴随着他教友们的遗憾和祝福寿终正寝。他生前自费发表了两卷八开本的书，标题为《救赎的新理论》。这部作品在《月报》或《评论》中受到了最严厉的批评，具体是哪一个我不记得了，但这无缘无故的敌意却成了这位善良的老人在朋友间最喜欢谈论的话题。"嗯！"他经常大声说道，"在第二版中，我会揭露那匿名评论者的无知和邪恶。"然而，两三年过去了，书商在承接了另一部作品的印刷和出版后就杳无音信了，因为据说那位作者拥有大量的财产，而书商也从此吃穿不愁了。账单还是最终写出来了，并在几星期后由出版社的骑手亲自送到老牧师家中。我的老朋友戴上他的眼镜，颤颤巍巍地举起那写着账单的卷轴，读起来——"纸张，金额：哦！这么便宜——完全没有超过我的预期！印刷，金额，嗯！便宜！太便宜了！装订、封面、广告、运输等，金额，仍然没有任何不妥。销售（Sellaridge）（毕竟正确拼写不在书商必要的文学造诣范围内）3.3先令，保佑我！销售的费用只有三基尼[1]？""一点儿没错，先生！"那位骑手回答道。"这不可能！这也太便宜了！"我的老朋友回答说。"分成两部的作品，销售一千册竟然只要三基尼？""哦，先生！"这位年轻的

1　基尼，英国旧时金币名。

旅行者惊讶地大声说道，"您误解这个词的意思了。这些书一本都没卖出去；它们很久以前就被送回伦敦了；而这个3.3先令，指的是窖存（cellaridge），也就是我们书窖（cellar）的仓库。"后来，这些作品从那书商不祥的地窖转移至了作者的阁楼；而这位老先生在给熟人展示这部作品时，总是带着极大的幽默感和更强烈的善念来讲述这件逸事。

自打我开始写作，我因世俗知识的欠缺而遭受惩罚的程度，已远远超过我欠缺的程度。在我不幸离开那友好的修道院，和静穆的剑桥大学耶稣学院中的那片快乐小树林后的第一年，接近年底的时候，我被形形色色的慈善家和反辩论家说服，并开始着手准备一部名为《守望者》的期刊作品；此期刊的主题（根据工作的一般座右铭）是：所有人都可以知道真相，而真相可以使我们自由！为了能免除印花税，以及尽可能地摆脱所谓的反自由战争的罪名，该期刊每八天发行一期，设计为含三十二页纸的大八开本，印刷紧密，定价仅为四便士。于是，带着印有"知识就是力量""为政治气氛的状态呐喊"等的样书，我动身北上，从布里斯托到谢菲尔德，为的是招揽顾客并顺路在众多大城镇中进行讲道；作为一个无人雇用的志愿者，我当时穿着一件蓝色大衣和白色马甲，身上没有一片巴比伦妇人的衣料。因为在当时和后来很长的一段时间里，我虽然在哲学上（柏拉图时代）是一个"三位一体"的信仰者，但在宗教上却是一个狂热的一神论者；更准确地说，我反对耶稣为童贞女所生的这一说法，认为我们的主其实是约瑟夫（Joseph）的儿子，同时还认为他们主要强调的是复活，而不是受难！我永远不会带着羞愧或遗憾回忆起那些日子,因为我是最真诚、最无私的。我的观点在很多最重要的地方的确是错的,但我的心是真诚无二的。和(我所信仰的)真理的利益,以及我的造物主的意志相比,财富、地位甚至生命本身在我看来都是廉价的。我甚至无法指责我是被虚荣心驱使,因为在我热情高涨的时候,我根本就没有想到过我自己。

我的竞选活动启动于伯明翰;而我第一次攻击对象是一个以卖牛脂蜡烛为生,死板的加尔文教徒。他身上脏乱不堪,个子高挑却瘦骨嶙峋,极不成比例,简直可以拿来当铸造厂的火钳。哦,那张脸!那明显是一张带着特别强调的面孔!此刻我眼前就浮现了他的模样。那麻绳一般黑而细长的头发,泛着油光[1],沿着他火药般稀松的眉毛上的黑茬,剪成一条直线,看起来就像上周剃须后烧焦的痕迹。他的大衣领子和那粗糙又油腻的绳子,也就是他自己称为头发的东西,无论是在颜色还是光泽上,都完全融为一体;那绳子在脖颈处向内弯曲,溜进了他的背心,构成了他整体形象中唯一折褶的地方;那张瘦削、黝黑又极为难看的脸,有着明显而垂直的皱纹,让我模模糊糊地感觉到有人正透过一个满是煤灰、油渍和铁块的破旧烤架在看我!但他是一个有教养的人,一个真正热爱文学的人,

---

1 画线部分原文为拉丁文。

而且据我所知，皮特（Pitt）¹先生在《启示录》中扮演了第二兽（说话像龙的那个）的一个角，并得到了众人的好评。和我一起的还有当地的介绍人，经推荐信认识。这是我人生中一个全新的事件，是我从事作家这一新职业后遭受的第一个打击，没错，也是我作为作家，以自己的名义做生意遇到的第一个打击。我的同伴随便说了几句话并哼哼了半天后，就将这任务丢给了他的客户（作者本身）；于是，对着<u>自由的爱好者</u>²，那个牛脂蜡烛商，我开始了长篇大论，长达半个小时；我变换着音调，用尽了雄辩术里的全部音域，风格从推理到朗诵；在朗诵中，语气从悲天悯人到义愤填膺。我时而辩论时而描述，时而允诺时而预言；起于民族的囚禁，止于千禧年的到来，最后用我自己的《宗教沉思》中描述这辉煌之势的诗行作为结语：

　　这样的喜悦

1　此处的皮特指小威廉·皮特（William Pitt the Younger，1759—1806），活跃在18世纪晚期19世纪早期的英国政治家。小威廉·皮特是英国第14位首相（任期1784—1801，1804—1806），查塔姆伯爵老威廉·皮特的次子，于1781年进入政坛。1783年，他获任首相，时年24岁，时至今日仍然是英国历史上最年轻的首相。1801年，他辞去首相一职，但在1804年，他再次出任首相，却在1806年任内去世。担任首相期间，他同时兼任财政大臣。民间为了把他和他的父亲老威廉·皮特区分开来，通常会在他的名字后面加上"小"（the Younger）。1766年，因父亲获封伯爵，他获得了"The Hon"的前序。小皮特首相任内，欧洲风起云涌，先后爆发了法国大革命和拿破仑战争。
2　画线部分原文为希腊文。

漂浮到地面，特邀的嘉宾！
在庄严的禧年的某个时刻，
天堂的大门被打开了
大开着，到处都是狂热的碎片
神秘旋律的甜美回响，
还有从紫红色花坛上传来的芬芳，
它们，来自生命的水晶河
安布罗西亚大风啊，在新翼上跳起来吧！

——《宗教沉思》

  我这位细蜡烛一般的听众坚持不懈地听着，耐心令人钦佩；虽然他后来向我抱怨有些部分并不完全令人满意，但总的来说他在这一天深受感染。"那么先生，"停顿了一会儿后，他说，"要多少钱呢。""只要四便士——（哦！那一落千丈的感觉，那糟糕透顶的四便士！）——""每期只要四便士，先生，每八天发行一期。"——"一年下来也是一笔钱啊。您刚才说，这钱都包含了什么来着？"——"三十二页，先生，大八开本，印刷紧密。"——"三十二页？保佑我！我除了和家人一起在安息日之外，可还从来没读过这么多书呢，先生！整整一年。我和伯明翰的其他人一样，先生！追求自由和真理那些东西，但至于这个——希望没有冒犯到您，先生——我得赶紧走了。"

  于是，我的第一次游说就这样结束了。后来我又亲自推销了一次，也是最后的一次，此次推销的任务我下面就将提到。此次推销的地点在曼彻斯特,推销对象是一个庄严而富有的棉花批发商。他拿起我的介绍信,详读了一遍之后,将我从头到尾打量了一番,然后问我有没有那东西的账单或发票。我将我的样书展示给他。他飞速地略过封面,还一边哼了几句,然后用更快的速度翻过第二页和最后一页;他用手将它握成一团,然后又无比刻意而明显地将它们一页一页抹平弄展;最后,他把样书放进了口袋,并转身离去,只丢下了一句"文章太多了!"就回到了他的会计室,一个字都没多说。而对我来说,这着实充满了无法形容的乐趣。

如我所说,这就是我第二次也是最后一次尝试。在第一次游说中,我试图模仿俄耳甫斯(Orpheus)[1]与那伪装的爱国者之间的奇迹;徒劳而返后我困惑不解,并与那位将我介绍给他的商人一起吃了饭。晚餐过后,他一再邀请我与他一起抽烟,还有两三个同阶层的光明派会员。我拒绝了,不仅仅是因为我当晚已经和一个大臣及他的朋友们有约,还因为我这辈子只抽过一两次烟,而且还是与奥鲁诺克[2]混合的香草烟。不过他向我保证,他们要抽的烟草也很清淡,而且可以看到颜色呈淡黄色;无法忘却我说"不"和以往不合群的惨痛经历——于是我拿起了烟斗,一半装着烟草,一半装了盐。然而,我很快就因眩晕和痛苦而不得不停止,因为我只喝了一杯麦芽酒,所以我可以确定这种感觉一定是由烟草造成的。又过了一会儿,我感觉自己好多了,就动身去赴我的另一个约会;但是行

---

1 俄耳甫斯(Orpheus),古希腊神话中阿波罗与缪斯的儿子。其弹唱技艺举世无双,能使高山点头,野兽俯首,河水止流。
2 奥鲁诺克,一种弗吉尼亚烟草。

走和新鲜空气把刚才所有的症状又带了回来，于是在我刚刚踏进大臣的画室，还没来得及打开他为我代收的来自布里斯托的一小包信件，我就因昏迷而非睡意，倒在了沙发上。幸运的是，我在这之前有足够的时间告知他，我当时的状态和情形的混乱。于是我就躺在这里，我的脸像一堵刷了石灰水的墙，死一般的苍白，一滴滴冷汗顺着我的额头流下来；而与此同时，被邀请的先生们纷至沓来，大概有十五到二十个，都陪我度过了那个傍晚。因为烟草的毒性持续时间很短，我最终还是从麻木中苏醒了过来，环顾四周，被在其间点亮的蜡烛弄得眼花缭乱。为了缓解我的尴尬，其中一位先生开始与我谈话："柯勒律治先生，你看过今天的报纸了吗？""先生！"我揉着眼睛回答说："我可不认为一个基督教徒有权阅读任何报纸或其他有关政治和临时兴趣的作品。"这句回答是如此荒唐可笑，与我去伯明翰的目的完全不一样，或者应该说，不一致，但这句话也帮助我在这个聚会中引发了来自所有人不由自主的一阵大笑；自那阵笑声起至第二天早晨，持续了如此之久的欢乐时光我真的很少再经历了。大概从那以后，我就再也没有在类似纷繁的聚会上，听到过内容如此生动、信息如此丰富、趣闻逸事如此层出不穷的会话了。那时以及之后，他们都来劝我放弃我的创刊计划，并用最友好但又最奉承的语气向我保证，不仅这份工作不适合我，我也不适合这份工作。但如果我一定要继续下去，他们保证会尽他们所能地帮我获取订阅者，并坚持说我不应该再亲自进行推销，而应该通过代理人来发起游说运动。这与我在曼彻斯特、德比、诺丁汉、谢菲尔德——实际上，在我逗留的每一个地方——遇到的热情接待、劝阻、失败,以及我在其中付出的努力,是多么的相似。我常常满怀深情地回忆起这些令人尊敬的人,他们为我着想,即使我当时于他们而言完全是一个陌生人。而现在,这其中的不少人已成为了我的朋友。他们见证了我当时的原则与雅各宾主义,甚至与民主主义的原则是多么的大相径庭,也可以证明我在《朋友》的第十和十一期中留下的声明是严格而准确的。

我这趟难忘的旅行回来后,《守望者》多了将近一千个订阅者;然而其中超过一半的人相信我会出于谨慎放弃这一创刊计划。但就是因为这个原因,我才坚持了下来;因为我当时处于人生中一个无比困扰的时期:害怕受到自私动机的影响;并且,当知道一种行为模式是出于对谨慎的要求时,我的想法就得到了一种假定证明,证明相反的做法才是我应该履行的责任。于是,我开始了这项工作。创刊的消息通过长长的宣传海报公布于伦敦,并使用了见所未见的巨型字体;我没有亲眼见到,但我听说甚至盖过了乐透广告的光辉荣耀。但是啊,唉!第一期的出版就被推迟到了公布日期之后。在第二期中,有一篇反对斋戒日的文章,以最应受到谴责的方式引用了《以赛亚书》中一段经文作为它的训言,而这一次打击就令我损失了近五百个订阅者。在接下来的两期中,我得罪了我所有的雅各宾和民主党赞助人,因为厌恶他们的不忠,以及他们将法国道德与法国哲学相结合的行为。此外,因为我认为慈善应该从离家最近的地方开始,所以我没有像人们期待的那样,把主要或者全部精力放在辱骂政府和贵族上,而是把我的攻击瞄准了"现代爱国主义",甚至大胆地宣称我的信仰,那就是不管大臣们的动机是否是煽动叛乱，或者用当时流行的话说：令人作呕的法案；但法案本身所产生的效果会使自由的真正朋友心生向往，前提是这些法案能阻止人们在还没有摸清其中原则的情况下，就对一些问题进行公开演讲，并阻止他们"向穷人和无知的人求情，而不是为他们求情"。与此同时，我公开宣称了我的信念，即国民教育和福音传播是所有真正意义上政治改良的必要条件。因此，在第七期发行之际，我受到了羞辱（其实我根本没必要提这一点，因为我对任何和世俗利益相关的事情都漠不关心，所以也根本不为此感到羞耻）——之前的几期都杂陈在老旧的铁铺里，一便士一本。到了第九期时，我停止了这一期刊。但我从伦敦出版商那里哪怕连一先令也拿不到；他是在挑衅我。从其他地方我也只拿到了一点钱，而且经历了这么久的延误后，那一点钱也分文不值了；如果不是我的一位亲密但也并不富有的朋友替我交了一笔八十到九十镑的费用，我一定会被我布里斯托的印刷商丢进监狱，就因为我欠了他这笔费用，可他连一个月都不愿意等；这位朋友从我第一次到布里斯托起就和我形影不离，尽管时间流逝，尽管我有时表面上怠慢了他，他还是一直对我忠心耿耿；他从未给予我任何草率的建议，就连劝谏也都温柔又挚诚。

我在良心上是第一次革命战争的反对者，但我也彻底看清了那些英格兰革命原则（我对这些原则恨之入骨）拥护者的真实面目和软弱——（因为我政治信条的一部分就是：当一个人通过成为任何不被政府批准的组织成员的方式，停止以个人的身份行事，则应视为他放弃了公民权利）——我也是一个热烈的反执政主义者，但在对瑞士的入侵之后，我更多的是一个反教宗权制限主义者，以及一个更强烈的反雅各宾主义者;带着这些身份,我退休并居住在斯托维的一间小屋里,通过给《伦敦晨报》写诗来维持生活。我明白地看到,文学这一职业并不能维持我的生计;因为我无法欺骗自己:不管我在其他方面是否有才华,可以确定的是我没有能使自己成为畅销作家的才华;我的观点本身是什么也不重要,因为它们和这三个主要的政党(皮蒂特党、福克斯党和民主党)都同样的相差甚远。某天早晨我和我家的女仆之间的一个有趣的小片段可以证明我的作品注定卖不出去。那天我碰巧比往常起得要早一个小时,就发现她为了生火无比奢侈地往炉子里塞了大量纸张,于是我温和地制止了她的浪费行为;"啊,先生!"可怜的女仆回答说,"怎么了,这不过是《守望者》啊。"

现在的我致力于诗歌,以及伦理学和心理学的研究;那时,我对哈特莱的《论人》佩服得五体投地,以至于我的第一个孩子就是以他的名字命名的。我当初选择移居至斯托维的唯一动机,就是与一位先生培养友谊,我们现在是邻居,他的花园与我的小果园相连通;除他之外,在我定居下来不久,我还万分有幸地在这个社区结交了一位友人,而且无论他是作为诗人、哲学家,还是普通人,我都对他心怀同等的敬仰之情。与他的交谈几乎可以延伸到所有主题,除了物理和政治;他从不为政治费心烦恼。然而,在那充满了忌妒的时代,无论是我的隐退,还是我对当今所有争论的漠不关心,都不能使我摆脱怀疑和诽谤;而这些怀疑和诽谤不仅没有止于我,还蔓延到了我这位优秀的朋友身上,他的一清二白甚至被当成他犯罪的证据。当今跑前跑后的谄媚者之一——(我在此处使用的是"谄媚者"一词的原意,即一个向权势述说他邻居坏话的卑鄙之人,谎称他们出口违禁无花果或花式织物——只要是将这个词用于道德上的谴责,对含义就没有特殊要求)——谄媚者般的法律杂种,在谈论邻里间的政治时,说出了如下深奥的话:"至于柯勒律治,他不会带来多大伤害,因为他脑筋不清楚,想到什么说什么,但那个——!他就是个阴暗的叛国贼。你从来没听他在这个问题上发出过任何声响。"

因为上帝的手已经将整个欧洲训导得清醒冷静,方法无异于人类在驯服野象时交替使用的击打和爱抚,也因为所有阶层的英国人都已经恢复了他们古老的英国观念和感情,所以,在从1793年至阿丁顿政权的开始,或者亚眠休战的前一年,之间这段动荡不安的时期,人们很难相信秘密诽谤(对党派热诚过于忠实的随从)的精神所具有和施加的影响会有多么严重。到了后期阶段,党派人士因过度刺激而疲惫不堪,因彼此的失望而日益自卑,并最终变得软弱无力。使国家倾向于和平的那些原因,同样也是使个人倾向于和解的原因。但双方发现他们都错了。一方错误地估计了革命的道德品质,而另一方错误地估计了革命的道德和物质资源。这个实验是以巨大的,我们甚至可以说,羞辱性的牺牲为代价而进行的;明智的人预料到它会失败——至少在它直接和表面的目标上会失败。但它还是被廉价收购了,并实现了一个有同等价值的目标,以及——如果可以这么说的话——一个更加至关重要的目标!因为它带来了自伊丽莎白统治以来在我国历史上前所未有的举国一致;同时,因人类已履行他们应有的职责所以从未发挥过积极作用的天意,随即为我们提供了西班牙事业作为共同焦点,并在同一时间纠正双方的偏好并令他们满意,来让我们对英国人的身份有着更强烈的认同感。虔诚的皇位崇拜者发现忠诚的事业因与自由的联盟而变得崇高;虽然人民中诚实的狂热者不得不承认,自由本身会以一种胜利的形式出现,并因忠诚而变得人性,因宗教原则而变得神圣。年轻的热衷者从法国大革命清晨的彩虹中得到鼓舞,曾夸口说要放弃他们的希望和恐惧,而现在,随着年岁的增加,并经历了接踵而至的暴风雨的训导后,他们学会了珍视和尊重民族精神,将其作为民族独立的最佳保障,也同样作为人民权利的绝对先决条件和必要基础。

如果在西班牙,太过失望阻碍了我们前进的步伐,但一切都还没有被摧毁。那庄稼的茎也许长得太茂盛了,以至于无法正常抽穗;毫无疑问,这上面还有教宗权制限主义者枯萎的迹象。如果迷信和专制受挫,将那些狼一般的羊放进来践踏和侵蚀,连表面都不放过,除了根部还是活的,那么这临时中断反而会使二次生长变得更加强壮和健康。在所有的事件中,上天于我们都是公正和仁慈的。英格兰人民尽了他们最大的努力,也得到了他们的奖赏。愿我们永远值得拥有它!从前,政治家都普遍地认为事业归属于另一个世界;而现在,所有阶层的人都承认事业是我们成功的主要动因。"星宿从天上争战,从其轨道攻击西西拉。"[1] 因此,如果以道德情感为基础的一致性是我们民族光荣的最明确的来源之一,那么若一个人通过揭示和建立原则,将他的生命及智慧上的最大努力全部奉献于

---

1 引自《圣经·旧约·士师记》第 5 章第 20 节。

保持和延续这种一致性，他就理应受到他的同胞，甚至是爱国者的尊重。所有的观点最终都要经过考验；而且（只有当人们的感情能代表他们确定的观点时，这些感情才值得考虑），对于这些一致性的认识，只要不是偶然和转瞬即逝的，就必须有理有据。如果有学者执意于这一定论，他只需参考埃德蒙·伯克（Edmund Burke）在美国战争开始之际的演讲与著作，并将它们与他在法国大革命开始之际的演讲与著作相比较，就会发现这其中的原则和推理都完全一模一样；然而，两种情况下的实际推论却几乎截然相反；但两者都同样合法，并同样被结果证实。他从哪里获得了这先见之明？以及在同样的问题上，为什么他提出的依据，和那些给他投票的人提出的依据之间，存在着如此显著的差异，甚至（在大多数情况下）矛盾？我们又该如何解释这臭名昭著的事实：埃德蒙·伯克的演讲和著作相比于它们初次发表时，现在反而更加有趣；而他那些显赫的同盟者们要么被遗忘，要么只是为以下情况提供证据而存在：一个人通过科学推断而得出的结论，可能和另一个人通过误差得出的结论相同，只是在后者的情况中，这些误差碰巧抵消了彼此。如果把这种差异归结于伯克在交友、经验或历史知识等方面才能上的缺乏，无论事实是否如此（实际上是错的），这种猜想都是不地道的。令人满意的回答是，埃德蒙·伯克拥有一只眼睛并孜孜不倦地将这只眼睛磨砺得越来越尖锐，它不仅能看到一切事物、行动和事件都与原则有关，而且原则决定了它们的存在并限制了它们的可能性。他习惯性地提到原则。他是一位科学政治家，也因此是一位预言家。因为每一个原则本身都包含了预言的萌芽；正因预言的力量是科学的基本特权，所以预言的应验是向外界（对一般人来说）提供了它能否被称得上是"预言"二字的唯一检验。尽管伯克在国会旁听者面前表现出的精益求精令人厌倦，但整个欧洲有教养的阶层仍有理由心存感激，因为他

——持续精益求精，当别人满脑子都是吃饭时，他满脑子想的都是怎么令人信服。

我们的布告板（一位著名的朋友对我说）证明了世界上曾经有过一个提香（Titian）。同样，不仅是议会的辩论，也不仅是我们的宣言和政府文件，就连我们期刊上的文章和引言都随处可见对埃德蒙·伯克的纪念。读者若把法国大革命开始之际及之后的五六年里的反对派报纸，与现在和过去几年里同类期刊中的观点和论据进行比较，就会发现此言不虚。

伯克的著作从上层和文学阶层中驱除了雅各宾主义的精神；在《哈姆雷特》中，已逝国王的鬼魂虽然在地下室移动和挖掘的动静较小，但进行的却是非常危险的活动；至于伯克驱除的精神会不会也如这鬼魂一般，正不被察觉地制造威胁，人们就无法确定了。弗莱彻（Fletcher）法官对韦克斯福德大陪审团的指控，引发了我就上述问题提出自己的观点及其依据，并写入了我与法官的通信中，也随之发表在了《信使》上。不管怎样，忌妒的恶灵，和那世仇和诽谤共同诞下的地狱犬幼崽，都已无法在有教养的社会里随心所欲地四处走动了。

我因这些逸事而回想起的那些日子，和现在比已经大不相同。某个狂热的探听分子做出的阴暗猜测，和我们邻居中一个有头衔的

道格培里（Dogberry，莎士比亚的戏剧《无事生非》中一个自命不凡的夜晚治安官）发出的严重警告是如此的不谋而合，以至于政府真的派来一个间谍，来对我和我朋友进行监视。大臣们手下的这类"可敬之人"不光数量众多，种类也很齐全，因为大臣们都觉得：这人明显诚实可靠。那个人跟踪了我们三周（我和我的朋友基本都待在一起），简直称得上是印第安式的坚持；虽然在这期间我几乎很少出门，但他还是设法窃听我们谈话——而我们全程都没有任何察觉。的确，我们又怎么会想到有人在偷听我们呢？——在这之后，他不仅拒绝了道格培里爵士让他再多坚持一下的请求，还向爵士表明了他相信我和我的朋友同国王陛下统治下的其他人一样，都是很好的子民，也没有干出过什么特别出格的事情。他说，他一连几个小时都躲在海边的一个河岸后面（我们最喜欢的座位），并偷听我们的谈话。起先他猜想，我们是知道自己面临的危险的，因为他经常听到我们谈论一个大鼻子间谍（Spy Nozy），并理解为是在谈论他，和他那明显的面部特征。但他马上就明白过来那个名字只是很久以前的一本书的作者。我们的谈话大多关于书籍，而且我们总是想让对方看看这个，听听那个；他自始至终都没能听到一个关于政治的字眼。有一次他在路上与我同行（我当时正独自从我朋友家回到我自己的小屋，中间路程大概三英里），路过他的时候我以为他是来旅游的，而他随之便开始与我谈话，并故意用民主党人的说话方式来引我上钩。谈话的结果似乎使他确信我完全不可能与雅各宾主义有任何瓜葛，他把他的窃听说成是一件既愚蠢又邪恶的事情，他都替他自己感到惭愧，尽管他只是装出来的。我清楚地记得这件事，并且一回去就与人提起这位有着巴道夫式鼻子的旅行者说的话，以及我自己的回答；我丝毫没有怀疑我的"控诉者"[1]的真正目的，而且心怀极大喜悦，因为我希望并相信这次谈话对这位可怜又被误导的不怀好意之人起到了一定的帮助。这一事件也因此令报告的真相免遭质疑；报告的消息是村里旅馆的主人告诉我的，他奉命以最好的条件招待那位政府官员，但最重要的是，他必须绝口不提他的房子里住着这么一个人。最终，他接到了道格培里爵士的命令，来陪他的客人参加最后的面谈；在大臣们的信任下，这位先生获得了参政权，并对下列问题做出了如下回答（以下简称"道"和"房"）：

道："好了，房东！你对我们讨论的这个人了解多少？"

房："我经常见他与主人——我的房东一起（也就是这栋房子的物主），有时也和霍尔福德新来的人一起，但我和他之间从来没说过一句话。"

道："那你可知道，他向普通民众分发了具有煽动性质的文件和传单？"

房："没有啊，大人！我从来没听说过有这回事儿。"

道："你难道没有见过，或听过这位柯勒律治先生，对着一群居民长篇大论吗？——你在笑什么，先生？"

---

[1] 据亚当·罗伯兹编辑，爱丁堡大学出版社2014年版《文学传记》第134页，脚注444中考证：引自约翰·弥尔顿《失乐园》第4卷第10行。此中译文引自[英]弥尔顿著，朱维之译《失乐园》，上海译文出版社，1984年，第4卷，第127页。

房:"请您原谅!我刚才只是在想,他们都是怎么盯着他的。如果我听到的都是真的,大人!他们根本就听不懂他说的一个字。当我们的牧师、学校院长和温莎教士 L. 博士[1] 在这里时,主人家里办了一个盛大的宴会,当时在宴会上的一个农民告诉我们,他和博士在晚饭后用真正的希伯来语和希腊语交谈了一个小时。"

道:"回答问题,先生!他有没有对人们进行演说?"

房:"我希望大人您没有生我的气。我知道的都说了。除了我的房东,我们的助理牧师,和那个奇怪的先生之外,我从没见他与任何人交谈过。"

道:"难道没有人看见他在山上朝着海峡徘徊,手里还拿着书和文件,沿着海岸绘制这个国家的图表和地图?"

房:"哎呀,至于这个,大人!我承认,我有耳闻;我很确定,我不希望说任何人的坏话;但这是真的,有听到过。"

道:"大声点,伙计!别害怕,你是在为你的国王和政府尽应尽的义务。你听到了什么?"

房:"哎呀,大人!大家都说,他是个诗人,他还要把匡托克和周围所有东西写成诗发表出来;而且他和那位奇怪的先生总是在一起,我猜那位先生也和这件事有点关系。"——这轮阵容庞大的审讯就这样结束了;我将对后半部分的内容进行解释,因其涉及了我文学生涯中的一些趣闻逸事。《任务》一诗的标题展现了这部作

---

[1] 据亚当·罗伯兹编辑,爱丁堡大学出版社 2014 年版《文学传记》第 134 页,脚注 445 中考证:L. 博士为威廉·朗福特博士(Dr. William Langford,1763—1814),1790 年代任伊顿公学校长,是温莎教会的教士。

品的主题,但我曾认为这首令人钦佩的诗中有一个缺陷,就是对主题的描述没有超过前三到四页,而且在整首诗中,连接处时常生硬笨拙,过渡也是突然和随意的。在我看来,一个主题应含有相同分量的描述、事件和对人类、自然和社会充满激情的思考;同时,这些部分之间应该自然衔接,并组合成统一的整体。我试想在溪流中找到了这样一个主题,并从它在山间红绿色苔藓和锥形玻璃状的草丛中的源头,追溯至它的第一个破浪堤和瀑布,在那里可以清晰地听到水滴声,溪流也开始形成一个沟渠;然后来到那用黑色块状的泥炭搭建成的,储存泥炭用的仓库;再到羊圈;再到第一块耕地;再到那孤独的小屋和它从荒野那儿得来的惨淡的花园;最后到了小村庄、村落、市集、工厂和海港。于是,我几乎日日行走于匡托克的山顶,和它那倾斜的峡谷。我手里拿着铅笔和备忘录,若用艺术家的话说,我正在做研究:我时常把我的思想塑造成诗歌,那些物体和意象也都清晰地呈现于我的感官之中。这首诗原本要命名为《小溪》,但创作期间发生了许多事,有的好有的坏,使得这首诗未能顺利完成。如果我完成了这项创作,我打算在紧要关头把它奉献给我们当时的公共安全委员会;我还打算将其中的图表和地图提供给法国政府以协助他们的入侵计划。还有克利夫登和迈恩希德之间的那片连渔船都不许靠近的海岸!

  从我来到这个世界到现在,所有的经历都遵循了这条警世格言:如果一个人完全反对他所处时代的政治或狂热分子,那么比起那些和他们只有个别观点之差,或者只有程度之差的人,他就更容易摆脱这些狂热分子的辱骂。同样,若一个人将私下生活的情感转移到对公共问题的讨论上，他就无异于党派狂热主义的蜂箱里，一只格格不入的蜜蜂，而相比起一个温和的朋友，党派人士会更加同情一个放纵的反对者。我们现在享有一个中场休息，愿它长久地继续下去！我们当今的圣经社团和其他众多国家性或慈善性的协会，除了服务于一些更崇高、更重要的价值之外，或许也可以通过无害的夸张和喧闹的管理来消除那些激进分子多余的活跃和热情。但毒树并没有死亡，只是毒液可能会在短期内消退到根部。至少不要让我们陷入这样一种错觉，即我们已经彻底安全了，不需要保持警惕，甚至不需要捍卫我们最好的情感。我曾见识过为了支持容忍而展现出来的严重不容忍行为，也见识过为了促进对教派上的不加区分的理解方面，教派间表现出的那无比明显的憎恶，以及为了促进人类事业至关重要的目标而实施的残忍（甚至是）背信弃义的行为，而这一切都是由性情善良且品行端正的人做出来的。

狂热主义的魔法棒保存在人性的最深处；只需要大师一只温暖的手，就可以将它再次唤醒，重新发芽，结出旧的果实。德意志农民战争的恐怖，和那再洗礼派信条可怕的影响（它与雅各宾主义的唯一区别就是它用神学术语代替了哲学术语），在一段时间使整个欧洲都陷入恐慌。然而，一个世纪的时间就足以抹去这些事件的所有有效记忆。在查理一世的入狱到他儿子复辟期间，类似的可怕后果再次上演。通过迫害来消灭狂热主义这一狂热格言导致了一场内战。战争以叛乱分子的胜利而结束；但此般性情存活了下来，而弥尔顿也有充分的理由断言，"长老不过是被放大的老牧师而已！"[1]这般狂热还是造成了一个好的结果，感谢上天！那就是教会得以重建。现在，人们或许以为这种恶作剧精神在一段时间内都会受到束缚，"在他上面盖印封着，使他不能再迷惑列国"[2]。还早呢！被迫害的人以丝毫未减损的精力开始了新一轮的迫害。在庄严的誓言和盟约下，相同的狂热原则把教堂变成了马厩，摧毁了最珍贵的艺术品和对祖先的虔诚，洗劫了知识和宗教最耀眼的装饰品，只留下坑洞和角落；现在，这一原则在主教的旗帜下行进，先是使英格兰的监狱挤满了罪犯，然后把全部愤怒都倾泻于悲惨的苏格兰盟约派。最终，仁慈的天意迫使双方联合起来对抗共同的敌人。一个明智的政府随即到来；已建立的教会不仅变成了最光明的榜样，而且成为我们最好的、唯一可靠的宽容之堡垒！——一个真正的、必不可少的浅滩，以抵御新一轮的迫害狂热浪潮——愿永世长存！[3]

接着是长时间的沉默；更确切地说，是精疲力竭导致了寒战，

1　画线部分据亚当·罗伯兹编辑，爱丁堡大学出版社 2014 年版《文学传记》第 137 页，脚注 449 中考证：引自约翰·弥尔顿的诗《关于长期议会下的良心新堡垒》(*On the new Forcers of Conscience under the Long Parliament*，1620)。

2　画线部分据亚当·罗伯兹编辑，爱丁堡大学出版社 2014 年版《文学传记》第 137 页，脚注 450 中考证：引自《圣经·新约·启示录》第 20 章第 3 节。

3　画线部分原文为拉丁文。这句话出自弗拉·保罗·萨尔皮（Fra Paolo Sarpi，1552—1623），威尼斯学者和爱国者，这是他的遗言，指的是愿独立的威尼斯共和国永世长存。

其中症状是许多人意见不一，还有受教育的阶层产生的不忠或怀疑倾向。最后，民众一度对宗派和民主狂热的罪恶和荒谬产生了厌恶和仇恨，这些厌恶和仇恨最终转化为贵族的压迫特权和奢靡，以及大陆法院的阴谋和徇私。同样的原则，身着华丽又时髦的哲学外衣，又一次获得了胜利，并导致了法国大革命。我们有理由相信，在过去的三四年里，法国专制主义那可憎的格言和相应的措施已经使公众对民主疯狂的记忆变得模糊；也使凝聚和支持那些回忆的感情力量，转移到了别的事物上；难道只有在多个有利机会同时出现的情况下，才会有人想从政治天堂的另一边打雷和闪电？（见《朋友》，第110页）

　　我的文学和政治冒险启程后还不到一年，我的头脑就陷入了一种彻底的厌恶和沮丧的状态——无论是关于争论还是双方的争论者；原因之一是体制的懒散使我的热情在充满希望的日子里受到了抑制；但更多是因为我在传统教育和学术追求上的习惯及受到的影响。我以超越诗意的情怀呼喊道：

> 感官和黑暗的反叛是徒劳的，
> 奴隶们被自己驱使！在这疯狂的游戏中，
> 他们打破了自己的镣铐，戴上了这个名字
> 自由，这个被镌刻在更沉重锁链上的名字。
> 自由啊！与无益的努力
> 我追赶你在那么多疲乏的时刻。
> 但你既没有为胜利者的盛况增色，也永远不会

> 你的灵魂曾以人类力量的形式呼吸过!
>
> 无论他们如何赞美你,
>
> (祈祷和自夸都不能令你迟延)
>
> 来自迷信的奸佞宠臣
>
> 还有造反的,谤谗的奴仆,
>
> 你的速度乘着你的小天使的翅膀,
>
> 成为无家可归的风的向导,海浪的玩伴!
>
> ——《法国:否认》[1]

我后来退隐至匡托克脚下的萨默塞特郡,并居住于一间小屋舍中,在此期间我所有的思考和研究都围绕着宗教和道德的基础展开。我发现我自己一直是漂浮着的。疑虑冲进了我的思绪,从"深渊的喷泉"和"天堂的窗户"[2]中砸落在我的身上。自然宗教的真理和启示录一起造成了这场洪水;而我的方舟还没碰到阿勒山,洪水就已平息。在我看来,至高无上的力量这一概念暗含于所有特定的存在模式,其必要性就相当于所有空间有限的几何图形中都暗含着无限空间的概念。我非常欣赏笛卡儿主义的观点,他认为上帝的概念

---

[1] "否认"原文为拉丁语 palinodia。罗马法中有这一词汇,对应法学意义上汉语中的"否认"。据亚当·罗伯兹编辑,爱丁堡大学出版社 2014 年版《文学传记》第 138 页,脚注 454 中考证:这首诗最初题为"改变论调:颂歌"(*The Recantation: an Ode*),发表于英国《晨报》(*Morning Post*,1798 年 4 月 16 日)。经柯勒律治本人多次修订,最后一稿题为"法国:颂歌"(*France: An Ode*)在作品集《神秘的树叶》(*Sybilline Leaves*,1817)中出版。

[2] 引自《圣经·旧约·创世纪》第 7 章第 11 节。

与其他概念的不同之处，在于它的真实性。但我并不完全认同，于是我开始问自己，我该怎么证明任何事物的客观存在呢？就比如说这张纸，它作为物体本身，与我感知中的现象或形象是分离的。我由此发现，事物的本质决定了这一点是无法证明的；在所有不以感官作为对象的存在模式中，存在被认为是从思想本身的构成中产生的一种逻辑的必然性——同时它也因不存在任何质疑它的动机而产生，而非从相反假设中的任何绝对矛盾中产生。然而，本体的存在，一切存在的依据，还不是道德创造者和统治者的存在。

所有的现实要么作为一种属性被包含在必要的本体中，要么作为根据通过他而存在；然而这一观点还无法确定当智力与意志的特性被称为至高无上的力量时，到底是以前者的意义，还是后者的意义；以及到底是作为固有的特性，还是只作为结果通过他存在于其他事物中[35]。如果后者是真理，那么永恒的第一就必须通过其存在的充分性、统一性和独立性，被赋予一切卓越，以作为宇宙的恐惧地，尽管他的本性还远没有达到我们所理解的上帝的概念。因为，如果自身没有知识或决心，它只会成为其他事物和其他精神的一个盲目的必要依据；这样一来，它与某些古代哲学家的命运就没有什么区别了，而只是被更明确、更容易理解的方式表示出来。

——康德《纯然理性界限内的宗教》[1]

1　原文为英文，柯勒律治翻译并引用了康德《纯然理性界限内的宗教》，第二卷，作品合集，第 102 页和第 103 页。虽然书名如此，但这个德语版本包含了康德的多部著作，是一部合集，出版于 1763 年。

在很长一段时间内，我确实都无法协调人格与永恒的关系；我的思想和斯宾诺莎在一起，我的心全部都在保罗和约翰那里。然而在我看到那指明灯——《纯粹理性批判》——之前，我就有所领悟。即使单凭智力还不足以确定地发现一个神圣、明智的第一原因，但它或许可以证明任何合法论证都不能脱离其真理。而这不就是圣保罗（St. Paul）的主张吗？即人类无法通过智慧——更准确地说，是通过推理的力量——而得知上帝的存在。这不就是世上最古老也是最崇高的书籍所教导我们的：

人们搜寻金和银，
将矿藏掘地而出，将黑暗带入光明。

然而，智慧在何处可寻？
聪明之处又在何方？

深渊说："不在我内。"
沧海说："不在我中。"

那么智慧来自哪里？
聪明之处又在何处？

是向一切有生命的眼目隐藏

向空中的飞鸟掩蔽。

地狱和死亡回答,
我们从远方听到了关于它的传闻。

上帝为我们指明了道路,
神知道它的居所。

因他鉴察直到地极,
遍观普天之下。

他为风定轻重,又度量诸水,
他为雨露定命令,
他为惊雷定道路,
他为闪电定通途!

那时他看见智慧,
并且度量,
他探究到此中深奥处。
并用线将其围住!

但他对人类说,
敬畏主就是你的智慧!

避免罪恶,

就是你的聪明。

——《约伯记》第 28 章[1]

我开始坚信,宗教作为道德的基石,必须有一个道德根源;至少到目前为止,宗教学说的证据不能像抽象科学的真理那样,完全独立于意志。所以可以预期的是,它的基本原理是有可能被否定的——但是只有傻瓜,只有内心疯癫的傻瓜才会那么做!

而上帝,不仅作为宇宙的基础,还因为他的智慧和神圣的意志而作为宇宙的创造者和审判者,有关我们是否相信上帝的存在问题,似乎是这样的:拥有着纯理论目标的知识推理,只要它的名义和外表没有被学说的反对者所取代,就是始终中立的。但是,通过揭露虚假的论证,或者以同样有逻辑的前提,揭示相反的情况同样可证,它就成为了一个有效的同盟。同时,理解喻示了经历上的相似能够促进信仰。自然仿佛通过一个永恒的启示,激发和回忆着信仰。我们的感情几乎使信仰成为必需;而良心的法则专横地支配着信仰。

---

[1] 据亚当·罗伯兹编辑,爱丁堡大学出版社 2014 年版《文学传记》第 141 页,脚注 459 中考证:在本书的英文原文中,柯勒律治引用的《约伯记》第 28 章并非译自《圣经·约伯记》的希伯来原文,而是译自弗里德里希·海因里希·雅各比(Friedrich Heinrich Jacobi,1743—1819)写于 1785 年的《关于斯宾诺莎的学说——致摩西·门德尔松先生的信》中,以德语诗歌形式呈现的《约伯记》第 28 章。因此与《圣经》原文无法完全对应。本着翻译以"信"为第一要义的原则,本书译者仍以柯勒律治原文来进行翻译。请读者留意,尽管柯勒律治在这段末尾标注"《约伯记》第 28 章",但这并非《约伯记》第 28 章原文。

所有适用于信仰的论据都是它的拥护者；除了它自己的庄严崇高，没有什么是反对它的。若信仰要在智力上更加显而易见，就免不了在道德上丧失效力，信仰在本身的目的上也免不了做出让步，因为迫于强制性的赞同，不得不以牺牲信念的生命来换取价值更低的、冰冷的机制。相信上帝和一种未来状态的存在（如果信仰的名义能够产生一种被动的默许）并不一定总能产生一颗善良的心；但是一颗善良的心自然会产生一种信仰，那就是，要将个别的例外视为奇怪和不幸的环境中产生的奇怪的异常现象。

　　从这些前提出发，我得出以下结论。首先，一旦我们完全承认了一个无限而又自我意识强烈的造物主的真实存在，就不能用任何其他信仰的不合理性，来证实我们已定义为事实存在的事物，也是同样的不合理。第二，任何可以从自我理解和创造精神的承认中推断出来的东西都可以合法地用于证明关于神性的任何进一步的神秘的可能性，<u>我已经开始从所有的矛盾中解放神圣的神秘（例如：三位一体）的被动性，以对抗异教徒及其攻击，但神的真理却不是这样，他只能通过启示来建立。</u>莱布尼茨在给公爵的一封信中说道。他后来又做了如下公正而重要的补充。"为了支持某种学说而引用圣经的传统或经文是徒劳无益的，<u>直到不可能和逻辑矛盾的棒子从大力神手中被夺走。</u>[1] 因为异教徒仍然会说：经文的字面意义与其

---

[1] 两处画线部分原文均为拉丁文，据亚当·罗伯兹编辑，爱丁堡大学出版社 2014 年版《文学传记》第 142 页，脚注 462 中考证：是莱布尼茨在 1671—1673 年与布伦瑞克公爵（Duke of Brunswick）有一些通信。这两个地方，柯勒律治引用的都是 1671 年 10 月的信件。

说是高于一切,不如说是直接违背了所有理性,所以必须以形象化的方式来解读经文,比如希律(Herod)是一只狐狸,等等。"

在哲学上,我坚持这些原则,但在启示宗教方面,我仍然是一个狂热的一神论者。我认为三位一体的概念是根据上帝的存在而做出的公正的学术推论,如同一种创造性的智慧;而它也正因如此,被授予了一个自然宗教的秘传学说的称号。然而,因为它同样缺乏实用或道德基础,所以我将它局限于哲学学派。将理性(Logos)承认为事实存在(也就是说,既不仅仅作为属性,也不是一种拟人手法)也完全没有消除我对十字架化身与救赎的疑虑;我既无法在理性上与神圣存在的冷漠相调和,也无法在道德情感上与事物和人之间的神圣区别相调和,也不能在债务的代偿和罪责的代偿之间调和。我还需要在我的哲学原则上进行一场更彻底的革命,并对我自己的内心进行一次更深入的洞察。不管怎样,毋庸置疑的是我的形而上学观念与普遍的一神论观念间的差异,促使我最终将基督视为一切真理的再次皈依;甚至根据他自己的供述,某些柏拉图派哲学家的著作(libri quorundam Platonicorum)[1]也开始拯救圣奥古斯丁(St. Augustine)的信仰,使其免于因摩尼教的异端而越发严重的问题。

然而在我迷茫困惑时,上天给予我的眷顾令我无论如何感激不尽;约西亚(Josiah)先生和托马斯·韦奇伍德(Thomas Wedgwood)先生对我慷慨的资助,使我得以在德国完成学业。我没有用自己粗陋的思想和幼稚的作文去烦扰别人,而是更好地用别

---

1 括号里是"柏拉图派哲学家的著作"的拉丁文。

人的智慧来充实自己的头脑。我将我的时间和方法发挥到了极致；也是正因如此，我的一生中没有哪一段时光能让我如此心满意足地回首往事。我在拉策堡学习了德语，水平尚可接受，我在此地的航程和旅行在《朋友》中都有描述；在这之后，我路经汉诺威到达了哥廷根。

在这里，上午我定期去听生理课讲座，傍晚则是布卢门巴赫（Blumenbach）[1]的自然历史；不只是在那所大学就读过的英国人对这个名字感到熟悉亲切，就连整个欧洲的科学家都对它肃然起敬！我是从拉策堡的一个学生的笔记中接触到的艾契霍恩（Eichhorn）[2]关于《新约》的讲座；那个学生[3]是个博学又勤奋刻苦的年轻人，现在已经是海德堡大学的东方语言教授了。但我的主要努力方向还

---

1 约翰·弗里德里希·布卢门巴赫 (Johann Friedrich Blumenbach)，1752—1840，一位德国医学家、生理学家、人类学家，因其在自然历史和医学方面的著作而在他自己的时代享有盛名。他是首先把人类当作自然史研究对象的人之一，用比较解剖学的方法，将人类种族分为五类（蒙古人种、尼格罗人种、高加索人种、马来人种、印第安人种）。

2 据亚当·罗伯兹编辑，爱丁堡大学出版社 2014 年版《文学传记》第 144 页，脚注 467 中考证：约翰·戈特弗里德·艾契霍恩 (Johann Gottfried Eichhorn1752—1827)，18 世纪 90 年代哥廷根大学哲学教授。

3 据亚当·罗伯兹编辑，爱丁堡大学出版社 2014 年版《文学传记》第 144 页，脚注 467 中考证："那个学生"是弗里德里希·威尔肯 (Friedrich Wilken，1777—1840)，海德堡大学东方语言教授（1807—1817）。他最著名的是他的八卷本十字军东征史著作，出版于 1807—1832 年：*Geschichte der Kreuzzüge nach morgenländischen und abendländischen Berichten*。

是获得扎实的德语语言和文学知识。从泰克森（Tychsen）[1]教授那里，我学到了许多有关乌尔菲拉斯（Ulphilas）[2]哥特字母的知识，足以使我熟悉它的语法和最常见的基础词汇；在同一位哲学语言学家偶尔的帮助下，我通读了奥特弗里德（Ottfried）[3]对《福音书》韵律上的释义，以及古高地德语[4]遗留下来的最重要的部分，也就是日耳曼语从哥特式到斯瓦比亚时期的古德语的过渡状态。这个时期里——其中优美的方言与我们乔叟的方言类似，同时，哲学学生无法确定这门语言究竟更多地是失去了甜美和灵活，还是变得更加丰富、有凝聚力——我勤勉又精准地阅读吟游诗人[5]（恋诗歌者，

---

[1] 据亚当·罗伯兹编辑，爱丁堡大学出版社 2014 年版《文学传记》第 144 页，脚注 468 中考证：托马斯·克里斯蒂安·泰克森(Thomas Christian Tychsen，1758—1834)，哥廷根神学教授，教授早期德语，因为其关于圣地考古学的传记作品而著名。

[2] 乌尔菲拉斯（Ulphilas），约 311—约 383，又写作 Unflas 或 Wulfila，是一名前往德国的基督教传教士，阿里乌派主教，他将《圣经》翻译成哥特语，并在此过程中根据希腊文字改编出了"哥特字母表"。

[3] 魏森堡的奥特弗里德（Otfrid of Weissenburg，800—870 年以后），他在当时的魏森堡修道院(the abbey of Weissenburg，现在阿尔萨斯的魏森堡)当修道士，写了一篇现在被称为"福音传道士"（*Evangelienbuch*）的福音书押韵的对联版本。

[4] 画线部分原文为拉丁文。古高地德语是 9 世纪中期到 11 世纪结束时期的高地德语。

[5] 据亚当·罗伯兹编辑，爱丁堡大学出版社 2014 年版《文学传记》第 145—146 页，脚注 473 中考证：吟游诗人（Minnesinger）是约 150 名 12、13 世纪的抒情和民谣诗人的统称，他们的主题是宫廷爱情。后来被 14 世纪出现的名歌手（Meistersingers，或 Master Singers）所取代，名歌手隶属于特定的手工业协会。

斯瓦比亚宫廷的普罗旺斯诗人）的作品和骑士文学；然后研究了大量名歌手的样本，以及他们退化的后继者；不过，我也偶尔会去欣赏纽伦堡的鞋匠，汉斯·萨克斯（Hans Sachs）[1]那粗鲁而有趣的曲调。这个人的天赋之作中，现存且已出版的书有五卷，双排、对开本，而手稿的数量几乎相当；但这位不知疲倦的吟游诗人特意嘱咐他的读者，他做出的鞋也毫不逊色，并通过他辛勤的双手，善良地养育了一个大家庭。

从品达、乔叟、但丁（Dante）、弥尔顿等许多人中，我们看到了诗歌天赋与对自由和真正的宗教改革的热爱的紧密相关。如果我把这位诚实的鞋匠（顺便说一句，这个行业盛产哲学家和诗人）的名字加入到此名单中，至少在道义上不会引起公愤。汉斯·萨克斯名为"晨星"的诗歌是他发表的第一个作品，旨在表达对路德（Luther）[2]的赞美与支持；他的一首极为出色的赞美诗自然而然地被翻译成几乎所有欧洲语言；每当这位英勇的改革家拜访新教教堂时，这首诗就会在教堂里被吟唱。

在路德自己的德语作品，以及他著名的《圣经》译本中，德语就这样开始了。我所指的是目前被称为高地德语的书面语言，分别

1　汉斯·萨克斯（Hans Sachs），1494—1576，德国16世纪著名的民众诗人、工匠歌手。当过鞋匠。主要的成就是戏剧与诗歌。
2　据亚当·罗伯兹编辑，爱丁堡大学出版社2014年版《文学传记》第146页，脚注475中考证：柯勒律治此处有误。萨克斯赞颂路德的作品是《献给让人们随处听到歌声的夜莺》（*Die wittenbergisch Nachtigall, Die man jetzt höret überall*，1523），《晨星》（*Wie schön leucht uns Morgenstern*，1597）这首诗是菲利普·尼科莱（Phillipp Nicolai，1556—1608）的作品。

与平原或北方国家的方言<u>低地德语</u>[1]，以及德国中南部的语言<u>上德语</u>[2]形成区别对照。<u>高地德语</u>[3]确实曾是德国的一种通用语言，并非德国任何一个省份的方言，而是所有方言的选择和集美。也正因为如此，它是所有欧洲语言中最为丰富也最合乎文法的语言。

在路德死后还不到一年的时间里，高地德语就被迂腐的野蛮行为所淹没。出于好奇，我浏览了这一时期的几部作品，因为很难想象还能有什么比这些作品的页面外观更奇妙的了。几乎每三个单词中的最后一个都是加上了德语化结尾的拉丁单词，拉丁的部分是以罗马字母的样式印刷，而最后一个音节中的德语字符则被保留了下来。

最后，大约在1620年，奥皮茨（Opitz）[4]出现了，他在天赋上比其他任何诗人都更接近于德莱顿，并在此时浮现在我的回忆里。在最尖锐的评论家莱辛（Lessing）[5]和第一个词典编纂者阿德隆

---

[1] 画线部分原文为德文。

[2] 画线部分原文为德文。

[3] 画线部分原文为拉丁文。

[4] 马丁·奥皮茨·冯·博贝费尔德(Martin Opitz von Boberfeld)，1597—1639，德国17世纪的诗学理论家，为巴罗克诗人主要代表之一，被誉为"巴罗克诗歌之父"，并被公认为同时代最伟大的德国诗人。他的理论著作《德国诗论》(*Buch von der deutschen Poeterey*，1624)对德国诗歌创作有深远影响，在风格、诗歌和押韵方面建立了一套被广泛遵循的使用语言的范例。1625年德皇授予他"诗人桂冠"奖，1629年晋升为贵族。

[5] 戈特霍尔德·埃夫莱姆·莱辛(Gotthold Ephraim Lessing)，1729—1781，德国启蒙运动时期最重要的剧作家、美学家、文艺批评家之一，他的剧作和理论著作对后世德语文学的发展产生了极其重要的影响。著有《拉奥孔》(*Laokoön oder Über die Grenzen der Malerei und Poesie*，简称 Laocoön，1767)、《汉堡剧评》(*Hamburgische Dramaturgie*，1767—1769)等著作。

（Adelung）¹眼中，奥皮茨和他的追随者西里西亚诗人不仅恢复了语言，直至如今也还是措辞纯正的典范。陌生人对这样的问题本没有话语权；但在反复细读了奥皮茨的作品之后，我的感觉证明了这个判决是正确的；而且我似乎从这些作品中获得了一种鉴赏能力，能够敏锐察觉后来作家风格中的真实之处。

盖勒特（Gellert）²、克洛卜施托克（Klopstock）³、拉姆勒

1　约翰·克里斯托夫·阿德隆(Johann Christopher Adelung，1732—1806)，是一位德国语法学家和语言学家。阿德隆的著作很多，以其优秀的语法、辞典和各种德语文体著作，为纠正字法、完善成语、规范母语做出了巨大贡献。他编辑的《德语词典》(*Grammatisch-kritisches Wörterbuch der hochdeutschen Mundart*, 1774—1786)见证了阿德隆对现代德语所基于的不同方言历史的深入了解。

2　克里斯蒂安·弗希特戈特·盖勒特（Christian Furchtegott Gellert），1715—1769，德国诗人、道德家，他是产生席勒和歌德的伟大文学运动的早期推动者之一，后者在他年轻时是他的一个门徒，但认为他的道德体系是一种女性化的倾向。他是德国寓言的奠基人，寓言和宗教歌曲在他的文学创作中成就最高。他出版了至今仍很流行的寓言、诗歌故事、书信、赞美诗、颂歌和小说。他是莱比锡大学的哲学教授，他的赞歌《上帝的荣耀来自大自然》（*Die Ehre gottes aus der natur*）被贝多芬谱成音乐。

3　弗里德里希·戈特利布·克洛卜施托克(Friedrich Gottlieb Klopstock, 1724—1803)，德国启蒙运动的重要诗人，感伤主义的主要代表。以其历时25年创作而成的长篇宗教叙事史诗《弥赛亚》(*Der Messias*，1748—1773)而闻名，对歌德和狂飙突进运动影响甚巨。他主要以颂歌确立了自己在文学史上的地位，赞美大自然、友谊、爱情、自由和祖国。他的颂歌和抒情诗对歌德、席勒以及荷尔德林都有过很大的影响。逝世后享受公侯级葬礼。

（Ramler）¹、莱辛和他们的同伴开创的辉煌时代，我更无须多言。如果像我一样享有这些机会，却不去熟悉他们的作品，那将是可耻的；我现在已经对德国哲学家做了充足的传记性描述，而他们作品的很大一部分都是我在很久之后才接触的。

从德国回来不久，我就受邀来到《晨报》从事文学和政治方面的工作；我同意这项提议的条件是，该报今后会按照某些固定和已公布的原则运行，并不能出于对任何一方或任何事件的支持，而强制或请求我背离这些原则。于是，这一期刊多年来反对执政党，但反对得有理有据，并带着比反雅各宾主义和反教宗权制限主义更加强烈的坚定和热忱。直到现在，我也无法理解为什么会有人赞成第一次战争的开始和进行。同样令我大惑不解的是，人们到底是出于什么理由，称珀西瓦尔（Perceval）²先生（我眼中本届政府最出色、最明智的大臣）和现任政府都在推行皮特先生的计划。这些人和他们的前辈对国家的热爱，以及对法国原则和法国野心自始至终的敌视，真真切切是光荣而值得尊敬的品质。众所周知，事实的证据可

---

1 卡尔·威廉·拉姆勒（Karl Wilhelm Ramler），1725—1798，德国诗人和德国皇家歌剧院（the Royal Theatre, Berlin）主管。
2 斯宾塞·珀西瓦尔（Spencer Perceval），1762—1812，英国政治家，1796年任皇家大律师，同年为下院议员，追随小皮特。1801年任副总检察长，1802年任总检察长。1807—1809年任波特兰政府财务大臣兼兰开斯特公爵领大臣，1809年继之任首相。于1809—1812年出任英国首相，其间不顾内阁中的分歧和军事上的困难，积极推动对法战争。在任期间国内因经济困难而爆发了卢德运动等骚动，1812年5月11日在下院被破产经纪人约翰·贝林厄姆枪击而死。是历史上唯一一位被刺杀身亡的英国首相。

以说明一切历史问题，而在我眼中同样显而易见的是珀西瓦尔和当今政府部门的成功，都是因为他们采取了与皮特先生完全相反的措施。例如，国家的所有力量都集中于一个目标；放弃补贴政策——至少在对方子民的罪行足以挑起战争之前，不刺激或贿赂大陆法院从而发起战争；最重要的是，他们对英国人民的良好判断力和忠诚的坚定、不遗余力的信赖，而此种忠诚通过信用体系和对财产的相互依赖，与国家的心脏紧密相连。

尽管如此，我相信《晨报》之所以能被当作政府在最为重要的目标上有用的盟友，是因为它在主要基调上适当地反对执政党；若该报对皮特先生进行公开的赞扬，就不会有这般效果。如果少数人出于好奇或幻想去翻看那一天的报刊，他们会发现《晨间纪事报》频繁地做出指控，称这样那样的文章或引言是财政部发出的，这也许可以作为上述断言的一个小证据。同时，《晨报》在销量上迅速而异常的增长足以证明：真正的公正，再加上相当一部分的文学才华，就能确保一份报纸在没有党派或政府部门赞助的情况下获得成功。但我所说的公正，是指诚实而开明地遵守事先宣布且可理解的原则，并在对人和事件的一切判断进行支持时，如实地引用这些原则；同时，这种公正并不是指不加选择的滥用，也不是编辑们放纵自己带有恶意的情感，更不是对那愚笨至极的粗俗之人心中的忌妒、贪婪、报复性的不安和自负加以奉承，并从中获利的决心；但据我所知，这种近乎魔鬼一般的决心，已经被这群谄媚者中最臭名昭著的那一个大肆宣扬！从阿丁顿政府开始行政到今天，无论是我在《晨报》上发表的作品，还是（在该报转让给其他所有者之后）在《信使》上写的文章，都是为了维护或促进政府的措施。

> 这种性质的东西在那个晚上很难存活下来
> 那使他们诞生的，必在他们眼前死亡；
> 被抛到如此遥远的来世，以至于在那里
> 除了说他们是真的以外，几乎没有什么可说的！
> ——威廉·卡特莱特（William Cartwright）《皇家奴隶》序幕[1]

我才智的鼎盛时期都奉献给了这些工作，可努力的结果却因一些偏激朋友的信仰而付之东流。最能肯定的是，他们无论是对我的财富还是名誉，都毫无添益。一周的努力换来一周的生计。从政府或政府的朋友那里，我不仅从未得到过报酬，也从未有所期待；但是，我甚至连一次感谢或满意的表示都从未收到过。然而，回想起来这远不是痛苦或遗憾的事情。福克斯先生断言最近的这场战争（我相信这么称呼是符合时宜的）是一场由《晨报》导致的战争，而这不过是党派辩论中暴力的夸张手法罢了；如果我真的傻到相信了这一断言，那我就骄傲地把这些话刻在我的墓碑上了。在亚眠休战期间，我因为在《晨报》上发表的一些文章移居到了意大利，而在此

---

[1] 威廉·卡特莱特（William Cartwright，1611—1643）是英国剧作家和圣公会牧师，他的作品《皇家奴隶：悲喜剧》（*The Royal Slave: a Tragi-Comedy*，1636）曾于牛津基督教堂在国王和王后面前上演，音乐由亨利·劳斯（Henry Lawes）所作。

期间,我也没有怎么注意到我变成了波拿巴(Buonaparte)[1]憎恨的对象。通过普鲁士全权代表,洪堡男爵(Baron Von Humboldt)[2]的直接警告,我才得知此事,他当时是罗马普鲁士宫廷大臣;他的秘书,红衣主教费什(Cardinal Fesch)[3]也间接地对我发出了警告。我的逮捕令随即从巴黎发出,若不是一位本笃会僧人和一位善良的老人,也就是现在的教皇,对我伸出了高尚又仁慈的援助之手,我就会落入险境;这一既定事实对我有着无与伦比的意义。因为已故暴君的报复心是杂食的,无论是孔代公爵[4],还是报纸文章的作者,都是他的猎物。拿破仑的眼睛有着和秃鹰一样、望远镜一般的视力,

---

[1] 据亚当·罗伯兹编辑,爱丁堡大学出版社2014年版《文学传记》第151页,脚注489中考证:这里的波拿巴指的是拿破仑的兄弟。警告柯勒律治尽快离开意大利的是拿破仑的兄弟,他当时也与柯勒律治同在罗马,并非拿破仑本人特别警告柯勒律治。受到警告后,柯勒律治很快便离开了罗马。

[2] 威廉·冯·洪堡(Friedrich Wilhelm Christian Karl Ferdinand von Humboldt),1767—1835,19世纪初期普鲁士著名的外交家、教育家和哲学家,于1809—1810年任普鲁士内政部文化司司长,组建柏林大学。据亚当·罗伯兹编辑,爱丁堡大学出版社2014年版《文学传记》第151页,脚注489中考证:洪堡1802年任普鲁士驻罗马大使。柯勒律治就是在此时见过他。

[3] 据亚当·罗伯兹编辑,爱丁堡大学出版社2014年版《文学传记》第151页,脚注489中考证:里昂大主教费什(Joseph Cardinal Fesch,1763—1839)是当时的红衣大主教,是拿破仑的叔叔之一,也是当时法国驻里昂大使。当时的教皇是庇护七世(Pope Pius VII,1742—1823),意大利籍(1800—1823年在位)。

[4] 据亚当·罗伯兹编辑,爱丁堡大学出版社2014年版《文学传记》第151页,脚注489中考证:孔代公爵,路易·安东尼·亨利·德·波旁—孔代(Louis Antoine Henri de Bourbon-Condé, Duc d'Enghien, 1772—1804),他是法国波旁王朝君主的亲戚。他被拿破仑以协助英国和阴谋反对法国的罪名逮捕并处决。

而他对猎食的口味也是同样的粗糙，他可以从最令人眼花缭乱的高处降落，在停刹时猛扑幼兔，甚至是草地间的田鼠。但在得知我的文章在提高用道德眼光看待当今问题和事件的意识上有所助益后，我确实感到满足；不仅如此，我的文章将这些问题和事件的政策和失策追溯至永久性原则，并以此赋予特定措施以尊严；还通过把原则应用于个别措施，使人们对原则产生兴趣。通过几乎所有政治真理的萌芽都可以在伯克先生的作品中找到。但我敢说我是第一个明确定义和分析雅各宾主义本质的人；并且，在将雅各宾主义和共和党、民主党还有纯粹的煽动家做出区分时，我不仅打破了这个词原本在辱骂含义上的局限，还让许多诚实的人警惕起来；这些人即使狂热地反对雅各宾主义，也承认或支持那些从该体系中最糟糕部分合理推断出来的原则。这些并不是以上原则必要、实际的结果；但幸运的是，矛盾存在于我们的本性，它使心灵能够纠正理解上的错误。对领事政府及其伪冒的宪法的详细审查，加上由我提供的证据，即这是一种戴着面具、彻头彻尾的专制独裁，迫使《晨间纪事报》（*morning Chronicle*）不得不公开认错；此前，该报在赞扬宪法时称其完美体现了一种明智而规范的自由。每当发生重大事件时，我都竭力在既往历史中寻找与之最为相似的事件。

只要有可能，我总会找到当代的历史学家、回忆录作者和小册子的编写者。然后，当平衡倾向于前者或后者时，我公平地从相似点中减去差异点，并推测出相同或不同的结果。在题为"拿破仑统治下的法国与凯撒统治下的罗马之比较"的系列文章，和《关于波旁王朝可能最终复辟的问题》之后的系列文章中，鉴于对许多聪明之人已产生的影响,我觉得自己有权对此进行确认:如果没有明确的日期,人们可能会怀疑这些文章是过去一年内写的。我在西班牙革命开始时采用了同样的方法,即将联合省的战争和腓力二世(Philip II)作为比较的根据,并取得了同样的成功。我提到这点完全不是出于虚荣,也不是为了维护自己,尽管这会证明某种程度的唯我主义是合理的,尤其在考虑到我曾多次受到恶劣的情感上的攻击,和我对此不遗余力地驳倒和揭露,以及我在马尔他期间,这些指控对我造成了严重的不利影响。或者更确切地说,如果我是心甘情愿地定居在那个岛上,它们就会造成这般影响。但正如我之前提到的,一个拥有历史和人类思想双重知识的人,在对未来全国性事件总数的判断上几乎不会出错,前提是他能够获得过去的原始文件,以及当下的真实情况,同时他还要能够以哲学的敏锐度鉴别事实和大部分事例中真正重要的部分,因为在"历史学家"时代的恩惠下,这些作为历史之尊严的事实已经被现代编撰者排除在外。

对于任何人来说,虚度一生都是痛苦的,尤其是对于以文学为业的人。所以,比起生气,我更应该为那些只知道虚荣和自爱的人哀悼;然而我承认我也获得过这种满足感,但是因为我的政治论文(全文和片段)不仅在我们自己众多的省级刊物中重新发表,还登陆了全美国的联邦期刊。我认为这可以在某种程度上证明我的努力没有完全白费:我在最近发生的那场与美国不幸的战争[1]之前不

---

[1] 那场与美国不幸的战争指美国与英国之间发生于 1812—1815 年的第二次独立战争。

久，以及开战之际所写的文章，除了观点情绪之外，一部分文章在语言上也被马萨诸塞的多家州立报纸采纳。

如若不是我的私生活遭到不正当的入侵，我的人格因此被多次攻击，否则无论是单一动机，还是所有动机联合起来，都无法驱使我来发表这样一份令我感到如此不适的声明，好像我是一个懒惰得不可救药之人，不仅被赋予了丰富的才华，而且还拥有非同寻常的机会来对这些才华进行改善提高，却既不顾自身利益，也不为他人着想，眼睁睁地看着它们生锈烂掉而不做任何努力。如果将这些我已经公之于众并以最肯定的形式广泛流传（虽然对于作者的自爱还远远不够）的作品以书的形式发表，即使每一段中只含暂时兴趣的部分都被省略，它们也一定能填满相当数量的书册。我的散文作品被指控在阅读时需要不成比例的注意力；指控我在到达真理的方式上过分精练；指控我所写的内容凭空捏造，天马行空；指控我在各个时期长期而艰辛的努力；简而言之，我的作品晦涩难懂，自相矛盾。但即使是对我最严厉的评论家也没有假装在我的作品中找到轻浮琐事，或发现任何畏于思考的痕迹。也没有人指控我剽窃他人的言论和思想，或是重新炮制英语文学或哲学中的<u>已经煮了不止十遍的卷心菜</u>。[1] 我在写成一部作品之前，几乎都会花费一个月的时间进行学习或探究。

但是，书籍是知识之溪流能流淌的唯一渠道吗？真理的传播应该以出版物作为衡量标准还是恰恰相反，即出版物应传播真

---

[1] 画线部分原文为拉丁文。

理——至少也包含了真理？作为一个被谴责刺痛的人，我在述说时心怀可宽恕的温暖；这般谴责不仅在流通最广的评论中领先，不仅在最庞大的期刊文献中占有一席之地，还因为频繁的重复，成为私下的文学圈中公认的事实，并被太多声称是我朋友的人轻率地反复谈及，而这些人自身的记忆本该证明如此谴责的不实、相反之处。评价学者功用的标准难道不该是真理的数量及其道德价值，而对真理的讲述难道不该是他被众所周知的方式吗？或者是他的言语和文字所启发的思想的数量和价值，并给它们之后的成长提供了萌芽！即使到了那时，我的努力也未必能使我获得显赫的地位；但我愿满怀信心地期待一个光荣的无罪释放。我胆敢诉诸于我那众多且令人尊敬的观众，无论他们是否研究过我的观点，无论我的推理依据他们是听说过、在别的地方读到过，还是此前在出版作品中发现，他们在不同时间、不同地点出席我的讲座，都让我感到无比荣幸。我可以从良心上宣称，比起《悔恨》[1]在演出第一晚取得的圆满成功，更让我发自内心地感到喜悦的，是看到那剧院里上上下下都挤满了熟悉的面孔；虽然我叫不出他们的名字，虽然我对他们一无所知，但我知道：他们参加过我的讲座。有一句无比精辟又有些陈词滥调的谚语，那就是在有些时候，我们要"一不做，二不休"。那声称我生性

---

[1] 据亚当·罗伯兹编辑，爱丁堡大学出版社2014年版《文学传记》第155页，脚注498中考证：1813年1月23日柯勒律治的悲剧作品《悔恨》（*Remorse*）在特鲁里街（Drury Lane）成功上演，并上演了20个晚上。柯勒律治本人从这次演出和剧本销售中挣得了在当时相当可观的400英镑。

散漫毫无目的的谣言对我的严重伤害，我根本不愿记起，更不想把它放进我文学生涯的记录中。还有一些人，猫哭耗子一般地通过他们自己的感情，或通过贬损他人所得到的满足，将这些以错误的感觉向我提出的控诉，归罪于自负或自以为是的虚荣心。而对于这些伤害、这些人，我已经提供了如此充足的材料，又何必再有所保留呢。因此，我会毫不犹豫地请求那些与我相识已久、最有资格的人来决定或帮助我判断：<u>各得其所</u>[1]的返还，会增加还是减损我在文学上的名誉。我希望此次辩解可以被理解为是我对自己相对而言的评价，并与其他有资格之人对我的时间或才华做出的评价相称。难道我的同伴可以根据我的所作所为，来对我做出评价吗？我本能够做什么，是我自己良心的问题。就我个人而言，我也许有充足的理由来哀叹自己缺乏实现某种永久性工作的自控力和集中力。但若要在诗歌和散文中选一个，诗歌能更好地抒发哀痛。

> 爱情的惨痛，宛若骚动的婴儿一样
> 唤醒，内心中隐忍不住无望的叫喊；
> 忧虑砭砭刚愎，遮挡了希望的眼睛；
> 那不会因为忧虑而认识自己的希望；
> 对风华青年的怀念，成年来得徒然，
> 假定才华横溢，知识的获取亦枉然；

1　画线部分原文为拉丁文。

以及我在丛林中漫步时撷取的一切，
以及含辛茹苦所培植的一切，一切，
与你的交流所展现的——然而鲜花
沉醉在我的尸体，悬挂在我的棺架，
葬在同一个棺材，为了同一个坟墓！

——塞缪尔·泰勒·柯勒律治[1]

我相信在未来，这一切都将只存在于诗歌的张力中——那些被当时的情感所唤起的张力。那里才是唯一的归属，亲爱的读者。

你读到各种情绪在头脑中，由持续的恶意
发动的战争，愚蠢的人在意有一次，
以一种低微温柔的方式，
当我还是个年轻人的时候，
从我的笔中倾泻而出。
你也读过关于眼泪的故事，还有我从那个男孩的箭筒里受的伤。
时间在流逝，慢慢地消耗着一切，
活着也是为了死去，休息是为了匆匆地前行。
当我把现在的我和那个人比较时，我看不到我自己；
我的脸变了，我的习惯变了，脑海里有了新的形象，我的声音

---

[1] 节选自柯勒律治诗歌《致威廉·华兹华斯》，第65—72行。本段中译文来自柯勒律治著，袁宪军译《柯勒律治诗选》，海峡出版发行集团、福建教育出版社，2015年，第196—197页。

也变了。因为现在的我从观察生活中学到了很多:

不要悲伤,要忍受一切;

因为现在经验已经一点一点地擦干了我的眼泪。[1]

---

[1] 原文为拉丁文。据亚当·罗伯兹编辑,爱丁堡大学出版社 2014 年版《文学传记》第 157 页,脚注 501 中考证:这段话引自弗兰齐斯科·彼特拉克(意大利语:Francesco Petrarca, 1304—1374)写给他的朋友马可·巴巴托(Marco Barbato)的一首诗。彼特拉克,意大利诗人、学者、欧洲人文主义运动的主要代表,文艺复兴第一个人文主义者,被誉为"文艺复兴之父"。他以其十四行诗著称于世,为欧洲抒情诗的发展开辟了道路,后世人尊他为"诗圣",与但丁、薄伽丘齐名。

第十一章

*对那些早年想成为作家的人的深情劝诫

塞缪尔·惠特布莱德（Samuel Whitbread）[1]先生最喜欢说的一句话就是，没有人因单一的动机行事。我也已经将不同的动机，或者说产生之前回忆和逸事的情绪，通过每个单独的事例向读者展现了。然而有一个兴趣一直伴随着我，而且（好像）也是我所有情感的伴唱之歌，那就是现在正处于和我刚步入文学生涯时境况相同之人的幸福中。怀特黑德（Whitehead）[2]发挥他的桂冠诗人的特权，向年轻诗人发出一种诗意的指责——这也许是他的作品中最好，也的确是最有趣的部分。而我，除了同情和真诚的美好祝愿之外，没有任何特权，但我也想通过自己的经历，向年轻的文人提出深情的

---

[1] 据亚当·罗伯兹编辑，爱丁堡大学出版社 2014 年版《文学传记》第 159 页，脚注 502 中考证：这里指塞缪尔·惠特布莱德（Samuel Whitbread, 1758—1815），慈善家，激进的国会议员，下议院反对党领袖。他希望在英国实行拿破仑式的改革，并确信法国会在欧陆战争中取得胜利。拿破仑退位后，他变得郁郁寡欢，最后自杀。柯勒律治认识他，是因为在他生命的最后几年，他参与了特鲁里街剧院 (Drury Lane Theatre) 的运营。这是伦敦一所至今仍在使用的最古老的英国剧院。1696 年在伦敦开幕，当时取名为 "特鲁里街皇家歌剧院" (Theatre Royal, Drury Lane)。

[2] 威廉·怀特黑德（William Whitehead），1715—1785，英国诗人、剧作家。1757 年他成为了桂冠诗人。

告诫。它不会很长,因为开端、主体和结尾都汇集于一点:永远不要将文学当作谋生手段。除了一个极为出色的人之外,我从来没见过哪个人——至少是一个拥有天赋的人——能在没有职业的状态下健康快乐;我指的是拥有固定的工作,而这份工作不取决于当时的意愿,并只需在身体、精神和智力上做出适当的努力就可以机械且准确地完成。被满心期待并当作一个改变和娱乐且不受外界忧虑干扰的轻松时光,哪怕只有三个小时,所创造出的文学作品也要比在数周的强迫下所产出的结果更具天赋。金钱和直接的声誉只是文学工作中一个任意且意外的结果。虽然这些结果在很多情况下都不失为努力的兴奋剂;但若将这些目标视为必需品,这种兴奋剂在所有充满天赋的作品中,都会转变成麻醉剂。动机过多会使它们的本性颠倒,从而无法再将思想唤起,反而使之变得愚钝昏庸。因为天赋与才华的一个对照区别就是,天赋的最为主要的结果是包含在方法中的;这也是建立了天赋与美德间的类比的众多观点之一。虽然才华可以独立于天赋而存在,但因为天赋无法独立于才华而存在,也着实无法脱离才华而独自显现,我想建议每一位认为自己拥有天赋的学者,在这两者之间做出区分,也就是将自己的才华投入到某种已知行业或职业的能力获得上,而将天赋致力于自己平静且无偏见的选择及其目标;与此同时,因为真诚地渴望履行自己的职责而在天赋和才华中产生的觉悟,会使两者都变得高尚。"我亲爱的年轻朋友,"我会说,"假设你已在一个体面的职业中站稳脚跟。到了晚上,你从工厂、会计室、法庭或者病房回到家中,

那宁静的时刻,温馨的家的感觉
是最最温馨!

  与你的家人团圆,准备享受社交的乐趣;你的妻子和孩子们,在知道你今日辛劳的成果已足以支持今日的生计后,脸上洋溢着喜色,欢迎的声音也变得更加热情。接着,你退隐到自己的书房,在书架的书中你再一次拜访着众多可敬的朋友,并与他们对话。你自己的精神就像这些伟大的思想一样,摆脱了个人的忧虑,因为在你眼中,书里的这些人从未死去!甚至连你书桌上的白纸和其他工具也都会像一长串花朵,将你的情感与想法和过去或未来的事件及人物相连接;而不是一根铁链,通过回忆专横的现在的主张和感受,把你绑在凳子上强迫你去思考未来和遥远的事物。"但我为什么要用"退隐"一词?积极的生活和每日与纷扰的世界交流的习惯会给予你这样的自我控制,而你的家人不会成为干扰。相反,妻子或姐妹在社交中的沉默,或是令人镇定的声音,宛若一种能使人重拾精力的气氛,或轻柔的音乐,它塑造了一个梦想,却没有成为它的目标。如果要拿出事实来证明严肃的文学业绩和完整独立的职业是可以结合在一起的,那么从古代的西塞罗和色诺芬(Xenophon)[1],

---

[1] 色诺芬(Xenophon),前440左右—前355,古希腊历史学家、思想家、苏格拉底的弟子。他以记录当时的希腊历史、苏格拉底语录而著称。

到后来的托马斯·莫尔爵士（Sir Thomas More）[1]、培根、巴克斯特（Baxter）[2]以及近现代的达尔文和罗斯科（Roscoe）[3]，他们的作品都可以对这个问题当机立断。

但所有人都不敢妄称他们拥有足够的自制力来模仿这些榜样：尽管在任何时候都需要实施严格的审查，来确定懒惰、不安，或者寻求即刻满足的虚荣心是否损害了判断力，以及是否为了自欺的目的而假装出一副谦卑的面孔。虽然如此，教会在每个求知之人和天赋面前都呈现了一种职业，在那里他可以怀着一个理性的希望，希望能够将最广泛的文学功利性方案与最严格的专业职责表现结合起来。基督教的诸多赐福中，在引入一个已建立的教会时特别强调了学者和哲学家的感激之情；至少在英格兰，新教的原则与政府的自由合谋，通过消除暴行，而使所有有益的力量加倍。

不仅是训言，还有纯粹道德的依据，其中的片段

　　庄严肃穆的悲剧家们，领导着学生，

1　托马斯·莫尔爵士（Sir Thomas More），由于被天主教会封为圣人，又称"圣托马斯·莫尔"Saint Thomas More，1478—1535，英格兰政治家、作家，欧洲早期空想社会主义学说的创始人，以其名著《乌托邦》（Utopia）而名垂史册，该书框架叙事以拉丁文写成。

2　理查德·巴克斯特（Richard Baxter），1615—1691，17世纪英国著名的清教徒牧师、神学家。

3　威廉·罗斯科（William Roscoe），1753—1831，英国历史学家，废奴运动领袖，艺术收藏家、国会议员、律师、银行家、植物学家、杂文作家。利物浦植物园（Liverpool Botanic Garden）的创建者。

以齐声或抑扬格

他们是道德上最审慎的教师,

以人们最乐于接受的简短的警世戒律。

——《复乐园》[1]

  还有那在柏拉图眼中最难以学习、也更难揭示的关于神圣一统和属性的崇高真理,这些都几乎应该成为童年和贫困、简陋屋舍和作坊的遗传特性,即使对于不识字之人来说,它们也司空见惯;这是一种现象,它使得所有人(最粗鄙之人除外)都无法低估讲道台和读书台的服务之价值。然而,如果有人认为一个既定教会的效率只体现在它的公职上,那他的智力级别一定不高。文明的萌芽植入于整个王国的每个教区里;即使是在最偏远的村庄里,也有一个核心,使此地区的能力和潜能变得明朗而清晰;以及一个足够优秀又触手可及的榜样,能够激发、鼓励以及促进人们去模仿。而这,就是默默无闻却持之以恒的新教教会的作用,在这里,爱国者和慈善家欣然把对和平的热爱与对人类进步的信念结合在一起,而这其中的价值是无法估量的。哪怕是俄斐金、珍贵的玛瑙,或是蓝宝石都无法相提并论,就更别提珊瑚和珍珠了,因为智慧是无价的。牧师和他的教区居民在一起,他既不在与世隔绝的小房间里,也不在荒野上,而是一个邻居、一个忠于家庭的人;他的受教育程度和地位使他能够出入富有地主的府邸,

---

1 引自约翰·弥尔顿《复乐园》第 4 卷,第 261—264 行。

而他的职责又使他成为农舍村屋的常客。他（也许）还会通过婚姻与他的教区或附近地区的家庭建立联系。在我看来，没有什么比农民反对教会的喧闹更为盲目无知了，这种行为至少也是在贪婪之本性驱使下的目光短浅。钱即使不交给教会，也会不可避免地在下一次租约到期时被土地所有者征收；而就现在的情况来看，如果家里有一位成员为加入教会而接受教育，或者有女儿嫁给一位牧师，那么教会的收入对于这样的家庭来说都是可复归的。这类财产并不是不可赎回且固定的。实际上在所有种类的土地财产中，只有教会财产是在本质上可移动和流通的。明明是百利而无一害，谁会假装宣称这其中存在不便之处呢？我既没找到能证明这其中的不便比其他任何种类都多的证据，也没找到农民或牧师都通过强迫后者成为屈鲁力勃[1]或领薪官吏而获益的证据。所以，我将毫不犹豫地宣布我坚定的信念，那就是不论农民们有什么不满的理由，这才是真正的原因：他们可以骗过牧师，但却骗不过管家；此外，在法定债务内，他们本可以自己私藏五镑，却因最终只留下了两镑而失望不已。无论如何，相对而言这类机构在对学习和天赋的鼓励上都提供了一种既有效又不累赘的赞助；除了基督教和新教国家之外，任何国家都不可能负担得起类似的或同

---

[1] 屈鲁力勃，菲尔丁的《约瑟夫·安德烈斯》(*Joseph Andrews*，1742) 中世俗粗野的牧师，他对养猪的兴趣比对他教区居民的幸福更感兴趣。亨利·菲尔丁（Henry Fielding），1707—1754，18 世纪最杰出的英国小说家，戏剧家。18 世纪英国启蒙运动的最伟大代表人物之一，是英国第一个用完整的小说理论来从事创作的作家，被沃尔特·司各特称为"英国小说之父"。

等的费用。人类所有的知识领域几乎都涉及了各种批判、历史、哲学和道德真理，而学者作为牧师必须对这些内容感兴趣；一个富于天赋之人所追求的知识及真理，无不充满了一致性。若是把圣经的历史写成一本书，无异于把我们现在所掌握的所有文学和科学之起源，或最初的发现联系起来。这种职业所强加的礼仪，不仅有利于天赋实现其最佳目标，还有助于弥补它最常见的缺陷。最终，但凡是情感丰富的人，都愿在那照亮了英格兰教会的熊熊火光下找到效法的动机，也愿意从那圣殿中听到回音。

阿克尼斯神父和赫克特叔叔让他兴奋。[1]

但是，相比于纯粹以文学为生的人，无论选择何种职业或行业，都有着众多且重要的优势，因为前者的生计和生活的舒适度在任何程度上都取决于他作品的销量。而同时拥有其他职业的人能够与这个世界和睦相处，并实实在在地生活着。至少他能获取一个更好更快的鉴赏能力，他学会更谨慎、更有效地管理自己的天赋。他的能力和学识也为他赢得了更多真正的赞赏；因为它们超出了其他人的合理预期。他除了作者之外还有别的身份和能力，因此也不仅仅被视为是一个作者。人们在他面前敞开心灵，将他视为自己阶层中的一员；而且，无论他在他的熟识圈子中是否健谈，他的沉默寡言不

---

[1] 这句话原文为拉丁文。据亚当·罗伯兹编辑，爱丁堡大学出版社 2014 年版《文学传记》第 157 页，脚注 501 中考证：本句引自维吉尔的《埃涅阿斯纪》(*Aeneid*) 第 3 卷第 343 行。

会被视为骄傲自大，他的善于交际也不会被视为虚荣浮华。除了这些优势之外，我还想冒险补充一条，那就是享受幸福的家庭生活的优越机会，因为对于男人来说，白天离开他的家庭圈子才是自然的，就像女人大部分时间留在家里是值得称赞的一样。但这一主题需要考虑到很多很微妙的方面，不仅允许而且需要从文人传记中参考大量的文献，所以我现在只是简单地提一下。当同样的情况在不同的时间发生在不同的人身上且这些人都有一个共同点时，我们就有理由认为这种情况不仅是相关之人造成的，而且在某种程度上是由于所有人都有一个共同之处。我不会像有厌女症的薄伽丘（Boccaccio）[1]一样，在文人面前对婚姻进行的猛烈抨击和近乎诽谤的诋毁，我只会提出简单的建议：别只做一个纯粹的文人！可以让文学为你的臂膀增光添彩，但别让它成为你的外套，也别让它代替盾牌！

若有人发自内心地反对这一说法，我回答的方式自然只有一个，那就是请求这位年轻的反对者（正如我之前所做的那样）通过严格的自我审查来确定是否有其他影响因素在起作用；"无关健康"的精神和"不是从天上来的"私语是否行走于他意识的朦胧状态中。同时，我还会让他把自己的顾虑罗列出来，并把它们归纳成一种清晰易懂的形式；让他确定他是带着一种温顺的思想和赞成的

---

[1] 乔万尼·薄伽丘(Giovanni Boccaccio)，1313—1375，意大利文艺复兴运动的杰出代表，人文主义杰出作家。与诗人但丁、彼特拉克并称为佛罗伦萨文学"三杰"。其代表作《十日谈》(*The Decameron*)是欧洲文学史上第一部现实主义作品。它批判宗教守旧思想，主张"幸福在人间"，被视为文艺复兴的宣言。

心情来阅读这个主题的最好和最基本的作品；他的头脑和心灵都对很多著名人物的伟大而显赫的品质敞开了大门；这些人和他一样都曾怀疑过，但他们的研究都得出了明确的结论，即他们的怀疑是毫无根据的，或至少也是不平衡的。如果一个人能在与他同时代且比他年长的人当中，遇到这样一个人，那他就是幸福的：这个人在能力和感情上都和他自己一样敏锐，也有过同样的顾虑，并对此采取了措施；此外，通过事后的研究（唉！这一步是无法挽回的，但这也证明了他的研究确实是公正无私心的），这个人发现自己与公认观点的分歧只会导致犯错，并在那光荣努力的高尚之路上，偏离已为他指明的方向陷入迷宫；而当他在那里走得头昏脑胀时，他最好的运气终于再一次为他找到出路，虽然在谨慎方面已经迟到了太久，但对于良心或真理来说还不算太迟！这般延迟看似在浪费时间，实则是赢取了时间：因为与此同时他在逐渐成熟，知识、判断力，以及最重要的，感情上的节制都获得了提高。即使以上这些都没有产生任何变化，那此般延迟也至少会使他最终做出的决定免受内心对鲁莽和虚荣心谴责的影响——尽管正是这两者促成了这一决定。若是相信一个人可以在任何已确立且有名望的行业或职业中，不以诚信和荣誉行事，这无异于一种反宗教行为，几乎可以说是对人性的诋毁；同时毋庸置疑的是，任何行业或职业中，也会时不时出现与之相反的诱惑。但是，如果那个人认为文学这一职业，或者（更直白地说）通过作者这一身份谋生的手段，比起教会、法律或商业的不同分支，有着更少或不那么阴险的诱惑，那他就不幸地大错特错了。但这个令人不快的主题我在本书较早的章节中就已经充分地讨论过了。所以我将从赫尔德（Herder）[1]的作品中摘录一小段话来对当下的内容进行总结。赫尔德也同其他显赫的伟人一样，不仅在成功追求缪斯时忠实地履行了使命，而且还获得了一个既定职业的最高荣誉和值得赞誉的报酬。读者可以在下面的注释中找到翻译。

    尽最大的可能避免署名。过度贪图享乐或过度操劳，会使头脑空虚，心灵空虚，即使没有其他更糟糕的后果。一个人，如果只是为了印刷而阅读，那么他很可能是读错了；他一想到什么就通过笔和出版社把它输送出去，不一会儿就会把一切都寄走，如此他便只能成为印刷厂的一个行路人，一个排字工人。

——赫尔德[2]

---

1 赫尔德（Herder），全名 Johann Gottfried von Herder，1744—1803，德国哲学家、路德派神学家，诗人。在德国18世纪启蒙运动中扮演极为重要的角色，同时他也影响了"狂飙突进运动"（Sturm und Drang）的兴起和浪漫主义文学。赫尔德被认为是德国浪漫主义的先驱，其史学思想则影响了20世纪历史学家布列锡格、史宾格勒等人的历史观点。其作品《论语言的起源》（*Treatise on the Origin of Language*）成为狂飙运动的基础。

2 原文为德文。此段页下有柯勒律治翻译的英文版，本段中译文据此译出。

第十二章

* 对于下一章节细读和忽略的预感和需求

过去的哲学作品使我坚定,这种力量是一种对立的形态,同时也包容古老的格言。细细品读中,我渐渐得知:在了解作者的无知之前,假设你自己对他一无所知。这条真理于我,同于毕达哥拉斯(Pythagoras)的晦涩,而非他的深度。若我的读者允许我做自己的希罗克洛斯(Hierocles)[1],我相信他能从下面的情况中找到此举意义。在我之前有一批沉迷宗教的人,充满梦想,拥有超自然的经验。我清楚地了解作者的出发点,以及这些出发点的空洞之处。我洞察了其中的原因,这些原因通过身体作为媒介,影响作者的思维。我能运用已知和确定的法则,合理地解释作者在记录自己的时候所有奇怪的现象。同时,我可以坚信他并非刻意犯错。当晴空万里,我追逐那个迷雾朦胧、变幻莫测的月光中走失的旅人的足迹,也能凭借着这种波澜不惊的确定性,拨云见日。我了解他的无知。

　　另一方面,我尽自己所能,在精神上继续追求柏拉图的《蒂迈欧篇》。对于我理解的一切,我都能虔诚地感受到作者的才能。但也有一大部分内容,我无法理清头绪。对于同一个哲学家其他的平

---

[1] 希罗克洛斯(Hierocles of Alexandria),古希腊新柏拉图主义哲学家,活跃在公元430年左右,以撰写关于毕达哥拉斯的著作而闻名。

易近人的作品，我对于其精准的思想传达，通透的语言和适当的引导感到喜悦。同样，我忆起这位作者众多我完全理解的作品，这些作品对我来说，比起现在无法理解的这篇，也曾同样生涩。我意识到，它们将会被习惯性地遗忘，就像柏拉图的语句。但我无法遗忘，但我无法遗忘，因为对于假定的不连贯性的解决方案，我未能寻找到足够的原因。我认为一个绝顶聪明的人，不可能用他自己都一知半解的语言，传达给读者一定无法理解的信息。加之考虑到我的理性赋予的动机，我清楚地记起几位伟人，在投入长时间的热情研究这些作品后，享誉万人之上，与柏拉图齐名。我感觉自我傲慢的判断也许会为保有谦虚之名而争辩，但难以为明智之人所接受，承认这是一种出色的洞察力。因此，在理解柏拉图的无知中败落，我承认，对于他的理解，我完全处于无知状态。

除了这一点，对于那些在焦虑中寻找作者且具有不同需求的未知读者群，我都是领先的。但这一点上，我不知是否要对不理解之处置之不理，还是将这些部分与整体连接在一起。如若将最好的部分与最美的整体分离，这一部分也会凋零和丑化。不，在一件精致的物体上，那些看上去细小的不同，也会或多或少地分门别类，即便是对主体或分论点忠实的展现，如若与它们的改变形式区分开，也会只剩形骸。一具威慑和警示的形骸。尽管有许多先例，我不奢求读者摆脱偏见，也不要求他们在验证当下的同时从先前的体系中抽离出来。因为事实上，这些对定义的需求，于我而言，和巴肯

（Buchan）[1]医生诊所的那些疑病症患者十分相似。换言之，要保持他们一如常态的平静和良好的精神。直到我发现消除过去永恒记忆而既不影响未来发展，又不影响判断的方法。我在既成之前克制这种需求，如此一来，尽管我希望读者带着公正的态度阅读我的作品，但我不假定这是一个必要的前提。

我鼓起勇气提出一条准则，这条准则以前或许也被合理地提起过，不管读者是否费时费心细读这个或其他基于此原则的作品。但这也许会被残忍地误读，即当对于个体道德或智力层面最小程度的不尊重将会被排除时。这条准则是：当所获悉的是基本的事实，将无法和不能演示更深入的研究，基本的概念像物质、精神、灵魂、肉体、行动、静止、时间、空间、因果、意识、感知、记忆和习惯，如果人的思维对所有这些概念无感，如果他只满足于分析其他的概念使之成为其中一个或多个可能的从属关系和合适的安排：对于这种思维，我只能抱歉地暗示，文章对其毫无意义。

<u>你是一个好人，受过良好教育，很谨慎，但我不是为了你而言说。</u>[2]

---

[1] 威廉·巴肯（William Buchan），1729—1805，苏格兰医生和作家，他最著名的著作是《家庭医学》（*Domestic Medicine: or, a Treatise on the Prevention and Cure of Diseases by Regimen and Simple Medicines*），这是一本关于养生和简单药物预防和治疗疾病的专著，它向外行详细描述了疾病的起因和预防。巴肯的目标是"让医学对人类更加开放"。在巴肯的一生中，这本书卖出了八万多册，有19个版本，是欧洲最受欢迎的医学著作之一，几乎被翻译成欧洲的每一种主要语言。

[2] 画线部分原文为拉丁文。

诚然，对于人们来说，透彻理解这些术语困难重重。因此，就大体和未检验的部分而言，仅仅需要初级的逻辑训练，来将它们形态各异的部分组合在一起。就像我们村子里精通戏法表演的人，将一段一段的彩带从嘴里抽出，而且很容易将它们改变成不同的形态。尽管这种分析对于传达给我们更清晰的信息很有帮助，但对我们的知识没有实际的影响。它不会增加我们之前拥有的财富，也不会给予我们更好的管理方法。若是要争论这一点，它对于社会既有的知识技能是足够的。但是对于更高的哲学目标，像科学终极真理，<u>科学学</u>[1]，这种单纯的分析仅仅只是基础，对于学术训练不可分割的基础。

可以预见有益的精读不会与简明扼要的哲学背道而驰。这种哲学从最基本的部分出发谈论精神，或其他从肉体中抽象出来概念，构建一个以精神为包装的物质理论，然后自然而然地用它笨拙的技巧解释<u>所有可知的事物</u>[2]，将所有的事物解释为印象、想法和感受。

但也是时候该揭露真相了，虽然在这样一个时代和国家里，公开地宣布一个真理是需要勇气的，因为这样的环境要求各种探究议题在公之于众时，不可使用技术术语或科学符号的特权。那么我想说，无论是对所有人还是大部分人来说，成为哲学家既不是可能的也不是必须的。有一种哲学的意识（由于被自由和虚构实现）潜伏在随机的意识中，对于这些意识而言是自然的。罗马的长者将北方

---

1 画线部分原文为拉丁文。
2 画线部分原文为拉丁文。

的省份区分成<u>正山和反山</u>[1]，我们也许可以将人类知识的客体分成一边，另一边则是随机的意识。超越一般意识。后者与单纯的哲学不相关，因为它并不是超验的。一方面为了将它方便区别于思考和描述，另一方面区别于被清楚的意识摒弃的无端猜测，因为侵犯我们智能的边界和宗旨，会被谴责是超验的。最前面的那一片山脉，其包围着少数人的生命的山谷，是多数人的居所。在山脊上太阳照常起落，斗转星移。但对于多数人来说，这片山脉的自然界限和山谷的雄伟，所知甚少。它高处的坡度常常云雾缭绕，遍布荒野的沼泽，使人望而却步。云雾下方大部分是无尽的深渊，使人望而生畏。现在所有的光带着晕染的色彩，照亮幸福和活力的殿堂。但从古至今都不乏这样一些人，他们探测山谷的河流直至其瀑布都未所能及的深处和高处，在平坦的河流中发现那不属于山脉溪谷的宝藏。这些思维、这些强大的可能性、确定的想象，直觉的认知是如何又在何时最终产生，恐怕只能从事实中去追溯。我也许会对普罗提诺的话提出质疑，他说自然可以解答相同的困难。<u>如果有人问自然为何要创造，如果自然有兴趣听这样的问题并回答提问者，那么它会说："你不应发问，而应静静地领会，就像我终日沉默，没有说话的习</u>

1　画线部分原文为拉丁文。

惯,你也要学会这样。"[1]

同样,在《九章集》的第五卷第五章中谈到,最高层次的知识和直觉上的认知不同于口头上的知识,也不同于华兹华斯的语言。

"幻象和神圣的能力。"[2]

他说:"其实我们不能追问它是从哪里来的,因为根本就没有这个'哪里'。它确实没有从哪里来或者到哪里去,它只是显现或者不显现。因此我们千万不可追寻它,只要静静等待它的显现,做好准备凝思它,就像眼睛期待太阳的升起一样;太阳在地平线升起(诗人们说,'从海里升起'),主动让眼睛看到它。"[3]他们只能获得哲学上的想象,来自自我直觉的神圣的力量,这种力量可以理解和解释图像,精灵的羽翼在毛毛虫的外皮下面成型。那些破茧而长出触角的角蝇,和意识到他们自己精神有着相同直觉的人们十分相似。他们认识感知自我的潜能,甚至去开发。简而言之,所有的感知器官为感知世界而生,而我们拥有感知的能力。所有的这些

---

1 画线部分是柯勒律治英译自普罗提诺(Plotinus,205—270)的作品《九章集》(*Enneads*)3.8.4.,此段中译文引自[古罗马]普罗提诺著,石敏敏译《九章集》,中国社会科学出版社,2018年,第305页。普罗提诺,又译作柏罗丁,新柏拉图主义奠基人,晚期古罗马哲学中无可争议的大师级人物,堪称整个古代希腊哲学伟大传统的最后一个辉煌代表。其思想对中世纪神学及哲学,尤其是基督教教义,有很大影响。《九章集》全书共六卷,每卷九章,故名"九章集"。
2 引自华兹华斯的长诗《远游》(*Excursion*,1814)。
3 画线部分引自普罗提诺的作品《九章集》(*Enneads*)5.5.8,此段中译文引自[古罗马]普罗提诺著,石敏敏译《九章集》,中国社会科学出版社,2018年,第508页。

精神上的感官对应着精神世界。尽管精神的感官不那么相似。但精神和感知的器官无所不在，人们最初的模样揭示了它的道德本质。不然的话，即使是没有完全堕落的世人，怎么会怀着矛盾的怜悯和尊重的心情，去想一个纯洁无私的好人呢？"可怜的人！他不是为这个世界而生的。"哦！在这里，他们发出了普遍实现的预言，因为人类必须进步或堕落。

真正的哲学家的根本标志是，只要未能证明不可能获得更充分的知识，就满足于没有不完美的光芒。公共意识本身会以它自己的方向提供证据，证明它与表面之下的主流相连，我只能假定它是一个临时的假设。这已经得到承认，但是由于对论点的期待，我可以从它安全地推断出我以前断言的同等真理，即哲学不能被所有人理解，即使是最博学的和最有教养的阶级。一个系统，它的首要原则是使人的精神直观（即位于我们自然意识的另一边的心灵），必须对那些从来没有训练和加强过这种隐秘的意识之人有很大的模糊性。事实上，对于那些只有通过不完美地解释无生命和看不见的动作才能得到自己生命中最高贵的财富之人来说，它必须是一片黑暗的土地，一个完美的反歌珊[1]之地。也许，在很大程度上，通过那些只是影射观念的词语，即使观念理解本身也只是对生活和实际真

---

[1] 据亚当·罗伯兹编辑，爱丁堡大学出版社2014年版《文学传记》第174页，脚注536中考证："歌珊"（Goshen）原文系希伯来文，出自《创世纪》45:9—10，意思是约瑟时代法老给希伯来人的埃及地，希伯来人在那里做工，后来又从那里出发，长途跋涉到圣地。此处中译文"歌珊"采用了常见中文版《圣经·旧约·创世纪》中的普遍译文。

理的影射抽象。我们知识的全部确定性都取决于存在于每个人心中的"即时性",以及原始的直觉,或对直觉的绝对肯定(这在每个人身上也是如此,但并不是在每个人中都上升到意识中),而这一点仅仅通过文字是不能被任何人理解的。灵魂相互理解的媒介,不是周围的空气,而是他们共同拥有的自由,作为他们存在的共同虚无的元素,空气震动的往复甚至传播到灵魂的最深处。当一个人的精神没有充满自由的意识时(如果只是出于不安,就像一个人还挣扎在束缚中),所有的精神交流都会中断,不仅与他人,甚至与他自己。无怪乎,他对自己和别人都不理解。无怪乎,在可怕的意识荒漠中,他因空洞的话语而疲惫不堪,而这些空洞的话语,无论是从他自己的内心,还是从一个人的内心,都没有友善的回声来回答;或者他迷惑地去追寻虚幻的东西,仅仅是通过他自己的不活泼和停滞的理解之扭曲的媒介,对看不见的和遥远真理的折射!谢林在一个类似的场合呼喊道,保持对这般思想无法理解,是在上帝和人类面前的荣誉和美名。

哲学史(同一位作者[1]所观察到的)包含着体系的实例,这些在后世一直是几代人的谜题。他就是这样评价莱布尼茨的体系,另一个作家(我认为是莽撞,并不怀好意地)称赞他是唯一的哲学家,他自己也深信自己的学说。然而,正如迄今为止所解释的那样,它们并没有产生这样的效果,莱布尼茨在一篇最有启发性的文章中把这种效果描述为真正哲学的标准,即,它将立即解释和收集散布在

---

1 "同一位作者"指谢林。

各个体系中的真理片段，这些片段显然是最不相符的。他说，真理传播得比人们通常认为得更广，但是它虽经常被粉饰，但是也经常被掩饰，有时被毁坏，有时……唉！与恶作剧的错误紧密结合。然而，我们对事物的洞察力越深，我们在哲学教派中发现的真理就越多。怀疑论者认为，感官对象缺乏实质性的现实；毕达哥拉斯和柏拉图主义者所还原的一切事物的和谐或数字、原型和观念：帕尔米尼底斯和普罗提诺的"一"和"所有"，没有斯宾诺莎主义；根据斯多葛学派提出的，与其他学派的自发性相调和的"事物之间存在必然联系"；犹太教信徒和炼金术士的生命哲学，他们假定了感觉的普遍性；根据德谟克里特和近来的哲学家，亚里士多德和学派的实质形式和要素，以及所有特定现象的机械解决方法——我们会发现这些现象都统一在一个透视的中心点上，这个透视表明了客体中所有部分的规律性和一致性，而从其他任何角度来看，这个透视必然显得混乱和扭曲。教派主义的精神一直是我们的过错，也是我们失败的原因。我们已经把我们自己的概念圈地为牢，以排除他人的概念。<u>我发现这些教派中的大多数在他们争论的部分是正确的，但在他们否认的部分不是</u>。[1]

一个系统，当它的目的在于用智力的所有其他功能来推断记忆，理应把它的第一个位置从记忆之外，放在记忆的前面，否则解决方案的原理本身就成了待解决问题的一部分。因此，首先必须定义，首要问题是，它要求什么样的权利？因此，我认为在哲学中对引入

1　画线部分译自莱布尼茨的法文原文。

假设做一些初步评论是很方便的。"假设"这个词是从数学科学中引用的。在几何学中，主要的构造没有被证明，但被假定。空间中的最重要最基本的结构是运动点，或者直线。该点是否在同一方向上移动，或者其方向是否连续改变，仍然不确定。但是，如果点的方向已经确定，它要么由没有它的点确定，出现不包含空间的直线；要么点的方向不是由没有它的点确定的，然后它必须再次在自身上回流，即出现循环的一条线，包围了一个空间。如果把直线假定为正，则循环是直的否定。它是一条直线，不伸直，而是不断地改变它的方向。但是，如果主线是未确定的，而直线是始终确定的，那么循环是二者的第三个组合。它有时候是确定的，有时候是不确定的，通过任何没有它的点不确定，并通过自身确定。因此，几何学为哲学提供了原始直觉的范例，任何主张证据的科学都必须从这种直觉开始。数学家不是从一个可论证的命题开始，而是凭直觉，一个实际的想法。

  但这里有一个重要的区别。哲学被运用在内部感官的物体上，并且不能像几何学那样，适合于每一种结构，形成相应的外在直觉。然而，如果要得到证据，哲学必须从最原始的构造出发，那么问题是，什么是最原始的构造或内在意义的第一生产行为。这个问题的答案取决于给予内在意义的方向。哲学中的内在意义不能由外在客体左右。对于线条的最初结构，我可以在我前面的石板上或沙滩上画一条线。画出的笔画实际上不是线条本身，而是线条的图像。不是从它开始，我们才学习了解线条；相反，我们把这笔画带到了由想象行为产生的原始线条上；否则我们就不能把它定义为没有宽度或厚度。然而，这笔画仍然是原始或理想线条的感性图像，并且是激发其直觉的每个想象力的有效方法。

  这就要求在哲学中是否能找到任何手段来确定内在感觉的方向，如在数学中，它是由它的具体形象或外在画面决定的。现在，内在意义的方向大部分只有通过自由的行为决定。一个人的意识只延伸到由外在印象引起的愉悦或不愉快的感觉；另一个人扩大他的内在感觉到形式和数量的意识；第三个除了图像之外还意识到事物的概念或观念；第四个达到他的核心观念，他反省自己的想法；因此，我们可以准确地说，一个人比另一个或多或少具有内在意识。这或多或少已经表明，哲学在其首要原则中必须是实践或道德的，以及理论或思辨的。这种程度的差异在数学中是不存在的。苏格拉底通过柏拉图指出，一个无知的奴隶可以被带去理解和认识自己，去解决最困难的几何问题。苏格拉底在沙地上为奴隶画出图形。批判哲学的门徒同样可以（实际上是由拉弗吉和笛卡儿的其他追随者们）代表我们在铜板上的陈述起源；但是没有人尝试过它，而且它将是完全没有用的。对于爱斯基摩人或新西兰人来说，我们最受欢迎的哲学是完全无法理解的。感觉，内在感官，对他们而言不存在。我们之中有很多人，是的，也有些人认为自己是哲学家，他们对哲学体系趋之若鹜。对于这样的人来说，哲学只不过是文字和观念的游戏，就像音乐理论对于聋人，或者就像光的几何学对于盲人。这些部分及其逻辑依存性的联系可以被看到和记住，但整体是无根据的、空洞的，没有活生生的接触所支撑，没有伴随任何实现直觉，任何实现直觉存在于确认其存在的行为中，这是众所周知的，即，因为是存在的,是已知的。普罗提诺的话,在假定的自然人中,符合哲学的能量。<u>我的凝思活动创造出它凝思的对象,正如几何学家在凝思中画出各种图形。但是我不绘制,在我凝思的时候,限定物体的各种线条自然形成。</u>[1]

哲学的假设,同时也是对哲学能力的检验,只不过是神的旨意——认识你自己!(这句话从天而降,认识你自己)[2]。这一次是实践性和推测性的。因为哲学既不是一门理性或理解的科学,也不仅仅是一门道德科学,而是一门"存在"的学科,它的主要基础既不能仅仅是思辨的,也不能仅仅是实践的,而是两者兼有。所有的知识的主体和客体都重合。(我的读者在前一章中已经被告知,为了方便理解和传达,在学术意义上,术语"主体"被我使用,它等同于心智或知觉存在,并且是客体或知觉客体的必要关联。)因为我们可以知道只有哪一个是真的:真理普遍地被置于思想与事物、表现与被表现对象的重合之中。

---

1 画线部分是柯勒律治对普罗提诺的作品《九章集》(*Enneads*)3.8.4 片段的英译。这段话之前是普罗提诺的希腊文原文,柯勒律治的英译紧随其后。因两段意思完全一样,为保证上下文流畅,此处仅保留一段。此段中译文引自 [古罗马] 普罗提诺著,石敏敏译《九章集》,中国社会科学出版社,2018 年,第 305 页。
2 括号里原文为拉丁文。据亚当·罗伯兹编辑,爱丁堡大学出版社 2014 年版《文学传记》第 179 页,脚注 548 中考证:引自古罗马大讽刺诗人玉外纳(Juvenal,此处采用钱锺书先生对其的译名)的《讽刺诗》(*Satires*)11.27。玉外纳原名 Decimus Iunius Iuvenalis,以英语名 Juvenal 闻名世界,生平不详。其代表作为拉丁语诗集《讽刺诗》,创作于 2 世纪早期。

现在，所有事物的总和仅仅是客体的，我们将从此称之为"自然"，把术语限制在它的被动和物质意义上，包括所有使我们知道它的存在的现象。另一方面，一切都是"主观性"的，我们可以以自我或智力的名义来理解。这两个概念都是必要的对立。智慧被认为是唯一代表，自然被认为是唯一代表，一个是有意识的，另一个是没有意识的。现在，在主动的知识的所有行为中，需要两者：有意识的存在和其本身是无意识的存在之间的相互一致。我们的问题是解释这种一致性的可能性和必要性。

在知识行为本身中，客体性与主体性是即时统一的，以至于我们无法确定优先权属于这两者中的哪个。这里没有首要的，也没有次要的；两者都是一致重要的。当我试图解释这个亲密的结合时，我必须假设它消失了。我必须从一个出发，我给出先行的假设，以便推出另一个。但是，由于问题中只有两个因素或要素，即主体和客体，而我还不确定应该从哪一个开始，所以出现两种情况的可能性相同。

第一种情况：客观性被视为首要的，然后我们必须考虑主观性的续发，以及与客观性的结合。

主观性的概念并不包含在客观性的概念中。恰恰相反，它们互相排斥。因此，主观性必须跟随客观性而发生。自然的概念显然不涉及智力与它理想的复制品——也就是代表它的事物——的共同存在。例如，这张桌子（根据我们的自然观念）是桌子，尽管没有任何有知觉之人在看它。而这就是自然科学的问题所在。它以客观的或无意识的本性假设为首位，并以此来解释智力是如何随之发生的，或者它本身是如何成长为智力的。如果所有开明的自然主义者在没有明确地向自己提出这个问题的情况下,仍然不断地沿着解决这个问题的路线前进,那么它就必须得有一个强有力的假设,即这个问题本身就是建立在自然之上的。因为如果所有的认知都有相互要求和相互假定的两极,那么所有的科学都必须从两极中的任一极出发,并且必须向相反的方向发展,直到这两极在赤道点上相调和并趋于相同。因此,一切自然哲学的必然倾向都是从自然到智力;而这是在本能地努力将理论引入我们对自然现象的看法时,所能用的唯一、真实的根据和情况。自然哲学的最高完美存在于将所有自然法则完美地精神化成直觉和理智的法则。现象(物质)大多数都完全消失了,而法则本身(形式)留了下来。因此,在自然界中,法则的原则越突出,外壳就会更倾向于脱落,现象本身就越发精神化,并最终在我们的意识中完全停止。光学现象不过是一种几何形状,光绘出了其中的线条,而光本身的物质性就已经是疑惑之处。在磁力的表象中,物质的一切痕迹都消失了;同时,许多杰出的牛顿主义者都宣称引力的现象除了解释为即时的、精神上的影响之外,别无它法,此外,在引力现象的表象中,只有它的法则存留了下来,而这一法则的执行在很大程度上都是天体运动的机制。自然哲学的理论完成的前提是:一切自然在本质上被证明与人类已知的最高力量中存在的智慧和自我意识相同;天和地不仅要宣告它们创造者的力量,还要宣告上帝的荣耀和仪态——正如他身着他那神性的裙子在山间异象显现时面对伟大先知的模样。

这就足以说明,即使是将物质现象作为存在事物的现实和实质而开始的自然科学,也必须无意识且好像本能一般地建立理论,并以一种智力的形式在自然界中结束；在这种趋势下，自然科学将最终成为自然哲学，成为基础科学的两极之一。

第二种情况：主观性被视为首要的，那么问题是，与主观性相辅相成的客观事物是从何而来的。

在追求这些科学的过程中，我们在每一门科学上的成功都依赖于严格和忠实地坚持自己的原则，并小心地把那些与之相对立的科学分离和排除在外。一个自然哲学家会将自己的观点导向客观事物，并会首先避免主观知识的混合，例如，武断的猜想，或者说是后遗症，神秘的特质，精神上的代理，以及用终极原因代替有效原因；另一方面，先验或智力哲学家也同样急于排除一切将客观事物放在主观原则上的质询，例如这一假设：大脑中的印象或结构，与视网膜上由原始光线画出的微缩图像相对应；然而，这不是即时和真实的视觉对象，而是为了解释的目的而从视觉中推演出来的。这般思想净化受到一种绝对的、科学的怀疑主义的影响；而这种怀疑主义为了将来的确定性而自主决定自己。至少在现代，笛卡儿（在他的沉思中）是第一个为这种自主怀疑和自我决定的不确定性举出一个绝佳例子的人，同时他还愉快地表达了它与虚荣或无宗教的怀疑是截然不同的：<u>我这并不是模仿怀疑论者，学他们为怀疑而怀疑，摆出永远犹疑不决的架势。因为事实正好相反，我的整个打算只是使自己得到确信的根据。</u>[1] 它的动机和最终目的也同它适当的对象一

---

[1] 画线部分原文为法文。引自笛卡儿《方法论》，本段中译文引自 [法] 笛卡儿著，王太庆译《谈谈方法》，商务印书馆，2009年，第23页。

样明显，后者不像一般的怀疑主义那样，来自于教育和环境的偏见，而是自然本身在所有人身上植入的那些原始的和先天的偏见，除了作为知识的首要原则，和真理的最终检验的哲学家。

这些基本的偏见都可以归结为一个基本的假设，那就是"事物脱离我们而存在"。一方面，这一假设既不源于根据，也不源于论据，但另一方面，它仍然是反对一切企图以理由或论据消除它的证据（用干草叉驱赶大自然，她只会回来）[1]。一方面，这一假设宣称"即时性"这一观点是无法证明又不可抗拒的，另一方面，因为它指的是与我们自己本质上不同的东西，甚至是与我们自己对立的东西，所以无法想象它如何能成为我们即时意识的一部分（换句话说，那些据推测与我们的存在相异且外来的事物是如何成为我们存在的修正呢）。哲学家因此强迫自己把这种信仰看成是一种偏见——即使它是天生固有的，也仍然是一种偏见。

另一种观点，即"我是"，就无法合理地称之为偏见了；无论是出于哲学家的科学理性，还是普遍人类的常识，都必须承认此观点的

---

[1] 括号里原文为拉丁文。据亚当·罗伯兹编辑，爱丁堡大学出版社 2014 年版《文学传记》第 183 页，脚注 554 中考证：这句话引自贺拉斯《书信集》。昆图斯·贺拉斯·弗拉库斯（Quintus Horatius Flaccus，前 65—前 8），罗马帝国奥古斯都统治时期著名的诗人、批评家、翻译家，代表作有《诗艺》等。他是古罗马文学"黄金时代"的代表人之一，与维吉尔、奥维德并称为古罗马三大诗人，古罗马最重要的文艺理论家，对欧美文学传统影响至深。其美学理论为 17 世纪古典主义制定了基本原则，被文艺复兴、古典主义时期的作家视为经典、写诗的准绳，在西方古代美学思想史上占有重要地位，影响仅次于亚里士多德和柏拉图，他的《诗艺》也成为仅次于亚里士多德《诗学》的古典诗论著作。

即时确定性。这确实是毫无根据的,但是在这个概念里,它排除了一切根据,而脱离了即时意识就失去了它的全部意义和重要性。虽然它毫无根据,但也只是因为它本身就是所有其他确定性的基础。前一个观点,即事物脱离我们而存在,无法从本质上即时确定;现在我们应该盲目地、独立地接受这种明显的矛盾,就像我们自身的存在一样;先验哲学家只能通过假设来解决这个问题,即前者在无意识中与后者相牵连;它不仅是连贯的,而且是相同的,与我们自己的即时自我意识是同一件事。他的哲学的宗旨和目标就是证明这一身份。

如果我们说这是唯心主义,那就让我们记住,它仅仅是唯心主义,因为与此同时并正因如此,它也是最真实和最有约束力的现实主义。那么人类的现实主义究竟是由什么构成的呢?在它们之外存在的断言中,人们是怎样又是在何处,知道哪种情况下不是他们感知的对象,具体又能知道多少呢?哦不!这既不是固有的,也不是普遍的。这是少数人在学校里教过、学过的内容,许多人都重复着这些内容却没有去思考这其中的意义。比起这一对我们感知起源的假设解释,全人类普遍的现实主义要久远的多,所探索的内容也更无限深入;因为这一解释仅仅是从机械哲学的表面得来的结论。有常识之人相信自己看到的是桌子本身,而不是桌子的幻象;他可以从这幻象中推论出桌子的现实,但他无法看见。如果将我们实际看到事物的现实摧毁,那就是唯心主义。现代形而上学的体系把我们放逐到一个满是阴影之地,用幻影包围着我们,而只有大多数做着同样梦的人才能把真实和幻象区分开来——还有什么能比这更加恶劣呢?"我说这个世界疯了,"可怜的李(Lee)惊呼道,"而全世界都说我疯了，我使他们感到混乱；他们打败了我。"

我将把注意力转移至真实和原始的现实主义。它相信并且不需要更多或更少的东西，因为它所看到的或呈现给它自己的对象，就是真实、真正的对象。从这个意义上来说，无论我们如何奋力反对，我们都是天生的唯心主义者；因此，也只有这样，我们才能同时是现实主义者。但是，学界的哲学家们对此一无所知，或者视这种信仰为无知庸人的偏见，因为他们生活和活动在一群术语和概念中，而人类的本性早就无法用这些内容解释了。哦，这些敬重自己、遵循自己内心的神性而谦卑行事的人们啊，你们值得去研究更好的哲学！就让死者埋葬死者，但你应保护你的人性——它的深度永远无法被一个由概念和纯粹逻辑实体编造成的哲学所彻底理解。

在我逻辑学的第三篇结尾中，（若承天意）[1] 我将呈现出科学安排的动态哲学的证明和建构。在我看来，这就是毕达哥拉斯和柏拉图从不纯净的混合物中，通过复活和净化而得出的体系。<u>一种教义经过如此多的人的手，最后变成了无生气的酒</u>！[2] 算法科学提供了实例：规则在实际应用中可能是有用的，并且在规则本身被充分证

---

[1] 括号内原文为拉丁文。
[2] 画线部分原文为拉丁文。据亚当·罗伯兹编辑，爱丁堡大学出版社 2014 年版《文学传记》184—185 页，脚注 561 中考证：引自托马斯·伯尼特《古代关于事物起源的学说》（*Archaeologiae Philosophicae sive Doctrina Antiqua de Rerum Originibus*，1692）。托马斯·伯尼特（Thomas Burnet），约 1635—1715，英国神学家、地质学家、宇宙起源学家，受启蒙思想影响的自然神学的代表性的人物。剑桥大学毕业后，在威廉三世时代担任卡尔特修道院的校长，以及国王的私人秘书。

明之前，它可以为了特定的目的，通过结果得到充分的验证。只要读者能清楚地明白这一点就足够了。若是读者们愿意陪伴我走完这一章，我相信接下来的论点足以阐明以上观点；而其中的结果将应用于对想象力的演绎，以及艺术领域中，作品产生和友好评论的原则。

论点一

真理是与存在相互关联的。知识若没有相对应的现实就不是知识；如果我们知道，那么必然有什么是我们所知道的。知道在本质上是一个主动的动词。

论点二

所有的真理要么是间接的，即来自于其他一个或多个真理；要么是即时和原始的。后者是绝对的，它的公式是 A.A.；而前者具有依赖性以及有条件的确定性，表示为公式 B.A.。遵守 A 的确定性归因于 B。

注释：一条链子若没有使所有链环获得稳定性的主要部分，或者一个系列没有第一部分，被巧妙地比喻为一队盲人，每个人都握住他前面那个人的裙子不放，越走越远，尽管走出视野，也一直是以一条直线运动，没有任何偏差。人们自然会觉得队列的最前面有一个向导：如果不是呢？先生，这些人数不胜数，难道无限的盲目能够提供视野？

同样不可思议的是，一个没有共同和中心原则的平等真理的循环，而这一原则规定了每个真理在科学体系中应有的范围。想象的一种隐秘的活动导致了这一荒谬之处并没有立即引起我们的注意，也似乎不是不可想象的；这种活动本能地在我们没有注意到的情况下，不仅填满了中间的空间、把这个循环（B.C.D.E.F. 等）看作是一个连续不断的循环（A.），并把它们的共同轨道统一起来；还同样通过一种亚情报学[1]，提供一种核心的力量，使这场运动和谐而有周期性。

论点三

因此，我们要寻求某种能够向其他立场传达一种确定性的绝对真理，而这种确定性并不是真理本身借来的；我们要寻求的是以自身为根据、无条件而存在并通过自己的光芒而被世人所知的真理。简而言之，我们必须找到这种真理，仅仅因为它是真理。为了达到这一点，这一真理必须是它自己的"谓语"，至少到目前为止，所有其他的体词谓语必须是它自己的模式和重复。在无荒谬之处的情况下，它的存在也必须排除原因和前提的可能性。

论点四

只有一个原则可以被先验地证明；因为如果有两个或两个以上的原则，则其中一个原则必然以另一个为参考，也同样地通过另一个而得到确认；所以，两者都不会像假说所要求的那样自我确立。而在后验中，它在被发现时，就会被原理本身证明，好像它的概念本身就包含普遍前因一样。

注释：如果我们断言一个板子是蓝色的，那么谓语（蓝色）是偶然的，而非隐含于主语"板子"。如果我们断言一个圆是等径向的，那么谓语在主语的定义中确实是隐含的；但是，主语的存在本

---

[1] 画线部分原文为意大利文。

身就是偶然的，它既假定原因，又假定有一位感知者。同样的论证也适用于无数被假定为无法证明的真理，这些真理不受亲切的比蒂（Beattie）[1]所作的哲学研究中世俗方法的影响；也适用于其他不那么有说服力、也并非更深刻的哲学宝座上常识的开创者；若不是因为哲学的双重功能，即调和理性和常识，并将常识提升为理性，这将只是一种徒劳的尝试。

论点五

这样的原则不可能是任何"事物"或"物体"。每一个事物都是由其他事物所决定的。一个无限大且独立的事物，和一个无限的圆或一个无边三角形一样，是一种矛盾的存在。除此之外，一个事物能够成为一种客体；这种客体本身并不是唯一的感知者，而是必须以主体作为它的对立物，否则不可想象。<u>一切被感知的事物都假设有一个感知者</u>。[2]

但这一原则也无法作为与客体区别对照的主体在主体中找到：<u>因为每一个感知者都有一个感知对象</u>。[3]因此，我们无法单独地在客体和主体中发现这一原则，同时，由于无法想象第三者的存在，我们必须在那既非主体，又非客体的东西中找到这一原则，也就是两者的同一性。

---

1 据亚当·罗伯兹编辑，爱丁堡大学出版社 2014 年版《文学传记》第 187 页，脚注 565 中考证：比蒂，这里指詹姆斯·比蒂（James Beattie, 1735—1803），苏格兰诗人、道德家、哲学家。
2 画线部分原文为拉丁文。
3 画线部分原文为拉丁文。

论点六

这一原则，以及它所具有的特性，表现在"总和"或"我是"中；此后我将不加区别地用"精神""自我"和"自我意识"这三个词来表述这一原则。在这方面，也唯独在这一方面，客体和主体，即存在和认知，都是相同的，且两者之间相互联系、相互假设。换句话说，它是一个通过客观地构建自身而形成的主体；但除了它自己之外，它永远不是一个客体，而且只有在同一行为中，它才成为一个主体。因此，它可以被描述为一个且同样的力量在客体和主体之间永恒地自我复制，而客体和主体之间的自我复制是以对方为前提的，并且只能以对立的形式存在。

注释：如果问一个人，他是如何得知自己是谁，他只能回答，<u>我就是我</u>。[1] 但如果（在承认了确定性的绝对性后）又问他，他，作为一个独立个体，是如何存在的，那么关于他存在的根据，而不是关于他对存在认知的根据，他可能会回答，<u>我在因为上帝在</u>，[2] 或者更哲学地，<u>我在那个世界里</u>。[3]

但是如果我们把我们的观念提升到绝对的自我，那伟大、永恒的"我是"，那么存在、知识、思想和现实的原则，以及存在和存在认知的根据，都是绝对相同的，<u>我就是我</u>[4]；我是，因为我肯定自己是；我肯定自己是，因为我是。

---

1 画线部分原文为拉丁文。
2 画线部分原文为拉丁文。
3 画线部分原文为拉丁文。
4 画线部分原文为拉丁文。

论点七

如果我只通过我自己认识我自己,那么除了自我意识之外,要求任何其他的自我谓语都是矛盾行为。客体和表象的必要同一性只存在于精神的自我意识中;因为这里包含了可以自我代表的精神本质。因此,如果这是唯一即时的真理,而我们集体认知的现实将这一真理的确定性作为根据,那么它就必须遵循:在精神观察到的所有物体中,它只观察它自己。如果能证明这一点,那么所有直观认知的即时现实都将确认无疑。已有证据显示精神是它自己的客体,而并非最初就是客体;但一个绝对的主体,对它来说任何事物,包括它自己都可以成为客体,因此,它必须是一种"行为";因为每一个物体,作为客体,都是死的,固定的,没有能力做任何动作,而且必然是有限的。同理,精神(最初为客体和主体的同一性)必须在某种意义上消除这种同一性,才能意识到它;<u>它和其他的都一样</u>。[1] 但这就隐含了一种行为,而这种行为也因此遵循智力或自我意识无法脱离意志而存在的原则。所以,自我意识的精神是一种意志;而自由必须被视为哲学的基础,并永远不能从哲学中推演出来。

论点八

任何事物的起源都是客观的,同样也必然是有限的。因此,由于精神本来不是一个客体,而且因为主体是与客体对立存在的,所以精神最初不可能是有限的。但它也无法在不成为客体的情况下而

1　画线部分原文为拉丁文。

作为主体存在，而且，由于它最初是两者的同一性，它既不能被认作是无限的，也不能被认作是有限的，而只能被认作是两者最原始的结合。而生产和生活的过程和奥秘，正是由存在以及对这种矛盾的调和与再现组成。

论点九

存在和认识的一般原则，作为"意志"的存在，或自我复制的主要"行为"，是每一门科学的非即时或间接原则；但它唯独是最终科学（先验哲学）的即时或直接原则。因为必须记住的是，所有这些论点都仅仅是指两极科学中的一种，也就是说，那些从主观性出发，且严格地限定在主观性之内的科学，并把客观性事物（只要它是完全客观的）留给它的对立面：自然哲学。因此，在它的思想中，作为我们集体"认知"的一种系统知识（科学学）[1]，包含着某种最高的认知原则的必要性，它同时是所有智力和感知活动的来源和伴随形式。这一点已经被证明为只能在自我意识的行为和进化中找到。我们探究的不是一个绝对的<u>存在原理</u>[2]——如果是的话，我承认许多有理有据的异议可能都始于对我们这一理论的反对；而是绝对的<u>认知原理</u>。[3] 这两种科学的结果，或它们的赤道点，都将是一种完整而不可分割的哲学的原则；出于审慎的考虑，我已提前在第六论点的注释和附加注解中提到。换句话说，哲学会逐渐变成宗教，宗教也会将哲学包含在内。我们从"我知道我自己"开始，是为了

---

1 括号里原文为拉丁文。
2 画线部分原文为拉丁文。
3 画线部分原文为拉丁文。

能以绝对的"我是"结束。我们从"自我"出发，是为了能在"上帝"中失去和找到所有的自我。

论点十

先验的哲学家探究的不是在我们的认知中，我们的知识的最终基础是什么，而是最后，我们无法超越的自我认知。我们认知的原则存在于我们认知的范围内。因此，它一定是某种本身就可以被认知的事物。唯一的断言是：自我意识的行为是我们所有可能的知识的来源和原则。从我们抽离出来的事物中，是否存在任何高于和超越这一基本的自我认识，对我们来说，所有认识的形式必须由结果来决定。

自我意识是一个固定的点，对我们所有人来说，它都是被榫接和附加的——这一点无需进一步的证明。但是，自我意识可能是一种更高形式的存在的修正，这种存在可能是一种更高形式的意识，无限循环；简而言之，自我意识本身可以解释为某种东西，而这种东西必然超出我们认知的可能性，因为我们智力的整个综合体首先在自我意识中形成的、并通过它而形成，所以作为先验哲学家，我们对此毫不关心。对我们来说，自我意识不是一种存在，而是一种认知，也是为我们而存在的某种最高且最远的事物。然而，可以证明的是——在某种程度上之前就已有证明：即使把客观性假设为第一个，我们也永远无法超越自我意识的原则。若我们尝试这样做，我们就必须从一个根据回到另一个根据，而在我们到达其中任一根据的时候，它就已经无效了。我们必将卷入无穷级数的漩涡。但这将使我们的理性搅混一切理性（一致性和体系）的目的和结果。或者我们必须武断地中断这一无穷级数,并肯定一个绝对的事物本身同时是起因和结果(自身原因)[1]、主体和客体,或者更确切地说是两者的绝对同一性。但由于这在自我意识之外都是无法想象的,因此,即使作为自然哲学家,我们也必须得出和先验哲学家一样的原则;也就是说,在自我意识中,<u>在这种情况下,存在原理与认知原理在因果关系中并不一致</u>。[2] 但两者都是固有的、相同的。因此,真正的自然哲学体系把事物的唯一现实置于一种"绝对"的形式中,<u>在同一时间构成自己的因果关系</u>,[3] <u>父亲既是自己的父亲,也是自己的儿子</u>[4]——也就是主体和客体的绝对同一性中,即它所称的自然,而自然的最高力量也不过是自我意识的意志或智力。从这个意义上来说,马勒伯朗士(Malebranche)[5] 的观点,也就是我们能在

1　括号里原文为拉丁文。
2　存在原理、认知原理原文为拉丁语 principium essendi、principium cognoscendi。
3　画线部分原文为拉丁文。
4　画线部分原文为希腊文。据亚当·罗伯兹编辑,爱丁堡大学出版社 2014 年版《文学传记》第 192 页,脚注 593 中考证:本句选自辛尼修的《赞美诗》(*Hymn*)第 3 首第 146 行。辛尼修 (Synesius of Cyrene, 373—414),古代利比亚托勒密的一位希腊主教,是一位哲学神学家,于 410 年出任利比亚主教。410 年以后,他所在的区域成为昔兰尼加西部的五角波利斯的一部分。他出生于昔兰尼附近的巴拉格雷(现在的利比亚贝达),父母富裕。他声称自己是斯巴达国王的后裔。
5　据亚当·罗伯兹编辑,爱丁堡大学出版社 2014 年版《文学传记》第 192 页,脚注 594 中考证:这里指尼古拉斯·马勒伯朗士(Nicolas Malebranche),1638—1715,他是一个法国神父和理性主义哲学家。在他的作品中,他试图综合圣奥古斯丁和笛卡儿的思想,以展示上帝在世界各个方面的积极作用。他最著名的是他的关于上帝的异象,偶因论和本体论的学说。

上帝身上看到一切,是一个严格的哲学真理;同时,霍布斯,哈特莱以及古希腊大师们的主张——所有真正的认知都有一种先验的感觉——也是如此。因为感觉本身不过是视觉的新生,它不是智力的起因,而是智力在自我建构的过程中作为一种早期的力量而展现出来的本体。

> 祝福我的主,愿你善待我!
> 天上的父,愿你善待我!
> 如果超越了万物的秩序,
> 如果超越了我的命运,
> 与我相关的一切都属于你![1]

那么基于这一点,即智力是一种自我发展,而不是附属于物质的特质,我们可以从各方面对其进行抽象,并以哲学建构为目的,将它归结为一种性质,并以"一种不可摧毁的力量带有两个对立且互相抵消的力"这一概念作为根据;借用天文学的比喻,我们可以称它们为离心力和向心力。智力在一种力中倾向于物化自身,而在另一种力中倾向于在物体中认识自身。今后我的任务就是通过一系列直觉来构建渐进的计划,这些计划必须由带有这两种力的力量产生,直到我达到人类智慧的充实状态为止。而就我现在的目的而言,

---

[1] 以上引文原文为希腊文。据亚当·罗伯兹编辑,爱丁堡大学出版社 2014 年版《文学传记》第 192 页,脚注 595 中考证: 本句选自辛尼修的《赞美诗》(*Hymn*)第 3 首第 113—117 行。

我将这种力量假定为我的原则，以便从中推演出一种能力、产生、代理和应用，从而构成下一章的内容。

在前一页中，我已经证实了在哲学中使用技术术语是正当的，只要它们能够排除思想的混乱，或相较于因其奇异性短期混淆视听，它们可以因其含义的独特唯一性，辅助记忆。我相信我没有把这种特权扩展到我所论述的理由之外，即学术用语在区分性质的不同程度时的便利之处，更确切地说就是通过对程度的抽象来表达性质，例如，用多样代替众多；其次，为了在相互依赖或对立的条件下保持声音的对应，如主体和客体；最后，为了避免反复使用遁辞和定义。因此，模仿代数学家，我冒昧地使用"潜能"一词来表示一种特定程度的力量。为了表示力量的组合或转移，我甚至冒险使用了"潜能化"这个新创动词及其派生词。它含有新的或非同寻常的条款，就像法院或立法机构的特权；若一部已确立且足以达到目的的法律事先存在，就不存在所谓合法的特权；相反，当法律不存在时，特权就会根据所有法律的目的或最终原因而被证明是合理的。不寻常的新词无疑是一种罪恶，但是，模糊、混乱和不完美地传达我们的思想则是更大的罪过。每一种体系，如果必须使用当下形而上学所不熟悉的术语，就会被描述成一种难以理解的文体，所以作者必须预料到因使用专业术语来代替明确的概念而受到的指控；然而，根据我们现代哲学家的信条，没有什么是明确的概念，只有从清晰的形象中表现出来的东西。因此，在可用图片展示之事物的范围内，可想到的事物被减少了。

由此就可以看出，何以因为不可表象与不可能通常被视为同一个意思，连续的和无限的由于其表象按照直观认识的规律完全不可能，其概念就被许多人抛弃不用了。然而，尽管我在这里并不提出这两个被不少学派拒斥的概念的根据，尤其是不提出第一个概念的根据，但具有重要意义的却是要提请注意：那些应用了如此颠倒的证明方式的人们，陷入了极为严重的错误。因为凡是与理性和知性的规律相冲突的东西，当然都是不可能的。但是，如果某物是纯粹知性的对象，它仅仅不服从直观认识的规律，那就不是这么回事了。因为感性能力和理性能力之间的这种差别（它们的天性我后面再解释）无非说明，精神经常不能具体地说明它从理性获得的抽象观念，并把它转换为直观。这种主观的对立很多时候伪装成某种客观的对立，很容易蒙骗轻率的人，因为限制人类精神的界限是为那些自己封闭起事物自身的本质的人设立的。

　　——康德，《论感性世界和知性世界的形式和原则》，1770年[1]

　　批评家们最愿意指责的就是这种卖弄学问和晦涩难懂，却最容易忽视一个重要的事实：除了文字语言之外，还有一种精神语言——

1　这段话包括作者、出处在正文中都是德文，引自康德原文。柯勒律治在页下将康德这段话译成了英文。本段中译文引自李秋零主编，李秋零译《康德著作全集第 2 卷：前批判时期著作 II（1757—1777）》，中国人民大学出版社，2013 年，第 392—393 页。

室内演讲[1]——而文字语言只是精神语言的载体。因此，出于对自己不了解哲学作家的确信，相比于证明与哲学相悖的理论，他们更可能会对他们自己的哲学才能提出同样、（在其他条件都相同的情况下）[2]甚至更有力的推定。

一个英国形而上学家所必须面对的障碍确实是巨大的。在他最受人尊敬的和聪明的判官中，将会有许多人把他们的注意力完全专注于对人类生命的关切及其利益，也会有许多人出于对哲学体系的详读，习惯性地厌恶一切思辨，而这些思辨的效用和应用既不明显，也不即时。对此我最初只是反对在他们自己眼中德高望重的培根勋爵和他的权威：<u>那些本身没有实际用途的学问，如果能使我们的思想变得敏锐和有条理，就不应该被认为是无用的。</u>[3]

还有一些人的偏见更加可怕，因为他们的偏见是建立在道德情感和宗教原则的基础之上，而休谟、普里斯特利、法国宿命论者或必然性论者所捍卫的不敬而有害无益的宗旨，使那些情感和原则感到警惕和震惊；他们中的一些人通过扭曲形而上学的论证来否认神秘事物和所有基督教的特殊教义；而另一些人甚至颠覆了一切对与错的区分。我想请求这些人思考以下内容——也就是基督教信仰中杰出和成功的捍卫者所观察到的：真正的形而上学只不过是真正的

1　括号里原文为拉丁文。
2　括号里原文为拉丁文。
3　画线部分原文为拉丁文。据亚当·罗伯兹编辑，爱丁堡大学出版社 2014 年版《文学传记》第 195 页，脚注 601 中考证：这段话来自培根的《学术的进展》（*De augmentis scientiarum*，1623）拉丁文版。

神性，并且，那些冒犯他们的作家事实上都是诡辩家，他们利用了逻辑科学不幸陷入普遍忽视这一现象；而不是形而上学家，虽然它确实是第一个被作家们认为毫无意义而被推翻的名字。其次，我想提醒他们，只要世界上还有人认为了解自己是一种本能，一种来自他们本性的命令，那么形而上学家和形而上学思辨就不会消失；只有真正的形而上学才能有效地抵消虚假形而上学的影响；而且，如果推理是明确、可靠和坚定的，那么所推断出的真理的深度，决定了它永远都不会失去价值。

还有第三类人，他们自称对形而上学很友好，并认为自己是形而上学家。他们不反对任何体系或术语，只要它们是在洛克、休谟、哈特莱、康迪亚克、里德（Reid）博士和斯图尔特（Stewart）[1]教授的著作中而被熟知的方法和术语。以下内容充分回答了对于这一成因的异议：我的主要目的之一是证明法国和英国的形而上学学派自革命以来所使用的术语是含糊不清或不充分的；我计划攻击的错误也是无法维持的，除非它们隐藏在一种似是而非且不确定的术语的掩盖之下。

---

[1] 据亚当·罗伯兹编辑，爱丁堡大学出版社 2014 年版《文学传记》第 196 页，脚注 604 中考证：这里指道格尔·斯图尔特（Dugald Stewart，1753—1828），爱丁堡大学数学教授，是苏格兰的哲学家和数学家。作为里德的学生和信徒，斯图尔特确立和巩固了苏格兰常识学派的权威地位。他最出名的是普及苏格兰启蒙运动，他在爱丁堡大学的演讲被他许多有影响力的学生广泛传播。1783 年，他成为爱丁堡皇家学会的联合创始人。在大多数当代文献中，他被称为"道格尔·斯图尔特教授（Prof. Dougal Stewart）"。

但最严重、最广泛的障碍仍然存在。那就是通俗哲学的优势，同时也是所有真正、正统的形而上学研究的冒牌货和死敌。还有那腐败堕落：某些无条理的格言折衷主义者，摒弃了所有体系，以及所有逻辑联系，而挑选出最似是而非且最能拿出来炫耀的东西；他们还会选择任何有某种表面意义，且无需付诸思考的词语；简而言之，就是任何能使人们谈论他们不解之物的东西，同时他们还谨慎地避免着任何能使人们陷入一时怀疑的东西——怀疑自己的无知。唉！这是一种无法治愈的疾病，因为它带来的，与其说是对任何特定体系的嫌恶，还不如说是对所有体系和所有哲学的品味和能力的彻底丧失。就像群山之间相互产生的回声一样，这些人的赞扬或指责，在最初的炮轰过后很长的一段时间内，都还在成群发射。<u>所以这只是一种苟从与附和，而说不上是同意；而尤其坏的是，这气魄渺小本身却还带着一种傲慢和自尊的神气。</u>[1]

现在我将继续谈论想象力的本质和起源；但我必须事先说明，在更准确地详读了华兹华斯（Wordsworth）先生在其新版诗集前言中关于想象力的评论后，我发现我的结论与他的并不一致，而我承认，我认为这是理所当然的。在我为骚塞先生的《杂论》撰写的一篇关于灵魂及其感官的文章中，有这么几句话。"我把这些（人类

---

[1] 画线部分原文为拉丁文。据亚当·罗伯兹编辑，爱丁堡大学出版社 2014 年版《文学传记》第 197 页，脚注 606 中考证：这段话来自培根的《新工具》(*Novum Organum*, 1620)，第 1 卷格言 77 和 88。此中译文来自 [英] 培根著，许宝骙译《新工具》，商务印书馆，2005 年，第 58 页和第 72 页。

的能力）安排于不同的感觉和力量之下：眼睛、耳朵、触觉等；分为自愿和自动的，模仿的力量；想象力，或者说塑造和修改的力量；幻想，或者说聚合和联想的力量；理解，或者说调节、实体化和实现的权力；思辨理性，或者说相对于理论和科学的思辨理性；或者说我们通过先验的原则在我们所有的知识中产生，或旨在产生统一性、必然性和普遍性的力量；意志，或者说实践理性；选择的能力和（区别于道德意志和选择的）意志力的感觉，我找到了将其归于"单次和二次触觉"的理由。就这一点而言——其与所讨论的主题相关，也就是这些词语（聚合和联想的力量），华兹华斯先生"反对的只是定义太过于笼统。聚合和联想、唤起和结合，都既属于想象也属于幻想。"而我的回答是：如果华兹华斯先生口中的唤起和结合的力量，与我所说的聚集和联想的力量的意思完全相同，那么我仍然否认它完全属于想象力；我倾向于认为他把幻想和想象的结合误认为是后者的单独作用。一个人可以在工作中同时使用两种截然不同的工具；每个工具在工作中都起到了自己的作用，但每个工具所产生的工作都不尽相同。我认为有必要回溯到华兹华斯先生的主题所要求或允许的范围之外的地方，所以我给幻想和想象都附加了一个含义，这个含义至少在他写那章前言时还没有考虑到；不过这些应该会在下一章中出现。他来判断。我祈求上天，让我遇到更多这样的读者吧！我将以杰里米·泰勒

（Jeremy Taylor）[1]主教的话作为结语:"若一个人认为所有事物都是一体的、将所有事物都聚为一体、将所有事物都视为一体,那么他就可以享受真正的安宁和精神的安息。"

---

[1] 杰里米·泰勒(Jeremy Taylor),1613—1667,英国宗教作家和教士。因为他的诗歌风格的表达被称为"神的莎士比亚"(Shakespeare of Divines)。据亚当·罗伯兹编辑,爱丁堡大学出版社2014年版《文学传记》第198页,脚注609中考证:这句话引自他的作品《和平之路:和平与安宁的捷径》(*Via Pacis. A Short Method of Peace and Holiness*, 1655)。

第十三章

*关于想象力，或具有融合作用的力量

亚当呀,只有一位全能者,
万物从他生出,又转归于他,
万物如不从善良坠落,
可说是创造得完美无缺;
万物同一原质,而赋予各种形状,
依照本质的程度而给群生以生命;
各种不同程度的生命、活气、
各种生灵,在活动的世界里,
逐渐净化、灵化、纯化,逐渐接近
神灵,终于在各自的界限内,
由肉体努力提高而变为灵质。
所以植物从根上生出较轻的绿茎,
再从绿茎上迸出更轻盈的叶子,
最后开出烂漫圆满的花朵,
放出缥缈的香气。花和果,
人类的滋养品,也逐步上升,
沿着阶梯,上升到生物,到动物,

到万物的灵长,给以生命和感觉,
想象和理解,灵魂从中接受理性,
理性是她的本体,有推理的
和直观的两种。

——《失乐园》第 5 卷第 469—488 行 [1]

当然,如果自然界中除了物质以外没有别的东西,那么物质的东西就只由流动组成,而不包含任何实质性的东西,柏拉图主义者曾经正确地认识到这一点。

因此,除了纯粹的数学和受幻想(或想象力)支配的东西之外,我必须得出这样的结论:心灵本身所能感知到的某些形而上的量是可以承认的,这是一个更高的、更正式的原则,它被添加到物质质量中,因为物质事物的一切真理不能仅仅从逻辑和几何公理中推演出来,即关于伟大和渺小,因和果,行动和激情,因为在这些事物中,事物秩序的理性得以保存。我们把这个原则叫做"生命原理"还是"力"并不重要,只要我们记住,只有通过力量的概念,我们

---

[1] 此中译文引自[英]弥尔顿著,朱维之译《失乐园》,上海译文出版社,1984年,第 5 卷,第 194—195 页。

才能理解它。¹

> 我尊重知识分子，
> 隐藏的事物的秩序，
> 但那里有着某种中介，
> 我无法将它们分散来看。
> ——辛尼修（Synesius），《赞美诗》（*Hymn*）第 3 首 [2]

作为一个自然主义者，笛卡儿模仿阿基米德说道：给我物质和运动，我可以创造出宇宙。当然，我们应当这么理解他的话，即我可以使宇宙的构造变得明白易懂。在同样的意义上，这位先验哲学家说道：给我一个拥有两种相反力的自然，其中一个力可以无限延伸，而另一个力设法理解或发现自己在这个无限中，那么我就可以将智力的世界和它们的整个表现系统呈现在你们面前。所有其他科学都假定智力已经存在且是完整的，而哲学家则探究智力的发展，也可以说是探究其从出生到成熟的历史。

---

1 以上两段原文为拉丁文。柯勒律治列了两段莱布尼茨的引文，分别选自莱布尼茨的两篇文章 "De ipsa natura" 和 "Specimen dynamicum"，这两篇都被收入了其六卷本《著作集》（*Opera omnia*）。著名的莱布尼茨文集六卷本《著作集》（*Opera omnia*）是迪唐（Louis Dutens）经过几年努力，把能够收集到的已发表的莱布尼茨的信件与著作汇总在一起，于 1768 年出版。
2 原文为希腊文。据亚当·罗伯兹编辑，爱丁堡大学出版社 2014 年版《文学传记》第 200 页，脚注 612 中考证：本句选自辛尼修（Synesius of Cyrene）的《赞美诗》（*Hymn*）第 3 首第 231—234 行。

作为一位卓有成效的先驱者，<u>柯尼斯堡的这位德高望重的圣人</u>[1]在1763年发表的一篇关于将负数概念引入哲学的文章中，就率先提出了这一大师思想。他在文中表明，形而上学家应该做的不是像贝克莱在他的《分析学家》那样，用形而上学攻击数学科学，也不是像沃尔夫那样，通过妄图从本体论的深层基础中推导出几何学的基本原理，而使之变得更加复杂；而是调查知识的唯一领域，即人类已成功建立起的一门纯粹的科学，是否可以为建立和平息那充满冲突和混乱的哲学领域提供材料，或至少是线索。实际上，若要在模仿数学方法上取得成功，无异于试图让大卫王（David）[2]穿上扫罗王（Saul）[3]的铠甲，希望渺茫。另一种方法成功的可能性更大，那就是将几何学中那些导出了惊人发现的观点，<u>随着语境变更所需要的变更</u>[4]，实际地应用于哲学问题上。康德在像数学家一般简要地阐述了这种尝试在空间、运动和无限小的量的问题上的效用后，进而论述了负量的概念，并将负量转换到形而上学的探究中。他指出对立物分为两种情况，一种是两者都有逻辑，且绝对不相容的；另一种则是两者都是真实且不互相矛盾的。他将第一种命名为<u>不可表征的虚无的消极意义</u>[5]，此种联系产生的结果毫无意义。一个正

---

1 指康德。
2 《圣经》中的人物。
3 《圣经》中的人物。
4 画线部分原文为拉丁文。
5 画线部分原文为拉丁文。

在运动的物体是<u>一个可以设想的东西</u>[1];但若一个物体在同一时间既在运动又不在运动,那么它什么都不是,或最多也只是空气被明确表达成了毫无意义的东西。但一个物体在一个方向上的运动力,和同一个物体在相反方向中相等的力并非是不相容的,而且其结果,即静止,是真实且可表征的。从数学微积分目的来看,我们把哪种力定义为负的,哪种力定义为正的,都无关紧要,因此,我们将后者与正好成为了我们思想中的主要对象联系起来。所以,如果一个人的资本为十,债务为八,不管我们称资本为负的债务,还是债务为负的资本,其中运用的减法都是一样的。但就后者与前者的实际关系而言,我们自然而然地将最后总数表示为10-8。同样清楚的是,两种作用于相反方向的相等的力,且既是有限的,又只因运动方向而区别于对方,必须要么将对方中和,要么将对方减损至静止。先验哲学要求:首先,两种力应以它们的本质而互相抵消。不仅不是由于每一个方向偶然的结果,而且更应该说是在所有方向之前,所有可能方向的派生且可推定条件的主要力;其次,这些力都应该被假定为无限且不可摧毁的。那么,问题就在于发现这两种力的结果或乘积,它们和有限的力及其结果是不同的,区别仅仅来自于它们方向的环境。在我们通过散漫的推理对这两种力及其不同结果拟出一个计划或概述后,我们还需要将这一论点从概念提升到实际层面,方法就是通过直观地思考这一种力量和它固有的两种不可摧毁且互相抵消的力,以及在我们自我意识的过程和生存原则中,它们互相

---

[1] 画线部分原文为拉丁文。

渗透而产生的结果或生成物。至于这是通过什么工具得以实现，答案本身就会体现出来，同时也会揭示对谁来说这是可能的。<u>并非对每个人都有可能。</u>[1] 哲学天赋和诗歌天赋不相上下，它们之间的区别不在于才华最高境界的程度，而是种类。

那么，假定的这两种力的对抗作用并不取决于它们从相反的方向相遇；它们身上的力量是不可摧毁的；因此，它可以不知疲倦地再次崛起；而且因为这两种都为无限且都不可摧毁的力，必将产生某种结果；也因为这个结果不可能是静止或中和，所以产物除了<u>第三者</u>[2]，或有限生成之外，其他设想都是不合理的。因此这一设想也就成为了必然。而这<u>第三者</u>[3]也只能是反作用力的相互渗透，两者同时参与。

当我在转录这些内容给出版社时，我收到了<u>一位朋友的来信</u>[4]；我对他的实际判断力有着很高的评价并无比敬重；同时，我的自爱可能会使我反对其他劝告者的决定，这些劝告者也同样明智，但在鉴赏力和情感上却略输一筹；而这位朋友的品味和情感令我再找不出任何借口来反对。

1　据亚当·罗伯兹编辑，爱丁堡大学出版社 2014 年版《文学传记》第 202 页，脚注 620 中考证：本句选自维吉尔的《牧歌》（*Eclogues*）。
2　画线部分原文为拉丁文。
3　画线部分原文为拉丁文。
4　据亚当·罗伯兹编辑，爱丁堡大学出版社 2014 年版《文学传记》第 203 页，脚注 622 中考证：这封信其实是柯勒律治写给自己的。这里的"朋友"，就是他自己。柯勒律治在 1817 年 4 月 29 日写给托马斯·柯提斯（Thomas Curtis）的书信中明确承认了这一点。

亲爱的 C，你问我对你关于想象力那一章的看法，不仅是我自己的印象还是在我看来可能给公众留下的印象；我所说的公众，也就是从作品的标题和它形成的一种对诗集的介绍，很有可能构成你大部分读者的那一部分人。

至于我自己，首先说对我理解上的影响：你的观点和论证方式不仅使我耳目一新，而且与我一直习惯于认为的真理完全相反，以至于在我已经充分理解了你的前提、承认了它们，并看到了你结论中的必然性后，还是处于那种思想状态——也就是你在第四章的注解中，作为"当一个人看起来像牛时，他就成为了一头牛"的对照，非常巧妙地推断出的观点。用你自己的话说，我感觉自己好像在倒立一般。

另一方面，若要描述对我情感产生的影响，我只能通过假设自己本来去过我们轻松舒适的现代小教堂，然后在一个秋日多风的月夜，我孤身一人，第一次置身于我们最大的哥特式教堂之一。"一会儿在微光中，一会儿在昏暗中"，更多的是在那可触知的黑暗中，带着一种阴冷恐怖的感觉；然后突然出现了广阔而梦幻的灯光，带着奇异形状的彩色倒影，一切都装饰着神圣的徽章和神秘的符号；我熟知名字的伟大人物的画像和石像不时地出现，他们看我时的面容和表情，和我从这些名字中联想出来的样子完全不一样。我曾被教导要崇敬这些智力超群的伟人，但我发现他们像怪诞的小矮人一样，栖息在有纹饰的小壁龛里；而在我迄今为止的信仰中，这些怪诞的人用他们所有神化的品质守护着那高高的圣坛。简而言之，我原本视为物质的东西逐渐消散成阴影，而所有阴影都被加深成物质：

> 黝暗来临,正好![1]
>
> ——弥尔顿

然而,我还是不得不重提你自己的几行诗,就是你在《朋友》中引用的那几句,并更改了其中的几个词后,将它们应用于华兹华斯先生的一部作品中:

> 能感化顽石的歌曲,
> 一首充满着高尚思想和激情的歌曲,
> 为音乐自身而唱![2]

但是,请放心,我急切地盼望着你已经承诺并宣布发表的、关于建设性哲学的伟大著作:我定将尽我所能地去理解它。只是我不会答应和你一同落入特罗弗尼乌斯的黑暗洞穴里,并为了能看见那里的火花和图像般的闪光,揉搓我自己的眼睛。

我自己的看法就是这些。但对于公众,我毫不犹豫地建议并敦促你将这一章从当下作品中删除,并将其保留到你已宣布发表的、

---

1 此为《失乐园》第 5 卷第 669—670 行。此中译文引自 [英] 弥尔顿著,朱维之译《失乐园》,上海译文出版社,1984 年,第 5 卷,第 202 页。
2 本段节选自柯勒律治诗歌《致威廉·华兹华斯》,第 45—47 行。本段中译文来自柯勒律治著,袁宪军译《柯勒律治诗选》,海峡出版发行集团、福建教育出版社,2015 年,第 196 页。

关于人类和神的理性或沟通智力的论文中。第一，因为我还没能完全理解这一章，因此，虽然我清楚地看到你已经做得太多了，但还远远不够。出于必须压缩内容的考虑，你不得不省略了其中的许多链环，以至于剩下的部分看起来（请允许我再次提起我之前的阐述）就像那古老荒废的塔楼上蜿蜒阶梯的破片。第二，也是更有力的一个论据（至少我确定能对你更有说服力）：你的读者会更有权利和理由来控诉你。这一章如果真的印刷出来，不可能只有一百页那么少，因此必然会大大增加出版的费用；而每一位读者都会像我一样，既不准备也应该不曾打算过去研究如此深奥的问题，所以正如我之前暗示的那样，读者几乎可以说是有资格去指责你强加给他某种负担。你的标题页，也就是"我的写作生涯"说明了这部作品是作为一本诗歌杂集的引言而出版；那么一个真正善于观察的人可以从这一标题期待，甚至是推测出一部关于理想现实主义的长篇大论，而理想现实主义与普罗提诺在抽象方面的关系，和普罗提诺与柏拉图的关系一样。你的作品中无需有太多形而上学的研究，因为毫无准备的读者完全无法理解你在可融合作用的力量上的推测；所以即使你的作品大部分都是历史性的探究，上述读者也会觉得这些内容既富于趣味又有教育意义。可以肯定的是，如果你真的在目前这部作品中发表了这一章，你会想起贝克莱主教的《西里斯》。这是一篇关于焦油水的文章，以焦油开始，以三位一体结束，即构成空间的<u>一切可知</u>[1]。我指的是目前这部作品。这一章若是放在你已倾注多

---

[1] 画线部分原文为拉丁文。

年、付诸了无比深入且广泛研究的作品中,就再合适不过了。而你的样书也会描述并宣布其中内容和它们的本质。所以如果购买它的人对其中的主题不感兴趣,那他们只能怪自己。

在这些论点之外,我还可以补充一个金钱方面的动机,尤其是对你目前这一出版物的销售可能产生的影响;但比起之前提到的那些,它们对你就不那么重要了。此外,我很早就观察到,从你个人利益出发的论点对于你来说比起兴奋剂更像是麻醉剂,而在金钱问题上,你的道德特质中有一小部分逆反心理,以至于有时为了让你往东走,必须先将你拉向西边。因为你的努力思考和刻苦阅读,一切成功于你而言都属实至名归。

您的挚友

这封极为明断的信令我深信,我应将这一章的主体内容放在我今后的作品中,而现在只需呈现这一章的主要结论;读者将在第二部的结尾中找到一个详细的样书计划。

我将想象力分为主要和次要。我认为主要想象力是所有人类感知的生存力量和主要中介,也是无限的"我是"中永恒创造行为的有限思想的重复。次要想象力在我看来是前者的反射,在有意识的意志共存,并在中介作用方面与主要想象力相同,唯一不同的地方在于程度和运作模式。为了重新生成,它先是溶解,接着扩散,最后消散;即使这一过程变得不可能进行,它无论如何也会努力形成思想并统一。就算所有物质(作为物质)本质上都是固定的和死亡的,它在本质上也是有生命力的。

相反，幻想除了固定性和有限性，没有其他对立物。幻想实际上只是一种从时间和空间的秩序中解放出来的记忆模式；它与意志的经验现象混合并被其修正，这一过程我们称之为"选择"。但是，与普通记忆一样，幻想也必须接受一切根据联想律制定的现成材料。

除此之外，我认为，适于在本书中断言关于想象力的力量和特权，读者会在我《古舟子咏》一诗前面的序言——<u>一篇关于诗歌中超自然现象的运用以及规范其引入的原理的评论文章中看到</u>。[1]

---

[1] 画线部分据亚当·罗伯兹编辑，爱丁堡大学出版社2014年版《文学传记》第206页，脚注632中考证：这篇文章后来无法找到，或许柯勒律治曾经完成，但已散佚。因此，在1847年，这一整段都被删除。

第十四章

* 《抒情歌谣集》的创作缘由和最初计划目标
* 第二版《序》
* 诱发的争论、起因和苛评
* 一首诗和诗歌整体概念的哲学定义（附批注）

在我和华兹华斯先生成为邻居后的第一年,我们的谈话主题经常围绕着诗歌的两大要点展开,即通过真诚遵循自然真理激发读者共鸣的力量,以及通过修饰想象色彩激发创新兴趣的力量。突然的魅力,光与影的意外交融,月光或落日在某个已知和熟悉地点的弥漫,似乎都是这两种力量的具体体现。它们是诗歌的本质。这一想法是自然而然出现的——具体是谁提出的,我已记不起来了——我们可以创作一系列包含两种类型的诗歌。在第一类中,事件和动因是(至少部分是)超自然的,其卓越之处,来自一种情感的戏剧化真实带来的趣味,而这种情况只要是真实的,自然会产生这种结果。这种真实性适用每个人,只需他们在某个时间认为自己受到超自然力的影响,并通过某种幻觉作用产生了真实感。对于第二类,主题要从普通生活中选取,人物和事件应存在于每个村庄及其周围的环境,如果的确存在,诗人应该以一种冥想的方式感同身受地去寻找或关注它们。

按照这一想法,我们制定了《抒情歌谣集》的创作计划。我们商定,由我关注超自然人物和角色,至少是浪漫性人物和角色,这样,从我们的内心转换出对某种人的兴趣和真实的外在表现,针对这些想象,它们足以使人暂时放弃怀疑,并由此形成诗歌的信仰。

相应地，华兹华斯先生将寻求他提出的另一个目标，为日常事物赋予新奇魅力，通过唤醒人们关注常常被忽视的现象，发现眼前世界的美好与神奇，使读者产生一种类似超自然力的感受；为世人打开一座不竭的宝库，由于习惯性忽视和内心焦虑的影响，我们对它视而不见，听而不闻，内心既未感受，也未理解。

通过这种视角，我创作了《古舟子咏》，还准备创作其他作品，即《黑女郎》和《克里斯特贝尔》，与首次尝试相比，我更有可能实现自己的理想。但是，华兹华斯先生的创作要成功得多，作品数量也多得多。所以，我的作品未能与其相称，更像零星的点缀。华兹华斯先生另外创作了两三首以其本色所写的诗歌，措辞慷慨激昂、高洁而不朽，体现了他的卓绝才华。通过这种方式，《抒情歌谣集》得以付梓。这是他的一次新尝试，由他提出的主题，无论是否从本质上拒绝了常见修饰和口语风格诗歌的特点，但可能都无法通过普通生活语言产生阅读愉悦感，这也正是诗歌的特殊功能。在第二版中，他增加了一篇长序。尽管这篇序言部分段落明显存在相反含义，但是人们认为，他希望将这种风格拓展至所有诗歌类型，并将他所谓真实生活语言以外的所有词句和语言形式（但是，他采用了一种模棱两可的表达方式）认定是错误和无效的。毋庸置疑，尽管存在方向错误，但是这些诗歌的序言具有高度创新性，也正是它导致了长期争论。针对感知能力和所谓错误，我解释了批评者的顽固性，在某些情况下，我为攻击者所进行的争论中所表现出来的尖刻的激情感到悲哀。

如果说华兹华斯先生的诗歌愚蠢而幼稚——长期以来，它们的确被这样描述，但是它们与那些辞藻低劣和思想浅薄的诗人创作的作品的确存在天壤之别；如果说他的诗歌与那些拙劣模仿和造作抄袭一样再无他物，它们很快就会陷入被人遗忘的泥沼，与之对应的序言也会消失不见。但是，华兹华斯先生的仰慕者却逐年递增。我们还发现，他的读者群并非来自低端阶层，而主要是具备高度辨别力和思考能力的年轻人；读者对他的诗歌高度赞赏（对他的批评反而起到了推波助澜的作用），我甚至想说，读者几乎达到了宗教般的狂热。这些事实，以及作者的超绝智慧——人们或多或少地都能体会到，但是被某些人故意忽视，甚至公开否认，体现了这些人对他的意见的心理排斥和对相关影响的恐惧，从而泛起了批判的漩涡，相关诗人愈发亢奋，也使他们深陷漩涡无法自拔。对于序言的大部分内容，从赋予的含义和语言的明确表述看，我一直是不同意的。我认为它们存在原则错误，与序言的其他部分和作者的多数诗歌实践相矛盾（至少表面矛盾）。在其最近出版的诗集中，我发现，华兹华斯先生将序言的论述改到了第二卷的末尾，因此读者可以自由选择阅读与否。但是，就我观察，他并没有宣布自己的诗歌理念发生了任何变化。无论如何，考虑到序言是争论的根源，由于我们的名字总是被人同时提及，获此殊荣，本人深感惶恐，因此，我感到有必要发表一个一劳永逸的声明，阐述我支持序言中的哪些观点，又完全反对哪些观点。但是，为了便于读者理解，首先我必须尽可能简明地解释我的观点，其一是对某一首诗的观点，其二是对所有诗歌的认识，包括对其性质和本质的认识。

哲学讨论的价值源于公正辨别，对此哲学家始终洞若观火，但是实际并未实现明确辨别。为了充分认识真实情况,我们必须有意识地区分其可辨别的部分。这正是哲学的专司职能。此后,我们必须把区分的部分在脑海中统一起来,在此过程中,它们实际是共存的。这就是哲学思维的结果。诗歌的构成要素与散文是相同的。因此,它们的区别仅在于构造方式的不同,动因源自它们追求的目标各异。目标相异导致构造方式的不同。这种目标有可能仅仅是为了有助于回忆起某些现有事实或刻意的观察。写作可以表现为一首诗歌,只是因为它与散文在韵律、节奏或两者之上均存在差异。在这种情况下,即最低意义上,人可以把一首诗的名字归因于对几个月里人们所熟知的日子的纪念。

有三十天的月份是九月,
四月、六月和十一月

如此等等,以及同类别和同目的的其他名称。当我们期待着声音和数量的重现时,可以带来一种具体乐趣,所有增加这种非凡魅力的文本,无论内容如何,均可被称为诗歌。

关于表面形式的讨论到此为止。目标和内容的差异提供了辨别的基础。最直接的目的可能是真理的交流,包括科学著作中的绝对真理和可证明的真理,或历史上所经历和记录的事实。乐趣,包括最高层次和最为永恒的乐趣,可能源自目的的实现。但是,乐趣本身并非直接目的。在其他作品中,乐趣的传递可能是直接目的,但是,事实,包括道德或智识方面的事实,都应该是最终目的,这可以区分作者的性格，但不能辨别作品所属的类型。这种社会状态非常神奇，对于正确终极目的的误解可能阻碍直接目的的实现，但是任何言辞或想象的魅力均不能使阿纳克里翁（Anacreon）[1]的巴希略或维吉尔的亚历克西斯免于被反感或厌恶[2]！

但是，愉悦的传递可能是某个非韵律作品的直接目标，这个目标可能得到了高度实现，例如，在小说和浪漫故事中一样。那么，单纯通过添加韵律，无论是否押韵，是否可以使这些作品成为诗歌？答案是，任何事物均无法长久产生愉悦，韵律本身并不包含产生愉悦的品质，也不包含产生愉悦的原因。如果添加了韵律，所有其他部分必须相应变化。只有协调一致，才能证明对每个部分的持久而独特的关注是合理的，而每一个部分都是精确地对应着重音和发音的反复出现，才能激发愉悦。按照这种推理，最后我们可以给出诗歌的定义。诗歌是一种与科学作品相对立的创作形式，它提出的直接目标是愉悦，而不是真理；与所有其他类型（它们都有这一目标）相比，它被区别开来，因为它从整体上向自己提出了这样一种愉悦，

---

[1] 阿纳克里翁(Anacreon)，前582—前485，希腊抒情诗人，以饮酒歌和赞美诗著称。后来希腊人把他列入了九位抒情诗人的正式名单。阿纳克里翁所有的诗歌都是用古爱奥尼亚方言写成的。像所有早期的抒情诗一样，其创作是为了在音乐的伴奏下演唱或背诵，通常是用七弦琴伴奏。阿纳克里翁的诗歌触及了爱、迷恋、失望、狂欢、聚会、节日以及对日常生活的观察等普遍主题。

[2] 据亚当·罗伯兹编辑，爱丁堡大学出版社2014年版《文学传记》第211页，脚注637中解释：柯勒律治的厌恶，就像我们现在说的恐同。他提到的著名的歌颂同性爱情的诗歌，首先是希腊诗人阿纳克里翁写给巴希略的诗歌，其次是罗马诗人维吉尔写给亚力克西斯的诗歌。

这种愉悦与来自各个组成部分的独特满足相一致。

由于辩论者对同一词汇解读不同，因此引起的争论并不鲜见，关于当前主题的辩论可谓得到了最为淋漓尽致的体现。如果有人将任何带有韵律或格律或是两者兼具的作品称为诗歌，我只能放弃与其辩论。至少，这一差别足以概括作者的写作动机。如果添加韵律与一篇故事或一系列有趣思考一样，仅出于愉悦或触动读者的目的，我当然认为，它也是诗歌的另一个合适因素，也是它的另一个优点。但是，如果我们希望定义真正的诗歌，我的理解是，它的各个部分必须相互支持，相互解释；所有部分的处理必须与格律安排的目的和已知影响相协调，并提供支持。在拒绝赞美纯粹诗歌这一问题上，所有时代的哲学评论和所有国家的最终判断取得了一致。一方面，评论家们反对一系列过于突出的诗句或对句，它们吸引了读者的所有注意力，与诗歌的其他部分脱离，不是与其他内容和谐相处的部分，而是形成了一个独立整体；另一方面，他们反对内容不连贯的作品，读者可能对其他构成部分不感兴趣，而是快速地收集各组成部分所反映的一般规律。应该引导读者向前迈进，而不仅仅是或主要是由于好奇心的机械冲动，或者是为了达到最终解决方案的无休止的欲望，而是因为阅读过程本身的吸引力所激发的愉悦的精神活动。就好像蛇的运动那样——埃及人将蛇作为知识力量的象征；或者像声音在空气中传播那样——读者每迈出一步，都要稍作停留，后退半步，从中积蓄力量，然后继续阅读。佩特罗尼乌斯·阿比特

（Petronius Arbiter）[1]曾经非常欢悦地将其表述为："自由的心灵沉淀。"[2]这里的修饰语"自由"与前面的动词相对应，我们很难用更加精练的词汇表达更为丰富的含义。

但是，如果这被视为诗歌应具备的一项特征，我们仍然需要寻求对于诗歌的定义。柏拉图和杰里米·泰勒的著述，以及伯内特的地球理论，都提供了难以辩驳的证据，都证明最优秀的诗歌可以不使用格律，甚至无须对比区别。《以赛亚书》的第一章（事实上，该章占了整本书的很大一部分）具有显著的诗歌特点，但是，如果断言先知写作的直接目的是愉悦性而不是真理，就会显得很不合理，甚至十分怪诞。简言之，无论我们为"诗歌"这个词汇赋予什么特殊的意义，我们都势必发现，任何长度的诗作，既不可能，也不应该都被称为"诗歌"。如果我们要创作一首协调连贯的作品，其他部分就必须与诗歌一致，所以，必须通过细心选择和人为安排，使之协调统一，只有这样才能创作出上述作品——不过，这并非诗歌的专属特征。与散文语言（包括口头或书面散文）的目的一样，其特征同样是激发读者更加持续和均衡的注意力。

从诗歌术语极为严格的使用角度，我对诗歌性质做出的结论，已在本作品前面就《幻想与想象》的评论中进行了初步分析。什么是诗歌？——这个问题几乎与"什么是诗人？"属于同一个问题——

1　佩特罗尼乌斯·阿比特（Petronius Arbiter），约27—66，尼禄统治时期的罗马朝臣。人们普遍认为他是讽刺小说《萨蒂利孔》（*Satyricon*）的作者，这本小说被认为创作于尼禄时代(54—68)。

2　引号内原文为拉丁文。

回答一个问题，也就解决了另一个问题。它是一种源自诗歌才能的区别，支持和修改着诗人内心的影像、思想和情感。从理想状态描述，诗人全身心地投入活动，并根据相互价值和尊贵程度，使感知功能相互服从。他传播一种气氛和精神的统一，通过我原创术语"想象力"的综合和神奇的力量，实现相互融合和（可以说是）相互渗透。这种能力，首先通过意志和理解使之付诸实践，并通过它们不懈的、温和的与隐秘的控制，犹如送葬队伍中松弛的缰绳，以"相对或不和谐"品质的"平衡或协调"揭示自己：相同与差异；普通与具体；思想与想象；个人与代表；新颖感和新鲜感与老旧和熟悉的对象；超普通的情感状态和超普通的秩序；永远清醒和稳重自持的判断与深刻或热烈的热情和感受。虽然想象力混合和协调了自然和人为因素，但是仍要求艺术服从自然规律；方式服从于本质；对诗人的尊敬服从于我们对诗歌的理解。正如约翰·戴维斯（John Davies）爵士在观察灵魂时就确切无疑的分析那样（他的话稍加修改可以用于，甚至更准确地说，能够用于诗歌想象）：

> 尽管这不可能确切无疑，
> 但是通过陌生的升华，她将肉体转变为灵魂，
> 就像火焰将其燃烧的物品转变为新的火焰，
> 就像食物转变为我们自身的变化。
> 从它们的粗糙物质，她抽象出它们的形式，
> 从事物中提炼出某种精华；
> 对她是转变的自然

在她的天界羽翼上播洒光线。

她亦如此,从个人状态,

抽象出普通类型;

然后赋以各种名称和命运

通过感官慢慢进入我们的头脑。[1]

最后,良好判断是诗歌天才的躯体,想象是它的帷帐,运动是它的生命,想象是无所不在和遍布个体的灵魂,将所有部分统一为一个优雅和智慧的整体。

---

1 据亚当·罗伯兹编辑,爱丁堡大学出版社 2014 年版《文学传记》第 213 页,脚注 642 中考证:柯勒律治此处引用了伊丽莎白时代的诗人和讽刺作家约翰·戴维斯的作品《知己知彼——人的灵魂及其不朽》(*Nosce Teipsum:of the Soule of Man and the Immortality Thereof*, 1599)并进行了一些改写。

第十五章

* 在对莎士比亚《维纳斯与阿多尼斯》和《鲁克瑞丝受辱记》的批评分析中阐明诗歌力量的具体表现

在批评实践中应用这些原则时，如用来评价或多或少不完美的作品，我曾经认真分析过诗歌的品质，它们可以被视为诗歌力量的迹象和具体表现，以便与因偶然动机和决心创作诗歌的普通人，而非受友善和多产自然灵感驱动的创作区分开来。在此次调查中，我想，我只能研究我眼前最伟大的作家，或许是人类有史以来最伟大的作家的最早期作品，即天赋异禀的莎士比亚的早期作品。我指的是《维纳斯和阿多尼斯》和《鲁克瑞丝受辱记》。这两部作品使我们感受到他前途无量，不过也证明他的创作天才尚未成熟。从这些作品中，我总结了下列笔记，作为原创诗人应普遍具备的特征。

1. 在《维纳斯和阿多尼斯》中，第一个和最显著的亮点是完美奇妙的诗律；对主题的契合；在无须使用超过思路需求，或者超过保证主旋律所允许的更加高昂和更为宏伟的节奏的前提下，通过语汇的变换行进展现的力量。丰富和甜美的声音带来的乐趣，尽管稍显过度，如果证明为原创，而不是某种易于模仿的机制产生的结果，我都认为是年轻人创作作品时非常值得肯定的品质。心无音乐之人永远不可能成长为一位天才诗人。意象——可以选自大自然，更多地选自各种书籍，包括选自旅行、航海和自然历史著作——它们影响着各种事件、正确思路、愉悦的个人或家庭感受，并在此基础上，影响着它们以诗歌形式存在的结合或交织艺术——一个富有才能和广泛阅读的人，通过不懈努力均能交换获取，但如我曾经观察的那样，他可能将追求诗歌声誉的强烈渴望误认为是一种天生的诗歌才能，将对武断目的的热爱误当成拥有某种特定手段。但是，音乐带来的平静和愉悦，是一种想象力的天赋。这一点，再加上把众多的元素统一起来，用一种主要思想或感受来改变一系列的想法的力量，都可以是培养和改进的，但是永远无法习得。这意味着，"诗人并不是天生的"。

2. 天才的第二种迹象是，选择与作者私人兴趣和所属环境差异巨大的主题。至少，我已经发现，如果主题是从作者个人感受和经历中直接选取，一首诗歌的不同凡响仅是真实诗歌力量的一个模棱两可的标记，通常表现为一个荒谬的保证。我们可能记住这样一位雕塑家。他创作的女神雕像，其他部位都与理想的美人毫无二致，唯一不同的是她的双腿，正是这双腿给他带来了相当高的声望。最后，他的妻子在丈夫的赞美下，终于谦逊地承认，其实她一直是丈夫的模特。在《维纳斯和阿多尼斯》中，这种诗歌力量的证据极为充分。总体来看，它就像一个完整展现在我们眼前的超级精神，它不仅比角色本身更加直观、更加密切地关注每一个外表和行为，还关注脑海中所有最微妙的思想和情感的涨落，同时，这个超级精神并未参与情感活动，只是被愉悦刺激警醒，愉悦刺激源于他自身精神的蓬勃热情，以便生动地展示它高度准确和深入的思考。我想，我应该从这些诗歌中推测出，即使在这个时候，驱使诗人从事戏剧创作的那种伟大的本能，也在他内心暗暗地发挥作用——驱动因素包括，一系列从未断裂且永远生动，并因其从未中断，所以内容详实的想象；对优美语言最大程度的追求，他的语言能力不逊于，甚至超过了任何诗人，就连但丁可能都无法做到；这种本能促使他为视觉语言，为他的戏剧作品中演员语音、外表和姿态形成的经常性干扰和不间断表述提供一种替代手段。乍看起来，他的《维纳斯和阿多尼斯》就是剧中角色本人，但需最优秀的演员对这些角色进行完整展示。他似乎什么都没有对你讲，但你似乎又看到和听到了一切。因此，从读者需要持续关注来看；从思想和图像的快速流动、快速变化和嬉戏性质来看；最重要的是作者的超脱——或者我应更大胆地用作者对自己情感的完全"疏离"这个词。从其原来作为画家和分析师的感受来看，虽然这个主题必然损害头脑缜密之人的乐趣，但是诗歌在道德层面的危险从来都没有比这更低。莎士比亚并没有像阿里奥斯托（Ariosto）[1]那样，更冒犯一点儿，没有像维兰德（Wieland）[2]所做的那样，没有将热情堕落和扭曲为欲望，没有将爱的审判堕落和扭曲为色欲的挣扎；他在此展示了动物的冲动，从而排除读者对这种冲动的任何同情，具体做法包括将读者的注意力引导到成千上万的外在意象，时而美丽和时而奇异的环境中，形成这种冲动的服装和背景；或者通过诗人活跃的大脑从想象和事件

---

1 阿里奥斯托（Ariosto），路多维科·阿里奥斯托 (Ludovico Ariosto），1474—1533，意大利文艺复兴时期的著名诗人。
2 维兰德（Wieland），克里斯托弗·马丁·维兰德（Christoph Martin Wieland），1733—1813，德国诗人、翻译家，他将莎士比亚的22个剧本译为德文，编为《莎士比亚戏剧集》（1762—1766）。

推测或与其有关的大量机智或深刻的思考中，让读者从主题转移注意力。读者被迫采取太多行动，来同情我们天性中仅仅是被动的一面。以这种方式被刺激和警醒的头脑，很少能在微弱和模糊情感的作用下展开思考，就像低矮懒惰的雾气只能在湖面上匍匐，而狂风却能在波浪和狂涛中推动着它前进一样。

3.过去的观察表明，意象无论多么优美，无论多么忠实地再现了自然界，并通过语言进行了准确描述，它们本身并不能反映诗人的性格。只有当最初的天才被一种支配的激情所改变时；或是由相关的思想和意象唤醒的激情；或是当它们有使众多散点聚集统一，延续到某一时刻的效果时；或者最后，当一个人和智慧生命从诗人自己的精神转移到这些意象时，意象才能成为创作天才的证明。

诗人的精神贯穿大地、海洋和天空。[1]

例如，在下面的文字中，不存在令人反感的内容，不存在阻止这些文字，在其合理的位置，构成描写性诗歌一部分的因素：

看那行被修剪出曲线的青松
被海风吹弯，在薄暮中摇曳。[2]

---

[1] 据亚当·罗伯兹编辑，爱丁堡大学出版社 2014 年版《文学传记》第 218 页，脚注 647 中考证：引自柯勒律治《法国：颂歌》（*France:an Ode*）第 103 行。
[2] 据亚当·罗伯兹编辑，爱丁堡大学出版社 2014 年版《文学传记》第 218 页，脚注 648 中考证：这些诗句出自柯勒律治的笔记。

但是，只要稍微改变一下节奏，同样的文字也可以出现在一本地形学或描述旅行的著作中。如果这样表达，同样的意象就会上升为诗歌的假象：

看那行荒凉的、梦幻般的青松，
薄暮中你可辨别它的身影！
在猛烈海风的吹拂下，它们作势飞奔
所有的发缕高高飞扬。[1]

我把这一点阐述出来，绝非举个例子，以说明我所欣赏的那种特殊的卓越。而且在莎士比亚早期的作品中，正如在他的晚期作品中一样，他的卓越甚至超过了其他所有的诗人。通过这种方式，让他对所呈现的事物赋予了一种尊严和激情。在无前期刺激的条件下，它们突然鲜活有力地出现在我们面前——

多少个明媚辉煌的清晨，我看见，
威严的朝阳把四射光芒洒满山巅。[2]

——莎士比亚十四行诗第33首

---

[1] 据亚当·罗伯兹编辑，爱丁堡大学出版社2014年版《文学传记》第218页，脚注648中考证：这些诗句出自柯勒律治的笔记。
[2] 此中文翻译引用自莎士比亚著，朱生豪等译，《莎士比亚全集》第八卷，译林出版社，2009年，第187页。该诗译者为辜正坤。

无论是我自己的顾虑还是苍茫乾坤
预知未来事物发展的先知之魂——

人间的月亮已安然度过月蚀之灾，
曾预言不祥的人反成为笑柄。
疑虑丛生现转变为信心百倍，
象征和平的橄榄枝将永世长存。
今朝欣逢这盛世的甘露，我的爱
焕然一新，死神也对我俯首称臣。
它虽会战胜愚钝无言的芸芸众生，
却奈何不了我，因为我能借歪诗活命。
你也能凭我的诗行如坚碑长在，
而暴君的勋徽与铜墓将化作尘埃。[1]

——莎士比亚十四行诗第 107 首

当意象塑造和修饰自己以适应脑海中形成或突出显现的环境、激情或人物时，它无疑更能体现诗人的天才，而这是意象更高级的价值。如果希望检阅这种独一无二的优秀实例，读者可能会想到他的《李尔王》《奥塞罗》。其实，还应阅读这位"伟大的、不朽的

---

[1] 此中文翻译引用自莎士比亚著，朱生豪等译，《莎士比亚全集》第八卷，译林出版社，2009 年，第 261 页。该诗译者为辜正坤。

已逝巨擘"戏剧以外的作品。<u>丰富令我困顿</u>。[1] 对于人性而言,这话确凿无疑。在第98首十四行诗中,莎士比亚对爱进行了完美表达。

> 是在春天的时候我就离开了你,
> 那时灿烂缤纷的四月披上了彩衣,
> 就连忧郁的土星也含笑翩翩起舞,
> 呵,天下万物处处都注满了生机。
> 然而不管是百花斗彩的扑鼻奇香,
> 也不管是悦耳醉人的莺歌燕语,
> 都不能是我采摘下怒放的花儿,
> 或讲述关于夏天的任何故事。
> 我也不企羡百合花的洁白,
> 也不赞叹红玫瑰的香艳香奇。
> 它们是你的摹品,有雅态浓香,
> 何敢与你这原型相匹,你万美皆具。
> 于是我仍身处隆冬,只因你在异地,
> 我与这众花嬉玩,若寄情于你的影子。[2]

---

1 画线部分原文为拉丁文。据亚当·罗伯兹编辑,爱丁堡大学出版社2014年版《文学传记》第219页,脚注650中考证:引自古罗马诗人奥维德的作品《变形记》(*Metamorphoses*)。
2 此中文翻译引用自莎士比亚著,朱生豪等译,《莎士比亚全集》第八卷,译林出版社,2009年,第252页。该诗译者为辜正坤。

几乎没有什么不确定的,即使是一个不那么有价值,但同样不可或缺的标志:

<u>作为一个富有创造力的诗人</u>
<u>这是他与生俱来的特质</u>[1]

当意象逾越了画家的表现力时,诗人可以为我们提供一连串最鲜活的意象和随之而来的感受!

说话间他挣脱了她甜蜜的拥抱——
那美丽的胳膊把他搂在了胸前。
他穿过漆黑的峡谷往家里疾跑,
让爱神躺在地上,很觉得难堪。
看,天空如何掠过一颗明亮的星星,
他便如何在夜色里逃离她的眼睛。[2]

4. 我要讲的最后一个特征是深度和思想的力量,后者除非与前

---

1 画线部分原文为希腊文。据亚当·罗伯兹编辑,爱丁堡大学出版社 2014 年版《文学传记》第 219 页,脚注 651 中考证:引自古希腊早期喜剧代表作家阿里斯托芬的作品《蛙》(*Frogs*)。
2 此中文翻译引用自莎士比亚著,朱生豪等译,《莎士比亚全集》第八卷,译林出版社,2009 年,第 42 页。该诗为莎士比亚的《维纳斯与阿多尼斯》,译者为孙法理。

者结合，否则几乎毫无价值，但是，没有后者这个特征，前者也不可能较高程度地存在，而且（即便可能）也只能产生转瞬即逝的激流和一种流星的力量。没有一个人能够永远是一个伟大的诗人，却没有同时成为一个深刻的哲学家。诗歌是所有人类知识，人类思想，人类激情、情感、语言的花朵和芬芳。在莎士比亚的诗歌中，创造力和智慧力就像战争中的扭抱，一方力量稍大，就会威胁另外一方的生存。最后，在戏剧中，双方实现和解，将盾牌抵在对方胸前，与其作战。或者像两股急流，在狭窄和多石的堤岸内首次相遇时，双方都努力排斥对方，不愿汇合，激起朵朵涟漪；不久，它们进入更加宽阔的河道和更加低徐的堤岸，它们相互汇合，增强气势，作为一股水流，唱着同样的歌声流淌。或许，《维纳斯和阿多尼斯》不可能表现出更深层次的激情。但是，鲁克丽丝（Lucretia）的故事似乎喜欢深刻情感，甚至要求情感发挥最强烈的作用。但是，我们发现，莎士比亚对故事的处理，既没有伤感，也不存在其他激烈的情感品质。它拥有与之前的诗中同样详实的意象，同样生动的色彩，被同样冲动的思想和发散的活力所激发，通过同样的同化和修饰能力分离和对立，但是，却具有更为宏大的展示，涵盖更大范围的知识和关系。最后，对整个语言界产生了同样完美的影响，通常表现为主导作用。那么，我们应该说什么呢？即便如此，莎士比亚并非仅有儿童品质，并非天生奇才，并非被动受到启发，不被精神控制，也不控制精神。首先，他耐心学习，深思熟虑，细致入微地理解，直至知识成为习惯性和本能性内涵，与他的习惯性感受结合，最后产生出巨大的力量，使他在同类中独一无二，无人能及。通过这种力量，他成为诗坛两座令人仰止的璀璨巅峰之一，弥尔顿虽与他双峰并峙却不能称之为对手。前者向前冲去，融入所有形式的人类性格和情感，成为混合着火焰和洪水的普罗透斯（Proteus）[1]；后者则将所有形式和事物引至自身，融入自己理想的统一之中。弥尔顿在其一生中，所有事物和行为模式都实现了自我创新；而莎士比亚则成为万物，却永远保持他自己。啊，英格兰，我的祖国，你养育了多么伟大的人物啊！真正的伟人！

不自由，毋宁死，
我们讲着莎士比亚所讲的语言；
我们信奉着弥尔顿所尊崇的信仰和道德。
我们生存的每一寸土地，
都贡献了它的第一滴血，冠冕重重。[2]

——华兹华斯

---

[1] 普罗透斯（Proteus），希腊神话中的一个早期海神，荷马所称的"海洋老人"之一。
[2] 据亚当·罗伯兹编辑，爱丁堡大学出版社 2014 年版《文学传记》第 221 页，脚注 654 中考证：引自华兹华斯《献给自由的十四行诗》（*Sonnets Dedicated to Liberty*）。

第十六章

* 当代诗人与十五世纪、十六世纪的诗人之间存在着明显的不同
* 将两者特有的优点结合起来的愿望

基督教从其以封建权利为基础建立之日起至今，一直是一个伟大的机构，无论组织形式多么不完美，在每个时期都会发现一种类似的精神一直在它的所有成员中发挥作用。对莎士比亚诗歌的研究（我没有深入研究他的戏剧作品，显然莎士比亚的戏剧同样适合被称作"诗歌"），使我对英国和其他国家的当代诗歌进行了更仔细的考察。但我的注意力特别集中在从莎士比亚出生至其去世期间的意大利诗歌。这个国家非常注重美术，所以迄今为止取得了最巨大的成就。从具体诗人的成就和特点提炼分析，每个时期的优秀作家的共同点似乎都证明，十五世纪及十六世纪的诗歌和当代诗歌之间存在一个显著差异。或许，这一结论可以拓展至绘画这种姐妹艺术中去，至少，后者可以用来说明前者。在当代，诗人（我希望读者将其理解为泛泛而谈，不涉及个人的名字）似乎认为新颖和引人注目的意象是其主要目标，也是自己的艺术最具特色之处，所以特别关注情感或激发读者的好奇心。他描写的角色和内容都尽可能具体和个性化，甚至达到了一定程度的肖像化。另一方面，从措辞和格律来看，他似乎有点儿心不在焉。格律既不建立在原有历史系统之上，也不承认任何论证原则，而以作者权宜为准；或者采取某种机械的动作，其中一个对句或诗节都是一个充分的标本，以致偶然的差别显然是由于意外事件或者语言本身的性质而产生的,而不是出于沉思和理智的目的。从蒲柏翻译的荷马到达尔文的《自然神殿》,尽管存在部分显著例外,但是其语言过于角色化,所以既不能划入诗歌,也不能划入对话录或散文。但是啊!即使我们的散文写作,甚至模式更为固定的论说文章,都争前恐后地赶时髦,以过于粗俗和造作的方式装扮自己。诚然,后来最受欢迎的作家在这方面取得了长足进步。同样,这种经常使用朴素和直白的英语的现象并不普遍;我们的小说、杂志、公共宣传等文章创作思想琐碎,表述令人费解,就好像将艾科(Echo)和斯芬克斯(Sphinx)的头放在一起,不伦不类。此外,即使那些远未受这种潮流影响的作家,即便我不明确批评,内心也会认为他们虚伪或懦弱,他们很少有人以谨慎的态度保护自己语言的纯洁性,伟大的但丁在其小册子<u>《论俗语》</u>[1]中认为,保护语言的纯洁性是诗人的首要责任。语言是人类思想的弹药库,既收藏着昔日的勋章,又存放着未来征战使用的武器。霍布斯(Hobbes)[2]在<u>《当今的考试与数学的改进》</u>[3]中指出,<u>"观察一下,人们在这些事情上是多么容易从用词不当滑向实际的错误。"</u>[4]

"有许多自然界的事物和秘密值得研究,生命如此短暂,以

---

1 画线部分原文为意大利文。
2 霍布斯(Hobbse),托马斯·霍布斯(Thomas Hobbes),1588—1679,英国政治家、哲学家,欧洲启蒙运动时期的杰出人物。
3 画线部分原文为拉丁文。
4 画线部分原文为拉丁文。

至于那些混乱的、众声喧哗的讨论不应该占用我们的时间。哎，模糊的语言分散了我们的注意力，似乎说了很多，但实际上什么也没说。——这些都是风暴爆发的云，破坏了教堂和国家！柏拉图在他的《高尔吉亚篇》中说得很对，懂得正确用词的人也会知晓事物。正如埃皮克提图（Epicteto）所说，对词语的研究是知识的开始；盖伦（Galenus）非常谨慎地指出，如果我们在使用词语的过程中产生了困惑，那么我们的内心也会对认知事物产生困惑。尤利乌斯·凯撒·斯卡利杰（Julius Caesar Scaliger）在他的第一本书《植物》中说，"对于一个温文尔雅的人来说，他的首要职责是为了自己的利益好好思考，下一个责任是为了他的国家说好话。"[1]

在同类风景画中，我似乎发现了某些与现代诗歌的材料和结构类似的东西（但在这里我请求读者理解我这么说并不十分自信）。他们的前景和中间距离相对来说不太具有吸引力；而风景画的主要兴趣在于融入背景，那里的山峦、溪流和城堡阻止视线继续前进，没有什么因素能够使它回溯自己的历程。但是，在意大利和佛兰德大师的作品中，风景的前半部分和中间部分是最显著和最具有控制

---

[1] 埃皮克提图（Epicteto），公元前 1 世纪时的希腊斯多噶派哲学家、教师；盖伦，克劳迪亚斯·盖伦（Claudius Galenus），129—199，也被称为"帕加玛的盖伦"（Claudius Galenus of Pergamum，帕加玛位于土耳其），古罗马时期最著名、最有影响的医学大师，同时也是一位哲学家；尤利乌斯·凯撒·斯卡利杰（Julius Caesar Scaliger），1484—1558，意大利学者和医生。整段话里，柯勒律治混合了拉丁文和希腊文。据亚当·罗伯兹编辑，爱丁堡大学出版社 2014 年版《文学传记》第 225 页，脚注 658 中考证：柯勒律治这段论述改编自德国医生、哲学家丹尼尔·森纳特（Daniel Sennert，1572—1637）的一段话。

力的,他们对背景的兴趣慢慢消失,与体现物体颜色、线条和表述的优美与和谐相比,绘画的魅力和具体价值并未充分体现在通过图像取代语言形成的视觉语言表述上。所以,他们更多地是避免而非寻求主题创新。处理同样主题方式的卓越性,是对艺术家技能的审视和检测。

但是,十五世纪和十六世纪的著名诗人,尤其意大利著名诗人,并不存在这一问题。意象几乎永远是普遍现象:太阳、月亮、鲜花、微风、汩汩流淌的溪流、婉转的鸟鸣、惬意的阴凉、可爱的少女、各种美女、山泽仙女、水中仙女和各种女神,它们都是每位作家可以使用的素材,都可以按照每位作家的判断或想象描绘和布置,无需过分增加或具体阐述。如果我们特意排除某些英国诗人,思想和意象也同样很少创新。他们叙事诗的寓言大多源于神话或同样著名的其他来源,其吸引力主要体现在处理上述信息的方式,情感的流露或生动的安排。反对当代的状况,也许是极端的。他们将诗歌的本质放在了艺术中。他们追求的卓越在于精致措辞与完美精简的结合。他们通过像绅士在庄重对话中避免使用不佳词汇和像学者使用正确词汇和表述那样,通过认真推敲每个字词的位置实现自己的主要目的,这样不仅保证每个部分旋律优美,同时促进整个文本的协调性,每个音调都和相同时间或诗节前后词汇的旋律相和谐;最后,通过同样做法,以其格律运动的变化和各种协调,在不违反上述原则情况下,实现整体的和谐。但是,它们的格律变化并非源自引进新格律的变化,在"阿隆佐(Alonzo)和伊莫金(Imogen)"[1]中,他们从德国人那里引进了一种特殊的方式。它们的机制内部有一种具体的强悍旋律,能够适合高贵读者的嗓音和重音,他们对作者的关注超过了对词汇意义或数量的关注。但是,对于一个熟悉希腊和罗马诗人声音的耳朵,可能像乘坐一辆没有弹簧的德国舞台货车飞快驶过一条铺面道路一样难受。与之相反,意大利和英国过去的诗人,通过普通格律的无数修改方式和声音的巧妙均衡,都创作了更加优秀和更富魅力的作品。一种持续和令人羡慕的声望恭候着诗歌天才,他应尝试和实现一种统一;他应该想象卡图卢斯的麻雀、燕子、蚱蜢和阿纳克里翁喜爱的所有小玩意呈现的优质外观、精致、精巧和精准比例,最重要的是,它们无处不在的优雅,就像保存在一个珍贵琥珀制作的神龛内;它们以光明,虽然不甚辉煌,来重现基督教欧洲时期亚诺河谷、伊希斯(Isis)和卡姆(Cam)树林的青春活力和早期气概;他们应该把更浓厚的兴趣、更深沉的悲悯、更具男子气概的思考、更新鲜多样的意象结合起来,赋予诗人一种价值和声望,使那些为我们时代和前代带来荣耀的诗人享有永久的价值和声望。

---

[1] 据亚当·罗伯兹编辑,爱丁堡大学出版社 2014 年版《文学传记》第 226 页,脚注 659 中考证:出自马修·刘易斯(Matthew Lewis, 1775—1818)的歌谣。它最初出现在他的哥特式小说《和尚》(*The Monk*, 1796)的第 9 章,并被广泛摘录和重印。

第十七章

* 考察华兹华斯先生的基本原则
* 田园生活（首先是低层的乡村生活）对人类措辞的形成特别不利
* 最佳语言是哲学家的作品，而非由小丑或牧羊人贡献
* 本质上理想和平庸的诗歌
* 弥尔顿的语言同样来自真实生活，但远远不止源自田家语

华兹华斯先生在其前言中声称,而且是巧妙地争辩,我们的诗歌语言要改革,要按他认为的真实的情感改革,认为原创诗人的修辞和比喻的戏剧性源自他们的论证理由,这些理由转换至纯粹否认花招连接或修饰手段,构成了在现代诗歌风格中特有的虚伪;他以同样清晰和敏锐的笔触,指出这种变化产生的过程,指出了读者在一系列新奇词汇和意象产生的愉悦而混乱的思想状态,与充满激情的情感语言所诱发的思想状态之间的相似之处;他实施了一项有益的工作,他的努力和执行力都值得赞扬。在这篇前言发表前后,为了真理和自然而对这篇规训的挑衅不断出现。但是,我仍然忍不住指出,过去十年或十二年内公开发表的优秀诗歌与该序言出版前发表的多数诗歌都使我清楚地意识到,华兹华斯先生完全有理由相信,他的努力绝不是无效的。不仅在那些声称钦佩他的诗中,而且在那些以敌视他的理论和贬低他的著作而著称的人的诗中,都可以清楚地看到对他的原则的印象。有可能其他原则也与这些原则混合在一起。在这些并不明确的原则影响下,有些人可能感到迷惑,还有一些人考虑到原则基础的狭隘或不完美,可能信念不坚定和走向反面。但是,更有可能的是,通过引燃和助长争议,这些错误的缺陷或夸大,可能不仅导致了相关事实更大范围的传播,而且通过对大脑的频繁刺激性展示,这些错误可能产生更加持久和实际的影响。如果一个人感觉应该继续反对某一部分,就更有可能从他的对手那里吸收相关思想。虽然还有一些要点使其坚信自己是正确的,使其认为找到了继续持反对意见的坚实基础,但是他仍然可以逐步接受那些最接近他自己的认识,既不与他自己的理论一致,同时又不排斥其他的观点。同样,通过一种本能的谨慎,他会一点一点地放弃自己最薄弱的阵地,直至最后他似乎忘记那些是他自己的观点,或者至多将它们视为偶然认识和"琐碎的附加物"[1],放弃这些观点也不会伤害和危及他的"思想堡垒"。

  我的观点与华兹华斯先生理论基础上某些部分的差别是:我认为他的表述得到了正确解读,即诗歌的普遍正确措辞源于真实生活中人们口语使用的语言(存在部分例外),这种语言是人们在自然情感影响下进行自然交谈使用的语言。我的反对意见是:其一,在任何意义上,这一原则仅适用于特定的诗歌类别;其二,即使对于这些类别,它也不适用,除非在某种意义上(就我所知或所读到的),从来没有人否认或怀疑过;最后,就实践而言,在可行性上,它通常是无用的,甚至是有害的,因此要么不需要实施,要么不应该实施。这位诗人告诉他的读者,他习惯选择低层乡村生活,但是这种低层乡村生活的程度或目的并不是为了达到令人怀疑的精神效果,不会像某些上流和高尚人士那样希望通过嬉戏性模仿粗鄙行为或下

---

[1] 据亚当·罗伯兹编辑,爱丁堡大学出版社 2014 年版《文学传记》第 234 页,脚注 666 中考证:"琐碎的附加物"引自莎士比亚的《哈姆雷特》。

层人士的谈话获得某种精神上的满足感。由此获得的乐趣可以归结为三个令人兴奋的原因：首先，是被表述事物的自然性。其次，是表征物的明显的自然性，这种自然性通过作者自身知识和才能的一种潜移默化的灌输而提高和限定，这种灌输的确构成了一种模仿，但有别于单纯的复制。再者，可以在读者的意识中找到，读者受重复陈述唤醒，在其内心形成的有意识的优越感，就像昔日国王和显赫男爵的优越感一样，有时实为小丑和傻瓜，但这一角色更多地表现为精明和智慧之人。但是，这些原因都不是华兹华斯先生的目标。他选择了卑微而质朴的生活，"因为在这种环境中，内心的根本热情会找到更为优质的土壤，在那里，它们可以成熟起来，不再那么拘束，会说一种更直白、更富于强调的语言；因为在这种生活状态下，我们的基本感情都以一种更加淳朴的状态存在，因此我们才能够更加准确地加以思索，更加有力地交流；因为田园生活的方式是从这些基本的情感中萌发出来的；从田园生活的必要特征来看，田园生活更容易理解，更持久；最后，因为在这种环境下，人类的激情能够与美丽而永恒的自然形式结合在一起"。

现在我很清楚，在最有趣的诗歌中，作者或多或少地增加了一些戏剧效果，如《兄弟》《迈克尔》《露丝》《疯妈妈》等，其中包含的人物语言无一例外都是选自低层乡村生活环境中常见的可接受的语言！同样清楚的是，只要情绪和语言被认为是真正取自上述人物的思想和对话，相关动机和环境并不一定与"他们的职业和住所有关"。坎伯兰和威斯特莫兰山谷牧羊农民的思想、情感、语言和行为方式，只要在这些诗歌中得到实际应用，就可以从原因上加以解释，而这些原因在城市或乡村的每一种生活状态中都会产生同样的结果。我认为有两大原则，一个是独立自主，它能让一个人免于奴役或为他人谋利的日常劳作，但又不受勤劳的需要和简朴的家庭生活的约束；伴随而来是一个不寻常的，但扎实和虔诚的宗教的教育，它使人们熟悉的书很少，除了《圣经》《祈祷文》或《赞美诗》外，再无其他书籍与之匹敌。关于后一种原因，事实上，它更多地出于偶然，而非具体国度和具体时代的恩赐，也非具体地点或职业的产物，诗人应遵循或然性，使他的读者能够真正感受、思考和谈论与其表述相容的任何类似情况。亨利·摩尔（Henry More）博士（《热情的胜利》第35节）曾有一段名言："一个受过有限良好教育的人，只要不断阅读《圣经》，就可以自然而然地培养起比那些知识渊博者更有说服力的修辞技巧。但各种话语和人为词汇的相互融和损害了他们的语言风格。"[1]

此外，还需要考虑的是，为了形成健康情感和善于思考的头脑，否定带来的障碍不弱于诡辩和恶意混淆。我相信，如果人的灵魂希望在田园生活中健康幸福，必须具备一定的有利条件。并不是每个人都能在乡村生活或乡村劳作中获得心灵的升华，他必须具备教育或原创性敏感素质，或两者兼有，才能确保自然环境的变化、形式

---

[1] 亨利·摩尔（Henry More），1614—1687，英国剑桥柏拉图学派的哲学家。据亚当·罗伯兹编辑，爱丁堡大学出版社2014年版《文学传记》第236页，脚注668中考证：这段文字选自他1656年的作品《热情的胜利或热情的性质、原因、种类和治疗》（*Enthusiasmus Triumphatus, Or, a Discourse of the Nature, Causes, Kinds, and Cure of Enthusiasme*）。

和事件形成足够的刺激。如果刺激不足够，在刺激需求作用下，头脑就会收缩和僵硬，这个人就会变得自私、世俗、粗野和冷酷。我们可以将利物浦、曼彻斯特或布里斯班的《济贫法》管理与农村中由农民监督和监管贫困人口的普通济贫费分配进行比较。如果说我的运气不佳，但是我与众多受人尊敬的乡村牧师就该主题进行的讨论表明，低层乡村生活本身或相关预期影响非常值得怀疑。无论另外一面得出什么结论，瑞士人和其他山区居民拥有的强烈地域情感和进取精神，在允许和促进真正共荣的财产形式下，适用于一种具体的乡村生活模式，而不具备田园环境普遍性，也不适用于缺乏人文修养的乡村地区。虽然人们经常颂扬山地居民的行为，但是与其他地区同类人群相比，他们总体来说都接受过更好的教育，阅读量也更大。在不存在这种情况的地区，如北威尔士和古老山区的农民，虽然他们拥有自己全部的恐惧和光荣记忆，但是对外界而言，不啻于呈现给盲人的图画、聋人的音乐。

  本文不适合过分详细地讨论，但是为所有行文差异确定其出处和中心内容似乎是应该的（我是说，无论哪一方面，只要我对诗歌的认识与本序言宣传的原则存在差异，就应该适当讨论）。我完全相信亚里士多德提出的原则，即诗歌之所以为诗歌，其本质上是理想化的，需要避免和排除所有意外；诗歌中的等级、角色或职业的明显个体性必须能够代表一个阶级；诗歌中的人物必须具备一般属性，具备该阶级的共同属性，不是具备某个天才之人可能拥有的属性，而是按照他的情况，他最有可能具备的属性。如果我的前提是正确的，推理是合理的，那么在忒俄克里托斯的诗风和想象中的黄金时代的诗风之间，便不可能存在诗性的媒介。

《兄弟》中的牧师和牧羊人、水手的角色，与《迈克尔》中的绿头吉尔的牧羊人角色，都拥有诗歌所要求的真实性和代表性。他们属于一个已知和持久的阶级，他们的行为和情感是该阶层共同环境的自然产物。我们以《迈克尔》为例：

> 一个老人拥有坚强的心和有力的四肢；
> 他的身体从年轻到年老都有一种不同寻常的力量，
> 他始终思维敏锐、
> 热情、节俭、灵敏，
> 牧羊之时他手脚灵活，
> 机警超人。
> 因此，他了解所有风向的意义，
> 包括各种风类；
> 他人总是懵懂无知，
> 从南风他听到地下音乐，
> 好像风笛手站在远方山顶吹奏。
> 收到羊群的警告
> 牧羊人自言自语，
> "风在给我制造麻烦！"
> 是的，在任何时候，风暴都在驱动着我们，
> 旅行者来到一个避难所，召唤他
> 到山上去。他独自一人

在千层迷雾的中心，

那人来到他那里，将他撇在山上。

他就这样住了下来，一直活到八十岁。

谁知道呢，这个人是大错特错了

那些绿色的山谷、溪流和岩石，

难道对牧羊人的思想无关紧要？

在原野，他满怀虔诚地呼吸着

常见的空气；在山上，

他常常迈着有力的步伐攀爬；至今记忆犹新

他的脑海中印下这么多事情

艰辛、技能或勇气、喜悦或恐惧；

它就像一本书，保存着

他拯救过的不曾言语的动物的记忆

想着那些行动，

所以感激自己，肯定

光荣的收益；这些田野，这些山丘

就是他活的生命，甚至更多

胜过他的血液——它们怎会不重要？

它们紧紧抓住他的心，

是他愉快和痴痴的爱，

这便是生活本身的快乐。[1]

---

[1] 节选自华兹华斯的诗作《迈克尔：一首田园诗》（*Michael: a Pastoral Poem, 1800*）。

另外，在情感基调较为低沉的诗歌中，如《哈里·吉尔》和《痴儿》，情感都是普通的人性展示。虽然诗人明智地选择了乡村场景，将自己置身于有趣风景内，没有必要将他对美丽风景的情感认识寄托于自己诗歌中的人物。事实上，在《痴儿》中，由于是一种被判断抛弃的本能的模仿，母亲的角色并"内心根本情感找到更有利的土壤，以获得成熟，实现一种更朴素和更明确的语言情景"[1]的真实和天然的产物。因此，对我来说，下面两项批评似乎并非完全毫无根据，至少，它们是唯一看似合理的反对意见。第一个反对意见是，从诗歌本身看，作者并没有采取足够措施，避免读者对普通病态性愚蠢行为令人厌恶的意象产生想象，这当然并非作者的初衷。为了唤起读者的回忆，他甚至使用了"含混不清的粗喉音"，但仍未抵消原来描写男孩清秀容貌时给读者带来的积极印象。另外一个意见是，男孩的愚蠢与母亲的愚昧高度一致，以至于向普通读者呈现的与其说是母亲在日常工作中表现出的母爱，不如说是一个老妇盲目溺爱的滑稽笑料。

在《荆棘》中，诗人本人在一项备注中说明了序诗的必要性，认为他需要描述人物性格，然后才能继续后面的诗歌写作。一个富有一定想象力的迷信之人，思维迟钝，感情深沉，"一条小型商船的船长，中年以后，凭借年金或一小笔独立收入，隐退在一个新的他不太熟悉的乡村或小镇生活。由于无所事事，在懒惰的驱使下，

---

1 引自华兹华斯《抒情歌谣集》序言。

这些人变得轻信他人、多嘴多舌。"[1]但是，在一首诗中，更多的是在一首抒情诗中——《罗密欧和朱丽叶》中的奶娘这一个角色就让我无法将评论拓展至戏剧性诗歌，如果奶娘可以被视为一个恰当实例的话——如果不重复迟钝和饶舌效果，本诗便不可能真正有效描述叙述者的迟钝和饶舌形象。无论如何，我敢肯定，这些部分（以及构成整体的更大部分）可能或更应该源自诗人自己的想象，是他自己性格的表述，它们已经并将继续提供广泛的乐趣；仅适合假设叙述者的部分，如第三个诗节的最后一个对句；第十个诗节的最后七行；后面的五个诗节（不含从第十四行开始的四行名句），被许多公正纯洁的读者视为从高潮的突兀和尴尬下降，诗人先将它们提升，然后又将他本人和读者的情绪再次提升。

如果我不得不怀疑这一理论，怀疑性格选择的指导理论，不仅体现在对推理基础上的因果关系怀疑，还体现在诗人应该受其限制较少的实例，和认为这些实例地位相对较低的推理怀疑；对于前一段引文之后紧跟着的句子，我也必须谨慎评判；对此，我既不能承认它是具体事实，也不能承认它是一般规律。"此外，诗人还选择了这些人的语言（从所有持久的、理性的嫌弃或厌恶理由中，确实净化了其真正的缺陷），因为这些人每时每刻都在与最佳对象交流，而语言的最好部分正是从这些对象中产生的，鉴于他们的社会阶层，他们交往的同质性和狭隘性，他们较少受到社交虚荣心的影响，所

---

[1] 据亚当·罗伯兹编辑，爱丁堡大学出版社 2014 年版《文学传记》第 239 页，脚注 672 中考证：这个诗序是华兹华斯在《抒情歌谣集》1805 年之后的版本中添加到这首诗里的。

以能够以简单的语言来表达自己的情感和理念。"[1]对此，我的答复是：一种乡村语言，经过所有方言和俗语的净化，重新改造，以便与语法原则一致（本质上，就是适用心理学材料的普遍逻辑原则），与其他普通人使用的语言没有什么区别，无论此人多么博学或高尚，除非乡村之人需要传递的思想与之相比更少，含混程度更高。如果我们考虑到（尽管不太明显，但同样重要），由于乡下人存在知识缺陷，个人修养较低，表达目的几乎无一例外地是转达绝缘的事实，包括他的底层经历或传统信念。受过良好教育的人则主要试图揭示和表达事物之间的联系，或者事实之间的相互关联，以归纳或多或少存在的普遍规律。事实对于聪明人存在价值，主要是因为这些事实可以使我们发现内在规律。内在规律是事物的真实存在，是事物存在方式的唯一解决办法，而我们的尊严和力量就在于对它的认识。

我还无法苟同，从乡村日常交流的目标，可以形成最优秀语言的观点。首先，如果与某个目标交流意味着对它熟悉，从而使它能够被区别对待地加以反映，那么一个没有受过教育的乡下人的独特知识就会使他的词汇量变得非常贫乏，只有旨在表达其身体舒适性的少数事物和行动方式存在词汇的个性化，而自然界的其他一切都可以用少数混乱的普通词汇来表达。其次，我不承认乡下人从熟悉对象中产生的词汇和词汇的组合是最优秀语言的说法，且不考虑他们是否拥有明确或混淆的知识。更有可能的是，许多类型的动物都能发出不同的声音，通过这种方式相互传递食物、住所、安全等方

---

[1] 引自华兹华斯《抒情歌谣集》序言。

面的信息。但是，我们不能将这些原始声音的合称为一种语言，除非是隐喻性的。人类语言中最好的部分（如果可以这样称呼的话），是对心灵活动本身的反思中衍生出来的。语言的形成是对心理活动、想象过程和结果等固定符号的一种自愿收集，其中的优秀部分与没有文化人群的意识无关。尽管在文明社会中，通过模仿和被动记忆他们听到的宗教指导者和其他地位较高人士的语言，教育程度很低的人可能参与到语言收获的过程中，但是在此期间他们既没有播种，也没有实际收割。如果我们跟踪农民频繁使用词汇的历史演变，很多不了解历史事实的人会惊讶地发现，三四个世纪前，大量词汇仅在大学和中学使用，直到宗教改革运动开始后，才从学校扩展到布道活动，然后慢慢进入普通人的日常生活。

　　事实证明，为未开化部落的语言中最简单的精神和智力过程寻找词汇是一件极为困难，甚至是不可能完成的任务。事实证明，这或许是最热情和最聪明的传教士在传教过程中遭遇的最难以逾越的障碍。然而，这些部落与我们的农民有着相同的自然环境，但是表现形式给人以更为深刻的印象，而且，他们还为更多自然事物赋予了具体的语言形式。因此，当华兹华斯先生写道，"所以，这样一种语言"（即前面所说的，从方言净化的田园生活语言）"源自重复性体验和经常性感受，与诗人经常使用的替代语言相比，它更加持久，是一种更富有哲学性的语言，这些诗人认为，通过任意和善变的表达习惯，他们为自己和从事的艺术带来了荣耀"[1]。对此，

1　引自华兹华斯《抒情歌谣集》序言。

可以这样回答,他所认为的语言,可以追溯至乡下人,与胡克、培根、汤姆·布朗(Tom Brown)、罗杰·列斯特朗(Roger L'Estrange)爵士的语言风格相比,他们并没有更大权利。毫无疑问,如果我们忽略每个群体的特征,结果必然是相同的。此外,这位诗人使用了一种不合逻辑的措辞,或者通过无根据的创新,采用了单纯激起人们低级和多变的好奇欲望的风格,使用了一种愚蠢和空虚的语言,但是并未取代乡村生活语言,而是替代了优秀和自然的情感语言。

在此,请允许我提醒读者,我反对的观点包含在下列句子中,"人们真实生活中的语言";"这些人的语言(即底层和乡村生活之人的语言)被我选用;我告诉自己,要模仿并尽可能使用这些人的语言"。"散文语言和格律语言之间,既没有,也不可能存在任何本质差异"。我的反对意见仅针对上述观点。

针对第一句,我反对作者使用"真实"这个模棱两可的词汇。每个人的语言都因其知识的广博、才能的活跃和感情的深浅而有所不同。首先,每个人的语言都有其个性;其次,带有其所属阶级的共同特征;再者,包含普遍使用的词汇和短语的共性特征。胡克、培根、泰勒主教和伯克的语言与知识分子阶层的普通语言的区别,仅在于他们表达思想和关系的词汇更加丰富和更为新颖。阿尔杰农·西德尼(Algernon Sidney)[1]的语言与每一位受过良好教育的绅士所希望写的,以及希望谈话时所采用的(轻松率直而无需连贯,自然

---

[1] 阿尔吉农·西德尼(Algernon Sidney),1623—1683,英国政治家、作家。

而得体的状况下的思考方式），没有什么不同。这两种语言与生活在农耕社会中的普通语言的差别，都不像华兹华斯最朴实无华的作品与普通农民的语言的差别那么大。因此，对于"真实"一词，我们必须更换为普通的或通行的语言。我们已经证明，底层和乡村生活中的措辞并不比其他群体语言真实多少。如果忽略每个群体的特殊性，结果必然适用所有人。当然，在被用于任何诗歌前（除了戏剧或其他公开模仿），对于田家语所做的省略和变化的数量和程度，至少应达到贸易商和制造商以普通语言实现同一目的所需的数量和程度。毋庸赘言，关于牧师的偶然性格，学校存在与否，甚至包括收税官、酒店老板和理发师是否是充满热情的政治家和《公共利益》周报的读者，华兹华斯先生如此高调宣传的语言，不但每个县都不同，而且每个村庄都不一样。但丁指出，在接受培养前，每个国家的通用语言，从部分看，在各地区都存在，从整体看，哪里都不存在。[1]

　　增加"在刺激状态下"的表述，也不会增强这种说法的可信度。如果一个人受快乐、悲伤或愤怒的强烈影响，他的语言本质，必然取决于他脑海中以前拥有的普遍真理、概念、图像以及表述文字的数量和质量，因为激情的特性不是创造，而是体现在增加活动中。至少，无论思想或意象之间存在何种新型联系，无论情感对真理或经验有何种概括（同样，甚至更多地，属于强烈刺激的适度影响），然而，它们表达的词汇必然已经存在于他过去的对话中，只是用一

1　引自但丁的著作《论俗语》（*De vulgari eloquentia*）。

种不同寻常的方式把它们收集在一起。在一首诗中，我们的确很有可能采用毫无意义的重复、习惯用语和其他空洞的指示物，而这些指示物往往是由一种缺乏知识或混乱的理解力在短时间内穿插而成的，目的是为了抓住难以把握的主题，让作者有时间回忆起来；或者仅仅为了填补空缺，就像在乡村舞台上为数不多的剧团里一样，同一个演员前后跳来跳去，以免在麦克白或亨利八世的队伍中出现空位。但是，这对诗人有什么帮助，或者对诗歌有什么装饰作用呢？我无从猜测。毫无疑问，无论在起源上还是在方式上，没有什么能比被单一的意象表达或事件刺激所产生的彻底性或满足感，更能与强烈而波动的感觉的显著重述相区别了。在这种感觉中，激情更强烈，也更持久。我承认，此类重复是一种至高的美，正如华兹华斯先生在黛博拉（Deborah）之歌中体现的那样："西西拉在她脚前曲身扑倒，在她脚前曲身倒卧；在她脚前曲身扑倒；在哪里曲身，就在哪里死亡。"[1]

---

[1] 据亚当·罗伯兹编辑，爱丁堡大学出版社 2014 年版《文学传记》第 246 页，脚注 683 中考证：华兹华斯引用的是《圣经·士师记》第 5 章第 27 节，以证明"重复和明显的重述常常是最高层次的美"（华兹华斯《荆棘》一诗的注解）。

第十八章

* 格律作品语言与散文语言存在本质区别的原因和方面
* 格律的起源和要素
* 格律的必然结果及由此产生的条件对格律作家措辞的影响

因此，我得出结论，这种尝试不具有实践意义，即便并非无实践意义，这种尝试仍然是无用的。这种选择的真正作用，仅意味着对选择语言的掌握。或者，诗人在哪里生活？他凭借哪些原则知道自己的选择？哪些原则阻止他按照自己的判断选择和安排自己的词汇？我们不能按照一个人群的语言使用习惯，至少是他们的理解方式，全盘接受他们的语言；相反，我们只需按照他们的语言顺序，即按照他们使用词汇的顺序使用他们的语言。在未受过良好教育的人群的交流中，这一顺序与拥有知识和权力的人群使用的语言不同，无论针对何种主题，无论他们希望表达什么内容，语言的组成部分呈现出更多的分离和孤立。这种观点和观察需要具有一定的远见卓识，它能够使一个人从某个视角前瞻性地预测自己计划表达内容的整体情况；通过这种方式，使不同的部分按照它们的相对重要程度进行从属和排列，并作为一个有组织的整体马上表达出来。

现在，我以随手翻开的《抒情歌谣集》中的第一个诗节为例进行讨论。从语言来看，该诗节非常简单，几乎毫无特别之处：

在我游历的遥远国度，
我很少看到

一个健康的人,一个成熟之人,
独自在大路上哭泣。
但是这样一个人,在英国的土地上,
在宽阔的大路上,我遇见了他;
沿着宽阔的公路,他来到了这里,
泪水打湿了他的脸颊。
他面容哀伤,却体态强壮,
怀抱一只小小的羔羊。[1]

  毫无疑问,这些词汇是生活各阶层中普遍存在的;当然,在村庄和村舍中的普遍程度并不逊于商店、工厂、大学或宫殿中的使用频率。难道这就是乡下人使用的语言顺序吗?如果下面这种以更为精简的方式讲述同一个故事不是一种更为忠实的复制,那我就大错特错了。"我曾经去过许多地方,或远或近,但是我从未见到一个男人在大路上哭泣。他是一个成熟男人,既没有生病,也没有受伤,"等等。但是,当我看到了《荆棘》中的下列诗节:

日日夜夜,时时刻刻
这个可怜的女人始终在那里;
每颗星星都认得她,
每阵风都吹拂着她

---

[1] 引自华兹华斯《羊群中的最后一只》(*The Last of the Flock*, 1798)。

> 她坐在荆棘旁，
> 当蔚蓝的晨光升上天空；
> 当山顶刮起一阵旋风，或者寒风凛冽，
> 寂静无声；
> 她独自悲鸣，
> 哎，不幸啊！哎，可怜啊！
> 噢，我好伤心！哎，可怜啊！[1]

将这段诗与普通人的语言进行比较，或者与我能够想象的，真实生活中讲述该诗内容的叙述者，可能采取的讲述语言比较；比较它们的意象或句子连接形式，让我想到了庄严的祈祷和赞美诗，与传统礼拜形式不同，弥尔顿为我们提供了一个常见的即席祈祷的公正样本，从每个宗教集会上自我启发的牧师口中我们都可能听到！我饶有兴趣地想，像华兹华斯先生这样真正的诗歌天才，即使他自己的实际想象过程也很少受自己提出的理论影响；如果有人拥有真正的想象力，华兹华斯先生，他最有可能拥有的是——

> 非凡的想象力和感受力。[2]

那么，仅剩下一点，但也是最重要的一点，对它的探究是我进

---

1 引自华兹华斯《荆棘》（*The Thorn*,1798）。
2 引自华兹华斯《远足》（*The Excursion*,1798）。

行上述剖析的主要诱因。"散文语言和格律语言之间既不存在也不可能存在本质差别。"[1] 这是华兹华斯先生的主张。散文本身，至少所有散文形式的论述性和记述性作品，不同于（也应该不同于）会话使用的语言；就像阅读应该与交谈有所不同一样。因此，除非被否认的仅为词汇差异，就像所有风格作品经常存在素材差异，而非普遍公认的风格差异那样，否则我们可以认为，诗歌和散文的写作差异大于散文与普通对话之间的差异。

事实上，文学史上并不乏明显矛盾的实例，它们让公众当时相信崭新和惊人的事实，但是经过研究，人们发现它们只不过是平淡无奇和不伤大雅的常识；就像在黑暗中看到猫的眼睛被误当作火焰一样。但是，如果有人喜欢利用难得的机会研究华兹华斯先生的思想和性格，就肯定不会认为华兹华斯先生存在这种错误认识。如果一位作者认为遇到反对是自然现象，那么某种意义上，他对反对做出的答复，只能理解为他的观点现在或过去曾被驳倒或能够被驳倒。那么，我的目标是发现"本质差异"在这种情况下的其他含义，但不包括词汇本身的无差别性和共同属性。英语中是否存在某种程度上与希腊和意大利诗歌方言相似的一类词汇？这是一个非常次要的问题。在我们的语言中，这种词汇很少，即使在意大利语和希腊语中，它们的数量也无法构成一类特定词汇，就像相同词汇的词形和变位形式存在轻微差异一样。毫无疑问，在距离现在或长或短的历史时期内，词汇形式只是部分群体或地区常见的语法现象，但在某

---

[1] 引自华兹华斯《抒情歌谣集》序言（*Preface to Lyrical Ballads*, 1800）。

些著名文人的普遍赞赏下，以及相关语言所在地区碰巧发生的最初的启示作用，这些词汇偶然地被诗歌所采用。

　　本质，在其最初的意义上，指的是个体的原则，是任何事物呈现为该具体事物可能性的最内在的原则。当我们将它等同于思想（idea）这个词的时候，它就等于一个事物的概念，具有哲学上的精确性。另一方面，存在与本质的区别在于现实的附加作用。因此，我们说一个圆的本质和本质特征；但是，我们并不能因此确定，任何的确存在的事物都是数学意义上的圆。因此，无需多言，我们争论的是上帝的存在；即，一个与思想对应的现实问题。其次，是"本质"一词的另一种用法，它代表着同一物质或主体两种变型的对比点或基础。因此，我们应该这样说，威斯敏斯特大教堂与圣保罗大教堂的建筑风格本质上不同，即便两者均由相同形状和同一采石场的石头建成。华兹华斯先生肯定不会认同后一种说法（只有在这个意义上，它才能得到一般舆论的肯定），即诗歌语言（词汇和短语的形式结构或构造）与散文语言本质上是不同的这一观点。不过，举证责任应由反对者承担，而不是由共同认识的支持者承担。因此，华兹华斯先生为自己立场给出的证据是，"不仅每一首优秀诗歌的大部分语言，甚至是最高尚的品格，除格律外，在任何方面都与优秀散文没有区别；同样，从严格意义上来说，最优秀诗歌的最优秀部分也是散文语言——当然，散文必须写得很好。这一论断的真实性，可由几乎所有诗歌的大量段落证实，甚至包括弥尔顿本人的作品。"[1] 然后，他引用了格雷的十四行诗——

1　引自华兹华斯《抒情歌谣集》序言（*Preface to Lyrical Ballads*, 1800）。

对于我，微笑的晨晖徒然照耀，
绯红的太阳神举起他金色的火焰；
鸟儿也卖力地展开婉转的歌喉，
快乐的原野披上绿色盛装。
这些耳朵啊！只为其他曲调哀叹；
这些眼睛需要不同的观看；
孤苦融化让我仅剩躯壳；
我胸中仅有的欢乐也已熄灭。
晨晖微笑着为忙碌者喝彩，
新生的欢乐带给快乐之人；
原野奉献出自己所有的礼物；
小鸟鸣叫着自己小小的爱恋：
我徒然哀怨，他却充耳不闻，
我继续哭泣皆因枉然。[1]

然后，他发表了如下意见："显而易见，这首十四行诗唯一有价值的是斜体部分；同样，除了韵律和用单词'fruitless'（徒然）代替'fruitlessly'（徒然地）——目前来看，这是一个缺陷，这些诗句的语言完全与散文相同。"[2]

---

[1] 引自托马斯·格雷《理查德·韦斯特之死的十四行诗》(*Sonnet on the Death of Richard West*, 1742)。

[2] 引自华兹华斯《抒情歌谣集》序言 (*Preface to Lyrical Ballads*, 1800)。

一个理想主义者利用事实捍卫自己的思想体系——当我们入睡时常常认为自己是清醒的——下面这一浅显的句子给出了充分解答,"啊,当我们清醒时,我们是否认为自己是睡着的?"[1] 相同的事物必须是可以转换的。前一段似乎也建立在一个类似的诡辩上。这个问题并不是散文中不存在诗歌中那样合适的词汇顺序;也不是诗歌中不经常存在优秀散文中那样美好的文字和句子,因为任何一个问题都不是对另外一个问题的否定或质疑。真正的问题必然是一篇严肃散文中,是否存在内容合适和位置自然的表达模式、词汇结构和句子顺序,而将其放置于格律诗中却导致失衡和冲突;反过来,就严肃诗歌而言,从类型、频率和场合来看,其词句是否在同等主题散文中使用合宜且气势恢宏,但在诗歌中却属于错误古怪的词汇和句子布置方式,以及所谓修辞格的使用和选择。

我认为,在两种情况下,这种适用一种文体但不适用另外一种文体的现象必然存在,也应该存在。

首先,这与格律的起源有关。对此,我将追溯至旨在控制情感作用、通过自发努力在脑海中形成的心理平衡。我们还可以很容易地解释,这种起反作用的状态以何种方式辅助这种有益的对立;以及如何有意识地根据可预见的愉悦目的,通过附加意志和判断的叠加行为,将这种对立平衡组织成格律形式(按该词普遍接受的含义

---

[1] 据亚当·罗伯兹编辑,爱丁堡大学出版社2014年版《文学传记》第251页,脚注693中考证:这里的"理想主义者"指的是布莱士·帕斯卡(*Blaise Pasca*, 1623—1662),法国数学家、物理学家、哲学家、散文家。这句话引自其著作。

转换)。作为我们的辩论资料,假如这些原则是可以接受的,我们可以从中推断出两个合法条件,它们也是任何文学批评者有权要求每一个格律作品应该满足的条件。其一,由于格律元素的存在依赖于一种不断强化的兴奋状态,所以格律应伴随令人兴奋的自然语言。其二,由于这些元素是通过一种主动行为,借助设计和混合乐趣与情感的目的,以人为形式构建为格律形式的,所以格律语言中的意志线索应该相应区别。所以,这两种条件必须调和共存。不仅要有合作,还必须统一;必须实现情感、意志、自发冲动和主观目的的相互交融。另外,这种统一只能体现在通过形式频率和修辞格(最初表现为激情的后代,但是现在已经成为养子)展现的权力,它要超过预期或能够承受的程度,不能仅为了愉悦目的,而应有意识地鼓励和维持情感,在意志的诱惑和控制下,这种情感才能发挥沟通的作用。它不仅决定着,而且倾向于更为频繁地使用优美生动的语言,超过了其他情况下的自然程度。与当下的实际状况不同,在那些情况下,诗人和读者之间并不存在一种原有的和充分理解的、心照不宣的默契,读者有权期望,诗人则保证提供这种愉悦性刺激及制造其兴奋度。在一定程度上,我们可以将这种统一用来分析《冬天的故事》中波力克希尼斯(Polixenes)对潘狄塔(Perdita)漠视有条纹紫罗兰的行为做出的回应,因为她听到紫罗兰说:

在它们的斑驳的鲜艳中,
人工曾经巧夺了天工。
"波"(波力克希尼斯):即使是这样的话,

> 那种改进天工的工具，正也是天工所造成的；
> 因此，你所说的加于天工之上的天工，
> 也就是天工的产物。你瞧，好姑娘，
> 我们常把一枝善种的嫩枝接在野树上，
> 使低劣的植物和优良的交配而感孕。
> 这是一种改良天然的艺术，
> 或者可说是改变天然，
> 但那种艺术的本身正是出于天然。[1]

其二，我将从格律的效果来论证。就格律本身的作用而言，它旨在增强一般感受和注意力的活跃度和敏感性。它所产生的这种效果是由于惊奇的持续刺激和好奇心的迅速回报，好奇心仍然得到满足和被重新激发。事实上，这种作用过于微弱，任何时候都不能成为明确意识关注的目标，但是经过累积，可以产生相当大的影响。作为热烈对话中一种药物一样的氛围，或者如同酒一般，它们能够发挥强大的作用，尽管它们本身并不为人注意。因此，如果不能为这样激起的关注和情感提供相应的精神食粮和适当的物质，读者肯定会感到失望；就像我们在黑暗中绷紧了肌肉，准备越过三级或四级台阶，结果越过的只是楼梯的最后一级一样。

序言中对格律力量的讨论非常巧妙，涉及了真理的方方面面。但是，我找不到任何从抽象角度和个别论证角度对它力量的表述。

---

[1] 引自莎士比亚《冬天的故事》，朱生豪译本。

相反，华兹华斯先生总是从格律与其他因素结合的角度来评估格律所发挥的力量，而我认为这只是这种结合的结果而已。因此，上述问题并未得到解答，以及哪些元素必须与格律结合，才能产生愉悦目的应有的效果。事实上，双音节和三字节韵词呈现为一种低档次的智慧，而且仅限于其自身原因，可能成为一种短暂愉悦的来源，就像可怜的斯马特（Smart）许诺送给威尔士·斯考尔（Welsh Squire）一只兔子，结果却送给他的一首诗一样：

告诉我，伟大的卡德瓦拉德（Cadwallader）的儿子！
你是把兔子送来了？还是把它吃了？[1]

但是，就诗歌的目的而言，格律就像酵母（但愿这个比喻的适当性可以避免其庸俗含义的影响），虽然其本身毫无价值或令人不快，却能够赋予它与之按比例配合在一起的酒以活力和精神。

提到《林中的孩子》，它决不能够满足我的判断。我们都愿意花点儿时间，回顾一下孩子的情感。因此，在回忆儿时情感的同时，阅读这首民谣同样会让我们对诗歌产生兴趣，但是华兹华斯先生可能嗤之以鼻，认为其内容过于俗艳和技术性修饰。在印刷术出现前，

---

[1] 据亚当·罗伯兹编辑，爱丁堡大学出版社 2014 年版《文学传记》第 254 页，脚注 696 中考证，引自英国诗人克里斯托弗·斯玛特 (Christopher Smart, 1722—1771) 的作品《致鲍威尔牧师：关于不履行的诺言这一主题他创作了 <野兔>》(*To the Rev.Mr. Powell, on the Non-Performance of a promise he made the Author of a Hare*, 1752)。

更为明显的是，在写作普及之前，格律，特别是头韵格律（无论是《农夫皮尔斯》开头文字使用的头韵，还是结尾文字使用的脚韵），都有一种帮助记忆的独立价值，从而有利于保存一系列事实或事件。

但是，相关事实并不能让我相信《林中的孩子》的流传或流行源于其格律形式。马歇尔（Marshal）[1]先生以其渊博知识创作了一系列散文风格的童话故事，感染力较低，一部分已经成为历史，还有许多则广受欢迎。《汤姆·希克斯里夫》、《巨人杀手杰克》、《伪君子》和《披红斗篷的小女孩》都是同样出色的例证。它们均采用了散文形式，但是这并不能充分说明，其相对粗俗的思想和意象使其无法采用最基本格律形式的推断。《伪君子》中的教堂场景完全可以视为格律化叙述；即使在当代的仙境中的仙境[2]里，我也不记得有什么惊人形象超过这个怪物以恐怖嗓音回答史诗级《汤姆·希克斯里夫》中挑战的情景，"整座贫民窟从巨人的胡子中飞了出来"。

如果我们由此转向一般写作，并不受所有过去喜爱和尊重的联系因素影响，在不改变措辞的前提下，假如《玛丽亚》、《修道士》或斯特恩（Sterne）的《可怜人的驴子》采用押韵方式写作，阅读起来是否可以比现有版本更为有趣，或者更有可能成为不朽之作？

---

[1] 据亚当·罗伯兹编辑，爱丁堡大学出版社2014年版《文学传记》第255页，脚注699中考证：约翰·马歇尔（John Marshall）是一名专门出版童书的伦敦的出版商，以"孩子们的朋友"著称，在18世纪末期出版了一些童书。
[2] 画线部分原文为希腊文。来自狄奥·克里索斯托 (Dio Chrysostom, 40—115)，他是公元1世纪研究罗马帝国的希腊演说家、作家、哲学家和历史学家。引文来自他的作品《优卑亚演说》（*Oratione*s）。

如果我不存在严重错误，答复总体上应该是否定的。此外，我承认，在华兹华斯先生自己的诗集中，尽管《父亲的逸事》《西蒙·李》《爱丽丝·菲尔》《几个乞丐》和《水手的母亲》等作品都有美妙的诗句，作者均以音乐化手法处理了自己的思想，但是散文形式能够给我带来更多乐趣，所以华兹华斯先生完全可以采用道德随笔或旅行游记的方式来叙述和组织文字。

　　格律本身只是刺激注意力的一种手段，因此引发了下述问题：为什么要以这种方式刺激注意力？现在，这个问题无法通过格律本身的愉悦感得到解答。对此，我们已经证明了它的条件性，它取决于采用格律形式思想和表达的适用性。除此之外，我也想不出其他理性答案：我之所以采用格律创作，是因为我要使用不同于散文的语言。此外，如果不采用这种格律语言，不管思考的内容多么有趣，多么值得以哲学思维从诗歌的思想或事件中提取出来，本身也往往软弱无力。我们以《水手的母亲》最后三个诗节为例来分析。如果我暂时能够捕捉事件实际发生的那一刻对作者作为一个男人产生的情感作用，我冒昧地请他慎重判断，他是否发现格律本身足以构成格律创作的充分理由？

　　然后，接下来，她说，
　　我有一个儿子，
　　他常年在海上航行；但是，他死了；
　　他葬身在丹麦；
　　我一直赶到赫尔，

希望看到他留下的衣物或其他财产。

我看到了一只小鸟和鸟笼,

那是他的小鸟;干净而整洁:

曾经多少次,

他带着这只唱歌的小鸟出海;

最后一次,他将小鸟留了下来;

或许那时他就有了不祥的预感。

他留给一个同伴看管,

由同伴照看和喂养,

直至他出海归来;

小鸟仍在,儿子已死;

上帝啊,保佑我的小精灵吧!

我让它跟着我,先生!他会为此感到多么地快乐。[1]

如果我们阅读时调整这段诗歌的重音,以使押韵清晰可见,即使是三音节的押韵,也很难产生同样的奇异感和陌生感,就像我们在这里发现押韵在句子中是如此口语化。我还想进一步询问,除了想象状态,即体现于老妇人的形象和他将天才感受放入诗人的想象力的状态(这种状态的影响和色彩贯穿其中,与刺激性缘由共存,其中,最简单和最熟悉的事情获得了一种神奇的力量,在其周围笼罩着敬畏)。

---

[1] 选自华兹华斯《水手的母亲》(*The Sailor's Mother*, 1802)。

我想问诗人,他难道没有感到这些诗节与前面诗句相比存在剧烈落差吗?

古老的精神并没有死亡;
我想,古老的时代仍然在呼吸;
我为自己的国家感到骄傲,
拥有着强大的力量和尊严!
她像贫穷之人那样,乞求施舍;
我又看了她一眼,我的骄傲丝毫不减。[1]

我们不能忽视且应该注意到,这些诗节提供了独一无二的恰切例证,使我发现华兹华斯先生的所有创作中都实际采纳或真正模仿了底层和乡村生活的真实和地道语言,但无方言土语。

第三,我从其他地方的所有因素证实了这一现象,这些因素使格律成为诗歌的恰当形式,如果没有格律,诗歌将不完美,存在缺陷。因此,格律与诗歌结合后,或者以特别合适的形式与其他格律结合后,尽管本质上其本身并非诗歌,但肯定具备诗歌的某种共性,是诗歌与附加格律之间某种密切联系的媒介、某种媒染剂(这是我从化学工业借用的一个著名词汇)。华兹华斯先生坚信,诗歌始终饱含情感,"情感"一词必须从其最普通的含义理解,即感觉和感知器官的某种刺激状态。由于每种情感都有其适当的存在形式,所

---

[1] 选自华兹华斯《水手的母亲》(*The Sailor's Mother*,1802)。

以也有其特定的表达模式。但是，一个作家只有具备足够的天分和才能时，才可追求诗人的荣耀，诗歌创作本身是，而且允许暗示和产生一种不同寻常的刺激状态，这当然需要和要求某种相应的语言差别，虽然这可能不太明显，但足以构成爱恋、恐惧、愤怒或嫉妒的情感刺激。多恩或德莱顿描述或论述的生动性，其源于描述者力量和热情的程度和频率，与源于思考、形式或事件的程度和频率一样，这些构成他们的创作主体和素材，车轮产生火花完全源于其运动的速度。关于这种行为的程度和变化幅度，我将稍后在评论华兹华斯先生对此反对意见的回应评述中尝试分析，而不是描述他对这一回应的反对，因为这在他的前言中已有所预见。

第四，由于与本题目存在密切联系，甚至在更为普通的形式上就不是同一个论点，我认为人类的高级精神本能促使我们通过和协调寻求统一，从而建立一个原则，即一个有组织的整体的所有部分必须与更为重要和更为本质的部分保持一致。这一观点和前面的论点可以通过思考得到进一步解释，即诗歌创作是一种模仿艺术；与抄袭相对，这种模仿在于相同内容在极为不同情况下的融合或不同内容在基本相同情况下的融合。

最后，我借助所有国家和所有时代最优秀诗人的创作实践证实这一观点（从前面所有论述推断而出），在每个关键词汇的信息输入上（在此并不涉及某个单纯的真理），可能存在，实际存在，也应该存在散文语言和格律作品之间的某种本质差别。

在华兹华斯先生对格雷十四行诗的批判中，读者以理所当然的心态接受他对不同部分的赞扬或批评，或许太过盲从。但至少，他并没有利用论述分析赢得或迫使读者认同。至少，在我的思想中，他认为没有价值的诗句，除了前面两句，和他论述的拥有诗歌天才的斜体部分相比，与普通生活语言的差别既不大，也不小。对于他高度赞扬的五个诗句，从词汇位置看，与前后的诗句相比，其中两句与散文的差异更甚。

> 一个不同的事物需要从不同视角审视；
> 孤苦融化让我仅剩躯壳；
> 我胸中仅有的欢乐也已熄灭。

但如果不是这样，除了一个从未有人怀疑过的的真理，这还能证明什么？——换言之，有些句子，既可以用于诗歌，也可以用于散文。当然，这并不能证明我们的论点，论点本身需要得到证明。也就是说，没有哪一段文字，适合诗歌却不适合散文。这首十四行诗的第一行区别于人类的普通语言，是用了"晨晖"的修饰语。（不过，现在我们暂时先不讨论"微笑"这个词的平庸问题，因为它牵涉某种拟人手法，与"闪耀"的一般属性和重要属性并不十分一致。）毫无疑问，用于额外描述目的的附加修饰语，无须读者特别关注该事物的品质，只是为了给对话增添一份诗意。如果那位运动员[1]高喊，"来啊，小伙子们！玫红的清晨正在召唤你们"，我想，他的脑海

---

[1] 据亚当·罗伯兹编辑，爱丁堡大学出版社 2014 年版《文学传记》第 260 页，脚注 708 中考证：柯勒律治此处说到的"运动员"，仅指从事打猎、钓鱼、射击三项运动的人。

中肯定有着歌唱的冲动。但是，没有人怀疑这一点，当他说"一个潮湿的清晨不会把我们限制在床上"时，这样的句子不仅有损诗歌的美感，甚至完全不是诗歌。如果有人支持他的创作风格，我希望他能重新阅读其他举世公认的著名诗人的作品，从荷马到弥尔顿，从埃斯库罗斯到莎士比亚，并（在思想层面）举出类似例证。我的意思是把这类的每一个例子都删去，如果这些被删去的美妙的作品数量没有吓到他的话，或者他继续认为对这些作品的整体遗漏使他的作品得到了提升，他就必须提出具有非同一般的说服力和证据的理由，以人性的本质为基础的理由。否则，我将毫不犹豫地认为，与其说他是一个反对一切权威的人，不如说他是一个对权威无动于衷的死者。

第二行，

绯红的福波斯（Phoebus）举起他金色的火焰；

事实上，错误和词汇几乎一样多。但是，这又是一个蹩脚的诗句，不仅在于语言不同于散文，而且传递了不协调的意象，因为它混淆了因果关系；真实的事物与其拟人化的事物的代表相冲突，简而言之，它不是合理的语言！"福波斯"是一个陈腐词汇和学生惯用的老套意象，是一个偶然的失误，具体取决于作者的写作年龄，并非源于事物的本质。这是一个破灭神话的一部分，是一个更具深刻依据的缺陷。当古代学术的火把被重新点燃后，它的光芒如此灿烂，以至于我们最古老的诗人，受基督教影响无法掌握所有可信的机械知识,无法了解伟大自然界事物所有值得信赖的保障和符号,作为诗歌语言,自然选择了传说中的人物和超自然形式,他们仰慕已久的大师的诗歌作品为其带来了无上乐趣。不过,即使时至今日,真正有品位的学者虽然无法同情他们在诗歌创作上的失误,像阅读彼特拉克、乔叟或斯宾塞的作品那样充满愉悦,但他又怎么会去谴责一位现代诗人作品的浅薄呢?

我记得没有哪位诗人的作品能比斯宾塞更经得起华兹华斯先生理论的考验。然而,华兹华斯先生会不会说,下列诗节的风格既与散文没有区别,也与日常生活语言没有差别呢?或者,这种观点是错误的,《仙后》中的这些诗句属于败笔?

> 在严密的注视下
> 北方的车夫放下他的七件套模具,
> 它虽经海浪却从未浸湿,
> 火把已经点燃,光线照亮远方
> 照亮荒原中所有徘徊之人
> 欢快的雄鸡展开嘹亮的歌喉
> 宣告炽热的福波斯即将来临
> 他已登上东方的山坡,
> 长夜隐退,阳光洒满房间。
>
> ——《仙后》第 1 卷第 2 章第 2 节

> 最终，金色的东方大门
> 在无垠的天际缓缓开启，
> 年轻的伴郎福波斯
> 舞蹈向前，发丝飞扬，
> 道道光芒刺破阴暗的天空：
> 小小精灵瞬间醒来
> 忙碌地做着准备
> 带上耀眼的武器，穿戴齐整；
> 骄傲地迎接新的一天。[1]
>
> ——《仙后》第1卷第5章第2节

相反，抛开段落数量，包括在赞美诗和无韵诗诗集中的数量，（如果不招人厌恶）我想请读者注意，那些最不具有诗歌特征的风格的段落，是因为，而且仅仅因为，它们采用了散文风格？他可能不相信我脑海中记忆着这样的诗篇，如：

> 我将帽子戴到头上
> 走上堤岸；

---

[1] 以上两段引文均出自埃德蒙·斯宾塞（Edmund Spencer, 1552？—1599）的作品《仙后》（*The Faerie Queene*）。埃德蒙·斯宾塞是一位英国诗人，《仙后》是其最著名的作品，这是一首歌颂都铎王朝(Tudor dynasty)和伊丽莎白一世(Elizabeth I)的史诗和奇幻寓言。埃德蒙·斯宾塞被认为是英语世界中最伟大的诗人之一。

在那里我遇到了另一个人，
他的帽子拿在手上。[1]

对于这些实例来说，一个公允而充分的回答的确是：这些诗句并不差，尽管它们确实不具有诗歌特征，但是因为它们缺乏任何理性和情感，正如尝试下列证明一样无意义："一只猿猴显然不是人类，所以它不是牛顿。"[2] 尽管如此，其表述也应该充分有力，语言正确和高雅，主题有趣，情感丰富。但哪怕具备所有这些优点，在诗歌中采用像散文一样的风格仍应受到公正的指责，这完全是因为其中的词汇和词汇顺序只适合散文文风，但是不适合格律作品。丹尼尔（Daniel）的《内战》[3]是一部富有指导性和趣味性的著作，但是，请看下列诗句（由于存在上百处此类实例，或许我还能选择其他更为突出的）：

最后，我们可能更加容易地

---

[1] 据亚当·罗伯兹编辑，爱丁堡大学出版社2014年版《文学传记》第262页，脚注710中考证：这段诗歌转引自华兹华斯《抒情歌谣集》序言（*Preface to Lyrical Ballads*, 1800），作者是塞缪尔·约翰逊（Samuel Johnson, 1709—1784），英国作家、文学评论家和诗人。

[2] 据亚当·罗伯兹编辑，爱丁堡大学出版社2014年版《文学传记》第263页，脚注711中考证：该诗句转引自华兹华斯的句子。

[3] 塞缪尔·丹尼尔（Samuel Daniel, 1562—1619）描述玫瑰战争的韵文诗《内战》（全名为《由兰开斯特和约克两大家族引发的内战》，英文原名：*Civil Wars between the two houses of Lancaster and Yorke*, 8卷本，1595—1619）。塞缪尔·丹尼尔是英国诗人和历史学家。

辨别真正的讨论，
展示接近这些的历史时代，
这些知识让我们更为受益。
讲述世界如何堕入这种疾患；
严重混乱形成的原因；
我们可以知道世界的动荡程度；
众多事物瞬间彻底消失。

十个国王从诺曼底征服统治
命运参差不齐，
当英国达到了她的鼎盛时期
拥有权力、领土、荣耀、财富、国家；
历经卓绝努力
王子之争的暴力，
为了头衔，经常发动的暴乱，
是贵族为了古代的特权。

诺曼底人率先用暴力征服了一切，
又用暴力维持征服的成果；
将我们的习俗和权利形式
与他引进的外国体制融合；
掌握权力，压迫穷人，
实施所有最严格的手段；

使继承权受到质疑,

撕裂新征服的国家,让它陷入动荡。

——《内战》第 1 卷第 7、8、9 节

会不会有人认为,这些诗句是平庸和没有意义的?或者,另一方面,它们平淡无奇,也因此不诗意?这位诗人拥有一个非常著名的绰号"语言大家丹尼尔",同时,与他同时代的人和所有后来的批评家又都称他是"散文家丹尼尔"。那些认为他睿智和蔼的人发现,他的大多数作品措辞与其格律经常不符,他们不仅认为这些作品在其他方面富有价值性和趣味性,而且还承认,他的诗歌中,特别是他的《书札》和《许门的胜利》中,还有许多此类风格的优秀例证,从散文和诗歌的中心立场看,这种风格是两者共有的。一个出色的、几乎毫无瑕疵的例证,除了具备其他突出之处,还拥有这种完美的措辞。这可以在兰姆(Lamb)[1]的《莎士比亚同时代英国戏剧诗人之范作及注》一书中找到,从作品选编角度来看,这是一部收录繁杂的作品(全部来自莎士比亚时代剧作家的作品),而且备注也很有价值,其中充满了公正和富有原创性的批判,表现出了所有具有原创性的新特征。

在实际坚持一个理论可能产生的影响中,就识别散文和诗歌的风格而言(如果并未真正要求后者接近一般人在日常生活中的口头交流),我们无法预见到,下列情况最不可能发生。根据我以往的

---

[1] 查尔斯·兰姆 (Charles Lamb,1775—1834),英国散文家、诗人和古物学家。

观察，作为唯一承认的差异，格律有时仅是一种视觉观感。如果是一系列连续的诗句，即使让最灵敏的耳朵听，也无法确定其为诗歌；或者将其转写为散文后，无法确定其作为诗歌的写作目的。如果诗歌采用无韵形式，在不做任何改动或最多只是将一两个单词恢复至其原来位置，但这种改动并非出于指定原因或理由，而是为了作者方便的情况下，是没有影响的；但如果诗歌为押韵形式，只需将每行最后的词汇替换为其他同义词，就能达到同样合适、典雅和悦耳的目的。因此，我们将最终不得不承认散文诗的存在，以及散文体对一首诗的品质的贬损作用。

序言中对预期性评论"格律为其他特质打下了基础"给出的答案或异议，可在下列文字中找到："韵律和格律的差别具有常规性和一致性，而不是由（通常所谓的）诗歌措辞、主观随意以及任何计算都无法确定的无限想象中产生的。在某种情况下，读者完全听凭诗人的摆布，听凭他选择什么样的意象或措辞来与激情联系起来。"[1] 但是，这是一位诗人心目中应有的诗人形象吗？当然不是！与其说他是个傻瓜和疯子，倒不如说他至多是个自负、无知的幻想家！这样疯狂和无知之人，在运用韵律和格律创作时，难道不会像使用表达和修辞那样，搞得一团糟吗？如果读者完全受这种作者影响，结果会怎么样？如果他继续阅读这些的胡言乱语，难道不是他自己的错吗？文学批评的最终目的，更多的是确立写作的原则，而

---

[1] 据亚当·罗伯兹编辑，爱丁堡大学出版社 2014 年版《文学传记》第 266 页，脚注 716 中考证：这段诗歌引自华兹华斯《抒情歌谣集》序言（*Preface to Lyrical Ballads*, 1800）。

不是确定如何评判他人所写作品的规则，如果这两者的确能够分开的话。但是，如果有人询问，假如一个诗人不严格遵守他在市场、葬礼、公路或田野中听到的各种词汇类型和词汇顺序，他通过什么原则来规范自己的创作风格呢？我的回答是，从原则上说，如果他漠视或忽视这些，他就不是一个诗人，而是一个蠢人或滥竽充数的诗人。他要遵守语法、逻辑和心理学原则。简言之，要遵循最适合其艺术类型的事实知识原则，包括物质性和精神性的事实知识原则。如果这种知识受良好感觉的控制和使用，通过习惯性本能执行，它就会成为我们过去有意识推理、认识和结论的代表和回报，从而获得"品位"的名字。通过哪种原则，读者无须听命于诗人的安排，而让诗人听凭诗人自己的摆布呢？是诗人本人来区分是适合以压抑愤怒为特征的语言，还是适合以放纵愤怒为特征的语言吗？或者是区分愤怒和嫉妒的语言吗？创作者是否需要四处游走，寻找无文化社会的愤怒或嫉妒人群，通过模仿他们的语言而获得？或者，并不远行，只需依靠想象力，按照人的每种本性，推测总体情况？通过冥想，而不是观察？而后者仅仅是由于前者的缘故吗？就像眼睛，对眼睛而言，它们的视野是被预先决定了的，而作为视觉器官，它传达的是一种微观的力量吗？我坚信，在世俗之人中，没有谁能够凭借自己的内在经验比华兹华斯先生更为清晰地直觉体会到，上述内容是真正利于区分的来源。通过相同过程和相同创作中介，诗人将区分出他的诗歌创作行为所产生的兴奋程度和种类。他凭直觉就会知道，这种风格既能激发灵感，又能证明其合理性；哪些意志和意识的混合判断对这种状态来说是自然的；在什么情况下，语言修辞和色彩仅仅沦为某种武断目的的纯粹产物，起修饰或联系作用的冰冷技术手段。即使真相是它自己的本质和证据，发现自我和虚假，诗歌天才有权以父母本能区分自己的后代，与被虚荣侏儒或时髦精灵偷盗并放入摇篮或呼叫其名字后偷换的孩子。如果能从外部给一条规则，诗歌将不再是诗歌，而是堕落为一种机械艺术。它将成为一种<u>塑形</u>[1]，而非<u>创造</u>[2]。想象力的法则本身就是成长和生产的力量。它们可简化的词汇，仅能体现成果的轮廓和外表。表面形式和色彩的欺骗性伪装可能是精美的，尽管大理石做的桃子冰冷而沉重，但孩子仍然会放进口中。我们不难发现，对于多恩（Donne）在其《灵的进程》第二诗节中对太阳的呼求的诗句，人们很容易承认其优秀品质，那是一种恰切的、充满诗意的、激昂高亢的语言风格。

你，天堂的眼睛！这个伟大的灵魂并不艳美；
凭借你的雄性力量，我们获得了一切。
在东方天际，你开始闪耀，
吸吮着清晨的芬芳和岛屿的香料，
不久你的生涯将愈发轻松。
在塔霍河、波河、塞纳河、泰晤士河和多瑙河就餐，
在夜晚观看我的西方世界：
但你并没有比她见过的国家更多，

---

1 画线部分原文为希腊文。
2 画线部分原文为希腊文。

因为她比你早开始一日,
在你微弱的光熄灭后,
她仍将永世长存。

或者,第三个诗节:

伟大的命运,上帝的代表,
已经标记了路径和时间
为世间万物!我们后代应该选择,
我们的道路和终点立即可现:你
所有缘由的症结!你,面无表情
从不微笑,也不皱眉!噢!允许你观看,
请把我的故事收入你的不朽之书。[1]

等等。

我们还发现,很容易将疯狂的伪装或歇斯底里的软弱夸张,从自然的温情和崇高的荣誉中排除,它们会以各种颂歌和抽象术语的

---

[1] 据亚当·罗伯兹编辑,爱丁堡大学出版社 2014 年版《文学传记》第 268 页,脚注 719 中考证:以上两段诗歌均引自多恩《第二周年:灵的进程》(*The Second Anniversarie: Of the Progress of the Soul,* 1612)。

省略形式呈现在毫无准备的读者面前。在多兹利（Dodsley）诗集[1]和当时的杂志中，这些是对羡慕、希望、遗忘等的颂歌，这本诗集使我想起牛津大学出版的关于两位萨顿（Sutton）[2]的诗歌，开头是这样写的：

孕育吧，上天之女！降临吧！

毋庸置疑，拥有真才实学的人，甚至真正的天才诗人，尽管并非一流，但在错误理论引导下，仍会向着相反极端误导自己和他人。我曾经向一群具有良好判断力和教育水平的女士诵读了考利在其《品达颂》的介绍片段，这是他模仿品达颂歌风格和手法创作的作品。"如果"（考利说），"一个人决心逐词逐句地翻译品达的作品，假使他不理解原文，将他的口头表达转换为拉丁散文，就会像一个疯子翻译另外一个疯子的胡言乱语一样，似乎再没有比这更荒唐的了。"[3] 然后，我继续阅读了考利以不规则诗节创作的《品达的第

---

1 据亚当·罗伯兹编辑，爱丁堡大学出版社 2014 年版《文学传记》第 268 页，脚注 720 中考证：罗伯特·多兹利（Robert Dodsley, 1703—1764），英国的书商、诗人、剧作家和杂文作家。他曾编辑了诸多文学文集，柯勒律治此处指的是《六卷本诗集》（多人合集，J. 休斯为多兹利在蓓尔美尔街印刷）（*A Collection of Poems in Six Volumes. By Several Hands: Printed by J. Hughs, for J. Dodsley, in Pall-Mall*, 1765）
2 据亚当·罗伯兹编辑，爱丁堡大学出版社 2014 年版《文学传记》第 268 页，脚注 721 中考证：此处的"两位萨顿"指的是丹尼尔·萨顿（Daniel Sutton）和罗伯特·萨顿（Robert Sutton），这两位是改进天花接种技术的医学家。
3 据亚当·罗伯兹编辑，爱丁堡大学出版社 2014 年版《文学传记》第 269 页，脚注 722 中考证：引自考利《品达颂歌》（*Pindaric Odes*, 1656）的序言。

二首奥林匹克颂歌》，这首诗是出于保护底斯比之鹰的慈善目的而创作的。

>所有和谐事物的女王，
>跳跃的文字和诉说的琴弦，
>你将歌颂哪位上神，哪位英雄？
>向哪位快乐之人送上同等荣耀？
>开始吧，开始你高贵的选择，
>让周围的群山回应你声音的影像。
>比萨属于朱庇特（Jove），
>朱庇特和比萨要听你歌唱。
>战争的最初成果，奥林匹克运动会，
>阿尔喀德斯（Alcides），奉献给朱庇特；
>阿尔喀德斯，拨动你的琴弦，
>但是，啊！什么人才配得上这些人？
>西伦（Theron）勇敢地加入他们神圣的名单；
>西伦问鼎这个荣誉；
>西伦当之无愧；
>他在比萨和美德比赛中荣获冠军；
>西伦一骑绝尘，
>甚至超过了飞跑的前辈。[1]

---

[1] 引自考利的《品达的第二首奥林匹克颂歌》（*Second Olympic Ode of Pindar*, 1656）。

一人惊呼，他人诺诺，假如原作比这还要疯狂，那肯定是不可救药的疯狂。然后，我尽可能逐词逐句从希腊语翻译了这首颂诗，我的印象是，韵律组的总体移动、连接和过渡形式以及崇高感的庄重威严，在他们看来，这首诗比他们以前读过的其他诗歌都更接近《圣经》中先知书卷的风格。第一个诗节可以作为典型：

你们唱着竖琴伴奏的赞美诗！你们唱诗歌颂竖琴之王！
哪位上神？哪位英雄？
我们要赞颂谁？
比萨真的属于朱庇特，
而奥林匹亚（或奥林匹克运动会）由赫拉克勒斯（Hercules）建立，
这是连年征战的首批战果。
西伦驾驶着四乘战车，
满载他的胜利荣耀，
我们应该高呼：
公正，友善，
阿格里真托的堡垒，
源于先贤，
即使费劳尔（Flower），
也会保护自己的城市安然无恙。[1]

---

[1] 引自考利的《品达的第二首奥林匹克颂歌》（*Second Olympic Ode of Pindar*, 1656）。

但是，这些修辞性幻想作品是否仅因为偏离真实语言而应受到批评？除了格律，它们是否仅因拒绝散文和诗歌的所有差异遭受批评，不再有其他因素？当然，良好判断及对人类思想构成的一般认识，足以证明这种语言和构成形式既非幻想的自然产物，也非想象的自然产物。它们的作用在于，当存在巨大差异或不相容事物的并置重叠并表面和谐时，导致的令人惊讶的兴奋。例如，利用群山表现一个声音的形象。当然，无须特别品味便可清晰地明白，这种强制并置而且非由内在想象的深刻或愉悦的形式呈现，也非由诗人统一和激励所有思想目标的创作能力的同情程度产生，因此诗歌是一种智慧，一种纯粹的意志作品，意味着思想和情感的一种休闲和自持，与被宏伟目标占有和充斥之思想的稳定热情不相容。下面用一句话进行概括，就一首诗或诗的一部分而言，如果其风格的意象和中心结构明显错误，但是除了其风格与人们实际交流方式不同外，再也找不到其他原因予以批评，此时，亦非直到此时，我才能认为这个理论是合乎常理或可行的，或者是能够提供规则、指南或预防提醒的，才不会更为容易、安全、自然地从作者自己的思想去推断，而是从语法、逻辑、真相和事物本质考虑，并通过权威作品佐证，这些权威作品不能来自一个国家，也不能来自一个时代。

第十九章

* 继续前一个主题
* 关于华兹华斯先生在其批评序言中可能提到的真正的目标
* 阐述和应用

从华兹华斯先生前言的前半部分某些段落看，他似乎希望将自己的文体理论及密切符合实际语言的必要性，限制在底层乡村生活的具体主题上，并通过实验将其转化为英文诗歌的一种新类型。但是，从后续的一系列论述，从参考弥尔顿，从他对格雷十四行诗的批判精神看，这些句子更多地体现为他的谦逊言辞，并非是他思想体系的实际局限性。但是，经过仔细研究，我发现这一体系实际毫无根据，产生的影响也非常古怪和严重，所以我不能，也不会相信，这位诗人真的毫无保留地实践了这一理论，他的表述得到了他人理解，而且按照所有公认的解释法则，他的这些表述也似乎真正体现了这一理论。那么，他到底要表达什么呢？我清楚地感觉到，这种华而不实的情感并非不带着厌恶或蔑视。但是从清晰理解某种广泛传播和滥用诗歌辞藻的矫揉造作的风格看（事实上，它既不能称为诗歌，也不符合逻辑或常识），他将自己的视角聚焦于当代；偏爱自然和理性语言，即使这种语言体现为最卑微和最缺乏装饰的形式，他以过于严厉和过于专业的词汇表达他对风格的爱好，这种风格应尽可能避免虚幻和张扬的华丽，这也正是他批判的目的。最初，这种偏爱只是单纯的比较，一段时间以后，可能演变为直接的偏爱。但是，他考虑的真正目标是（但我怀疑不是）一种卓越品质，一种长久以来被睿智和蔼的加夫（Garve）发挥得淋漓尽致的风格，加夫的作品深受德国人的喜爱和推崇，他对盖勒特的评价（见《克里斯蒂安·加夫论文选集》）可以作为佐证，下面为其直译：

或许，优秀诗歌创作所需的才能可能超过哲学家承认的水平，或者超过他的能力范围内能够获得的水平：这种才能不仅需要寻找合适的思想表达方式，还要寻找与其匹配的韵律和格律。如果我们的诗人都拥有这种才能，那么盖勒特也具备这种才能；他的寓言首次出版后，产生了巨大而广泛的影响，并长期受到读者青睐，就此而言，恐怕没有什么比他的才能更重要的了。阅读所有表达都完全口语化的诗歌，而这些诗歌又都十分高雅、奇妙、有趣，从前这在德国是闻所未闻的；但是，这种诗歌突然大行其道，在音节格律和韵律方面也完全正确。可以确定的是，当诗歌达到这种卓越的境界时，给读者产生的印象比散文深刻得多。确实如此，甚至连押韵所带来的朗朗上口的满足感，也不再是一种微不足道或不足挂齿的满足感。[1]

---

[1] 据亚当·罗伯兹编辑，爱丁堡大学出版社 2014 年版《文学传记》第 274 页，脚注 726 中考证：克里斯蒂安·富尔西特戈特·盖勒特死后，克里斯蒂安·加夫（Christian Garve，1742—1798）接替他担任莱比锡大学哲学教授，加夫曾将伯克(Burke)、亚当弗格森（Adam Ferguson）、西塞罗、亚里士多德的作品译成德文。引文部分出自加夫的《关于盖勒特道德哲学的杂记——其著作总体及特征》(*Vermischte Anmerkungen über Gellerts Moral, dessen Schriften überhaupt and Charakter*）一文，发表于他的《论文选集》（*Sammlung einiger Abhandlungen,* 1799）。

无论这一现象在盖勒特时代的德国多么新潮，它在我们的语言中绝不是新的，也不是最近才存在的。尽管斯宾塞有时刻意修改词汇拼写，使之满足韵律要求，但是他的《仙后》几乎通篇都具有这种韵律美感。沃勒（Waller）[1]的诗歌《去吧，可爱的玫瑰》（Go, lovely Rose）等对我的大多数读者来说无疑是熟悉的，但是，假如我碰巧手边有科顿[2]的诗，作为《维吉尔谐摹诗》[3]的作者，这些诗多少有些名不虚传，我应该对自己有所放纵，我可以选择一些此类风格的优秀作品，满足许多不了解他严肃作品读者的要求。在该卷诗作中，并没有多少诗歌在思想、意象和情感诸方面均完美无瑕，而这些是我们对具有较文雅沉思的诗歌应该满足的标准的期许或渴望。虽然如此，读者并未从词汇选择和顺序方面，发现他未按照相应对话操作的原因，也无法想象他如何做到实际表达了这样的思想而又不丢失或损害他的原意。

　　但是，事实上，从诗歌最初诞生的那一刻起，我们的语言在文

---

[1] 埃德蒙·沃勒(Edmund Waller，1606—1687)，英国诗人、政治家，1624年至1679年在英国下议院任职。

[2] 查尔斯·科顿(Charles Cotton，1630—1687)，英国诗人和作家，最著名的贡献是将蒙田的作品从法文翻译为英文。

[3] 据亚当·罗伯兹编辑，爱丁堡大学出版社2014年版《文学传记》第275页，脚注728中考证：查尔斯·科顿(Charles Cotton)在柯勒律治的时代最著名的是他的诗歌《斯卡伦尼德斯，或维吉尔谐仿诗，对维吉尔<埃涅伊德>第一卷和第四卷的讽刺诗，以英语滑稽表演》（*Scarronides, or, Virgil Travestied.A mock poem on the first and fourth books of Virgil's Aeneid,in English burlesque*，1664—1670）。

学创作方面就一直以这种卓越性著称。最后的 e，现在是不发音的，但是在乔叟的时代，它要么是发音的，要么是被省略的。我们自己仍然按照韵律、格律，或是或多或少出于庄重目的，来使用"beloved"（挚爱）或"belov'd"（挚爱）。让读者仅选择诗人和所在地区法庭使用的发音，包括最后的 e 和最后一个音节的重读符号，我禁不住要问，即使在高雅和不造作的女性口语中（她们格外钟情"纯粹而洁净的英语"），哪些语言比下面摘自乔叟《特罗勒斯与克丽西德》的诗句更加自然或看似更加不矫揉造作呢？

> 他于是纵马
> 去克丽西德（Criseyde）离去时所经过的城门下徘徊，
> 一再自言道：
> "呀，我的欢爱由此出城而去！
> 愿上天赐福，让我见她重进特罗亚来！
> 我曾送她到那山边，
> 呀，就在那里我和她分手！
> 我亲眼见她投奔父亲，
> 这离愁使我心碎。
> 这就是我傍晚回城时经过的地方；
> 我将抛开一切，留此等候，
> 待见到她回特罗亚方罢。"
> 他常想象自己变得如此消瘦苍白，
> 也许人们都在私语着：

"这是怎么回事?

谁能猜得透特罗勒斯为何这样愁容满面,这样心事重重?"

其实他这类幻思都还是抑郁所致。

有时他又心想街上的人都在怜悯他,并说着:

"真可怜,特罗勒斯要死了。"

如是,他又挨过了一两天;

他就在希望与恐惧之间挣扎。

他将悲哀寄托于诗句,聊以自慰,

又作短歌消愁。

候着无人的时候,他轻声地歌唱着相思之曲。[1]

他唱完了这首歌,一再叹息;

每夜他伫立等看明月,

吐诉他的愁肠,说道:

"照说起来,如果这世上仍有真心存在,

在你这明月吐露新钩的时候,

我就该重享快乐了!"[2]

---

[1] 引自[英]乔叟著,方重译《乔叟文集》中的《特罗勒斯与克丽西德》(*Troilus and Criseyde*),上海译文出版社,1980年,第241页。
[2] 引自[英]乔叟著,方重译《乔叟文集》中的《特罗勒斯与克丽西德》(*Troilus and Criseyde*),上海译文出版社,1980年,第242页。

乔治·赫伯特（George Herbert）[1]是这种风格的另外一位杰出大师，这种风格由学者和诗人提供素材，而这位受过完美教育的绅士负责表达和文字安排。从主题性质和频繁出现的古雅思想看，他的诗集《圣殿；或圣诗与私祷》相对不为人知，我将从中摘录两首。第一首是十四行诗，同样令人钦佩的是其思想的厚重、丰富和表达，以及语言的朴素高贵。（除非确实有挑剔的品味反对第六行的后半部分）不过，品味的过度追求与第六行后半部分相矛盾。第二首篇幅要长得多，我选择它不仅是为了当前讨论，也作为前面某页中的断言的一个显著例证和说明，即过去诗人的典型缺陷正好与当代情况相反，与众多现代散文诗人形成了对比，一部分人以极为正确和自然的语言表达极为奇妙的思想，另外一部分则以非常古怪的语言表达极为琐碎的思想。后者沉湎于字谜游戏；前者则耽于各种思想。这让我想起了德雷顿（Drayton）《思想》中的一个古怪段落。

十四行诗第9首

像其他人一样，我自己也在沉思，
为什么我要用这种方式来获得创意；
为什么我要用这些令人眼花缭乱的比喻，
远离了主体内容之正路？
我来告诉你：我疯了！[2]

---

[1] 乔治·赫伯特（George Herbert），1593—1633，威尔士诗人、演说家、牧师、玄学派圣人。

[2] 引自迈克尔·德雷顿（Michael Drayton）《思想：六十三首十四行诗》（*Idea, in sixty-three sonnets,* 1619）。德雷顿是在伊丽莎白一世时代声名鹊起的英国诗人。

另外一种现象让我想起了《犹太会堂：或圣殿的阴影》中一个更加奇怪的段落，《犹太会堂》这部诗集中的作品包含模仿赫伯特（Herbert）《圣殿》的一系列诗歌，某些版本会附加在原诗后面。

哦，我的内心
充满愤怒！
一个想法
都无法找到，
只是乱麻一团
毫无头绪！
短线头，
碎布条
杂乱无章，
布疙瘩，皱衣领，
破损的羽毛装饰
纠结缠绕，
我的思想就像破布一样，
缠绕成无人能穿的衣裳：
只要想起它，我就心痛
我要想出如何不去想它的办法。[1]

---

[1] 据亚当·罗伯兹编辑，爱丁堡大学出版社 2014 年版《文学传记》第 278 页，脚注 733 中考证：该段落引自克里斯托弗·哈维（Christopher Harvey）的作品《困惑》（*Confusion*），该诗收录在其诗集《犹太会堂》（*The Synagogue*）。

看到这些滑稽的段落,假如不引用赫伯特的另外三个诗节,调整一下古怪的感受,我实在不能继续后面的讨论。

美德

美好的日子,凉爽、宁静、明媚,
天地间完美的匹配,
今宵的露珠儿将落泪,
为你必将消逝!
美丽的玫瑰,蕴含着愤怒和勇敢,
匆匆而过的人拭目而视;
你的根永远扎在坟墓里,
而你必将消逝!
美好的春天充盈着美好的日子和玫瑰,
像一个巢,被甜蜜沉沉压实,
我的音乐响起,你们也将归尘,
一切必将消逝!

胸中罪:
乔治·赫伯特的一首十四行诗

上帝啊,你以怎样的关怀环抱着我们!
父母养育我们,教师
让我们尊奉规则;他们令我们紧紧约束于

理性的法则，神圣的使者们，
讲坛和礼拜日，悲伤纠缠着罪恶，
苦难厘清，痛苦分等，
精罗细网和千谋万计将我们捕获其中，
打开圣经，惊喜种种；
天定之福，感恩油然，
荣耀之声在我们耳中回响：
良知其内；耻辱无存；
天使与恩典，希望与恐惧永存！
所有藩篱，以及它们的所有布局，
狡黠的胸中罪恶被涤荡无存。

未知之爱

亲爱的朋友，请坐，故事漫长又悲伤
在我虚弱不堪的时候，我想，你的爱，
与其说是帮助，不如说是顺从。我的有我的主，
还有一些可以改进的理由。
我坚持着两条生命，两条生命都在我体内，
一天，我给他送来一盘水果，
把我的心放在中间。但他
（我叹息道）
看着一位仆人，他懂得他的眼神，
比你懂得我更甚，或者（这）

也胜于我懂得自己。仆人立刻，
放下水果，一把抓起我的心，
把它扔在一个大盆里，上面淌下
一注血流，伤口位于
一块巨石的一面。
我清楚地记得这一切，
并充分相信：
它浸满和沾染了鲜血，
犹如血洗和浸透：
流淌的鲜血
让我潸然泪下。
"恐怕，你的心是污秽的。"
的确，这是真的。我过去和现在犯了
许多过错，超过了我的租约所能承受；
让我继续请求原谅，而不是拒绝。
但你会听到的。当我的心恢复健康，
洁净，美丽，就像一个黄昏，
（我叹息道）
我独自一人行走，看到
一座宽大的火炉冒着火苗，
上面有一口沸腾的大锅，四周的边缘
用大写字母写着"苦难"。
主人的伟大尽人皆知。所以我走过去

从我的羊圈中取出祭品准备奉献，
当我内心这样想着，我也的确这样做了，
为了温暖他的爱，我担心，它会渐渐冰冷。
但就像我的心那样温柔，那个人
从我手里夺走了它，失手
将我的心扔进滚烫的锅里；
我的心带来了它（你懂这是什么意思吗？）
献祭者的心。"恐怕，你的心是坚硬的。"
的确，这是真的。我发现一个坚硬的东西
开始在那里蔓延，游走：
但是用比滚烫的水还要丰富的药剂
我常常用圣血为它沐浴，
就餐时，许多人喝着清酒，
一个朋友偷偷从我的杯子喝了一口，
它流入体内，以最神圣的饮料
令之弥坚。但是最后
我从大锅里逃出来，
立刻向家奔去，恢复我失去的体力，
并匆忙爬上床：
但当我想用睡眠弥补所有这些不适，
（我叹息道）
我发现有人用思想填满了床，
我说那是荆棘。亲爱的，我的心怎能不碎，

当我的快乐甚至我的休憩一起消逝?
我完全明白是谁到过那里:
因为我只把钥匙交给了一个人:
肯定是他。"恐怕,你的心是迟钝的。"
的确,它是一种懒散和昏睡的精神状态
它经常控制着我;当我祈祷时,
虽然嘴在动,心却在游荡。
但是我所有欠账都是另一个人偿还,
他把我的嘴都加在他身上。"真的,朋友;
就我所知,你主人施恩给你,
比你期望的还要多。这标志着结束!
圣洗池只能让旧者如新
煮锅让过硬者柔顺;
荆棘让迟钝者敏捷;
所有都在努力弥补你留下的一切。
在欢欣鼓舞之处,便将他极力赞誉
一周之中的每一天,每个小时,每个时刻
都会让你焕然一新,温柔敏捷。"

第二十章

* 继续前一个主题
* 中性风格,或散文和诗歌共有的风格,以乔叟、赫伯特等人的作品为例

我可以非常自信地说，上一章定义和解释的"卓越"并非华兹华斯先生所代表的卓越，我可以同样真诚地说，他的风格被更为高级的力量所排斥。毫无疑问，他始终支持使用真实而富于逻辑的英语，并特别强调词汇的统一，我还想说，在所有当代诗人中，只有他支持这种观点。当然，就这个词汇非绝对意义的层面而言，我还应包括鲍伊（Bowies）先生、拜伦勋爵（Lord Byron）以及骚塞先生（就其所有后期作品而言），他们不属于此类的作品很少，这并不重要。但是，在加夫引文中描述的具体卓越，我似乎在其他人的作品中找到了更多不存在疑问的作品实例；例如，在托马斯·摩尔（Thomas Moore）先生和我们著名的桂冠诗人的小诗中，就可以找到这种实例。对我来说，一个始终如一和显著的事实是，能够建立这种<u>共同语言</u>[1]的一种理论，则不仅是最优秀的，也是唯一值得赞扬的风格，这应该从一个诗人那里开始，他的措辞，仅次于莎士比亚和弥尔顿，于我而言，在所有其他人中，他是最具个性和特色的。我们还应该注意，我现在阐释的是华兹华斯先生批评前言中有关目的和目标的争议内容，这些可能是他的初衷，而非通过词汇本身在这一限定前

1　画线部分原文为拉丁文。

提下表达的含义。

一个有品位的人,即使仅研究过莎士比亚的三四部主要戏剧,对于从他其他戏剧中摘取的寥寥数行,哪怕没有署名,也很少有人会认不出是莎士比亚的手笔。类似的特点同样适用于华兹华斯先生的风格,无论他以自己的身份还是使用化名讲话,依然能够清晰地感到是他本人在讲话,正如《隐士》中的不同角色人物所呈现出的那样。即使在其他诗歌中,只要他希望营造高度戏剧化的氛围,这种风格就很少会不发挥作用。读者可能经常使用诗人自己的语言指代作品中出场的人物:

似乎,当我重新逐行阅读这首诗的时候
才知,仅有一半是他们的,而更好的一半是你的。[1]

如果一个人过去熟悉华兹华斯先生的大部分出版物,并以充分感受作者天才的方式对其进行了研究,他会不假思索地将那首彩虹小诗视为华兹华斯风格吗?

"孩童是成人之父。[2]

---

[1] 据亚当·罗伯兹编辑,爱丁堡大学出版社 2014 年版《文学传记》第 284 页,脚注 737 中考证:这两句诗是柯勒律治改编自华兹华斯诗歌《宝贝羊羔》(*The pet Lamb*,1800)中的诗句。

[2] 据亚当·罗伯兹编辑,爱丁堡大学出版社 2014 年版《文学传记》第 284 页,脚注 738 中考证:该诗句引自华兹华斯诗歌《我心雀跃》(*My Heart Leaps up*,1802)。

还是这一风格呈现于《露西·格瑞》中呢？

露西的住处是辽阔的荒地，
她没有同伴和朋友；
人世间千家万户的孩子里
就属她甜蜜温柔！[1]

或是在《两个懒散的牧童》中？

沿着山石外露的小河岸，
矶鹞把欢快的曲子高唱；
林子里的画眉不肯停歇，
把歌儿唱得多响亮。
千百只出生不久的小羊
都在山坡上！地面和天上
一片喜洋洋；就这还不算，
还有头戴绿花冠的少年；
他俩全听不见叫嚷——
那哀哀的叫声！从地牢峡

---

[1] 引自华兹华斯诗歌《露西·格瑞》（*Lucy Gray*, 1799），此中译文引自 [英] 华兹华斯著，杨德豫译《华兹华斯诗歌精选》，北岳文艺出版社，2000年，第13页。

底部传到了山坡和山崖。[1]

我是否还需要提及《高地盲童》中海湖的精妙描写？除了诗人，还有谁会以这样的语言在火边向小朋友讲述这样的故事——

> 但是他做过许多不安的梦，
> 当他听到鹰尖锐的叫声，
> 当他听到激流轰然鸣响，
> 当他听到湖水拍打在岸上，
> 他家的茅舍离湖边不远。
> 那茅舍矗立在一个湖滨，
> 不像我们的湖小巧安静，
> 那是一个奇异莫测的大湖，
> 变幻多端，不管风起风住，
> 湖水都一直在涌动。
> 因为无论黑夜还是天明，
> 都有海水涌入这湖中
> 海水在群山间曲折迤逦，
> 饮尽所有美丽的山溪，
> 还有浩大的河流。

---

[1] 引自华兹华斯诗歌《两个懒散的牧童》（*The Idle Shepherd-Boys*，1800），此中译文引自[英]威廉·华兹华斯著，黄杲炘译《华兹华斯抒情诗选》（插图修订本），陕西师范大学出版社，2016年，第125页。

然后还有谁原路返还,
下次又到来,目的依然。
世界还崭新时它就如此,
将来它也会永远如此,
只要世界长存。
还有大大小小的那些海船,
随潮水而来,在此很平安,
浮在树林之中,巉岩之中,
为那些放牧着羊群的人,
带来异国的故事。[1]

我几乎可以引用他的整首《鲁思》,但是权且以下列诗节阐述:

可是,我先前已经说过:
这莽撞后生,爱玩爱乐,
军徽上羽翎摇颤;
这英俊儿郎,曾经远游
荒蛮的土地,在大海西头
有一帮印第安伙伴。
厉声呼啸的暴雨狂风,

---

[1] 引自华兹华斯诗歌《高地盲童》(*The Blind Highland Boy*,1806),此中译文引自[英]威廉·华兹华斯著,秦立彦译《华兹华斯叙事诗选》,人民文学出版社,2018年,第310—311页。

热带天宇的喧嚣骚动，
成了他心灵的养料；
他受之于天，受之于地，
年轻轻，性子便这般乖戾，
血液便这般狂暴！
那边，怪异的形象或声音
把一种同气相求的热忱
传送到他的心底；
与他原有的才智合流，
使他内心的种种图谋
都显得正当合理。
万象的纷华靡丽，也同样
怂恿了他的浪荡轻狂。
娇花与亭亭芳树；
熏风吹得人意懒心慵；
一天星斗把脉脉柔情
向烂漫园林倾注。
我想：他荒唐顽劣的谋求，
有时候，其中也会伴有
纯正的意图和心愿；
因为，他那些激情豪兴
既然得力于奇观丽景，

就该有高雅的一面。[1]

但是，从华兹华斯先生那些已占他作品的四分之三的更高层次的作品来看，我相信，今后这个比例还会更大；在这些诗中，无论是押韵的还是无韵的，似乎很难找到且几乎没有必要，去选出那些他特有的、旁人无法模仿的且一看便知是华兹华斯先生原创风格的措辞实例。试图找出他任何一种不包含此类实例的高尚作品并不容易；而且越是占的比例大就越是精彩的诗行，最像作者的风格。对于那些碰巧不太熟悉他作品的人士，我随便选择了三个实例。第一个实例摘自关于表现"温德米尔少年"的诗行——他

> 向林间不声不响的猫头鹰，吹出
> 模拟的叫声，招引它们的回答。
> 它们果真叫起来，一声声，越过
> 潮湿的山谷，应答着他的呼唤：
> 颤音，长长的拖腔，尖利的调子，
> 再加上洪亮的回声，往复回旋，
> 汇成了一曲欢乐嘈杂的合唱！
> 有时候，它们不叫了，沉默了，仿佛，
> 他的口技不灵了；一片寂静里，

---

[1] 引自华兹华斯诗歌《鲁思》(*Ruth*, 1800)，此中译文引自 [英] 华兹华斯著，杨德豫译《华兹华斯诗歌精选》，北岳文艺出版社，2000年，第107—108页。

他侧身倾听，不由得微微一震：
是远处山洪奔泻的声响，传入了
他的心间；要么，眼前的景色——
一幅幅庄严的图象，不知不觉地
印入了他的脑海：山岩，林木，
平静无波的湖面上依稀映现的
那变动不居、愈来愈暗的天空。[1]

第二部分摘录的是《致乔安娜》中对德雷顿的著名模仿诗句（但愿不是巧合）。

当我注视了大约两分钟，
乔安娜，看着我的眼睛，
发现我的失态，大声笑起来。
岩石，如同睡梦中突兀而出的东西，
吸纳着这位女士的声音，随之大笑！
这个古代妇人坐在海尔姆克莱格山上，
已经准备好了她的洞穴；哈默斯佳
和高耸的希尔沃豪发出
嘈杂的笑声；南边的鲁布里格听到，

---

[1] 引自华兹华斯诗歌《有一个男孩》（*There was a Boy*，1800），此中译文引自 [英] 威廉·华兹华斯，杨德豫译《华兹华斯诗歌精选》，北岳文艺出版社，2000年，第89页。

菲尔费尔德回以山的音调。
赫尔维林山高耸入云
送去这位女士的声音！——年老的斯基多山长鸣
他演说的喇叭——在云端回荡
南方的格拉玛拉山传来呼应：
柯克斯通那迷雾萦绕的山顶发出回声！[1]

第三部分摘录的是一段押韵诗，摘自《布鲁厄姆城堡晚宴之歌》中牧羊人克利福德（Clifford）勋爵重新夺回祖先的财产和荣耀以后的内容。

现在，新的一天来临，
更大的希望，和更加高贵的命运；
他已扔掉了自己的拐杖，
深埋了自己的书箱；
盔甲在厅堂生锈
克利福德（Clifford）的热血在呼啸：
"荡平盖尔人"，长矛在咆哮！
带我直插法兰西的心脏，
这是盾牌的渴望——
说出你的名字，颤抖的原野！

---

[1] 引自华兹华斯诗歌《致乔安娜》（*To Joanna*，1800）。

> 死亡之所,你在何处,
> 为我们的胜利而叹息吧!
> 极乐之日,千钧一刻,
> 我们的牧羊人势不可挡,
> 披着铠甲,骑上骏马,手拿长矛和利剑,
> 重振祖先的荣光,
> 像星辰之重现,
> 像远方之光芒,
> 身先士卒,冲向战场!
> 啊!热情的竖琴哪里知道,
> 旋律已为深沉的灵魂谱就,
> 他长期隐忍卑微之生存,
> 情感柔和、慰藉和驯服。
> 在穷人的小屋他寻到了关爱;
> 山林和溪流是他平日的师长,
> 沉默蕴于星空,
> 安睡寄于空山。[1]

毫无疑问,上面摘录中的文字很大程度上都十分常见。(但是,如果我们排除少数试图将艺术和科学转变为诗歌的不成功案例,这

---

[1] 引自华兹华斯诗歌《布鲁厄姆城堡晚宴之歌》(*Song at the Feast of Brougham Castle*, 1807)。柯勒律治刻意将其中一些诗句设置为斜体。

些文字在哪些诗歌中不常见呢？）在《远足》中，多音节词汇（或者如普通人所说的辞书词汇）数量比通常大得多。它必须与作者概念的数量和多样性成比例（将作者的愿望以精确的方式表达出来），因此，大量使用这种词汇是必要的。但是，这些情境下使用的词汇，在实际生活中，是否也被用来表达相同的思想或外在事物呢？它们的风格是否同样用于日常口语交流呢？当然不是！因为词汇连接的模式不一样；连字符和转换符号也更少。除了诗人，是否还有人——至少在不是特别留意的情况下，以格外生动的语言进行了自我表述——在描述大声鸣叫的小鸟时，使用了"画眉在树丛中忙忙碌碌"？或者在描述男孩头上戴着石松编织的生锈帽子时，将其说成"绿色冠冕"？或者将一个美好的五月日子描写为"普天同庆"？或者将一个狭长海湾的所有不同标记和环境都带到我们的头脑中，作为一种有生命、有作用的力量的行动？或者将天空的水中倒影描写为"变幻不定的天空投入平静湖泊的怀抱"？甚至语法结构也不是不常见的奇特，例如，"风，暴风雨咆哮着，热带天空的喧嚣，可能是他危险的食物，一个青年被赐予了"，等等。此外，还存在频繁使用<u>不连贯性</u>[1]句法结构的奇怪现象（即在最后几个词汇前省略连接小词，或几个句子在语法上作为单个单词使用，而且采用同格，限定一个动词或被同一个动词限定），词汇并置结构也不少（"to him 对他，a youth 一个年轻人"）。

总之，如果华兹华斯先生所有诗歌作品中均须严格遵守他前言

---

[1] 画线部分原文为希腊文。

中倡导的理论,那么他特别出色的诗歌中至少有三分之二将不复存在。他由此牺牲的诗行数量将远远超过任何近期诗人的作品,因为从华兹华斯诗歌中获得的乐趣不是源于好奇心的驱使或快速变化的叙述节奏,出色诗节在其价值中所占的比例更大。

我这样引用的目的,并非将其视为相对卓越的一个公正标准,我本人甚至对此也并不赞同,而只是为了陈述事实。我敢肯定,如果不考虑诗歌作者,仅从独立价值或优秀品质看,从任何当代作家的作品中都不可能摘录如此多的诗句。在我自己的经历中,我记得有三个不具备日常权势和学识的人,他们从阅读他人诗歌中获得了越来越多的纯粹乐趣,认为这些作者作为诗人这一身份当之无愧;他们还向我承认,任何现代作品都没有那么多的段落能在不同时间在他们的脑海中产生崭新的意象,而且在任何场合都能唤醒沉思的情绪。

第二十一章

*关于当前文学评论刊物办刊模式的讨论

长久以来,我一直希望人们以华兹华斯先生已出版的作品为基础,对其作为一位诗人的性格进行公正而富有哲理的探究。应该对这些作品的独具特色的卓越品质、缺陷和瑕疵进行积极鉴赏,而非只是比较式欣赏。我知道没有人会说,仅仅是某个人的观点就能压制作者本人的立场,我们不妨以他对这一主题考虑得更为长远和更为深刻的可能性来衡量他是否有分别的偏爱。但是,我应该称这种研究是公正而富有哲理的,在这种研究中,批评家宣布并努力建立他所认为的诗歌的基本原则,并将这些原则具体化后应用于不同的诗歌类别。以这种方式确定文学评论的褒贬依据后,他将具体分析他认为适用的诗歌佳句,认真观察类似优点或缺点重复出现的频繁性,如实区分代表特征和偶然现象,或者只是提醒人们注意。如果他的假设是合理的,他的推理是恰当的,他的结论得到了正确运用,那么读者,甚至诗人本人,就有可能在判断和自主选择时采用他的论断。如果他犯了错误,他就会在一个明确的地方并通过可见的形式展示自己的错误,高举火把,引导人们的探索过程。

我非常愿意承认，并高度赞赏《爱丁堡评论》[1]及其他杂志以这种方式，令知识的传播在社会上产生巨大影响的服务价值。我认为，《爱丁堡评论》的创办是文学批评期刊发展史上一个具有里程碑意义的事件，其针对令人质疑和值得评析的著作所提出的创造性批评方式，对文学圈和广大读者产生了重大影响。其计划同样值得称道，而且更为忠实，总体上也更为有效，那就是用一些关于当时最有趣的话题，宗教或政治类的原创文章，来填补那些因自己的分量而石沉的劣质或平庸之作的空缺；书籍或小册子的标题只在前面加上其探讨话题的名称和场合。

分析或对待作者时，只要仅将他视为当前正在接受批判的作品的单纯人格化展示，我就不会对其作品可恶风格本身的尖锐或刻薄提出质疑。在《爱丁堡评论》创办前的许多年，只要有关作者不映射他人，不再（为了新的尝试）重新（或许忘记）出版幼稚作品，我就不会和他们就此展开辩论；除了在个人恶意驱使下与批评者对抗，或者更为糟糕的，出于恶意习惯肆意妄为，毫无动机地将这些作品强制呈现给公众。

他们无需私仇和私愤：

---

[1] 《爱丁堡评论》（*The Edinburgh Review*）创刊于1802年，是一份文学和政治评论季刊。创始人是弗朗西斯·杰弗里（Francis Jeffrey，1773—1850）、西德尼·史密斯（Sydney Smith，1771—1845）和亨利·布劳汉姆（Henry brougham，1778—1868）。史密斯是第一任编辑；从1803—1829年，杰弗里负责这本期刊的编辑。它很快成为19世纪英国最有影响力的杂志之一。

活体解剖便是它本身的乐趣!
所有敌视,所有忌妒,他们都否认,
我们卓著声名的冷漠窃贼:
同胞名望冷酷清醒的杀手!

——柯勒律治

  面对一部有待批判的作品,批评家总能提出各种各样的批评和讽刺,这是他们作为批评家的权利。作者有权回应,但不应怨恨。任何人都不能要求批评家在表达此类批评或讽刺时,措辞应该柔和还是冷酷,友善还是恶毒。批评家必须明白他所批评对象的影响力。针对这种影响力,他必须权衡自己的用词。但是,只要批评家表明,他对作者的了解超过出版物对作者的揭示,只要是这种以其他方式获得的对作者的熟知,就会使他对作者表现出哪怕最低程度的反对时,他的批评马上就会变为个人伤害,他的讽刺马上就会变为人身攻击。于是,他不再扮演批评家的角色,而是背负起一个理智者最为堕落可鄙的角色——蜚短流长者、背后诽谤者和讽刺诗作家。但是,随着这种严重的人格贬斥,他遁入博物馆,远离世俗的躁动不安和畸形情感;在小礼堂和礼拜室旁安顿下来,这是我们的庇护所和避难之地;在缪斯的祭坛上拙劣地表演,将它神圣的围栏转变成一个编织谎言和卑劣精神的小圈子。

  这种对不被认可的人格的确认和对被人认可的合法谴责的确认(对此,我应该感谢莱辛的启示,他是一位敏锐、活泼、偶尔尖刻的批评家,但是始终善于雄辩和受人尊敬)毫无疑问是真实的:尽管我不会自己行使后者的所有权利,但前者被排除在外,我让自己接受他人的批评,没有抱怨,没有憎恨。

让任何数量的科学和文学分支的知识分子之间形成交流关系,无论他们的领袖和中央委员会在伦敦,还是在爱丁堡,只要他们事先放下自己的个性,在内心和表面上保证,根据宪法和法典进行审判;如果将这一标准建立在普遍道德和哲学理性的双重基础上,而不依赖于所有可预见的对特定作品和作者的应用,他们就有权作为其法人团体的代表发言;他们必蒙我的尊享荣耀和良好祝愿,我也必赐他们公正的尊严,尽管是自许的,但其愉悦程度绝不亚于如果我能到传令官的办公室去打听他们的情况,或到他们的爵位名册上去查问他们那样。

无论要求阻止或颠覆名誉的呼声多么响亮,无论无情的严酷和无根据的专制抱怨有多少和多么急不可耐,我对批判机构的维护和辩解既没有感觉,也不会置喙。如果某位文坛堂吉诃德发现自己受到了这种声音和定期运动的刺激,我将如桑丘·潘沙般规劝他,那并不是巨人,只是一架风车。它站在自己的地方,站在自己的山丘上,从未离开去攻击任何人,既没有向任何人提供帮助,也没有要求任何人给予帮助。如果出版机构将自己产品的任何部分倒入它的磨石之间,风车就会把它们磨掉,一个人洗劫和另一个人的洗劫并无二致,无论当时碰巧刮的是什么风。所有二三十种风都是它的朋友。相对于整个广阔的环境,它期望的空间比让风车的翼板向内翻转所需的空间宽不过一指。但这个空间必须是自由的、畅通无阻的。蚊子、甲虫、黄蜂、蝴蝶,以及整个部族的蜉蝣和微小的生物,都可以自由进出，不受阻碍。它们可以嗡嗡嗡地叫；它们可以吹响自己小小的哨子，奏响小小的号角，却不会受到惩罚，也不会被人注意。然而，更大规模和更张狂表演的游手好闲者和虚张声势者必须当心，如何摆正自己在风车活动范围内的位置。他们握住翼板的可能性更低，翼板的力量既不比驱动他们的风力大，也不比驱动他们的风力小。无论那无休止的臂膀将谁送入高空，或者伴随的旋风将其裹挟，他只能责备自己；当同样的臂膀将他抛出，他下落的力道只能加倍，不会减弱。

抛开民族党过于明显和频繁的干涉，甚至个人的偏爱或厌恶；保留那些更为糟糕和更加严重的对私人生活神圣权利的侵犯，它们够不上法律惩罚，只能进行文学批判，以实现更为深刻的感受，我在该评论行为中发现的两个值得批判和遗憾的主要对象和场景是：

第一，它不忠实于自己所宣布的卓越计划。它把既不粗鄙也不邪恶的作品置于批评之下，而这些作品即使在规模上，和批评家自己看来，也无足轻重，毫无价值可言，所以在极为坦诚之人的脑海中必然生出怀疑，因为无论是厌恶还是仇恨情绪都在起作用；或者，存在一种冷酷而审慎的先入为主的思想，通过谄媚人类本性中的邪恶情感，增加评论杂志的销量。虽然我批评他人，但是对于他人对我缺乏根据的批评，我不接受。为了说明这一点，我选择了《爱丁堡评论》首期刊登的针对伦内尔（Rennell）博士演讲的评论文章作为我的意思的例证。如果读者通读后续各期，他们肯定会发现这是一个孤证，我必须接受这一痛苦且有失尊严的事实，等待着毫无根据或夸大其词的批评。

第二，我的这一反对要点在所有其他期刊评论的作品也同时存在，至少，它通常适用所有一般性评论体系，哪怕是一些只支持特定文章的特殊情况。或者，如果说它能给《爱丁堡评论》及其唯一竞争者《评论季刊》[1]带来某种特别力量，皆源于两者都确定无疑地展现出优秀的才能、知识和信息，也无疑加深了人们的遗憾，而非谴责。我指的是它将断言替代论证的做法；频繁出现的武断和偶尔狂躁的判断，很多时候甚至懒得从被批判作品中哪怕引用一个字句，而这种引用即使不能证明句子的正确性，至少也能解释批评家的意思。即使不属于这种情况时，引文也大多不提及那些利用它们、可以确定作品品质的缺陷或缺点的普遍依据或规则；也没有作任何尝试去证明，作品品质是由引文决定的。我遇到过这种附属于断言之后引用的华兹华斯先生的诗歌片段，它们让我认为，这位批评家写完评论后才阅读了他的作品，然后用一枚银针挑出部分段落，以佐证他先入为主的观点的多个分支。假设一位评论家被指使着（至少在一个基督教国家，我们希望，他本人也是一位基督徒），通过给出下列描绘了在上帝杰作的宏伟展示下所激发的孤独奉献的激情的文字，并以此作为证明一位作者恣肆

---

[1] 据亚当·罗伯兹编辑，爱丁堡大学出版社2014年版《文学传记》第295页，脚注756中考证：《评论季刊》（Quarterly Review）由一群包括自由派保守党人乔治·坎宁（George Canning），出版商约翰·默里（John Murray）和沃尔特·斯科特（Walter Scott）等人在内的群体创办，于1809年后长达数十年内与《爱丁堡评论》并列为两大最重要的期刊。第一任编辑是威廉·吉福德（William Gifford，1756—1826）。它是专门针对辉格党人的《爱丁堡评论》对公众舆论的影响而设立的。

妄为和极度晦涩的创作倾向的证据和例子，我们不禁要问，他依据的又是什么理性选择的原则呢？

> 噢，当他站在巅峰之时，他有着怎样的灵魂
> 他在巍峨群山凝望太阳
> 升起，世界沐浴着它的光辉！他眺望着——
> 海洋和大地，坚实的地平线，
> 滚滚的波涛，在他的脚下
> 洋溢着深沉的喜悦和快乐。云海相接之处，
> 在它们静谧的脸庞上
> 他读懂了无言的爱。无需声响，
> 亦无欢欣的语言：他的灵魂陶醉于
> 这美景！感觉、灵魂和形式，
> 所有的一切都融入了他的体中。它们吞没了
> 他的动物本能；他生存其中，
> 也因此活着：它们就是他的生命。[1]

我们是否可以期望，无论作者还是其仰慕者，应该被诱导去认真关注那些除了证明评论家本人的品味和鉴赏力极度贫乏之外毫无意义的评论？打开评论期刊，他们看到了他们最喜欢的一段话，是关于力量和真理的，他们对自己内心的经验有一种直觉上的肯定，

---

1 引自华兹华斯《远足》（*The Excursion*,1798），第 1 章第 219—231 行。

这种肯定如果能得到证实的话，那一定是得到了他们最开明的朋友们的共鸣的证实；甚至在世人看来，他们中的一些人也许比评论家所设想的要拥有更高的知识水平。他们认为，这段选择的文字是一个被理性抛弃的心灵的典型流露；作为证据，它证明作者在胡言乱语，否则不会这样毫无意义或目的地堆积词藻！品味多样性似乎根本无法解释这种判断上的迥异。

我对一篇文章或一首诗的价值评价过高，对它的卓越程度判断失误，这些都很容易让我相信和理解。但那几行诗，我分析了它的意义，发现它与我所理解的最佳理念一致。围绕这些理念，其意象和措辞体现了我最高尚和最快乐的情感，所以即使最能言善辩之人都无法让我承认这些文字完全是在胡言乱语或进行愚蠢的表述。但是，希望通过寥寥数句评论便能带来品位的革命性变化应该是完全不可能的。相反，我们需要一点儿宽容，以一位智者的格言"<u>智慧不能进入恶毒的灵魂</u>"[1]自勉，不去反驳这种批评。

如果这位评论家大量重复引用单一句子，甚至长段文字，并承认引用内容文采出众，充满原创之美，又会怎样？如果他自己的优美文字在整本书中比比皆是，又会怎么样？但是，在这种思想影响下，他是否就可以信心满满地开始评论，预言自己的评论肯定正确？仅需回答，"这行不通！"如果在这样的承认之后，迫使他作出自己的判断，他仍然一而再再而三地批评作者的平庸

---

[1] 画线部分原文为希伯来文。据亚当·罗伯兹编辑，爱丁堡大学出版社 2014 年版《文学传记》第 297 页，脚注 758 中考证：这句话引自《所罗门智慧书》(*The Wisdom of Solomon*)。

和胡言乱语,思路跳跃和内容单一,最后,以明显基于他自己的狂乱臆想,并通过一系列最粗鲁的轻蔑语言,认为作者不可救药,这又怎么办?此外,这种评论根本没有使用经过实践验证,甚至公开声明的主要原则,也没有进行任何辩论推理,尽管诗人早已公开声明自己的诗歌评判原则,并通过一系列说明进行了论证,为诗歌评论者提供了一个并不寻常的判断机会!

诗人的职能和职责是选择最高尚的主题,以及——

对万物最快乐、最欣悦的态度。[1]

相反情况是,任何事物都有相反情况,合适的讽刺模仿和滑稽模仿,这种做法总是被视为一种低级庸俗思想的主要体现。在罗马时,我曾多次参观尤里乌斯二世的陵寝。一次,我和一位普鲁士艺术家共同前往,他是一位天才艺术家,拥有非常出色的感知能力。欣赏米开朗基罗的《摩西》雕像时,我们的谈话焦点转移到了那座巨大雕像头上的角和胡须上,两部分相互支撑的必要性,前者的超人效果,以及两者同时存在对作品形象及相关感受的和谐与完整的必要性。如果将两者移除,雕像就会不自然,就会缺乏超自然特征。

---

[1] 据亚当·罗伯兹编辑,爱丁堡大学出版社2014年版《文学传记》第297页,脚注759中考证:这句话引自马克·阿肯塞德,(Mark Akenside,1721—1770)的作品《想象的乐趣》(*The pleasures of Imagination*,1744),马克·阿肯塞德是一位英国诗人、医学家。

我们联想到朝阳初生时的芒角，我还背诵了泰勒《圣洁的生与死》[1]中的著名片段。在东方国家，这种芒角被视为权力和君权的象征，这一传统在阿比西尼亚一直延续至今，同时也是古希腊阿刻罗俄斯河流域的传统。这些思想和情感最初只是意味着人和动物外观形态上的组合，以此形成希腊神话中潘恩的形象，代表着一种比人类有意识的智慧更黑暗、更深刻、更强大、更普遍的力量；——所有这些思想和回忆在我们的脑海中一字排开。与他的同胞相比，我的这位伙伴更加仇视法国人。他告诉我，"一个法国人，先生！是人类形体中唯一一种无论如何也不能把自己提升到宗教和诗歌的高度的动物。"话音未落，两位法国高级军官走进了教堂！"我跟你说，"普鲁士人悄声说，"那些恶棍首先会注意到的（他们一开始会立即注意的是雕像的各部分，而不会片刻停顿去欣赏整体），是角和胡须。他们马上联想到的是，一只公山羊和一个戴绿帽的人。"他猜得实在太准了。如果他没有继承我们正在欣赏的这位伟大立法者的部分预言能力，他的话是不可能与事实这样巧合的，他刚刚说完，马上就应验了。

在《远足》中，诗人介绍了一位老人，他出身于卑微但并不凄惨的环境，他享受了远超普通人的教育优势，包括书本学习

---

[1]《圣洁的生与死》(Rules and Exercises of Holy Living and Dying)，作者杰里米·泰勒，英国国教会的一名神职人员，在奥利弗·克伦威尔 (Oliver Cromwell) 的保护国期间以作家身份而闻名，被称为"神的莎士比亚"，因为他的诗化风格的表达，在英语世界被认为是最伟大的散文作家之一。在英国国教的圣徒日历中，杰里米·泰勒被铭记于 8 月 13 日。

和更为严酷的自然规律学习。华兹华斯先生描绘的这个人,在不竭炽热情感的驱动下,将对知识的渴望转化为漂泊不定的生活状态;因此,在成年以后的大部分时间都在乡下度过,一家一户地流浪,

成为一个背负重担的游走商贩。[1]

让他作为一首格调高尚的教诲诗歌的角色是否合适,或许值得商榷。这是一个非常值得争论的问题,这个问题取决于这个人物性格与诗歌基本元素的一致性或不一致性。但毫无疑问,如果评论家忽略这种生活方式所能提供给这样一个人的一切机会;自然界、独居和独立思想自由性提供的所有优势;他的所到之地和所历岁月,以及因它们而产生的所有意象;最后,对人的所有观察。

他们的行为、他们的欢乐、他们的追求,
他们的激情和他们的感受[2]

多年的旅程肯定在他的头脑中形成了记忆,且他印象深刻,能够在脑海中再次浮现出来——评论家,我指的是,那些从众多可能

---

1 引自华兹华斯《远足》(*The Excursion*,1798),第 1 章第 335 行。
2 引自华兹华斯《远足》(*The Excursion*,1798),第 1 章第 354—355 行。

的联想经过并忽略这些具体内容，将仅自己的注意力集中在别针纸和固定带上，而这些应该早已存在于他的工具包内的评论家。所以我想，这样的评论家拥有的道德情感状态不可能比上面记载的法国人高很多或者健康很多。

第二十二章

* 华兹华斯先生诗歌的典型缺陷,进行缺陷判断的原则,推导出它们是缺陷
* 缺陷与优点的比例
* 在很大程度上,这只是他理论的特点

如果华兹华斯先生已经提出了诗歌原则，而他的论述不足以支持这些原则，那么他和接受他观点的人，就应该通过反驳这些论述，代之以更为合理的哲学理论，来解决这一问题。此外，还应合理承认他理论中的真实部分和重要意义；然而，由于过分专注这些事实，他使这些内容超出了应有限制，使其理论偶尔出现错误。如果他的错误理论影响了他的诗歌创作，就需要指出其产生的影响，同时举出例证。但是，同样还要证明的是，影响的程度到底有多大；是否已经扩散，或者只是开始；与正确部分相比，受到影响的诗歌和段落数量及其重要性是很大还是很小；最后，这些部分是否已经紧密融入他的作品，或是十分松散的、可分离的。这样一场审判的结果无疑将表明，现在是时候果断而大声地宣布：华兹华斯先生诗歌的假定特征是受人尊敬，还是受人批评；是朴素，还是简单；是忠实于本性，还是任意地从人性中选择其最卑贱的形式和最不吸引人的联想；一般来说，他的诗歌的真正特点，与他整个的天才和思想结构相比，是微不足道的。

在为数不多的几首诗中，他选择进行一项试验；我们认为，他的这项试验已经失败。但是，即使在这些诗歌中，我们也不可能否认,诗人的思想自然倾向于伟大目标和高尚理念。与两卷本诗集[1]中的其他作品一样,《忠诚》这首诗使用的语言风格绝大部分质朴而纯真。我们挑选下面的诗节,将其与同诗前面的诗节进行比较。

> 有时候小湖里的鱼跳跃
> 使沉积的山凹有点欢声,
> 巉岩应着乌鸦的呱呱叫,
> 也在做严肃的和鸣。
> 那里也有彩虹来云雾来,
> 雾像飘飞的裹尸布铺开;
> 还有阳光和风声的呼啸——
> 这风本该急急地掠过去,
> 但那高大的屏障不准许。[2]

或者,将结尾诗节的最后四行与前半部分进行对比。

> 是啊,很容易就可以证明:
> 自从不幸的出门人遇难,

---

[1] 据亚当·罗伯兹编辑,爱丁堡大学出版社 2014 年版《文学传记》第 297 页,脚注 766 中考证:这里指华兹华斯的《诗集》(Poems, 1815),初版时分为两卷。
[2] 引自华兹华斯《忠诚》(Fidelity, 1815),此中译文引自 [英] 威廉·华兹华斯著,黄杲炘译《华兹华斯抒情诗选》(插图修订本),陕西师范大学出版社,2016 年,第 224 页。

> 这狗就守望在这处地方，
> 就守在它主人身边。
> 上帝知道，这么久怎么挨，
> 因为他给了那崇高的爱，
> 也给了情感巨大的力量——
> 大得超过了人们的想象！[1]

难道正直和智慧之人会无法马上确定，哪些诗节能够最有效地代表诗人的创作倾向和根本特色吗？他难道不会认为，这部分诗句的写作风格正是诗人意愿的体现，另外一部分则是因为他无法遏制自己思想的强大影响吗？还是他在创作一首作品时，一部分必须这样写，另一部分又会那样写？总而言之，他唯一的问题是，他的创作超越了自己的原则；就像一只嬉戏的天鹅，一会儿在河岸上的踩踏杂草，倏忽间，又恢复优雅姿态，在明净祥和的河面上飞翔。我们还要进一步观察，如果诗人的理论违反公认的艺术原则，我呼吁的那位假想评论家已经下决心予以反对。

在此，我无法深入到华兹华斯先生的作品的细节去进行分析，但是，根据我们多年的交往和对他作品的反复研读，我将尝试陈述我的主要判断结果。然而，为了理解一个伟大思想的缺陷，必须事先理解他的突出优点。对此，我已经进行了充分的自我解释，尽量

---

[1] 引自华兹华斯《忠诚》（*Fidelity*, 1815），此中译文引自 [英] 威廉·华兹华斯著，黄杲炘译《华兹华斯抒情诗选》（插图修订本），陕西师范大学出版社，2016年，第225页。

避免我的批评过程中发生负面影响。因此,我将首先分析他迄今为止发表的诗歌中我认为最为突出的问题。

第一个为偶然发生的缺点——在他的诗歌中,我发现存在风格不一致的问题。对于这一问题,我指的是他的风格以出人意料的方式突然从特别巧妙的(非常吸引人和原创性的)诗行或句子转向缺乏激情和表达平庸的陈述。这种风格的转变过于频繁,过于突兀,进入我所称的二等语言。我将语言分为三等:第一等是诗歌特有的语言;第二等是仅适用于散文的语言;第三等是中性语言,或者同时使用两种文体的语言。有些作品,例如,考利的《一个关于克伦威尔政府的大视野的讨论》,散文和诗歌风格交叉使用(与波爱修《哲学的慰藉》和巴克利《阿根尼斯》不同,其中插入的诗歌,是前面散文叙述中提到或写过的诗歌)[1],但是华兹华斯先生则突然从一种文体转入另外一种文体,完全由他的思想或感受性质所支配。然而,这种创作模式并不能满足一个知识分子的品位要求。突然从某些情感状态转移至不同类型的情感状态令人感到不适,写作也一样,写作的乐趣部分就源于读者的心理准备和期待视野。在当

---

[1] 据亚当·罗伯兹编辑,爱丁堡大学出版社 2014 年版《文学传记》第 303 页,脚注 769 中考证:这三部作品混合了诗歌和散文:(1)亚伯拉罕·考利的《一个关于克伦威尔政府的大视野的讨论》('A Discourse by way of Vision, concerning the Government of Oliver Cromwell',1681);(2)提乌·曼利厄斯·塞维林·波爱修(Anicius Manlius Severinus Boethius,约 480—524),东罗马帝国哲学家,曾任执政官。他在狱中写就的 5 卷本《哲学的慰藉》(De Consolatione Philosophiae,523—524)是他的代表作;(3)约翰·巴克利(John Barclay)的《阿根尼斯》(Argenis,1621)。

代喜歌剧的歌咏序曲部分经常存在这种尴尬感受;为了避免这种感受,聪明的梅塔斯塔西奥(Metastasio)[1](尽管有人对他的诗歌天才有所质疑,但是对于他的高雅品位,则没有人怀疑)无一例外地将咏叹调放在每场结尾部分,同时紧接其前的宣叙调则提高旋律,激发观众情感。即使在现实生活中,表达随意想法,以货币形象和铸文为中心的市场流通交流使用的语言,与表达源自外部事物图像,启发他人或向其详细说明使用的语言;或以比喻手段描述讲话者心理状态使用的语言,或讲话者至少在描述自己独特心理变化和非凡能力时使用的语言,都存在明显的巨大差异。事实上,在私有生活的社交圈中,我们经常发现,使用后一种语言,会让原本顺畅的交流出现停顿,原本聚精会神的心理状态受到刺激,稍后会产生某种情绪波动和思维干扰。但是,在阅读文学艺术过程中,我们存在面对这种语言的心理准备;就像一位画家的主题要求不同凡响的辉煌与突出效果一样,一位作家也会提升中低层次的色彩,在另外一种文体下的中心色彩,在诗歌中可能作为弱化情绪的手段,以便形成总体预期效果。如果一首诗不能满足这一要求,格律只能让读者意识到诗歌的要求,对作品感到失望;如果这种缺陷频繁出现,读者就会被诗歌忽冷忽热的表述所折磨。

我建议读者参考我以另一目的引用的《高地盲童》中的优美诗句,作为我对这种不协调风格的批评实例,相关诗节附下:

---

[1] 皮特罗·梅塔斯塔西奥(以其笔名 Pietro Metastasio 为人熟知,本名皮特罗·安东尼奥·多梅尼科·特拉帕西 Pietro Antonio Domenico Trapassi,1698—1782),意大利诗人、剧作家,被认为是意大利最重要的歌剧作家。

最稀奇的是一个海龟的壳,
这盲童曾将它仔细琢磨。
那海龟壳很大,也很轻,
如珍珠车——载着海中女神,
驾车的是活泼的海豚。[1]

拥有这宝物的那一个农户,
我们的盲孩子常常去光顾。
一天,不知有意还是无心,
他到了那家,家中没有人。
他发现门并未上锁。[2]

或者第 1 卷,第 172 页[3]:

---

1 引自华兹华斯诗歌《高地盲童》(*The Blind Highland Boy*,1806),此中译文引自 [英] 威廉·华兹华斯著,秦立彦译《华兹华斯叙事诗选》,人民文学出版社,2018 年,第 313 页。

2 引自华兹华斯诗歌《高地盲童》(*The Blind Highland Boy*,1806),此中译文引自 [英] 威廉·华兹华斯著,秦立彦译《华兹华斯叙事诗选》,人民文学出版社,2018 年,第 314 页。

3 据亚当·罗伯兹编辑,爱丁堡大学出版社 2014 年版《文学传记》第 304 页,脚注 773 中考证:柯勒律治在此章中提到的卷数和页数,均指其在华兹华斯的《诗集》(*Poems*, 1815)中的卷数和页数,该书初版时分为两卷。下同,不再一一注明。

它已被我遗忘,

让我倾尽全力。曾有一两种微笑——

至今记忆犹新,我明白

这些微笑于我便是整个世界。

亲爱的宝贝!我必须把你放下:

你用奇怪的惊惶使我烦恼;

你的微笑是你最甜美的表情;

我不能将你拥入怀中;

你的微笑迷惑了我:事实上,

我已然忘记他的微笑![1]

或者第1卷,第269页:

有小小香巢,与爱侣同栖,

酣醉的灵禽!你何尝慵懒,

但你又怎肯像我这样

在寂寞旅途上奔波流浪?

快乐的生灵!

你豪情激越似高山洪水,滔滔奔泻,

---

[1] 据亚当·罗伯兹编辑,爱丁堡大学出版社2014年版《文学传记》第305页,脚注774中考证,选自华兹华斯《移居的母亲》(*The Emigrant Mother*, 1807)。

纵情歌颂着万能的主宰；
愿欢乐与你，也与我同在！
唉！我的征途坎坷而迂回，
一路上尘沙满目，荆棘遍野；
然而，只要听到你，或你的同类
来自天庭的自由愉快的仙乐，
我也就知足了，又奋力向前跋涉，
期待着生命终结后更高的快乐。[1]

我在本段发现的不协调内容，是采用斜体的两行文字，它们与前后诗句都不协调。第2卷，第30页：

靠近池塘，在另外一侧，
他独自站立；我想只有一点儿空间，
我看着他，他一动不动
我向池塘边靠近；
他始终在我的视野。[2]

---

[1] 据亚当·罗伯兹编辑，爱丁堡大学出版社2014年版《文学传记》第305页，脚注775中考证：选自华兹华斯《致云雀》（To a Skylark, 1807），此中译文引自[英]威廉·华兹华斯，杨德豫译《华兹华斯诗歌精选》，北岳文艺出版社，2000年，第81—82页。
[2] 据亚当·罗伯兹编辑，爱丁堡大学出版社2014年版《文学传记》第305页，脚注777中考证，选自华兹华斯《坚毅与自立》（Resolution and Independence, 1807）。

将这一部分与倒数第三个诗节的同一情景进行对比:

我步子轻轻的,渐渐向他走近,
这老头,仍然站在水池子旁边,
一动也不动,就像是浓云一片;
这浓云,听不见周遭呼啸的狂风;
它要是移动,便是整片整团地移动。[1]

最后,后面三个诗节中的第二个,与第一个和第三个诗节对比:

我先前的思虑——重现在心中;
致命的忧惧;自立谋生的愿望;
风霜,苦难,辛劳,肉体的病痛;
一个个卓越诗人悲惨的死亡。
我惶惑不安,又渴望心神宽敞,
便迫不及待,向老人旧话重提:
"请问,你怎么过活?干的是什么活计?"

---

[1] 据亚当·罗伯兹编辑,爱丁堡大学出版社 2014 年版《文学传记》第 305 页,脚注 777 中考证:选自华兹华斯《坚毅与自立》(*Resolution and Independence*, 1807),此中译文引自 [英] 威廉·华兹华斯,杨德豫译《华兹华斯诗歌精选》,北岳文艺出版社,2000 年,第 115 页。

他笑了一笑，也向我重提旧话——
说他为捕捉蚂蟥，东奔西跑；
走进一口口池塘——蚂蟥的老家，
像眼前这样，把周围池水翻搅。
"从前，它们到处有，容易捉到；
这些年，它们变少啦，越来越少；
我还是干下去，哪儿找得到，就上哪儿找。"

老人就这样谈着；我听着他的话，
望着他佝偻的身影和这片荒野，
不由得感叹不已：仿佛看见他
无休无歇，把远近荒原踏遍，
孤零零四方飘泊，默默无言。[1]

　　这首优秀的诗歌的确是作者的代表性作品。如果不提供样本，我们很难在他的作品中找到缺陷或卓越之处。但是，如果我不再次强调这种缺陷只是偶尔存在的，也是不公平的。通过认真重新阅读这两卷本诗集，我怀疑可以反驳的段落总数可能达到一百行；而不是页数的八分之一。在《远足》中，这种不和谐的感觉很少因为任

---

[1] 据亚当·罗伯兹编辑，爱丁堡大学出版社2014年版《文学传记》第306页，脚注778中考证：选自华兹华斯《坚毅与自立》（*Resolution and Independence*, 1807），此中译文引自[英]威廉·华兹华斯，杨德豫译《华兹华斯诗歌精选》，北岳文艺出版社，2000年，第117页。

何段落本身的措辞而被激发出来,而是因为其他一些段落在形成语境时突然占据了优势。

他的第二个缺陷我可以相当准确地概括出来,如果读者能够忍受一个令人不适的新造词汇。我要说的是,在某些诗歌中,经常有一些过于实事求是的状况出现。这个问题可以分为两部分:其一,在描述诗人眼中的事物及其位置时的一种费力的细微和忠实;其二,突然插入意外环境,以便充分解释自己的生活特点,它们的安排和行动;这些环境或许对于证明一种叙述在真实生活中的可能性很有必要,倾听者却不以为然,而将其放置于诗歌中则显得肤浅,读者更愿意为了自己的目的去相信自己的判断。我反对这种突兀变化,它违反了诗歌的本质特征,亚里士多德认为,诗歌的本质是<u>最严肃和最哲学的问题</u>[1],是人类艺术最强烈的、最重要的以及哲学思考的产物;因此,诗歌是最宏大和最抽象的。达文南特(Davenant)为霍布斯写的下列序言充分表达了这一事实。"当我考虑我准备描述的行动时(推断人们行动的描述),我更愿意选择上一时代的人,而不是当代人士;通过前移一个世纪,可以使我避开他们不恰当的思考,他们不知道诗歌的前提,也不清楚自己错过了多少快乐(即使史诗的乐趣也并非无用),他们接受一个诗人的主观论断,双脚被历史学家的镣铐束缚。严肃的历史学家已经为我们揭示了历史真相,一个诗人为什么非要怀疑事实,以更为欢乐的方式传播可能的

---

[1] 画线部分原文为希腊文。据亚当·罗伯兹编辑,爱丁堡大学出版社 2014 年版《文学传记》第 307 页,脚注 779 中考证:柯勒律治引自亚里士多德的《诗学》(*Poetics*),有轻微改动。

虚构事物，粉饰命运的险恶？对于诗人来说，义务是愚蠢和多余的，是虚假殉难者的束缚，他们为了惩罚错误的观点，为自己戴上了锁链。我这样表述的目的是，真相、叙述和历史是历史学家追求的目标（膜拜死去的事物），基于真相的创作是永恒的，是诗人的真爱，他们注重的不是事实，而是合理性。"[1]

对于地方风景绘画中追求的这种精准效果，可以选择《远足》第96、97、98页[2]诗句为例，它们可能并不突出，但是可以说明我的意思。某种强烈动机（例如，为了便于故事理解进行的必要描述），促使我必须解释，一些绘图员如何利用几条铅笔线条或者画家如何利用寥寥数笔描画，便能呈现出令人极为满意的视觉效果。当读者决心理解作者意图时，这种描绘常常在其脑海中激起一种劳动感受，和他为一个图表格式的长期方案一笔一画绘制示意图没有太大区别。这个过程，就好像从盒子里拿出切割成碎片的地图一样。首先，我们看到一部分，然后是另外一部分，再将它们拼接起来；当后续关注行为完成后，大脑会反向思考，进行整体审视。诗人应该按想象描绘，而不是基于幻想。我不知道还有什么实例能够更好地说明两种技艺的区别。弥尔顿的作品中存在大量传统诗歌描绘手法的优

---

[1] 威廉·达文南特 (William Davenant, 1606—1668)，英国诗人、剧作家。1638年被指定为桂冠诗人，5年后被封为爵士。引文出自他的《〈冈迪波特〉前序》（*Preface Before Gondibert*, 1650）。

[2] 据亚当·罗伯兹编辑，爱丁堡大学出版社2014年版《文学传记》第307页，脚注781中考证，引自华兹华斯《远足》（*The Excursion*, 1798），第3章第23—73行。

秀例证，例如：

> （就选定）无花果树；不是以果实闻名遐迩，
> 那一种，而是如同今天，长在马拉巴尔
> 海岸或德干，印度人家喻户晓的那一种，
> 她伸开枝丫的翅膀，从根上长出的次级树枝
> 拉得又远又高，垂下的细枝再入土生根，
> 就像女儿生长在母亲之树的周围，
> 母树如一根大柱，撑起高高的遮光拱顶，
> 其间是四面回音的步道；印度牧人常在
> 那儿避暑纳凉，他割开密不透风的阴暗，
> 从那瞭望孔看护着他放牧的牧群。[1]
>
> ——弥尔顿《失乐园》第 9 卷

这是创作，并非绘画；或者如果是绘画，也是这样的，伴随着闪电整幅图画瞬间在眼前同时闪现，犹如太阳在暗箱中作画一样。但是，诗人必须同样理解和掌握培根所说的感觉的一般步骤及每个步骤的潜在因素，更为具体的，就像一个神奇的双面硬币，一面是声音激发的景象，一面是声音的显现。因此，"在其间荡漾的回声"，

---

[1] 据亚当·罗伯兹编辑，爱丁堡大学出版社 2014 年版《文学传记》第 308 页，脚注 782 中考证：引自约翰·弥尔顿《失乐园》（*Paradise Lost*）第 9 卷第 1101—1110 行。[英]弥尔顿著，刘捷译《失乐园》，上海译文出版社，2018 年，第 376 页。

几乎可以说是门农（埃及雕像）头部回声传统寓言故事的模仿。这种描述才配得上对想象世界创新词汇的赞许。

第二类是在角色和事件中表面上严格遵守事实的坚持；对可能性的传记式关注，以及对解释和回顾的焦虑。在这个题目下，在不伪造差异的前提下，我将介绍我对华兹华斯先生及其反对者之间最大争论点，以及他的人物选择争议的最佳思考结果。我已经宣布，我最不赞成他的反对者迄今使用的辩论方式，我相信我的观点也得到了证实。对于他们提出的问题，"你为什么选择这样一个角色，或者从这种阶层选择角色？"——我认为，诗人完全可能这样反驳：对于我的人物构思，你为什么故意选择那些我实际并未包含，而是完全出于你们病态和挑剔感受的庸俗或荒唐的联想呢？如果作者的计划、指导原则和主要目标是攻击和克服这种联想，而这种联想将使我们主要关注人与人之间的区别，忘记或忽视人性中高尚的品质，在所有阶层中可能存在和应该存在的智慧和情感，那么这些论点怎么可能对这样的作者产生辩论效果呢？作为基督徒，我们的情感是，允许所有人参加宗教集会，在共同的造物主前面膜拜祈祷，华兹华斯先生就是希望始终为所有人和所有读者提供乐趣；通过在诗歌中体现这种高尚而不傲慢的公平情感，他希望这种情感在现实生活中能够持续存在。他应该获得好人的赞许！在现实生活中，我相信，即使在我的想象中，我都会赞许一个品德高尚和富有智慧的人，不受他艺术水平高低的影响。无论是一位武装男爵，一位桂冠诗人，一位年老商贩，还是一位更老的水蛭采集者，拥有同样头脑和情感的人都必须得到同等尊重。即使在诗歌中，我也不记得，我曾经让自己的情感受诗人实际并未描绘的思想或意象的干扰或影响。

但是，我对他仍然持反对意见，原因如下：首先，作为一个直接目标，我们考虑的问题属于道德哲学家的研究范畴，在我看来，与一首优质诗歌相比，采用说教或道德散文形式更为合适，取得成功的可能性也更大。事实上，只要以探求真相而不是以提供愉悦为直接目标，这种思想就会破坏诗歌和散文的根本区别，甚至抹杀这些和小说作品的根本区别。在天赐时刻到来，当真相本身就是快乐，两者实现统一，仅能通过词汇而非情感区别以前，诗人应该继续维持这种联想，这种普遍存在的联想，而不是试图首先设法符合事实，然后再考虑愉悦。但是很不幸，这有点儿倒逆论法[1]的意味。愉悦的传播是媒介手段，通过它们，诗人可以对自己的读者进行道德引导。另外，虽然我有几分承认，但是这种观点是没有依据的：仅仅通过将低端人群附上权力（这是最不可能实现的）和品质的标签（这当然更不可能），难道作品就能产生道德教育作用吗？以本色讲话时，诗人可以通过情感描写让我们感到快慰，道德升华，教导我们美德、智慧、才能不依赖于命运的眷顾。在安东尼（Antonine）的宝座前表达充分敬意后，他可能还怀着同样的敬畏，与其他奴隶一

1　画线部分原文为拉丁文。

起,向着埃皮克提图(Epictetus)膜拜。[1]

——他欣喜万分
在君主的尊贵面前。[2]

当诗人华兹华斯发出如下感叹时,又有谁不会快乐和振奋呢?

噢!许多诗人实为天生奇才;
被赋予最高的天赋的人,
这异象使能力神圣,
却渴望诗的完成。
不因加官进爵而改志,
不因荣宠至极而变节,
自律自持,这些天之骄子,
实属凤毛麟角,在时代独领风骚,

---

[1] 安东尼(Antonine),马尔克·奥列里乌斯·安东尼·奥古斯都(Marcus Aurelius Antoninus Augustus),121—180,罗马帝王、斯多葛学派哲学家,拥有凯撒称号(Imperator Caesar),他是罗马帝国五贤帝时代最后一个皇帝,也是罗马帝国最伟大的皇帝之一,于 161 年至 180 年在位。有以希腊文著作的《沉思录》传世。埃皮克提图(Epictetus),55—135,奴隶出身,斯多葛学派哲学家。尽管二者地位悬殊,但作为斯多葛学派哲学家和圣贤同样得到了世人的尊敬。
[2] 据亚当·罗伯兹编辑,爱丁堡大学出版社 2014 年版《文学传记》第 311 页,脚注 788 中考证:引自华兹华斯《远足》(The Excursion, 1814),第 1 章第 79—80 行。

坚守此生所有，
缓缓走向坟墓，最伟大的思想者
常常最不被喧嚣世界
倾听。

——《远足》第 1 卷¹

利用一个口语化词语，这种语言中的这些情绪会使一个人心情舒畅；但是，就我来说，我并不完全相信其论述内容的真实性。相反，我认为这些例证极为罕见，就如一片优美风景的湖面上有一对黑天鹅在嬉戏一样，可以作为反对诗歌化小说引进这种人物的一个强有力的证据。当我想到，在一个几乎每个人都被要求阅读和写作的国家，几乎每个人都有权利比荷马，甚至比希罗多德（Herodotus）、品达、埃斯库罗斯（Aeschylus）还能阅读到更多、更好的书籍的国家，天才的权利是多么无法安定，又是多么无法遮蔽。但是，正如华兹华斯先生所说，即使在最有利于纯粹的诗歌语言形成的环境下，在保证人们熟悉最恢宏想象目标的环境下，在苏格兰牧羊人当中（除了彭斯）和英格兰湖区和山区，根本没有出身寒微的诗人；因此，我认为，诗歌天才是一种非常脆弱和非常罕见的珍贵植物。

尽管如此，下列感情，

---

1 据亚当·罗伯兹编辑，爱丁堡大学出版社 2014 年版《文学传记》第 311 页，脚注 790 中考证：引自华兹华斯《远足》（*The Excursion*, 1814），第 1 章第 81-84 行、第 90—97 行。

> 我想到奇才异禀的少年，查特顿（Chatterton），
> 他心神劳瘁，盛年便匆匆凋谢；
> 还想到那位躬耕陇亩的诗人（彭斯，Burns），
> 他在山坡下犁地，豪迈而欢悦；[1]

这些与我阅读诗歌的情感大相径庭，作者在其叙述的故事中塑造了一个诗人兼哲学家的角色，让他做了一名扫烟囱的人，然后为了消除主题的所有疑虑，又杜撰了他的出生、父母和教育，经过一系列奇怪而又幸运的事件，将他塑造为诗人兼哲学家，以及烟囱清扫工！除了传记，其他文体根本无法适用。即使这些情节可以用于小说，也必然采用笛福（De Foe）的风格，旨在传承历史，而不应采用菲尔丁（Fielding）的风格：应该采用《摩尔·弗兰德斯的生活》或《杰克上校》的风格，而不是《汤姆·琼斯》，甚至《约瑟夫·安德鲁斯》的风格。这种风格更无法用于诗歌中，除了最强烈的个性化，其中的角色必须具有代表性。在这一点上，贺拉斯的格言建立在诗歌和人类思想的本质之上。这些观点并不断然绝对，而是明智和谨慎。首先，偏离这些原则会让读者感到困惑，为了增加此类事件的可能性，其虚构的所有环境都会割裂和干扰他的信念，而不是起到辅助和帮助作用。尽管进行了所有尝试，但是想象内容并不像

---

[1] 据亚当·罗伯兹编辑，爱丁堡大学出版社 2014 年版《文学传记》第 312 页，脚注 791 中考证：引自华兹华斯《坚毅与自立》（*Resolution and Independence*, 1807），此中译文引自 [英] 威廉·华兹华斯，杨德豫译《华兹华斯诗歌精选》，北岳文艺出版社，2000 年，第 114 页。

虚构，而是虚假。读者虽然知道其中的情绪和语言都是诗人自己的，体现在诗人虚构的人物中，但是，通过徒劳无功的努力使他反其道而思考，他甚至不忍心忘记这个人物。当故事和人物来自圣经历史，例如，克洛卜施托克的《弥赛亚》或坎伯兰（CUMBERLAND）的《髑髅地》[1]；而不是像弥尔顿在《失乐园》中单纯提到那样，效果就会与一位史诗诗人的作品类似。这种幻想（illusion）与妄想（delusion）不同，这种消极的信念，只能简单地允许所呈现的意象以它们自己的力量发挥作用，而不通过判断否定或肯定它们的真实存在，因此它们就不可能用与之直接邻近的已知事实和绝对真理来表达和证实。一个信念甚至可以超越历史认知，必须绝对摒弃这种纯粹的诗歌化信念类比，例如，据说夏日太阳暴晒时，能够熄灭住宅的火。原来旨在令人喜悦的虚构内容，却被视为令人厌恶的虚假描述。在后一种情况下，由于作者未能成功说服读者，读者郑重信念产生的影响低于我一直反对的实例产生的影响。

除上述所有内容外，还有表达和旨在支持表达之奇闻轶事的无用性质。例如，《远足》中是否有对商贩的描述的某个代表性词汇，具有这一身份人物的特征？一种也许不太具说服力，甚至没有任何先前解释支持的情绪，令一位明智而仁慈的老人在他的地位和职业中学习和完善语言是否属于自然和可普遍预期的现象？如果对这一

---

[1] 理查德·坎伯兰（Richard Cumberland），1732-1811，英国哲学家，1691年起担任彼得伯勒主教。著有《自然法学》（De legibus naturae）一书。此处提到的是他的诗歌《骷髅地：或基督之死》（Calvary:or the death of Christ, 1792）。

阶层的知识水平并未进行跟踪解释或说明，那么这个阶层是否需要被具体化呢？相反，这种情况何时使这个人的语言、感受、情绪和信息成为一个谜，而这个谜又必须通过一段段轶事情节来解开呢？最后，这种情况（仅限这种情况）何时引导一个真正的诗人，把最高尚的风格，最崇高和最普遍的兴趣主题，这样的细微的事实，融入到一首诗里去（就像是某个无名城镇中某个无名的"最近去世的社会花瓶"的朋友们为其在一份杂志上刊登的讣告那样），例如：

> 他出生于阿索尔山区，
> 一个小型世袭农场，
> 一片崎岖的非生产性原野，
> 他父亲在此生活，在贫困中死去；
> 我想起他的悲惨命运，
> 他是三个儿子中最小的一个，仍是婴儿，
> 根本意识不到家庭的不幸。
> 不久他已长大
> 守寡的母亲找到第二个伴侣，
> 嫁给乡村小学的一位老师；
> 男子对她的孩子非常热情
> 进行认真指导。[1]

---

[1] 据亚当·罗伯兹编辑，爱丁堡大学出版社 2014 年版《文学传记》第 314 页，脚注 796 中考证：引自华兹华斯《远足》(*The Excursion*, 1814)，第 112—123 行。

> 我所说的那少年,从六岁开始,
> 夏天在山上牧放羊群;
> 但是,在漫长的冬天
> 在充满艰难和风险的日子里
> 他在继父的学校得到了恢复。[1]

等。

在这段叙事中插入的所有出色段落,经小幅修改,可能更加合适地,也显得更加真实地,揭示了一个本色的诗人;同时也避免了我现在要提到的另一个缺陷,足以证明本文预测到的情况。

第三,某些诗歌有一种对戏剧形式的不恰当的偏爱,从而导致两种错误中某一个的发生。它的思想和措辞都与诗歌不同,并存在风格上的某种不协调性;或者,它们是同样的,难以区分的,它采用了一种口技方式,描写两个人在讲话,实际出自一人之口。

第四,这类缺陷与前者紧密相关。但是,同样的,源自一种与所描述对象的知识和价值不相称的情感,这种情感很容易从普通人,甚至从大多数受过教育的群体推测出来;因此,只有少数人,也只有这少数处于同样特定情境的人,才能产生共鸣:在这类诗歌中,我发现偶尔存在思想冗长、重复和停滞,无法正常进展的问题。关

---

[1] 据亚当·罗伯兹编辑,爱丁堡大学出版社 2014 年版《文学传记》第 314 页,脚注 796 中考证:引自华兹华斯《远足》(*The Excursion*, 1814),第 134—138 行。

于此类实例，请参考诗集第 1 卷第 27、28、62 页[1]，以及《远足》第 6 卷前面的 80 行。

第五，也是最后一个缺点是，思想和意象相对主旨而言过大。这是一种近似于我们所说的精神上的夸大，与语言上的夸大是不同的：因为在后者中存在和思想上的表达不相称的情况，所以，思想上的夸大与环境、场合也是不相称的。顺便说一下，这是只有天才才会犯的错误。这是一种尴尬的情景，是用大力神（赫拉克勒斯，Hercules）的力量来为翁法勒（Omphale）纺线[2]。众所周知，运动中的鲜艳色彩给眼睛留下的印象既深刻又强烈。最有可能发生的情况是，以这种方式产生的生动形象或视觉光谱，可能成为联想手段，用来回忆伴随原始印象的情感和意象。但是，如果我们以下列诗句描写这种情况，

　　这水仙会在我眼前闪现，

---

[1] 据亚当·罗伯兹编辑，爱丁堡大学出版社 2014 年版《文学传记》第 315 页，脚注 797 中考证：华兹华斯 1814 年版《诗集》（Poems）的第 27—28 页包括《写给父亲们看的逸事》（Anecdote for Fathers）第 4—13 节。而第 1 卷第 62 页则是空白的，所以这里应是指第 2 卷中第 62 页的《布鲁厄姆城堡晚宴之歌》（Song at the Feast of Brougham Castle），第 80—103 行。

[2] 大力神赫拉克勒斯和翁法勒都来自古希腊神话。翁法勒是吕底亚的女王，大力神赫拉克勒斯意外杀死了他的朋友——一位王子伊菲托斯（Iphitus），因此被德尔斐神谕（Delphic Oracle）判罚给女王翁法勒做三年奴隶。在服役中，女王翁法勒令他穿着女人的服饰，同侍女们一起纺羊毛线。

把孤寂的我带进极乐乡！¹

当一个完整而优质的生活影像和高尚行为呈现在作为真正内心眼睛的良知面前，即真正的"孤独喜悦"面前时，到底使用什么语言描述回忆的喜悦呢？从这个对句进入下列诗句，我们会感到极为突兀，自然也非常滑稽，几乎有点儿杂耍的感觉——

这时我的心便充满欢欣，
并随着那水仙舞个不停。[2]

——第 1 卷，第 320 页

第二个例子选自第 2 卷第 12 页，某日清晨，诗人出外游玩，遇到了一群吉普赛人，后者在路边野地搭起了自己的毛毡帐篷和草床，旁边还有孩子和驴子。一天结束，诗人回家时，发现这些人仍在原地。"十二小时，"诗人说，

1　据亚当·罗伯兹编辑，爱丁堡大学出版社 2014 年版《文学传记》第 315 页，脚注 799 中考证：引自华兹华斯《"我独自游荡，像一朵孤云"》（'I Wander Lonely as a Cloud', 1807），此中译文引自 [英] 威廉·华兹华斯著，黄杲炘译《华兹华斯抒情诗选》（插图修订本），陕西师范大学出版社，2016 年，第 220—221 页。
2　据亚当·罗伯兹编辑，爱丁堡大学出版社 2014 年版《文学传记》第 316 页，脚注 800 中考证：引自华兹华斯《"我独自游荡，像一朵孤云"》（'I Wander Lonely as a Cloud', 1807），此中译文引自 [英] 威廉·华兹华斯著，黄杲炘译《华兹华斯抒情诗选》（插图修订本），陕西师范大学出版社，2016 年，第 221 页。

十二小时,整整十二小时已然逝去,
我徜徉于长空下尽情游玩,
见证那许多变幻与欢喜,
归途中发现他们仍在原地! [1]

诗人似乎并未注意到,这群可怜的流浪者可能在大道小路和沼泽山区中跋涉了几个星期,所以很愿意在此用一整天时间休息,让孩子和畜群放松,他忽视了一个十分明显的事实,这种休息对他们而言是非常必要的,就像这位幸运的诗人需要一整天进行快乐健康的出游一样;他利用一系列诗句表达了自己的愤懑,其实这些措辞和意象完全可以提高一些,而不是像描写三千年停滞不前的庞大中华帝国的词句那样降低标准:

疲惫的太阳开始休息:
——从灿烂的西方发出晚祷钟声,
他像一个可见的天神闪烁着光芒,
踏上辉煌征程。
片刻黑暗之后,天空再度明亮,
发出一夜幽幽的光华,

---

[1] 据亚当·罗伯兹编辑,爱丁堡大学出版社 2014 年版《文学传记》第 316 页,脚注 801 中考证:引自华兹华斯《吉卜赛人》(*Gipsies*, 1807),第 9—12 行。

看那硕大的玉盘!
她向这里遥望,好像端详着他们
——但是,他们却未留心:
——噢,即使错误也需尝试,
即使虚空或罪过,也强过这样生活!
静谧的天空悄然变幻
繁星点亮夜空! ——他们却百无聊赖![1]

这个缺点的最后一个例证(除了已经引用的,我不知道其他实例)来自第 2 卷第 351 页的《不朽颂》,在谈到一个孩子,"一个身材矮小的六岁宝贝"时,他这样描述:

卓越的哲人!保全了异禀英才,
你是盲人中间的明眸慧眼,
不听也不说,谛视着永恒之海,
永恒的灵智时时在眼前闪现。
超凡的智者,有福的先知!
真理就在你心头栖止
  (为寻求真理,我们辛劳了一世,
  寻得了,又在墓穴的幽冥里亡失);

---

[1] 据亚当·罗伯兹编辑,爱丁堡大学出版社 2014 年版《文学传记》第 317 页,脚注 802 中考证,引自华兹华斯《吉卜赛人》(*Gipsies*, 1807),第 13—24 行。

> "永生"是凛然不容回避的存在，
> 它将你抚育，像阳光抚育万物，
> 它将你荫庇，像主人荫庇奴仆；[1]

　　对于这首诗，我们暂且不讨论连接"又聋又哑"和省略"眼睛"的大胆比喻的修饰语；或者（如果我们注意前面的"哲学家"），这段诗还存在错误和引起歧义的语法问题；我们也不分析"主人荫庇奴仆"或"抚育万物"的合适性；我们只是想问，这到底是什么意思？从什么意义上，这个年龄的孩子可能被称为哲学家？从什么意义上，他被称为是"能够谛视着永恒之海"？从什么意义上，能够说他"永恒的灵智时时在眼前闪现"？或者，以这种方式获得启发，配得上"超凡的智者，有福的先知"这样崇高的称呼？通过思考？通过知识？通过意识直觉？或者通过任何形式或修正形式的意识？这些的确是高潮部分，但是，必须假设受启发的交流对象能够马上理解其中的含义，并能够完成验证其启示的艰巨任务。这样年龄的孩子不可能为我们提供此类信息。我们何时沉入忘河，使我们完全遗忘了天神之态？尽管或多或少有些区别，但是我们大多数人尚能记得自己六岁时候的情景。可叹啊，漂浮的只是毫无价值的稻草，戈尔康达宝山和墨西哥的所有宝藏与之相比只能算作稻草，真正的财宝被某个不知名的海湾吸入了某个不知名的深渊。

1　引自华兹华斯《不朽颂》（*Ode:Intimations of Immorality,* 1807），此中译文引自 [英] 威廉·华兹华斯，杨德豫译《华兹华斯诗歌精选》，北岳文艺出版社，2000 年，第 261 页，该译本将诗歌标题翻译为《永生的信息》。

但是，如果这种描写太过神奇和难以想象，人们不免怀疑这是诗人的特意安排；如果这些神秘的天赋、能力和巧合并非故意安排，谁还会意识到这些？或者，如果它不是孩子意识的一部分，他又怎么可能是一个孩子？就我所知，我的思考精神基本遵守生活原则和生命规律。就我所知，它可用作我身体奇妙组织和有机运动的一个次要代表。但是，如果说，我塑造了自己的内心！或者，我通过神经施加了更为细致的影响！或者，我挤压自己的大脑，在我眼前拉下睡眠的窗帘，这些都是非常奇怪的语言！相对而言，斯宾诺莎和贝曼都是泛神论者；古代有"一即一切"的哲学家和教师，他们不仅传播上帝控制一切的观念，而且还说一切就是上帝。即使这些也不能混淆部分与整体的关系，部分就是部分，整体就是整体。在任何体系下，个人和上帝，修正和实体唯一性之间的区别，都不可能比斯宾诺莎给出的区别还要清晰。雅各比（Jacobi）[1]和莱辛二人交好，一次在诗人格莱姆（Gleim）[2]的住宅谈话后（两人是德国帕纳苏斯地区的"提尔泰奥斯"和"阿纳克里翁"），莱辛向雅各比私下承认，除了有限理性，他不接受世间存在超人的说法，当他们坐在桌旁交谈时，天上突然下起了阵雨。格莱姆为糟糕的天气感到抱歉，他们原来打算在花园里喝葡萄酒；莱辛以半认真、半开玩笑的心情向雅各比点了点头说，"或许，这是我的功劳"，他指的是下雨！

---

[1] 雅各比（Jacobi），弗里德里希·海因里希·雅各比（Friedrich Heinrich Jacobi），1743—1819，德国哲学家、文学家。
[2] 格莱姆（Gleim），约翰·威廉·路德维希·格莱姆（Johann Wilhelm Ludwig Gleim），1719—1803，德国诗人，常与启蒙运动联系在一起。

雅各比回答道，"或许，应该是我"。格莱姆满意地盯着两个人，并没有询问为什么。

这段诗歌也是如此。从什么意义上，上述引文中的高尚品质可以赋予一位儿童，又不能同样适用一只蜜蜂、一条狗、一块玉米地，甚至一条船或驱动船只的风和波浪？与那个孩子一样，无所不在的精神在它们身上发挥着同样作用，孩子也和它们一样，不知道精神的存在。谁能肯定，后面紧接的四句诗不是解释呢？

在你看来，
墓穴无非是一张寂静的眠床，
不知白昼，不见阳光，
让我们在那儿沉思，在那儿期待。[1]

当然，这个让人纳闷儿的省略并非只是对《我们是七个》这首小诗的一个评论——这段诗歌的总体意思是否可以归结为，这个六岁的孩子在大多数基督教家庭能够获得更好教育，他对死亡的认识，只是躺在一个黑暗、冰冷的地方？此外，我希望坟墓也不是一个思想之所！我也不赞同清醒地躺在坟墓中这种可怕的想法！死亡和睡眠的比喻过于简单、自然，不可能让儿童产生如此可怕的认识，即

---

[1] 据亚当·罗伯兹编辑，爱丁堡大学出版社 2014 年版《文学传记》第 319 页，脚注 807 中考证：引自华兹华斯《不朽颂》（*Ode:Intimations of Immorality*, 1807），此中译文引自 [英] 威廉·华兹华斯，杨德豫译《华兹华斯诗歌精选》，北岳文艺出版社，2000 年，第 261 页，该译本将诗歌标题翻译为《永生的信息》。

使他们不像所有基督教儿童那样听到人们曾经利用后者表达前者。但是，如果孩子相信，"他并没有死，只是睡着了"，这种认识是否与其父母或任何成年人和受过教育的人不同？任何具体类型的人都不可能相信从有变无或者从无变有的现象，无论何种年龄段，无论是否受过教育。因此，总体上这只不过是自相矛盾的观点。如果按普通含义理解，它们传递的是一个谬论；如果不考虑辞典和习惯含义，这些词汇的解释应避免谬误，应简化为某个浅显的道理。因此，你必须理解与常见含义相反的词汇含义，才能解释得通，并根据它们的常见含义，你能从其中获得崇高或崇敬的情感。

  虽然华兹华斯先生诗歌中这一缺陷的实例很少，几乎未能引起读者的注意，我曾对此进行过研究，但是研究动机并不局限于这个原因。由于数量极少，它们不可能贬损一位作品中包含大量真理并能经受最严格分析的作者的声誉。尽管稀少，这些段落很有可能，也完全能够让他的盲目崇拜者模仿。但是，华兹华斯，真正的华兹华斯可能被模仿者效仿，可能被剽窃者利用；除非他被那些生来不是模仿者的人模仿，否则他是不可能被模仿的。如果没有他深刻的感受和想象力，他的意识就会缺少生命的温暖和独特；没有他强烈的理智，他的神秘主义就会变成一种病态——仅仅是一团迷雾，一片昏暗！

  我反对的是前面引文中的缺陷，这些缺陷只是偶然出现的，至于优点（和缺陷总是相伴出现），应该不用担心会遭到那些坦诚而有智慧的读者的反对。首先，语法和逻辑上简单纯粹的语言。简言之，采用完美含义适合的词汇。我已经阐述过我对该实例价值的高度评价和高度敬仰,并部分阐述了养成严格准确的表述习惯在精神和知识层面的重要性。值得注意的是,通过有限地熟悉杰出的艺术作品,便可形成正确和敏感的艺术品位,而看到和敬仰的只是杰出作品;同时,最正确的理念,对所有年代和国家优秀作品的最广泛的涉猎,并不能使我们有效避免数量众多的庸俗或古怪作品的影响。如果这是实际情况,在音乐和绘画艺术领域,这是公认;在使用词汇,且仅以词汇为工具的艺术实践中,要避免各种各样频繁出现的此类实例造成的影响,则要困难得多。在诗歌中,每个诗行,每个短语,都要经过严格的考验和精心的选择,我们可能,只是可能,实现我大胆提出的这种最终原则,它是检验毋庸置疑的作品风格的一种手段,即,在不损害原义时,不可能使用同一语言的词汇进行解释。但是,需要注意的是,我所说的词汇含义,不仅包括词汇对应的目标,还包括词汇产生的所有联想。语言的目的,不仅要表达相应的对象,还要表达描述该对象作者的性格、兴趣和意图。在诗歌中,需要确保词汇免受造作和滥用风格的损害,既要避免随意创作,还要避免任意解读,因为这种风格对当今创作活动有着极为重要的影响。即使对于从事本领域创作的诗人来说,这也是一项艰巨的任务:诗歌创作是一个人具有高度的审慎、卓越的辨别能力和强大的自制力的成果,它完全有理由获得这种只属于艰难而富价值的成就的荣誉,且因其稀有而价值倍增。它始终是正确认知的食粮,但是,在一个语言误入歧途的时代,它既是精神食粮,又是解药。

在散文领域,我甚至怀疑我们是否有可能保持我们风格的完整性,使其免受我们随处可见的不良表达方式的影响,从宗教布道到报纸报道，从立法辩论到宴会祝酒词或发表意见的演讲，均会受到这些不良影响。即使当我们在抱怨它们的时候，我们身上的锁链仍在咔咔作响。波埃修斯（Boethius）的诗歌，与同时代诗人的作品相比，如与希多尼乌斯·阿波黎纳里斯（Sidonius Apollinaris）[1]等诗人的诗歌相比，受到了我们的高度赞赏。它们奠定了一个更加纯粹的时代，与散文相比，犹如镶嵌在铅或铁皇冠上的珠宝，散文背叛了波埃修斯时代的真正风格。但是，这种风格大多可以通过教育培养。我相信，不仅从说理基础上，而且在很大程度上实际但有限的事实经历使我相信，对于一个年轻人来说，从其孩童时期就研究每个词汇的意义和其选择的原因和位置，逻辑本身就表现为一个旧相识的新名字。

  将来，如果有机会，可能需要进行专题讨论。我将尝试证明，诚实和内在追求的准确习惯之间的密切联系；准确表述对预防狂热的积极作用，后者通常以模糊口号控制情感；我还将证明，语言本身，至少是比其他任何方式具有更大便利性和确定性的语言，可以始终以微妙方式，为指导者提供令人印象深刻的智力模式，通过自然元素和原子方式，适时形成第二种本性。当我们思考时，判断的培养是对道德规律的一种积极掌握，因为推理仅能提供原则，良知仅能为动机提供证据；当我们思考应用和效果时，必须依赖于判断，我们生活中获得的很大一部分成功和舒适，取决于类似与相同

---

[1] 希多尼乌斯·阿波黎纳里斯（Sidonius Apollinaris），全名 Gaius Sollius Modestus Apollinaris Sidonius，430—489，古罗马末期的诗人、外交家、主教。

的区分，每个事物的特点与其他事物共有特点的区分，以选择最合适的判断，而不是只是可能或完全不适合的判断，我们应该学习积极评价和务实判断自然和社会已经为我们准备好的方式，以同样不被记住的过程并伴以同样不会忘记的结果，去教育年轻人学习说话和交流，引导他们高效和智慧地思考。在这些随笔的早期文字中，一个当代作者，特别是一个当代诗人，到底在青少年内心激起和描述了多少更加热烈的兴趣，多少更加积极的对现实和实践的感受，以及更加强烈的模仿冲动？我还要补充的是，出于极为重要目的去施加这种影响所需要的所有赞许，和针对同样完美和同样优秀的罕见人才而必须给予的所有赞许，完全由华兹华斯先生决定。但是，我并不否认，有些诗人的总体创作风格的确同样出色，如摩尔先生、拜伦勋爵、鲍尔斯先生，我们这位桂冠诗人的所有后期和更加重要的作品也同样出色。但是，就我的发现来看，任何人作品中的例外现象都没有华兹华斯的多。在此，绝对不适合给出具体引用或实例，必须由心存怀疑的批评家寻找，批驳以这种方式创作本首《不朽颂》的正确性。

　　华兹华斯先生作品的第二个代表性优点是，思想和情感中存在的对应的相互协调的稳重和明智——但是，这些并非源自书籍，而是源自诗人自己的深刻观察。它们新鲜生动，沾满露珠。至少他的女神缪斯张开双翼，在她掌管的领地上空高高翱翔时，的确如此。

　　使人们听见关于真理相关的其他音乐，
　　　为深刻的真理谱写曼妙的曲调，

那不是习得的,而是天然的音符![1]

——柯勒律治

即使在他的所有短诗中,也很少没有借助合理和创新思考增添价值的。参考第2卷第25页[2];或者他最粗陋作品中的下面两个段落:

读者啊!若是宁静的沉思
为你储备了清明的神智,
你就会懂得:每一件事情里
都含有一篇故事。[3]

和

---

1 据亚当·罗伯兹编辑,爱丁堡大学出版社2014年版《文学传记》第323页,脚注812中考证:引自柯勒律治《致威廉·华兹华斯》(*To William Wordsworth*, 1807),此中译文引自[英]柯勒律治著,袁宪军译《柯勒律治诗选》,福建教育出版社,2015年,第196页。
2 据亚当·罗伯兹编辑,爱丁堡大学出版社2014年版《文学传记》第323页,脚注813中考证:这首诗是华兹华斯的《占星师》(*Star Gazers*, 1807)。
3 据亚当·罗伯兹编辑,爱丁堡大学出版社2014年版《文学传记》第323页,脚注814中考证:引自华兹华斯《西蒙·李》(*Simon Lee*, 1798),此中译文引自[英]威廉·华兹华斯,杨德豫译《华兹华斯诗歌精选》,北岳文艺出版社,2000年,第227页。

我听说世人无情无义，
以冷漠回报善心；
然而，见别人满怀感激，
我又止不住酸辛。[1]

或者，更高一级的实例，请参考第 134 页的六首漂亮的四行诗：

我虽然衰老，它却还依旧；
更叫明智者难过的，
并不是岁月取走的一切，
而是它留下的东西。

画眉在枝繁叶茂的林间，
云雀在山岭的上方；
它们想鸣的时候就啼啭，
要静的时候就不唱。

他们对于大自然的态度，
是不做无谓的争斗；

---

[1] 据亚当·罗伯兹编辑，爱丁堡大学出版社 2014 年版《文学传记》第 323 页，脚注 815 中考证：引自华兹华斯《西蒙·李》（*Simon Lee,* 1798），此中译文引自 [英] 威廉·华兹华斯，杨德豫译《华兹华斯诗歌精选》，北岳文艺出版社，2000 年，第 228 页。

他们年轻时快活而幸福,
年老时美好又自由。

可我们却有着严刑峻法;
而即使已不再欢畅,
就凭我们那往时的欢洽,
脸上还常是喜洋洋。

如果,有人需要为他埋在
土里的亲属而伤心,
为他家中的亲人而悲痛——
他就是个快活的人。

朋友,我日子已经快过完,
对这一生,人们点头;
虽然也有许多人爱着我——
爱得够深的却没有。[1]

或者,第 2 卷第 202 页,描写波拿巴的十四行诗,最后(一卷

---

[1] 据亚当·罗伯兹编辑,爱丁堡大学出版社 2014 年版《文学传记》第 324 页,脚注 816 中考证:引自华兹华斯《泉水》(*The Fountain*, 1800),此中译文引自 [英] 威廉·华兹华斯著,黄杲炘译《华兹华斯抒情诗选》(插图修订本),陕西师范大学出版社,2016 年,第 101—102 页。

诗很难穷尽实例），第2卷第312页，描写凋谢白屈菜诗歌的最后一个诗节：

> 年轻时，造化对我们何等优渥！
> 老来又何等寒酸！这便是天命！
> 人啊，把明艳的青春恣意挥霍。
> 老了只配讨一点余沥残羹！[1]

鉴于这一点和上述的出色品质，华兹华斯先生与塞缪尔·丹尼尔（Samuel Daniel）极为相似，后者是伊丽莎白黄金时代的一位黄金作家，但是现在不知何故已被众人遗忘：塞缪尔·丹尼尔的措辞没有时间特征，没有时代区别，只要我们的语言存在，他的语言便并将永远具有鲜活的时代生命力，它的易于理解的程度远远超过我们这个时代那些昙花一现的流行风格。他的情感同样值得称道。无论研读多少次，他的情感永远鲜活生动。尽管他的措辞能够让每个读者充分理解，他的思想深度是任何时代诗人所难以匹敌的，因为任何时代的诗人很少有勇气或愿意使用朴素词汇。如果华兹华斯先生的所有作品不能像丹尼尔那样，确保所有一般文化水平的读者能够理解，那么其作品遭遇的困难便不再源于矿石中较多

---

[1] 据亚当·罗伯兹编辑，爱丁堡大学出版社2014年版《文学传记》第324页，脚注817中考证：选自华兹华斯《小白屈菜》（*The Small Celandine*, 1804），此中译文引自[英]威廉·华兹华斯，杨德豫译《华兹华斯诗歌精选》，北岳文艺出版社，2000年，第247—248页。

的杂质，而是源于其中所含金属的性质和用途。不能因为考虑到无法广泛流传，诗歌就要写得晦涩难懂。作品需要让目标读者感到明白易懂，而且

虽然和者盖寡，但请找一找知音。[1]

在《不朽颂》前，诗人可以增加但丁在自己一首抒情诗中的诗句——

哦，抒情诗，我想，可能很少有人，
正确理解你的含义；
你的艺术过于艰涩难懂！[2]

但是，这首颂歌仅针对那些习惯于观察自己内心情感波动，偶尔探索灰色意识地带，对内心深层活动方式深感兴趣的读者，对于这些内容，他们知道时空属性是不适用和不相容的，但是除了时空符号，又无法传达保存在时间和空间里的象征。对于这些读者，其

---

[1] 据亚当·罗伯兹编辑，爱丁堡大学出版社 2014 年版《文学传记》第 324 页，脚注 818 中考证：引自约翰·弥尔顿《失乐园》(*Paradise Lost*) 第 7 卷第 31 行。[英] 弥尔顿著，刘捷译《失乐园》，上海译文出版社，2018 年，第 267 页。
[2] 此处是但丁作品的意大利文原文和紧随其后的柯勒律治的英译。据亚当·罗伯兹编辑，爱丁堡大学出版社 2014 年版《文学传记》第 325 页，脚注 819 中考证：此处引用了但丁的作品《共体》(*Convivo*, 1305)。

中的含义足够清晰，他们也不可能像我一样认为，华兹华斯先生相信柏拉图以普通词汇描述的先存性观点——柏拉图本人曾经持有或传播过这种思想。

然而他的箭袋保存完好
利箭充足
如大量论据支持其道德操守
只有智者才能体会到它的神秘
窗台上的庸俗听起来刺耳和虚荣
只有在他厚重的胸中
大自然倾注了真正的天赋
对智慧的赞美的争论
不是那些高谈阔论的学问
也不像乌鸦和唧唧喳喳的小鸟，发出喧闹的叫声
你要追赶那天空飞翔的朱庇特之鸟[1]

第三（在此，他远远超过丹尼尔），单个诗行和段落呈现出非

---

[1] 此段引文原文为希腊文。据亚当·罗伯兹编辑，爱丁堡大学出版社 2014 年版《文学传记》第 328 页，脚注 821 中考证：引自品达的《奥林匹亚颂歌》第 2 首。译者据吉尔伯特·韦斯特（Gilbert West）1749 年的英译本译成中文。

凡力量和创造性:他表述中惯常的博学的快乐[1],对此我无需举例,且已在前一页有所体现。这一优点是华兹华斯诗歌的一个突出特点,即使对他进行极为猛烈攻击的评论家,也不得不承认和表示敬仰。

第四,他的诗歌意象和描述直接源于自然,完美体现了自然真相,说明他长期忠实奉行了如实描述所有自然景象的创作精神。就像一片绿色原野倒映在一方极为安详和清澈的湖水中一样,他描写的景象仅在景物的柔和性和光泽度方面与现实存在差异。就像鹅卵石上的水滴或光泽一样,创作天才既不能扭曲事物的外形,也不能歪曲事物的色彩;相反,这种创作将展现普通人无法察觉的更多纹理和色彩,将鹅卵石升华为珍宝,而普通旅行者走在尘土飞扬的道路上,常常将它们一脚踢开。

请允许我以行云流水式的完整描述来展示此例(第1卷第42—47页),特别是下面的诗句:

> 黑洞洞,冷飕飕,我们飞驰向前,
> 鼓噪喧呼,谁的嗓门也不弱;
> 只听得嘈音震耳,峭壁相应;
> 枯树,冰岩,鸣响着,铮铮似铁;
> 还有远方的山峦,以异样的音调
> 加入这合唱,听起来凄神寒骨;

---

[1] 画线部分原文为拉丁文。据亚当·罗伯兹编辑,爱丁堡大学出版社2014年版《文学传记》第326页,脚注822中考证:引自佩特洛尼乌斯(Petronius)在其作品《萨蒂利孔》(*Satyricon*)中描述贺拉斯的句子。

这时，东方的天宇星斗粲然，
而西方，橙红的晚霞已悄然隐没。[1]

或者，《绿山雀》，第 1 卷第 244 页。还有哪些词句比结尾的两个诗节更准确和更亲切呢？

微风里，榛树丛光影摇曳，
树丛间，瞧得见栖息的山雀，
它伫立枝头，满心喜悦，
仿佛还想要飞升；
你瞧！它已经拍动翅膀，
让斑斑阴影，闪闪阳光
洒在它头上，洒在它背上，
洒遍了它的周身！

它常常弄得我眼花缭乱，
错把它看成绿叶一片；
蓦地，它飞上农舍屋檐，
倾吐出滔滔歌曲；

---

[1] 据亚当·罗伯兹编辑，爱丁堡大学出版社 2014 年版《文学传记》第 326 页，脚注 823 中考证：引自华兹华斯《自然景物的影响》(*Influence on Natural Objects*, 创作于 1798，首发于 1809)，此中译文引自 [英] 威廉·华兹华斯，杨德豫译《华兹华斯诗歌精选》，北岳文艺出版社，2000 年，第 23 页。

树丛里，它曾把绿叶假冒；
这时，它畅快淋漓的曲调
又仿佛是对绿叶的嘲笑——
笑它像哑巴，不言语。
[1]

或者，第 284 页蓝帽子和寂静午夜的描述，第 299 页描写布谷鸟的诗。最后，虽然我还可以选出十倍的例证，但是我们来看这首完全符合华兹华斯风格的作品，开头是这样的：

她在阳光和风雨中成长了三年。[2]

等等。

第五：一种沉思感染力，一种深沉和微妙思想与敏感的结合；人与人的共鸣；真正的共鸣来自沉思者，而非共患难者或同伴（旁观者，而非参与者），这些并非沉思者的共鸣，在其看来，任何等级差异均不能掩盖相同的本质；任何风或天气的损伤，或劳作，甚至无知，都不能掩盖人们神圣的面容。在黑暗的线条下，造物主的号和像在他眼中仍然清晰可见，尽管罪恶或灾难试图利用这些线条将它们掩盖或者

---

1 选自华兹华斯《绿山雀》（*The Green Linnet*, 1807），此中译文引自[英]威廉·华兹华斯，杨德豫译《华兹华斯诗歌精选》，北岳文艺出版社，2000 年，第 79—80 页。
2 据亚当·罗伯兹编辑，爱丁堡大学出版社 2014 年版《文学传记》第 327 页，脚注 825 中考证：这里指的是华兹华斯诗歌《小猫与落叶》（*The Kitten and the Falling Leaves*, 1807）。

涂抹。在此,诗中的人和诗人各自迷失,又在对方身上发现了自己,一则以颂扬,一则以证实。在这个温和与具有哲学力的感染因素上,华兹华斯与我似乎不是同辈。他的个性决定了他的创作风格。参考第1卷第134—136页[1],或者第165—168页对诗歌创作影响最大的《玛格丽特的悲苦》,任何母亲,或者按照我的个人经验判断,任何父母阅读此文,无不潸然泪下。或者,我们回到前一版第174—178页那首以《疯妈妈》为题的真正的抒情诗,我必须引用其中的两个诗节,每个都有自己的感染力,前者是诗节两个结束行的顺利过渡,对混乱状态进行了出色表达,受难者的注意力突然被每个琐碎事件从渐强的敏感状态拉走,同时又被每一个专横的想法重新拉回,通过想象和情感的交融混合,清晰认识这种状态,被突然转移的奇怪目标与之不相容,而是变成一个同盟者和伙伴。

> 吃吧,吃吧,我的小家伙!
> 这能消我血中脑中的火;
> 我感觉到你的两片嘴唇,
> 它们把痛苦吸出我的心。
> 用你的小手啊捂我的胸膛,
> 它把我心中的郁闷化解;
> 我感觉到你的小小手掌,

---

[1] 据亚当·罗伯兹编辑,爱丁堡大学出版社2014年版《文学传记》第328页,脚注827中考证:这里指的是华兹华斯的诗歌《据说,有些人为爱而死》(*"Tis said, that some have died for love"*, 1800)。

捂着那紧得要命的死结。
我看见微风在树间吹来，
来吹得宝贝儿和我凉快。¹

"你爸爸不在乎我的胸膛，
乖乖，偎在这归你的地方；
这全归你！要是颜色变了——
我以前的皮肤多么出色——
宝贝，可现在对你还算白！
孩子呀，我的美一去不返，
可你会爱我，不同我分开，
即使我脸色黧黑也无关！
我还是这样的好，要不然，
我多么苍白会给你看见。"[2]

　　最后，最重要的是，我用这位诗人来挑战想象力的天赋，并且是在最高和最严格的意义上使用这个词。就我看来，在想象力方面，

1　引自华兹华斯《她眼神狂乱》(*Her Eyes Are Wild*, 1798)，此中译文引自［英］威廉·华兹华斯著，黄杲炘译《华兹华斯抒情诗选》（插图修订本），陕西师范大学出版社，2016年，第32页。
2　引自华兹华斯《她眼神狂乱》(*Her Eyes Are Wild*, 1798)，此中译文引自［英］威廉·华兹华斯著，黄杲炘译《华兹华斯抒情诗选》（插图修订本），陕西师范大学出版社，2016年，第33—34页。

华兹华斯并非始终优雅得体，有时甚至晦涩难懂。他的类比有时过于奇怪，或者需要非常特别的视角，或者似乎是预定研究的产物，而非自然的呈现。事实上，他的想象力很少表现为单纯和未经修饰的想象。但是，在想象力方面，在所有现代作家中，他又是最接近莎士比亚和弥尔顿的，内容并非借鉴他人，完全是他自己的想象。就语言使用来看（这当然也是一个实例和证明），他在描写所有思想和所有事物时，都使用了自己的语言。

——微光闪烁，
这种光线从未出现在大海或陆地上，
如同圣光，与诗人的梦想。[1]

我要选择几个实例，充分证明他的这种能力；但是，如果我有幸使读者能够完全理解我对想象力及其起源和特点的分析，他就几乎不会在阅读诗人作品中任何一页的诗歌时，而不或多或少地认识到这种能力的存在和影响。选自《紫杉树》诗，第1卷第303—304页。

但更值得注意的，
是波罗谷里那兄弟般的四棵，
它们聚成大片黑森森的树丛；

---

[1] 据亚当·罗伯兹编辑，爱丁堡大学出版社2014年版《文学传记》第329页，脚注830中考证: 引自华兹华斯《古典诗节: 来自皮尔城堡一幅画的暗示》(*Elegiac Stanzas, Suggested by a Picture of Peele Castle*,1807）。

多粗的树干！而每个树干都是
向上盘旋并且纠缠在一起的
纤维，缠得年深月久；它构成
种种离奇图像，样子叫亵渎者恐怖；
这是树干支起的大树荫，
荫下寸草不长的红棕色地上——
给长年的枯萎落叶染成这样——
像是为了欢庆，深褐色的树干
缀着人见了未必高兴的浆果，
中午时分，幽灵般的各种形象
可能在这个地方相会：恐惧和
颤抖的希望，寂静和预见，
死神的骷髅和时光之影，都在一起
做着礼拜；而那些树下就像是
天然神殿，块块散落的青苔石
便是庄严静穆的圣坛；要不就
全都在哪里静静地躺着休息，
倾听着山泉潺潺的声响发自
格拉勒马拉最最幽深的洞穴。[1]

---

[1] 引自华兹华斯诗歌《紫杉树》(*Yew-Trees*, 1815)，此中译文引自 [英] 威廉·华兹华斯著，黄杲炘译《华兹华斯抒情诗选》(插图修订本)，陕西师范大学出版社，2016年，第222页。

第 2 卷第 33 页《坚毅与自立》一诗中老人产生的影响：

老人就这样谈着；我听着他的话，
望着他佝偻的身影和这片荒野，
不由得感叹不已：仿佛看见他
无休无歇，把远近荒原踏遍，
孤零零四方飘泊，默默无言。[1]

或者十四行诗集锦中收录的第 8、9、19、26、31 和 33 首——第 210 页[2]描写征服瑞士的十四行诗，或者第 349—350 页最后一首颂诗，我从中特地选出了下面两个诗节或段落：

我们的诞生其实是入睡，是忘却：
与躯体同来的魂魄——生命的星辰

---

[1] 选自华兹华斯《坚毅与自立》（*Resolution and Independence*, 1807），此中译文引自 [英] 威廉·华兹华斯，杨德豫译《华兹华斯诗歌精选》，北岳文艺出版社，2000 年，第 117 页。

[2] 据亚当·罗伯兹编辑，爱丁堡大学出版社 2014 年版《文学传记》第 329 页，脚注 830 中考证：这里包含华兹华斯的以下诗篇：《土地》(*Where lies the land*, 1807)、《像龙一样的眼睛》(*Even as the dragon's eye*, 1815)、《致达登河》(*To the River Duddon*, 1807)、《在威斯敏斯特桥上》(*Composed Upon Westminster Bridge*, 1807)、《我想我看到了脚步》(*Methought I saw the footsteps*, 1807)、《这是一个美丽的晚上》(*It is a Beauteous Evening*, 1807)、《有两个声音》(*Two Voices are there*, 1807)。

原先在异域安歇,

此时从远方来临;

并未把前缘淡忘无余,

并非赤条条身无寸缕,

我们披祥云,来自上帝身边——

那本是我们的家园;

年幼时,天国的明辉闪耀在眼前;

当儿童渐渐成长,牢笼的阴影

便渐渐向他逼近,

然而那明辉,那流布明辉的光源,

他还能欣然望见;

少年时代,他每日由东向西,

也还能领悟造化的神奇,

幻异的光影依然

是他旅途的同伴;

及至他长大成人,明辉便泯灭,

消溶于暗淡流光,平凡日月。[1]

同一首颂歌的第352—354页。

---

[1] 据亚当·罗伯兹编辑,爱丁堡大学出版社2014年版《文学传记》第330页,脚注834中考证:引自华兹华斯《不朽颂》(*Ode:Intimations of Immorality,1807*),此中译文引自[英]威廉·华兹华斯,杨德豫译《华兹华斯诗歌精选》,北岳文艺出版社,2000年,第259-260页,该译本将诗歌标题翻译为《永生的信息》。

幸而往昔的余烬里
还有些火星留下，
性灵还不曾忘记
匆匆一现的昙花！
对往昔岁月的追思，在我的心底
唤起了历久不渝的赞美和谢意；
倒不是为了这些最该赞美的：
快乐和自由——孩子的天真信仰；
不论他是忙是闲，总想要腾飞的
新近在他心坎里形成的希望；
我歌唱、赞美、感谢，
并不是为了这些；
而是为了儿时对感官世界、
对世间万物寻根究底的盘诘；
为了失落的、消亡的一切；
为了在迷茫境域之间
漂泊不定的旅人的困惑犹疑；
为了崇高的天性——在它面前
俗骨凡胎似罪犯惊惶战栗；
为了早岁的情思，
为了幽渺的往事——
它们，不论怎样，

总是我们整个白昼的光源,

总是我们视野里主要的光焰;

有它们把我们扶持,把我们哺养,

我们喧嚣扰攘的岁月便显得

不过是永恒静穆之中的片刻;

醒了的真理再不会亡失:

不论冷漠或愚痴,

成人或童稚,

时间与快乐为敌的一切,

都休想把这些真理抹煞或磨灭!

因此,在天朗气清的季节里,

我们虽深居内地,

灵魂却远远望得见永生之海;

这海水把我们送来此间,

一会儿便可以登临彼岸,

看得见岸边孩子们游玩比赛,

听得见终古不息的海浪滚滚而来。[1]

  由于用一段引文得出结论是不合适的,虽然引文可能具有高度代表性,但是在思想和主题本质上,必须让有限数量的读者感到有

---

[1] 引自华兹华斯《不朽颂》(*Ode:Intimations of Immorality*, 1807),此中译文引自 [英] 威廉·华兹华斯,杨德豫译《华兹华斯诗歌精选》,北岳文艺出版社,2000年,第262—263页,该译本将诗歌标题翻译为《永生的信息》。

趣或者易于理解；我还需要引用诗人最后出版的一部作品，它同样具有典型的华兹华斯风格，充分展示了它的非凡优雅和出色的想象力，不过这可能是一家之言，一己感受。请看第5页的《理堡白鹿》：

> 教堂庭院挤满白鹿；——
> 转眼再看，它们全都离去；
> 它们围着门口，人们
> 坐在院长橡树的阴影下！
> 赞美诗序曲已经响起；——
> 大家共同庆祝，
> 整座教堂洋溢着快乐！
> 他们齐声歌唱礼拜乐曲，
> 共同感受太阳升起的炽热；
> 信仰和希望繁华鼎盛
> 在伟大的伊丽莎白黄金时代。
> 鼎沸的喧嚣暂时停顿
> 内外一切归于寂静；
> 牧师更加安静地
> 颂唱神圣的礼拜赞歌，
> 你能听到的唯一声音
> 是附近河流的细声呢喃。
> 那么柔和！——在暗淡的树木下，
> 穿过广袤的绿色原野，

再也看不到任何生命；

穿过那扇大门，却见

常春藤缠绕的拱门下，

是进入教堂庭院的入口——

恰穿过翠绿的草地，

通向上帝的住所；

温馨的光辉滑落，

平静而缓慢地滑落，

如梦般柔和而安静。

一只离群的母鹿！

洁白如六月百合，

美丽如银色月亮

当白云散尽

只剩她在踟躇！

或如祥和日子的一艘轮船

在阳光照耀下远航

一艘熠熠生辉的轮船

在海洋中畅游。[1]

和谐而深沉的变化

---

[1] 据亚当·罗伯兹编辑，爱丁堡大学出版社 2014 年版《文学传记》第 333 页，脚注 836 中考证：引自华兹华斯的长诗《理堡白鹿》(*The White Doe of Rylstone,* 1815)，第 1 卷第 31—68 行。

在她航行期间出现

失落和凄凉

始终在她身旁围绕!

在无垠的天空下

她一步两步徐徐向前,

明媚的阳光

让她通体明亮;

当她穿过

高高的拱门或墙壁,

一片阴影落下,

轻轻落在她的身上。[1]

我认为,下面的类比显得阴沉而古怪。但是,在阅读巴特拉姆《游记》[2]时,我禁不住改写了下列诗句,使其称为一种寓言,或者作为华兹华斯智慧和天才的相关明喻和暗语。——

---

[1] 据亚当·罗伯兹编辑,爱丁堡大学出版社 2014 年版《文学传记》第 333 页,脚注 836 中考证:引自华兹华斯的长诗《理堡白鹿》(*The White Doe of Rylstone*, 1815),第 1 卷第 81—92 行。

[2] 据亚当·罗伯兹编辑,爱丁堡大学出版社 2014 年版《文学传记》第 333 页,脚注 837 中考证:柯勒律治改写自威廉·巴特拉姆 (William Bartram, 1739—1823) 的著作《游记》(*Bartram's Travels*, 原名为 *Travels through North & South Carolina, East & West Florida, the Cherokee Country, the Extensive Territories of the Muscogulges, or Creek Confederacy, and the Country of the Chactaws, Containing an Account of the Soil and Natural Productions of Those Regions, Together with Observations on the Manners of the Indians*, 1791),他是一位美国博物学家。

土壤是一个深厚、丰富和阴暗的模型，埋在深深的粘土中；在岩石基础上，通常穿越两个地层，让它们的底面上升到地表之上。这里生长的树木主要是巨大的黑色橡树、洋玉兰、白蜡树、法国梧桐和一些挺拔的郁金香树。

华兹华斯先生将创作什么样的作品，不能由我预测，但是我可以非常自信地讨论他能够创作什么作品。那就是第一首真正的哲学诗。

我知道，前面的评论并不能消除那些视攻击和嘲笑华兹华斯先生的作品为己任的人们的偏见。

真相和谨慎可以视为同心圆。在讨论这些批评家时，诗人可能已经超越了后者，但是仍然深陷于前者，称他们过于急躁，不能容忍一名真正的诗人；过于虚弱，而无法与他辩论；——

他们是想象力瘫痪的人，他们的头脑中所有健康的行为都是无力的；因此，他们觉得自己是受多数人的指挥，或与多数人一道为所欲为，贪婪地追求恶毒的挑衅。[1]

不要指责华兹华斯先生太过愤怒地表达了自己的意思，除非把那些针对他的进行批评时的肆无忌惮的行为和有系统的、恶毒的、不依不饶的态度加以合理的考虑。我亲耳听到指挥这场缺乏男子气概的战争的总司令[2]夸耀他个人对华兹华斯天才的钦佩。我曾听他

---

[1] 据亚当·罗伯兹编辑，爱丁堡大学出版社 2014 年版《文学传记》第 334 页，脚注 838 中考证：引自华兹华斯《前言补论》（*Essay, Supplementary to the Preface,* 1815）

[2] 据亚当·罗伯兹编辑，爱丁堡大学出版社 2014 年版《文学传记》第 334 页，脚注 839 中考证：米柯勒律治指的是弗朗西斯·杰弗里（Francis Jeffrey）。

说过，无论谁走进他的房间，都可能发现桌上摊开的《抒情歌谣集》，而且（仅指华兹华斯先生自己写的那些歌谣）他几乎可以把它们全部背诵出来。但是，一篇书评要想成为一篇有销路的文章，就必须个性鲜明、文笔犀利和直指要害。从那时起，华兹华斯先生使自己，以及所有曾经或应该成为他的朋友的人，以及他的仰慕者，都成为批评家报复的对象，这是怎么做到的呢？他只是在谈到这项工作时使用应有的措辞而已。我听到一个穿着鹿皮靴子的牧师发誓说，他要骑着马欺骗自己的父亲。一种类似性质的道德体系似乎已经被太多的匿名批评者所采用。正如我们在学校常说的那样，在复习时，他们使人变成流氓。而抱怨的人却因为对游戏的无知而受到嘲笑。他们是尊贵的人，手中有笔。他们确实有权力（这是对那些试图揭露他们明显的歪曲和错误的陈述的受害方的权力，实力悬殊有如二十比一）把其观点写下来，并且（在作者的环境允许的情况下）使他们私下里一再承认其学识和天才的人变得贫穷。他们明知故犯地努力使这个人甚至不可能出版任何未来的作品而不让自己暴露在债务和尴尬的悲惨境地中。但这都是他们的天职，他们在天职中所做的事，"谁能指黑为白呢？"

这些都损害了华兹华斯的声誉。另外，尽管我希望批评家们表现出更多同情，但是我也无法坚信，对他的理论和缺陷表达不同意见时（大多数意见或多或少地都与他的理论有关，包括缘由或结论层面），我表现出的自由态度能够让诗人的所有仰慕者和支持者感到满意或快慰。与我相比，他们的敬仰可能更加毋庸置疑：达到了无以复加的深厚和诚挚水平。但是，除了说明理由不得不进行的介绍性表述外,我根本没有提出表扬或批评意见。首先,我完全相信,这种批评不仅是必要的,如果是高质量论述的话,还能大幅提升华兹华斯先生的声望。他的声望属于另一个时代,既不能提前,也不能推后。我曾多次指出,他的缺点与成就相比,犹如萤火之光之于日月;而且没有一项缺点源自诗人才能的欠缺。如果这些缺点更多、更为严重,作为他在当代文坛的一个朋友,我将仍然以积极目的,对这些缺点进行分析展示;只要它消除了华兹华斯先生那种转向简单诗风的奇怪错误就好,这种错误虽有些许道理,却已被广泛而积极地传播开来!听到他的敌人批驳他风格、主题和构思粗俗,我的愤怒远远赶不上那些对他痴迷的崇拜者为他涂脂抹粉给我带来的厌恶感,对这些人来说,他毫无疑问是一位"甜美淳朴的诗人"!他是那样纯真,小查尔斯(Charles)先生及其妹妹对他极度痴迷,他们在"古迪·布雷克(Goody Blake)"或"强尼(Johnny)和贝蒂·福伊(Betty Foy)"的家里愉快地玩耍起来。

如果伴随着这部传记出版的我自己的诗集也能有重要地位(不过我还不至于自负到这样认为),以至于获得这种对待的话:那么我怎样对待别人,别人也会怎样对待我。[1]

《女巫之叶》诗集已问世十八个月,当前这部书也已经准备出版。但是,在我以与近年环境相适应的口吻讲话前,我很愿意向读者介绍我刚刚步入文坛时的心情:

---

[1] 据亚当·罗伯兹编辑,爱丁堡大学出版社 2014 年版《文学传记》第 336 页,脚注 841 中考证:这句话是柯勒律治改写自《圣经·马太福音》第 7 章第 12 节中的:"你们愿意人怎样待你们,你们也要怎样待人。"

当希望如藤蔓般在我身边缠绕,

本不属于我的果实和枝叶也如我所有! [1]

为此,我选取了几封我从德国寄出的家信,它们可能是最为有趣的,也可能最适合本书标题。

萨蒂兰(SATYRANE)的信件 [2]
信件一

1798年9月16日,星期日早晨,汉堡游船从雅茅斯出发;这是我有生以来第一次,看着祖国离我越来越远。它消失在我的视野的那一刻,所有长老会、教堂、非国教教堂、礼拜堂都离我而去。此刻,我的大部分同胞正在参加礼拜活动,我想说,为了我的国家,没有谁比我更虔诚地向上天祈祷了。"现在,"(我对身旁的一位先生说),"我们离开祖国了。""没有,还没有!"他指着大海回答道,"这里也是英国领土。"他的话让我为之一振,我站起身,向四周同船游客望去——此刻,大家都在甲板上。我们共有十八个

---

1 据亚当·罗伯兹编辑,爱丁堡大学出版社2014年版《文学传记》第336页,脚注842中考证:引自柯勒律治诗歌《沮丧颂》(*Dejection:An Ode*,1802)。
2 据亚当·罗伯兹编辑,爱丁堡大学出版社2014年版《文学传记》第337页,脚注843中考证,这三封"萨蒂兰信件"(Satyrane's Letters)最早发表于柯勒律治自办的刊物《朋友》(*The Friend*)上,依次发表于第14期(1809年11月23日)、第16期(1809年12月7日)和第18期(1809年12月21日)。柯勒律治最初是在1798—1799年的德国之旅中写给妻子和朋友托马斯·普尔(Thomas Poole)的。他在《朋友》1809年11月号的一篇文章中解释说,"萨蒂兰"这个名字取自斯宾塞的《仙后》(*Faerie Queene*)。

人，分别是五个英国男人、一个英国女士、一个法国男士和他的仆人、一个汉诺威人和他的仆人、一个普鲁士人、一个瑞典人、两个丹麦人、一个黑白混血男孩、一个德国裁缝和他的妻子（我见过的个子最小的一对夫妻）和一个犹太人。我们都站在甲板上，但是，随后我发现有人露出了沮丧的神情。那位女士略显慌乱地返回船舱，我周围的人也面色发青，神情忧伤。不到一个小时，甲板上的人就只剩一半了。我感到眩晕，但是并不恶心。不过，眩晕很快就过去了，只是感觉有点儿热，想吃东西。我想，这很有可能是因舱底水发出的臭气所致，所以即便离开船舱，也不会有所缓解。但是，我状态很好，可以继续与那些身强力壮的游客交流。其中一个游客看上去有些不合群，估计是莫墨斯（Momus）[1]发现了一种窥探人内心的简便方法，而无需在胸口开一面小窗子。他只需乘邮轮在海上旅行一番。

我倾向于相信，在促使人们彼此开诚布公方面，邮轮比驿站马车要有效得多。后者一成不变的姿势容易令人昏昏欲睡，同路人分离时间的确定性，也会让每个人更多地思考即将拜访的对象，而不是关心同行之人。但是，在海上旅行时，你会生出更多好奇，仅从这一点看，同行者的愉快或愁苦心情会对你产生更大影响，因为你

---

[1] 据亚当·罗伯兹编辑，爱丁堡大学出版社2014年版《文学传记》第337页，脚注846中考证：莫墨斯（Momus）是希腊一位神的名字，他是希腊神话中讽刺和嘲弄的化身，来自《伊索寓言》（Aesop's Fables）。他的名字在希腊语中具有小丑、嘲笑的意味，他没有专门的司职，过着悠闲生活，同时观察其他诸神的言行，一旦发现他们做错了什么，或者玩忽职守，他就谴责和嘲笑他们。文艺复兴时期，有几部文学作品把他作为批判暴政的喉舌，后来也有一些作品把他作为当代社会的批评家。在舞台上，他最终成了一个无害的笑柄。

可能无法确定必须与他相伴多久。此外，如果你与同伴来自同一个国家，便会形成一种特别的手足之情。如果大家来自不同国家，就会产生新的交流愿望，会询问更多问题，进行更多交流。我发现，我对丹麦人产生了非比寻常的兴趣。我爬入甲板上的小艇，睡起觉来。但是，下午三点左右，一个丹麦人把我叫醒。他告诉我，他们四处找了我很长时间，坚持要我和他们一起喝酒闲聊。他的英语非常流利，我完全没有发现任何错误，甚至滑稽之处。我走过去，发现摆着一些上等美酒，还有葡萄和菠萝甜点。这些丹麦人称我为"迪乐吉（Teology）"博士，着装和我一样，一袭黑，穿着大号鞋子和黑色的绒线袜子。看来，我应该很容易完成一次循道宗传道活动。但是，我没有接受那个头衔。那么，你是干什么的？大富翁？不是！——商人？不是！——公司的旅行职员？不是！——文员？不是！——或许，哲学家？在我一生中，在所有可能的职业名称和角色中，这是我对"哲学家"的称呼感到最讨厌的时刻。但是，我已经厌倦了他们的追问，我宁愿什么都不是，最多只能承认一个男人的抽象身份。于是，我向他们鞠了一躬，甚至对他们暗含耻笑的"哲学家"身份鞠了一躬。——但是，丹麦人告诉我，在场的所有人都是哲学家。当然，我们不属于斯多葛派。我们饮酒、交谈和歌唱，然后一起谈话和歌唱；随后，我们起身，在甲板上舞蹈。如果用一个词汇表达的话，从最易于理解和最恰当的角度而言，我们跳的是里尔舞。躺在下面船舱中正在饱受晕船痛苦的那些旅客，肯定感觉我们的纵酒狂欢

旋律

极为刺耳,与他们的痛苦感受格格不入。[1]

当时,我是这样想的(通过我刚刚获得的哲学家身份思考);我还想,我们的大多数美德都与死亡恐惧密切联系,但是对于没有危险的痛苦,我们却很少给予同情。

两位丹麦人是兄弟。其中一个,长有白皙的皮肤、白色的头发、白色的眉毛,看上去傻乎乎的。他说的每一句话都很愚蠢,与他的长相可谓完全相符。另外一个,为了突出他的身份,我称他为"丹麦人(THE DANE)"[2]。他也拥有白色的头发,但是身材比他兄弟矮了许多,四肢修长,脸庞极为消瘦,脸上还有一些麻子。此人让我相信了一句老话的道理——我们小说和滑稽戏中原本真实的许多画像,仅仅因为离谱的漫画或虚构效果便遭到人们轻率的批评。我重新返回小艇——他随后跟来,坐在我身边,看上去好像非常清醒。我们以最庄重的方式开始了交谈,为了满足他自己的虚荣心,他开始非常肉麻地恭维我。相比之下,老派喜剧中的寄生虫要温和多了。他的语言和强调方式极为特别,于是我有生以来第一次,决定要记住对话内容。下面是谈话内容,虽然内容有所删减,但是在

---

1 据亚当·罗伯兹编辑,爱丁堡大学出版社 2014 年版《文学传记》第 339 页,脚注 847 中考证:引自弥尔顿《力士参孙》(*Samson Agonistes*, 1671)第 661—662 行。
2 据亚当·罗伯兹编辑,爱丁堡大学出版社 2014 年版《文学传记》第 339 页,脚注 848 中指出:这里的"丹麦人"是哈姆雷特的戏称。

所有的方面，准确性已经达到了我记忆的最佳水平。

丹麦人：什么想象！什么语言！什么庞大的科学！什么眼睛！什么乳白色的前额！噢，我的天！为什么你是一个圣人！

回答：您太恭维我了，先生。

丹麦人：噢，我！你认为我在恭维你！——不，不，不！我每年一万——是的，每年一万——是的，每年一万英镑！喏——那算什么？小意思啦！即使给我十倍的钱，我也不会出卖自己真诚的心灵。是的，您是一个圣人！我只是一个普通人！但是，我亲爱的朋友！想想我，一个普通人！是否，是否——我想问你，我亲爱的朋友，我是否讲话不太流利？我的英文是不是不太出色？

回答：非常出色！相信我，先生！英国人讲母语我也很少听到讲得这样流利的。

丹麦人：（拼命地握着我的手）我亲爱的朋友！英雄所见略同啊！但是，告诉我，一定要告诉我——我现在和刚才讲的是否有毛病？我讲的没有毛病吧？

回答：哦，先生！如果让优秀的英语语言批评家来评论，您在应该使用"am"的地方，可能偶尔使用了"is"。在我们最标准的交流中，我们一般说"I am"，而不是"I is"或"I'se"。对不起，先生！这不过是一个小瑕疵。

丹麦人：噢！——is, is, am, am, am。是的，是的——我知道，我知道。

回答：我们通常说，I am, thou art, he is, we are, ye are, they are。

丹麦人：是的，是的。——我知道，我知道——Am, am, am 是现在时，is 是完成时——是的，是的——are 是完成时。

回答：先生，art 是——？

丹麦人：我亲爱的朋友！它是过去完成时，不，不——大错特错；are 是过去完成式——art 是过去完成时——（然后，摇晃着我的手，用他那小而明亮的淡褐色眼睛盯着我，眼里全是虚荣和醉意）——你看，我亲爱的朋友，我也有一些"学识"[1]吧？

回答：先生，您是说"学识"吗？谁会怀疑呢？听您讲话和看您一眼的人，有谁忽略这一点呢？

丹麦人：我亲爱的朋友！——（然后，他露出一种自以为谦卑的神情，语气似乎在推理），我不能这样谈论未完成时、将来时和过去完成时的使用，而且，亲爱的朋友，没有学识是不能谈论的吧？

回答：先生！像您这样的绅士，如果没有渊博的知识，是不可能谈论文化问题的。

丹麦人：讲究语法的希腊语，我的朋友；哈哈！（他笑着，摇动着我的手，然后，突然又变得非常严肃）现在，我想告诉你，我亲爱的朋友！在我看来，整部丹麦历史都没有记载其他人的事例。主教曾经向我询问过拉丁语法中的所有宗教问题。

回答：先生，您是说语法？我想，是语言吧——

---

[1] "学识"原文是"lehrning"，柯勒律治以这个"learning"的错误拼写来说明"丹麦人"低劣的英语水平。类似这一情况，在这一长段对话中，柯勒律治写到"丹麦人"说的话时便出现多处滑稽的拼写错误，生动描述了他如何发音不准和语法混乱的情形，以此来呈现他的不学无术和自吹自擂的人物形象。此类故意为之的拼写错误以下不再一一标出。

丹麦人：（感到有点儿不快）语法是语言，语言就是语法——

回答：非常抱歉！

丹麦人：当时我只有十四岁——

回答：只有十四岁？

丹麦人：的确。我当时只有十四岁——他向我询问了所有关于宗教和哲学的问题，以及所有关于拉丁语言的问题——我回答了每个问题，我亲爱的朋友！全部用拉丁语回答的。

回答：天才！绝对的天才！

丹麦人：不，不，不！他是主教，一个伟大的教长。

回答：是的，主教。

丹麦人：主教——并非普通的传教士，不是一个传教者。

回答：我亲爱的先生！我们互相误解对方了。我说，您小小年龄能够以拉丁语回答问题，真是天才。我的意思是说，您当时表现得非常棒，这不是经常发生的。

丹麦人：经常发生！整部丹麦历史都没有记录这样一个事例。

回答：从那以后呢，先生？——

丹麦人：我被派往西印度群岛——我们的岛屿，在那里，我没有书读。不！不！我将自己的才能用到了其他方面——我一年赚了一万英镑。是不是非常厉害，我亲爱的朋友？——但是，钱有什么用？——我想，我和最贫穷的人一般无二。是的，我亲爱的朋友，我的那笔小财能够让我慷慨的内心得到满足，因为我能做好事——没有人能够用这么少的钱做同样多的慈善之事——没有人——任何男人、女人都无法否认这一事实。但是，我们都是上帝的孩子。

此时，那位汉诺威人打断了他。然后，另外一位丹麦人、瑞典人、普鲁士人走了过来，还有一位年轻的英国人，他讲一口流利的德语，向我讲了好多关于这个普鲁士人的笑话。这个普鲁士人是一位旅行商人，六十多岁，身体健朗、高大、强壮、矮胖，擅讲故事，爱用手势，笑料很多，内心和外表都像一个江湖骗子，他会让你哈哈大笑，同时把你的钱包偷走。在他的所有滑稽表情和滑稽动作中，有一个表情始终没有受到大家关注，那就是他那张真实的脸庞，而其他人的脸上都戴着面具。那个汉诺威人是一个脸色苍白、肥胖和臃肿的年轻人，他父亲是一名军火商，在伦敦发了大财。他似乎在刻意模仿英国纨绔子弟的做派。他是一个性格和善的小伙子，并非不谙世事或者不懂文学，但是一个十足的花花公子。他有参加下议院会议的习惯。他告诉我，他曾在一次辩论演讲中收到了热烈掌声。为此，他获得了很高声望；他精通沃克（Walker）发音词典[1]，不过他的重音特点使我禁不住想起了《蓝登传》[2]中的那个苏格兰人，他以教授英语发音为业，始终尊重我的判断，无论我的单词发音是否地道，或者是否"真正优雅"。当他讲话时，虽然可能仅是五六句话，他也总会站起身：对此，我想可能没有其他原因，他只是严格遵守英

---

[1] 据亚当·罗伯兹编辑，爱丁堡大学出版社 2014 年版《文学传记》第 342 页，脚注 849 中考证：此处指的是约翰·沃克（John Walker）编纂的《能立即回答押韵、拼写和发音的问题的英语词典》（*Dictionary of the English Language, Answering at Once the purpose of Rhyming,Spelling and Pronouncing*,1775）。
[2] 这里指托比亚斯·斯摩莱特 (Tobias Smollett，1721—1771)，苏格兰小说家。著有《蓝登传》（*The Adventures of Roderick Random*，1748）。

国立法者演讲过程中经常说的那句话，"在我站着演讲时"。那位瑞典人，稍后我还会揭示更多信息，这里，我姑且称他为"贵族"。他五官立体，面部好像得了坏血病，肤色也是这种症状，就像烧红的火钳慢慢冷却一样。他似乎要仰仗那个丹麦人，但是，在知识和理性方面是这群人中最突出的。事实上，他的举止和谈吐都表明，他饱经世故，是一位绅士。那个犹太人在船舱；法国绅士身体不适，躺在甲板上，我发现，除了对仆人的悉心照料有所反应外，他对周围一切都漠不关心。这位仆人也有疾在身，他不断跑到船边，但眼睛始终关注着自己的主人。不久，他又会返回主人身边坐下，时而支撑着主人的头，时而擦拭着他的前额，并始终以最温和的语调和他说话。船舱里，那个小个子德国裁缝正在和他的小个子妻子进行着一场非常滑稽的争吵。他预订了两张床，一张自己用，另外一张由他妻子使用。这让那位小个子妇人感到非常生气，她执拗地要求两人共用一张床，并以极为哀怨的声音向大副保证，她是裁缝的合法妻子。大副和船舱服务生决定声援这位小个子妇人，他们以幽默口吻批评小个子男人不懂得体贴，并将他调至晕船妻子所在的船舱。这场争吵让我产生了兴趣，因为它给了我一张床，否则我就不该有这张床了。

晚上七点，海浪变大，船体更剧烈地摇晃起来，丹麦人将吃下去的东西吐出许多，但是他还会接着吃。他最喜欢的饮品是白糖和白兰地的混合物，即，在极少的温水中加入大量白兰地、白糖、肉豆蔻粉，他的仆人是一个黑眼睛的穆拉托男士，长有一张和善的圆脸，肤色与核桃仁完全一样。丹麦人和我在游轮的小艇中重新面对面坐下。我们的对话现在已经变成了一场演讲,完全超出了我的见闻。他告诉我,他在圣克鲁斯岛赚了一大笔钱,现在要回丹麦去享受生活。他向我详细讲述了他的生活规划,以及他准备从事的事业,直到白兰地满足了他的虚荣,他的虚荣和喋喋不休也让白兰地充分发挥了作用。他就像疯癫之人一般讲话——邀请我与他一起前往丹麦——这样,我将见证他对政府的非凡影响,他将把我介绍给国王等等。他继续大声地讲述着自己的梦想,然后以极为动情的方式开始谈论一般政治话题。他就像一个通讯协会的成员那样就人权问题慷慨陈词(其实并不关心)。他告诉我,尽管他很富有,但是他认为最贫穷的人与他是平等的。"所有人都是平等的,我亲爱的朋友!众生平等!我们都是上帝的子民。最贫穷之人与我享有同样的权利。杰克!杰克!再来点儿白糖和白兰地。那个小伙子走过来!他是一个穆拉托人,但是他和我是平等的。好了,杰克!(他接过白糖和白兰地)给您,先生!和这位先生握握手!和我握握手,你这条狗!好了,好了!——我们都是平等的,我亲爱的朋友!我说话是不是像苏格拉底、柏拉图和卡托(Cato)——他们都是哲学家,我亲爱的哲学家!他们都是伟人!——虽然荷马和维吉尔也是伟人,但是,他们是诗人。是的,是的!我对此非常了解!——但是,还有谁比我更了解呢?我们都是平等的,我们都是上帝的子民。我一年挣一万镑,但是我和最底层之人同样平等。我并不骄傲,但是,我亲爱的朋友!我能这样说和做!而且,也这样做了。[1]哈!哈!哈!

---

[1] 据亚当·罗伯兹编辑,爱丁堡大学出版社 2014 年版《文学传记》第 344 页,脚注 851 中考证:这句改编自《圣经·马太福音》第 8 章第 9 节。

我亲爱的朋友!看那位绅士(他指着贵族),他是一个瑞典男爵——你会看到他的。喂!(他向瑞典人喊)请从船舱给我拿一瓶酒。瑞典人。——喂,杰克!去船舱给你的主人拿一瓶酒。丹麦人。不!不!不!你现在去——你去,你现在去!瑞典人。呸!——丹麦人。现在去!去,我请你去!"瑞典人向船舱走去!!然后,丹麦人开始大谈宗教,并将我误当成欧洲大陆所谓的哲学家。他滔滔不绝地谈论上帝,就像浮躁粗鲁的托马斯·潘恩(Thomas Paine)在其《理性时代》中的夸夸其谈一样,并悄悄对着我的耳朵,咒骂耶稣基督的事情都是十足的谎言。我敢说,没有人比我更有理由挖苦他们。让我感到懊恼的是,如果这只是法国人的一项罪恶,我会很乐意避免谈论这一话题,因为我们的语言非常诚实,缺乏这方面的表达。但是,在这件事中,诱惑过于强烈,而且我认为这是对我的一种冒犯。伯利克里(Pericles)曾要求那些希望他谈论生死话题的亲密朋友,发誓(以模棱两可的誓言)保证他的安全:帮助我的朋友也敬拜上帝是我的职责[1]。友谊必须将她最后和最大胆的步伐放在祭坛的这一边。伯利克里不会挽救朋友的生命,你也可以相信,在一个愚蠢酒鬼的虚荣心充分膨胀,就像巧克力从罐子里溢出以前,我是不会对它摇动搅拌的。我一脸严肃,告诉他我是一个基督徒,以万钧之力彻底击垮了他的虚荣心。他返回自己的船舱,我则裹紧自己的大

---

[1] 画线部分原文为拉丁文。据亚当·罗伯兹编辑,爱丁堡大学出版社2014年版《文学传记》第344页,脚注853中考证:该句引自格留思(Aulus Gellius, 125—180以后)的《阿提卡夜话》(*Noctes Atticae*),格留思是古罗马作家、语法学家。

衣，静静地望着海水。一团美丽的白色泡沫，不断咆哮着冲击船舷，从中迸发出无数细小的水星，迅速地飞舞闪烁：这种白云般的细小泡沫从船舷迸发出去，每一条水线都在海面上形成细小的星团，就像鞑靼的军队风驰电掣般冲过原野。

天气寒冷，但是船舱的恶臭让我难以忍受，所以我更愿意裹着大衣（一个漂亮的厚重高帽毛毯——我将边角翻过来，做成了一个不错的睡帽）留在甲板上。我盯着夜空中两三颗明亮的星星，看着它们在船帆的运动下震颤，进入了梦乡。但是，星期一凌晨一点，一阵雨将我唤醒了。我不得不走进船舱，在那里美美地睡了一觉，早餐时醒来，而且胃口很好。在所有感官中，我鼻孔对环境的适应能力最强，此时已经能够接受，或者说，已经感觉不到恶臭了。

9月17日，星期一，我和瑞典人进行了一番长谈。他非常鄙视那个态度极为尖酸刻薄的丹麦人，他称其为蠢货和掉进钱眼儿的疯子。但是，他承认这个丹麦人的确很富有。最初，这个丹麦人从事律师一职赚了一笔，后来作为农场主又赚了不少。从丹麦人和瑞典人口中我了解到，这个瑞典人的确是一位贵族，他挥霍了自己为数不多的钱财，并把地产转让给了这个丹麦人，所以他现在只能依靠后者。他似乎对丹麦人的傲慢无礼毫不介意。他对那位英国女士非常体贴和关心，对方却非常惶恐，他非常温柔和细心地为对方做了许多小事，这证明他的确拥有一颗善良的心。他的谈吐举止不仅令人欣慰，还十分有趣。我难以理解的是，他为什么对丹麦人固执的思想无动于衷。现在，丹麦人已经彻底清醒，他又满血复活了。晚饭后，当他再次豪饮后，每隔一刻钟甚至更短时间，他就会向瑞典人喊一声，"喂！贵族，去——做这个！贵族！——给这位绅士讲一个故事，等等；"即使他对神圣平等权利的胡乱表述和极度混乱的英语语法未能让他显得极为荒唐可笑的话，他的上述无礼行为也无疑让人感到恶心和厌恶。

四点钟，我看到一只野鸭正在游泳，那是一只孤独的野鸭。在四顾苍茫的海洋中，看到这一幕，实在有趣。过去，我一直认为海洋给人一种浩瀚无垠的感觉，但是，当陆地从我的视线消失，看到地平线如此狭窄和迫近，我感到极度失望。匮乏的言语很少能清晰准确地表述景色的美感。傍晚，由于陆地近在咫尺，船帆被拉低了一些，以免邮轮与陆地相撞。星期二凌晨四点，一阵"陆地！陆地！"的欢呼声将我惊醒。那是一块丑陋的岛礁，在我们左侧有一段距离。岛礁名叫圣地，从雅茅斯到汉堡的许多游客都知道。如遇暴风雨天气，游客不得不在此躲避数周，被居住于此的恶棍敲诈得身无分文。至少，水手是这样告诉我的。——大概九点钟，我们看到了圣地的概貌。圣地静静地漂浮于水面之上，低矮、平坦、荒凉，给人一种摇摇欲坠的感觉。上面有灯塔和界标，好像为这座荒凉的岛屿赋予了性格和语言。我们驶进易北河河口，途经诺伊韦尔克岛，但是我们仍然只能看到右侧河岸。在这里，我看到了一座教堂。感谢上帝，让我平安抵达。但是，我仍然想念英国的一切。当天上午十一点，我们抵达库克斯港，邮轮抛锚。甲板上的小艇被放下，载着汉诺威人和其他几名游客上岸。船长同意，剩余乘客每人再交十畿尼[1]，

---

[1] 畿尼，一种英国的旧的货币单位，1畿尼等于21先令。过去的换算方法：1畿尼=1.05英镑=21先令。

将我们送到汉堡。丹麦人出了一大部分票款,所以剩余乘客每人仅出了半畿尼。于是,我们重新起锚,沿河缓缓而上。在库克斯港,天气晴朗时,河的两岸都清晰可见。现在,我们只能看到右侧河岸。我们在沿途看到了许多英国商人,为了等到合适风向,他们已经等了很多周。不久,两侧河岸清晰地展现在我们眼前。河岸十分平坦,说明当初建造河堤的劳工非常注重平整度。在左岸,我看到远方有一两座教堂;在右岸,沿途是教堂尖塔与风车和木屋、风车和单座房屋、风车和风车、整洁的单座房屋以及教堂尖塔。这些是我们相继看到的建筑。两岸绿化程度很高,种植的树木都相当漂亮。离开库克斯港35英里后,夜幕降临。由于在易北河航行危险程度很高,我们抛锚休息。

我想,我最亲爱的朋友,你正在哪里欣赏这轮明月?我欣赏的是悬挂在易北河左岸上空的明月。紧挨月亮上方,有一大片墨黑的云团,天空中央横亘着一条很细的丝带,它狭窄、纤细、黑暗,犹如一条黑纱。月亮投下的长长的抖动的光柱平铺在水面上,一直延伸至船尾,闪烁着幽暗模糊的光。我们看到从右侧河岸射过来两三条光线,可能是住宅的灯光。这条宽阔大河的两岸上生活着无数的男人、女人和孩子,生长着众多鸟类和牧群,它的静谧与荒凉孤寂和海洋永不止息的喧嚣、咆哮和沸腾形成了鲜明的对比。下面的乘客都已上床休息,刚刚离开这一环境后,我对它的静谧产生了愈发深厚的兴趣。整个晚上,普鲁士人使出浑身解数,征服了丹麦人,后者同意他加入自己的智囊团。这位年轻的英国人继续向我讲述普鲁士人的笑话。这些笑话无一例外地都极为粗鄙不堪,但是有些充满了智慧，他亲身经历的几个小故事都可圈可点，反映了事件发生国家的风土人情。

星期三，凌晨五点，我们再次起锚。但是，由于浓雾弥漫，船长担心一天都不会消散，我们不得不重新抛锚。大约九点，天气放晴，邮轮沿着一座非常美丽的岛屿缓慢航行。此地距离库克斯港大约40英里，但是始终没什么风。这座沙洲或岛屿长约一英里半，楔形，树木茂密，夹杂着绿油油的湿地，其间的整齐农舍更是平添了几分情趣。它适于休养，但不偏僻——它能够吸引你的朋友前来，又能避免人们出于单纯游玩目的的唐突来访。易北河两岸变得愈发漂亮，丰美的草甸和翠绿的树木如一道矮墙，排列在河道边缘。河岸以外，是一幢幢干净整齐的房屋（特别是右岸），高耸的教堂尖塔点缀其间，白色、黑色、红色，姿态各异。平原国家的人们凭着本能去建造尖塔风格的教堂，由于不能参照其他物品，只能像一根静默的手指，指向天空和星星，当它们反射雨后夕阳黄铜般的强烈光芒时，就像一座向天空燃烧的金字塔形火焰。我记得有一次，仅有一次，我在一个多山国家的狭窄山谷中看到过一座尖塔。那种效果不仅平庸可笑，甚至使我想到了毁灭者的形象。它矗立在一座高山的山脚下，相比高山，它显得那样渺小，离天空和云彩是那样遥不可及。在距离库克斯港46英里和距离汉堡16英里的地方，河的左岸是丹麦村庄韦德尔，黑色的教堂尖塔是它的标志，旁边是景色粗犷和充满田园风格的舒劳村。在此，左右两岸一片碧绿，河堤与河面平齐，犹如一条公园运河，怡人心魄。树木和房屋同样低矮，有时树木高于矮屋，有时矮屋又高于树木。但是，在舒劳村，左岸升高四五十英尺，俯瞰着河面，陡峭的砂石河岸上点缀着一簇簇绿草。易北河河面漂浮着众多渔船，一群群海鸥在渔船四周飞舞，喧嚣着与渔民为伴。然后，我们抵达了布兰克尼斯。这是一个非常奇妙的小村庄，内有树木数棵，由三座小山的三部分组成。

每座小山都俯视着河面，河滩是裸露的砂石，船只通过桅杆成群结队地停靠在岸边，形成一种奇妙的和谐美感。每座小山间都有一条长满树木的绿色小溪，一个比一个深。简而言之，这是一座由独立房屋组成的较大村庄，每个房屋都在其独立的小树林或果园中心，每个房屋都有自己独立的小径，所以，村庄布满了迷宫般的道路，或者说，村庄更像一个由房屋构成的社区！这里的居民都是渔民和造船工人，易北河航运业繁荣，所以布兰克尼斯船只十分抢手。在此，我们第一次看到了汉堡的教堂尖塔。从这里一直到阿尔托纳，易北河左岸风景极佳，被视为这座繁忙城市的近郊——由于风景优美，甚至可以说秀丽，市民经常光顾此地，一享城镇的休闲乐趣。高耸的绿色河岸上到处是避暑建筑和中式工艺品店铺；农舍四壁没有抹灰，上面涂满花花绿绿的图案；树木大多经过修剪整形，让人更多地想到修剪者巧夺天工的技艺和智慧，而非大自然的造物之能。但是，这些只不过是城镇和乡村的维系链条，远非雅致品味和生活情趣，生活习惯已经让人们忘却了这些。每逢星期六和星期日，你会看到许多吸着烟斗的汉堡男士，以及在紫衫凉亭中享受美食的女士和儿童，这是这个城镇特有的自然美景。星期三，四点，我们离开邮轮，乘坐小船艰难地穿过一大片货轮——货轮实在太多，好像从阿尔托纳上游一直堵塞至宽阔的易北河面。最后，我们终于在汉堡的繁荣之家[1]登岸。

信件二
致一位女士

拉策堡

<u>亲爱的朋友</u>，

虽然我来到德国还不足六个星期，但是我感觉这里对我非常亲切自然！——就像我的邻居一位法院书记员（或公共秘书）讲英语一样非常流利。每天，我们至少见面六七次，每次他总会说——"亲爱的英国朋友，你的眼泪没了，瞧瞧！"——无疑，这是他极为慷慨的证明，这是他能讲的全部英语。但是，我并不想炫耀自己的语言天赋：我希望利用一门语言给你带来愉悦，我决心，通过学习新语言，获得更多启迪，在我们的冬季阅读时，给你和你的妹妹带来新的快乐。我想，还有什么比指出这种语言对女士的殷勤善意效果更好呢？我认为，英语后缀 ess 要么源于拉丁语，如 actress, directress 等，要么源于法语，如 mistress, duchess 等。但是，德语，in 这个词能够帮助我们在每一个可能的生命关系中指定性别。因此，在德语中，Amtmann（区域行政官）的夫人称为 Frau Amtmanin——这位区域行政官的妻子（顺便说一下，她是我迄今在德国见到的最漂亮的女人）是 die allerliebste

---

1 据亚当·罗伯兹编辑，爱丁堡大学出版社 2014 年版《文学传记》第 349 页，脚注 855 中考证："繁荣之家"（Boom House）是指收费站或海关大楼。

Frau Amptschreiberin——上校夫人称为 die Frau Obristin 或者 Colonellin——甚至这位牧区牧师的妻子称为 die Frau Pastorin。但是，我最喜欢 Freundin（女朋友）这种说法，与罗马人使用的 amica（情妇）不同，这个词很少使用，不过意思最好，也最纯净。现在，我知道，当一位朋友超过普通意义上的朋友，即当一位男士因承认一位朋友为女性而感到某种焦虑时，就会这样说；但是，我不同意这种观点——因为这样用，至少表明一种反对意思。我宁愿冒被指控为异端的危险，也不会放弃自己的信念，即在我们的灵魂和它们易腐烂的衣服里都有性别的成分，如果一个人感受不到这一点，永远不会真正爱恋一位姐妹——而且，如果她确实配得上这个神圣的名字，那么他甚至连爱一个值得爱的妻子的能力都没有。[1]

我亲爱的朋友，现在我知道，你正在默默地叨念——"这可真像他！当第一个气泡从他爱恋的表面被吹灭，他就跑掉了，斯人却在这里急切地想知道他在哪里，他看到了什么。"好啊！我已在拉策堡安顿下来，我想告诉你[2]此次旅行的动机和细节。我给他寄的第一封信，他肯定用来向你的全家进行了一番教诲，也让我安全抵达易北河河畔的汉堡，在繁荣之家登岸。站在河岸台阶上，望着河上每天往返于汉堡和哈尔堡一两班的客轮，我忽然觉得颇为有趣。

---

[1] 信件二的第一自然段画线部分原文均为德文，未直接译成中文的部分是前文意思德文中对应的文字。

[2] 据亚当·罗伯兹编辑，爱丁堡大学出版社 2014 年版《文学传记》第 350 页，脚注 858 中考证：这里指托马斯·普尔（Thomas Poole）。这封信最早是柯勒律治写给夫人萨拉的，后因在柯氏自办刊物《朋友》上发表的需要而改换了意图。

客轮上载满乘客,他们来自不同国家,服饰各异;所有男人嘴里都叼着烟斗,形状和设计各异——直杆和弯杆,简洁和复杂,长款和短款,材质有茎秆、陶土、陶瓷、木材、马口铁、银、象牙;大多数都配有银质链条和银质斗盖。对一个陌生旅行者来说,汉堡男士最突出的一个共同特征是烟斗和靴子。但是,我忘记了尽可能旅行的诺言。——9月19日下午,谨记。或许,你还记得,我的同伴[1]讲一口非常地道的法语,他与新移民建立了非常密切的关系,后者看起来是一个通情达理之人,其举止符合完美绅士的要求。他看起来有五十岁或者更大。在年龄或磨难的作用下,在他身上,法国人常有的令人讨厌的过度夸张已经大为减少;所有那些令人愉快的品质,开朗和不纠结等细节仍然存在,也没有过多的手势表达和过分的渴望行为。他的举止表现出一个有修养的法国人的仁爱品格,拥有英国人冷静持重的品格,但没有我们内向保守的缺点。如果你明确强调的话,一个绅士的性格当中肯定存在着某种奇怪但引人关注的东西,从这个角度看,感受绅士性格比给出它的定义要容易得多。它既不要求具备高尚的道德品质,也无需华丽的行为修饰。现在,我脑海中有这样一个人,他的生活甚至无法通过荣誉法庭的审查,但几乎并非在良知方面。如果仔细观察,在两者之中,他的行为不会让人想到高雅,而是感到尴尬,但是,无论谁与他交谈,都会感受并承认他的绅士品质。我认为,此事的奥秘是,在所有社交活动

---

[1] 据亚当·罗伯兹编辑,爱丁堡大学出版社2014年版《文学传记》第350页,脚注859中考证:这里指华兹华斯。

环境下,我们看到的绅士性格,通过他行为举止的整个细节来看,次要内容并不少于重要内容,一个人尊重他人的同时,意味着他存在一种习惯性和确定性的预期,希望他人对他给予同等尊重。简言之,绅士性格源自习惯性平等感受,适应不同等级,可进行相应修改,但不会受其干扰或被取代。这一描述可以向你解释,过去我用英语和你讨论修辞衰落原因时,你表述的一个观点的本质问题。"这些罗马人肯定是完美绅士!我记得,当我阅读西塞罗的哲学对话和他的书信体信件时,我曾产生过相同感觉;在阅读普林尼的书信时,我似乎产生了不同感觉——他给我留下了一个极为高尚的绅士的印象。"你说这些话时,好像认为修饰语损害了实质内容,增加的程度改变了类型。普林尼是一个专制君主的侍臣——西塞罗是一个贵族共和主义者。为此,按照我的定义,从历史或近代事实来看,绅士性格在英国常见,在法国罕见,在德国,人们几乎不了解这种品格。但是,英裔美国民主人士正在追求与绅士相反的品格。

我认为这是一个正当的题外话,并将其归功于这位友好法国人和我的耻辱感。在我和他就法国诗歌主题进行的一场小小辩论中,他以沉默的责备作为对比,让我感到自己行为唐突,当我稍后为自己使用情绪激动的语言向他道歉时,他则报以快乐的惊讶表情作为回应,又马上表示称赞,这既体现了一个绅士的尊严,又让人能够愉快地接受。于是,我高兴地认为,如果可能,我们可以在同一座住宅生活。我的朋友和他一起出去找旅馆,我则去提交推荐信。

我步履轻快地走着,眼前的景物并没有让我精神振奋,有生以来第一次抵达欧洲大陆也让我感到困惑。我感觉自己就像一只在鸟笼中孵化并被解放的小鸟,在第一次自由高飞后,现在已经高高悬浮在空中。于是,我非常自然地开始留心周围的一切,有些与英国极为相像,有些又相去甚远——荷兰女士头戴大型雨伞一样的帽子,大约向前伸出半码距离,后面拖着一大团衬裙——汉堡女士的帽子用银、金或两者兼有的发网系住,周围加以硬质蕾丝,前伸至眼前,但不低于眼睛,所以眼睛可以通过它看清前面——汉诺威式帽子脑袋前部裸露,一条硬质蕾丝在帽子上像一道墙一样站立,帽子后部缀有大量丝带,在后背飘摆。

> 她们的面容就像一面大旗
> 堂皇地在所有敌人面前展开。[1]
>
> ——斯宾塞

女士们都穿着英式连衣裙,都涂着胭脂,牙齿都很糟糕:当你看到乡村妇女和女佣;当她们纵声大笑、高谈阔论时露出的几乎和动物一样光滑、珠母般白亮整齐的牙齿,马上就会意识到这一反差,她们穿着整洁的白色袜子,脚穿没有后跟的拖鞋,走在肮脏的街道上,好像拥有某种魔力,尘土无法沾染到他们身上。她们神采奕奕,这让我颇为意外。我总感觉,在旅馆中睡觉是一件令人烦恼的事,因为我必须穿着这样的拖鞋上楼。街道十分狭窄,我的英国鼻子吃

---

[1] 据亚当·罗伯兹编辑,爱丁堡大学出版社2014年版《文学传记》第352页,脚注861中考证:引自斯宾塞组诗《情诗小唱十四行诗集》(*Amoretti,*1595)第5首第11—12行。

尽了苦头，也解释了我最初看到人们普遍穿着靴子的疑惑。这里没有适合步行的道路，房屋山墙都朝向街道，一部分为普通的三角形结构，但是大多数都有凹槽和孔洞，比中国的还要难看。首先，让我惊讶的是，这里的窗户尺寸很大，数量众多，整座建筑看上去就像玻璃制造的一样。皮特（Pitt）先生推行的窗户税，随着衍生花样不断翻新，就像一只苏里南蟾蜍背上不断生出小蟾蜍一样，肯定可以改善汉堡房屋的外观。汉堡的房屋带有一种夏季情趣，它们的窗户尺寸不仅与气候不协调，还剥夺了人们在一座喧嚣城市家中希望享受休息和娱乐的权利。但是，我想，为了让汉堡建筑焕然一新，首先应该来一场大火——它实在太肮脏了。我继续前行，穿过数座丑陋的桥梁，旁边树立着一些体型巨大、外形扭曲的黑色水车。这座城市水网密布，真应该邀请意大利人帮忙改造，设计出最美丽和壮观的建筑。它原本可以和威尼斯媲美，却如此拥挤和丑陋，死水散发出阵阵恶臭。不过，我信中提到的少女小径（Jungfer Stieg）却是另一番天地。这是一条步行小路，两侧种植着三排榆树，每年都会被修剪整理，看上去十分纤细和矮小。这条小路位于一块方形水域的一侧，里面有许多非常温顺的天鹅。在天鹅群内，还有一些华丽的游船，上面坐着女士，由她们的丈夫或情人负责划船。——

（此处省略部分段落）[1]——因此，哀伤和庄重带来的尴尬超过了蹩脚英语产生的窘迫。我好像听到了一位老朋友的声音，原来是那位移民仆人正在向我打招呼。他来这里是为了领我返回我们的

---

1 此处是柯勒律治原书中的原句。非译者添加。

旅馆。我欢快地像个孩子一样快速穿过一条条街道，我眼花缭乱，但我认为自己脸上并未显露出孩子般的好奇表情，我喜欢装有一条条可移动座椅的柳条马车（出租马车座椅），印有所有商品名称的商店招牌，尽管十分混乱（在这个包含各国商品的大型市场上，不失为代替语言的一种有益尝试），我喜欢商店和住宅门口悬挂的不断叮当作响的门铃，门铃悬挂在每个房门上方，每次进出，都可通过一根短小铁棍敲击。——最后，我喜欢一边走一边看窗户，男男女女在屋内喝咖啡或玩牌，所有男士都在吸烟。我希望我是一位画家，这样我就能给你画一张他们玩扑克的素描了。一位先生的长烟斗放在桌子上，斗钵离他的嘴大约半码[1]，就像鱼塘边上的香炉一样冒着烟——另外一个先生正在打牌，两只手都占着，所以用牙齿叼着烟斗，垂在两膝之间，在脚踝边冒着烟。贺加斯（Hogarth）创作的扭曲漫画在态度和面貌方面从未超过创作允许的限度，这位讽刺画家也没有希望通过特别突出某个爱恋他诗人身份的漂亮女士，经常性和快乐地将她作为一群幽默画形象的中心人物，这些人物（真正才能的体现）既没有形成对比，亦无对比意愿，但是，通过所有群体和单个群体，体现了一种调和与仁爱精神；即使他的注意力并未有意识地针对这种感受产生的原因，但仍然将其温柔与我们的笑声结合起来。因此，避免了偶然发生的有益乐趣，或我们周围之人的缺陷或幽默，堕落为轻蔑或仇恨的心灵毒药。

---

[1] 码（yard），英制中丈量长度的单位，1 码 =3 英尺。

我们住宿的"野人旅馆"(它的招牌与房东并没有共同点,接待每位客人时,他冷酷的脸上总能挤出干笑,就像一位演员独自排练一样,希望抓住每一个有利机会)——我想说,我们的旅馆和旅馆老板都够不上上流类型。旅馆位于市场中,旁边还有一座规模很大的圣尼古拉教堂,对于一个陌生人,它有一个优点:与教堂相比,四周的商店和住宅犹如脸上的小疙瘩和突起,巨大的尖塔则高高耸立,接近顶部还有一圈硕大的镀金球。这是再好不过的北极星标志了。教堂大钟发出的洪亮、悠长、震颤和沉重的钟声将长期留在我的脑海中,早晨两点,它将我从噩梦中惊醒。我想,噩梦可能是由羽毛褥垫造成的,这里的人用它代替其他地方常用的布质褥垫。我真应该像一个粗野的印度人那样,随身携带毛毯,而不是被迫接受这种令人憎恶的习惯。我们发现,我们那位移民朋友竟然是名人阿贝·德·里尔(Abbe de Lisle)[1]的亲密朋友,利用他在君主制度下掌握的大量财产,他不仅获得了充分自由,而且获得了他人的尊敬。在伦敦时,他欠其他移民不少钱,但是拒绝继续还款,所以得罪了这些人,经过这些人的秘密筹划,他被勒令离开英国。他既没有抱怨移民法,也没有怨恨对他执行驱逐令的大臣,我认为这是他无辜的一个证据。此外,他谈起伦敦和他最喜爱的侄子时充满了热情,表现出一个慈爱家长应有的所有热情和骄傲,他侄子在英格兰结婚定居。他被迫离开一个国家,不得不低价卖掉大量股票,远离快乐

---

[1] 据亚当·罗伯兹编辑,爱丁堡大学出版社 2014 年版《文学传记》第 355 页,脚注 866 中考证:这里指让-蒂斯特-克劳德·迪莱尔德·萨勒(Jean Baptiste Claude Delisle De Sales,1741—1816),法国哲学家、传教士。

和他已然习惯的对其幸福具有根本作用的社会环境，他仍然将自己的感受全部归于私人性质，愤怒朋友的仇恨和家庭亲情遭受破坏的痛苦——我想，这样一个人，他不可能在任何服务活动中从事间谍活动，而且他的大部分工作是在当前的法国督政府内完成的。他情绪激动地谈论巴黎的君主制度；他描述的具体事实使我深深相信法国毫无价值，他的经历说明了法国忘恩负义的本性。自从我来到德国以后，我没有见到任何人（包括支持大革命的人）曾经热情赞扬法国移民，甚至没有人表示同情。虽然他们对这场灾难性战争组织影响的认识（北日耳曼认为，它只是暂时缓解了战争恐怖，并没有获得安全）可能对他们的普遍反感有一定作用，但是我深深相信，更多的是由于他们自己的奢靡，以及他们相互之间的背叛和冷酷，家庭悲剧或腐败原则，并大部分被转移至保护人的家庭。当我想起王政复辟时期英国爱国者在欧洲大陆避难时表现出的严肃而亲密的性格，我的内心就充满了自豪感！噢，但愿查理（Charles）一世统治时期我们的内战与法国大革命不一样！前一场战争的性质在于过度的原则性；后一场战争则在于渣滓的发酵！前者是两派之间道德及其偏见之间的一场内战；后者则是邪恶之间的较量。在双重毒药的作用下，法国皇室的威尼斯玻璃剧烈震颤并分崩离析。

9月20日，有人将我介绍给诗人克洛卜施托克先生的弟弟[1]，

---

[1] 据亚当·罗伯兹编辑，爱丁堡大学出版社2014年版《文学传记》第356页，脚注867中考证：这里指维克多·克洛卜施托克（Victor Klopstock，1744—1811），德国商人。他的兄弟弗雷德里希·克洛卜施托克是同时代最著名的德国诗人。柯勒律治在下面第三封信中将谈到与他的会面。

他又将我介绍给了埃贝林（Ebeling）¹教授，后者是一个睿智而活泼的人，不过他有耳聋，而且非常严重，所以和他交谈是一种痛苦经历，我们必须对着一套巨大的助听器讲话。从这位谦恭有礼和心地善良的文人口中（我希望，德国知识分子都像他一样），我听到了一个相当不错的意大利双关语和一件有趣的故事。当波拿巴家族在意大利时，受一些背叛行为的刺激，他在一个公开场合大声疾呼，"谚语有云，<u>意大利人都是盗贼</u>。"²一位女士勇敢地反驳道，"<u>不全是，只有一部分，波拿巴就是。</u>"³。我认为，在我听来，这是人们说过的最精辟语言之一。这个故事很有价值，它充分说明了法国人使用讽刺的方式和方法。奥什（Hoche）⁴从一张特别完整和准确的地图上获得了关于这个国家的大量地理信息，他听说，地图的作者居住在杜塞尔多夫。在法国军队猛攻杜塞尔多夫前，奥什提前下达命令，必须保护此人的住宅和财产，并将这项命令交给了他的一个心腹军官率领的部队。最后，得知这位地图作者在进攻开始前逃走后，奥什吼道，"他没有理由逃跑！正是为了这些人，而非反对者，法国人才能发动战争，并愿意让自己的子弟抛洒热血。"你

1　据亚当·罗伯兹编辑，爱丁堡大学出版社 2014 年版《文学传记》第 356 页，脚注 868 中考证：这里指克里斯多夫·丹尼尔·埃贝林 (Christoph Daniel Ebeling, 1741—1817)，当时是汉堡大学希腊系教授，也是汉堡图书馆的管理员。
2　画线部分原文为意大利文。
3　画线部分原文为意大利文。
4　据亚当·罗伯兹编辑，爱丁堡大学出版社 2014 年版《文学传记》第 356 页，脚注 869 中考证：这里指路易·拉萨勒·奥什（Louis Lazare Hoche, 1768—1797），才华横溢的法国将领，在 29 岁去世前迅速成为独立军的将军。

肯定记得弥尔顿的十四行诗——

> 伟大的厄马西亚征服者下令
> 保护品达的家
> 而将教堂和高塔夷为平地——[1]

即使杜塞尔多夫制图人与底比斯诗人能够建立友好关系,就像沿着墙壁爬行并留下一道湿线的蜗牛与向着太阳高飞并用翅膀掀起风暴的苍鹰建立亲密关系一样,这也不能说明法国的雅各宾并非马其顿疯子那样的好战的将军和优秀政治家。

从埃贝林教授家,克洛卜施托克先生陪同我和我的朋友前往他的家。在那里,我看到了他哥哥的一幅精美半身塑像。他的面部显现出一种庄重伟岸的神情,符合我对他创作风格和诗歌天才的认识。——此外,我还看到一幅极为精美的莱辛画像,目前他的作品是我敬仰的主要对象。他的眼睛和我非常相像,只不过比我的更大,更有神。但是,他的下半张脸和他的鼻子——噢,那是多么细腻的优雅和睿智表情啊!——他的前额似乎没有深度、重量和详实的感觉。——他的整张脸似乎在说,莱辛是一个思维敏捷和感情细腻的人,善于积极适当的幻想。他敏锐,但又不善于观察现实生活,只是醉心于理想世界的安排和管理,注重品味和形而上学的虚幻事物。

---

[1] 据亚当·罗伯兹编辑,爱丁堡大学出版社 2014 年版《文学传记》第 356 页,脚注 870 中考证,引自弥尔顿《十四行诗第 7 首》(*Sonnet VII,* 1645)。

我希望告诉你，我在备忘录上写下这些词句时，他的画像就在我的面前，除了他的名字和他是一位德国著名作家外，我对莱辛其实一无所知。

我们足足用了两个多小时才吃完这顿糟糕的晚饭。"吃德式便餐要有耐心，并要不时微笑。"[1] 德国厨师在整个欧洲是最糟糕的。每两位客人面前摆放着一瓶普通葡萄酒——莱茵葡萄酒和克莱雷葡萄酒。但是，在富人家中，在众多长时间的晚宴中，侍者会呈上圆玻璃杯装的口味更加浓郁的葡萄酒。库尔平（Culpin）勋爵家按下列次序上酒。勃艮第——马德拉——波尔图——芳蒂娜——帕奇亚雷蒂——老霍克——山庄——香槟——再上霍克——主教，最后是潘趣酒。我想，数量尚可吧！便餐的最后一道菜是烤猪肉片（端上来的所有大菜，都会切开，依次分发，然后放在桌子上），配以炖梅干和其他甜味水果，然后是奶酪和黄油，一盘盘苹果，让我想起了莎士比亚，从莎士比亚，我又想到了法国喜剧。

天哪！它怎么可能比英国现代戏剧还要糟糕！第一幕告诉我，军事法庭将对一位瓦特龙伯爵进行审判，此人拔出长剑袭击了他身为上校的姐夫。军官们为他辩护，但是未能奏效。他的妻子，上校的妹妹，极为悲痛地哀求，也没有用！她歇斯底里地瘫倒在地，昏厥过去，同时幕布落下！第二幕，伯爵被判死刑——他的妻子仍然十分痛苦和歇斯底里，甚至达到了无以复加的地步（她可真够累

---

[1] 据亚当·罗伯兹编辑，爱丁堡大学出版社2014年版《文学传记》第357页，脚注872中考证：这里是柯勒律治对莎士比亚《第十二夜》里的句子的戏仿。

的！）。第三幕，也是最后一幕，那位妻子仍然疯狂，非常疯狂！——士兵正准备开枪，事实上，手绢已经落下，突然，幕后传来"停刑！停刑"的叫声，然后冲进一位王子，赦免了伯爵。那位妻子仍然十分疯狂，不过，已经转为狂喜。剧终！[1]

噢，亲爱的女士！这是一种笑声后是哀伤的情景：现在，在各地，这种戏剧已被莎士比亚和拉辛的作品所取代。你很清楚，将这些名字联系起来，我在感情上无法承受。但是，无论我多么轻视法国的严肃戏剧，包括其最完美的类型；无论我以何种权利批评其语言始终存在的虚伪现象，自然用来表现情感状态的思想联系和转变，法国悲剧仍然是前后一致的艺术作品，也是出色思想的产物。它们的各部分保持了适宜性，整体保持了和谐，所以它们形成了自己的一种真实性，不过是一种虚假的真实性。而且，它们能够激起观众的积极思考，寻找理想的卓越状态。心灵不可能通过对我们普通苦难的廉价同情形成单纯的共鸣，或者通过震撼和愉悦的想象力的语言或情景蜕变为令人惊讶的空虚性好奇心。（我希望询问那些热心观看柯策布[2]及其模仿者哑喜剧和悲喜剧的观众），你们在寻找什么？是喜剧吗？但是，在莎士比亚和莫里哀的喜剧中，我了解的信

---

[1] 据亚当·罗伯兹编辑，爱丁堡大学出版社2014年版《文学传记》第358页，脚注873中考证：柯勒律治在这一段谈到的戏剧是海因里希·弗里德里希·莫勒（Heinrich Friedrich Möller）的戏剧作品《瓦特龙伯爵》（*Der Graf von Walltron oder die Subordination*）的法文版，题为 Le Comte Waltron。

[2] 柯策布，全名奥古斯特·弗里德里希·费迪南·冯·柯策布（August Friedrich Ferdinand von Kotzebue），1761—1819，18世纪末到19世纪初德国最受欢迎的剧作家，曾在维也纳、彼得堡任剧院院长。

息越准确,我的思考也就越深刻,欢笑之余,我得到的满足也就越大。虽然这些作家的作品质量从种类或程度上的确可笑,极为可笑,如果它们是人类思想的自然发展,通过幕布或多或少的变化,我可以运用到我的内心,至少可以运用到我的整个同行群体中。伦理学者和玄学家经常并不以最快乐的形式描述普遍真理和人类思想的附属规律,不仅包括悲剧人物的引用,也包括贾克斯(Jaques)、福斯塔夫(Falstaff)语言的引用,甚至包括莎士比亚笔下的傻瓜和小丑,莫里哀的《守财奴》《无病呻吟》《伪君子》内容的引用!我并不是说,我要推荐抽象化:这些构成一个角色启示作用的群体特征经过修改和具体化,体现在莎士比亚戏剧的每个人物中,生活本身并不会以更为明确的方式激起属于真实存在的个性感。虽然听起来有些古怪,但是几何学的一个基本特征对戏剧质量同样具有关键作用,(如果我可以提到他的名字,同时又不会让一位女士感到我过于迂腐),亚里士多德曾要求诗人在描写个人时考虑宇宙共性。[1]主要的区别在于,在几何中,宇宙真理是意识的最高形式,在诗歌中,真理则体现为具体形态。对于古人以及英法早期剧作家来说,戏剧和悲剧都是诗歌的具体类型。他们既没有希望通过喜剧让我们发笑,更没有试图通过扭曲的面庞、插入土语方言、时髦用语,或者角色所在商店或机械行业的比喻暗示普通的道德问题;也没有自甘堕落,通过在悲剧中重新展现观众自身的庸俗行为邀买观众的掌声,或者

---

[1] 据亚当·罗伯兹编辑,爱丁堡大学出版社 2014 年版《文学传记》第 359 页,脚注 876 中考证:这一观点来自亚里士多德的《诗学》(*Poetics*)。

通过苦难经历博取观众廉价的同情，这与醉酒后感伤流泪同样不值得人们的尊重。他们的确希望通过悲剧场景感动我们，但是必须控制在愉悦的界限内，同时要结合我们的理解和想象活动。他们希望赋予我们某种精神上的崇高感，在暂时忘却微末的"个人身份"和偶然呈现的特殊状态时，向我们内心灌输高尚品质，抛弃我们的个人记忆，利用崇高思想的音乐，使这些记忆进入休眠状态。

等一等！——（我想我听到人群中有人说话，我们听听他要说什么。我是原告，他是被告）。

被告：等一等！我们的现代情感剧难道不是充满了对最高尚基督教道德规范的教育作用吗？

原告：是的！如果没有一项基督教美德，没有让你真正痛苦的一项牺牲，你只需做这么多，只需做这些，便能让你满足，让你满心欢喜地离开，使你接受自己的罪恶，你可能永远不会想到它们多么邪恶，它们是那样地司空见惯，在众多同情和宽容的支持下，携手向前。谄媚如此可恶，如果有人私下对你谄媚，你将在他脸上啐一口，除非你将谄媚当成羞辱性讽刺，你只需将残羹冷饭倒进整个猪栏，让猪群从一个饲料槽进食，你便可以让它们获得无穷满足。无需让凯撒（Caesar）登台——无需安东尼（Antony），无需丹麦国王，无需俄瑞斯忒斯（Orestes），无需安德洛玛刻（Andromache）！

被告：不需要，或者尽量减少。一个普通的伦敦市民或汉堡市民能对国王和女王做什么？能够对学童时期的异教徒英雄做什么？此外，每个人都知道这些故事，我们能感受到哪些好奇——

原告：先生，哪些不是为了行为方式？——哪些不是为了诗人的愉悦语言？——哪些不是为了热情的场景、作用和反作用？

被告：先生，您太性急了！我们感觉，唯一的好奇在故事中。如果我们早已知道故事的结局，又怎么可能迫切知道戏剧的结尾或对其感到惊讶呢？

原告：请原谅我打断您！现在，我们彼此理解对方了。那么，在一部悲剧中，你将思考哪些昔日的智者尝试了力所能及的最大努力，从一部新小说、德国最新传奇文学和当今其他一次性流行作品中得到与你相同的喜悦。如果你怀着这些情感去欣赏绘画艺术，如米开朗基罗的《西斯廷教堂》和拉斐尔的《圣经壁画》，你不可能喜欢它们的。你事先已经了解了一切，毫无疑问，与历史时代或英雄时代的悲惨故事相比，你也更熟悉这些绘画的主题。因此，你对当代作家的喜好存在一致性：不同历史年代的杰出人物，至少那些受祖先荫泽而被视为杰出人物的人，很少设法满足此类好奇，他们处理此事的标准似乎比画家对待自己画布的标准高不了多少：他们以此为工具，而非通过它，体现自己的卓越才能。任何类似童话故事或传奇故事的作品，在事件的创造类型和事件的融和方式上，都不可能少于塞万提斯的《堂吉诃德》。它的仰慕者们希望重新返回，再次阅读某个章节，与之相比，他们希望继续匆匆阅读的愿望至少高十倍；或者打开书中他们记忆最深刻的部分，即使拜访我们最了解其性格和行动的最亲密朋友时，同样如此。对于神圣的阿里奥斯托（他的同胞这样称呼他们可爱的诗人），我希望知道，他是否自己虚构了某个童话故事，或者哪个童话故事的内容是读者所不熟悉的"老传奇故事"。我不会讨论古希腊人，他们甚至认为，对于一个悲剧的情节来说，其内容必须早已被人们知晓。针对同一个主题，至少已有五十部悲剧作品，这是索福克勒斯和欧里庇得斯选择厄勒克特拉作为主题的动机之一。但是，弥尔顿——

被告：是的，弥尔顿的确如此！——但是，约翰逊（Johnson）博士和其他著名人物不是告诉我们，除了完成任务，现在没有人阅读弥尔顿的作品吗？

原告：他们错得太离谱了，我绝对可以这样说！但是，您为什么假装敬仰莎士比亚呢？从角色和主要情节来看，他的大部分（乃至全部）戏剧均有历史版本。至少，这些戏剧创作基础的所有故事，在历代史志、民谣或者当代或过去英国作家的翻译作品中都是早已存在的。但是，我再问一遍，您为什么假装敬仰莎士比亚呢？或许，你是不是只是假装敬仰他？然而，归根结底，你已经否认了著名事件和历史人物或者史诗内容，你从它们中得到了什么？你的悲剧诗歌包含了谁的烈酒和匕首？或者，我应该说，在情感诗歌中，你认为谁是悲剧之王？她在自己的悲剧中塑造了哪些主人公？

被告：噢！我们的好朋友和邻居——诚实的商人、勇敢的水手、领半薪的高尚警官、慈善的犹太人、贞洁的妓女、心地善良的铜匠、情感丰富的捕鼠人！——（有几分虚张声势，但是我们所有非常慷慨、心地善良的角色都有一点儿粗鲁或厌世，所有厌世者都心底非常善良。）

原告：但是，朋友，这些人能够参与哪些出色或有趣的活动呢？

被告：他们捐献大量资金；为拥有所有其他优秀品质的年轻男女找到丰富的彩礼；他们吓阻勋爵、准男爵和治安法官（他们像赫克托耳一样勇敢)——当驿马车马上就要从悬崖掉落时，他们施以援手；在敌人面前，抢走婴儿；我们的一些演员能够非常完美地演绎身体强壮的角色，在我们的戏剧诗人看来，这些演员很少不能将诗人最喜欢的男性角色扮演的像参孙（Samson）一样强壮。他们实现了巨大飞跃！！舞台上的活动甚至比表演内容还要吸引人。我曾听到过一次震耳欲聋的爆炸，然后大约半幕时间我几乎听不到剧中的一个字；同时，他们用了一点儿真正的火药，所有观众都能听到，场景的真实性实在惊人！

原告：但是，你怎么将这样的人和这样的行为与成千上万人对一人命运的依赖——赋予了莎士比亚和希腊悲剧作家笔下人物一种非常高雅的趣味——联系起来呢？你怎么将他们与最高尚的情操、命运的力量以及上天的掌控力量——似乎提升了那些因不可抗拒打击而沉沦的人物的地位——联系起来呢？

被告：噢，只不过是幻想而已！在现阶段，我们要找出我们自己的需求、激情、烦恼、失落和尴尬。

原告：那么，你希望在自己面前展现的是你自己可悲的疵性，而非人性中的崇高和活力吗？不过你肯定会发现前者充满欢乐与悲伤，而且更容易发生在你自己家里和教区里。

被告：没错！但这有区别。命运是看不见的，而诗人的眼睛是敏锐的；命运反复无常，而诗人随遇而安。他把每件事都处理得和我们所希望的一模一样。他用可恶或卑劣形容那些我们所憎恶和想要鄙视的人，这点大快人心。

原告（旁白）：也就是说，他诋毁比你优秀的人，以此满足你的嫉妒。

被告：他把所有那些表面上比邻人强的说教者，最后都变成了卑鄙的伪君子、叛徒以及铁石心肠的恶棍；而你笔下以平等自由对待女子和世俗的勇士们证明了真正的君子之范，并（没有观众会还不满意）在最后场景中改过自新，这毫无疑问会让女士们觉得，他们会是最忠诚、最优秀的丈夫，不过似乎有些可惜的是，他们不得不改掉让他们显得特别有趣的品质！此外，贫者一夜暴富，在最后的婚姻选择中，那些富有而出身高贵的人不得不承认：美德是唯一真正高贵的，一个可爱的女人便是她自己的嫁妆！

原告：太好了！但是你忘了那些闪耀着光芒的忠诚，那些对国王和老英格兰的爱国赞颂，尤其当它们通过船或商店的隐喻传达出来时，它们经常招徕并不断受到公众的赞扬。我认为你的"遗漏"是审慎明智之举。因为你的整个戏剧体系是一种最危险的道德与理智层面的雅各宾主义，那些司空见惯的对忠诚的夸夸其谈等同于你们那些剧作家的虚伪，而你自己对他们的支持不过是自欺欺人。因为对你而言，戏剧受欢迎的全部秘密在于：对自然规律及其原因和结果的混淆和颠覆；对惊喜的触发——通过表现那些我们最不对之抱以期望的人们以及生活各个阶层人群的慷慨大方、高尚情操以及良好荣誉感（更确切地说，那些在你们中间传递的事物）；以及对美德所应得一切支持的回馈——通过描写那些因违法、因果和宗教而不为我们尊重的罪犯！至此，向你道晚安了！说真的！我本可以不去德国就写完这最后一页，但是我感觉自己仿佛就在你家炉边与你谈话，你能想象，偶尔忘记自己并不在那儿对我而言是一件小小的乐事吗？另外，你和我的其他好朋友已经知道我是什么样的人，无论我在什么地方给你写信，我的心都始终与你在一起。

信件三

拉策堡

我快活地享受着这所整洁宁静的房子的一切，远非重回水中的小鱼以及摆脱孩童手掌的飞鸟所及。从我伏案写作的窗口，可以看到小镇、树林和拉策堡湖的美丽景色。当然，我觉得，我的精神和健康状态因所在汉堡旅馆的嘈杂脏乱环境和污浊的空气而有所萎靡。9月23日，星期日，我带着诗人克洛普施托克（Klopstock）写给拉策堡的<u>区域行政官</u>[1]的一封介绍信离开了此地。<u>区域行政官</u>[2]热情地接待了我，并把我介绍给受人尊崇的牧师，这位牧师同意为我提供不低于一个月的食宿。我乘坐的那辆车与英国驿站马车的比例相当，形状也粗略相似，但比它大得多，就好比大象的耳朵之于人的耳朵。它的顶部由看似曾归属不同壁板的各色裸板组成。没有窗户，取而代之的是皮制窗帘，每个窗帘上都有一个小玻璃眼，完美地满足了遮挡视线和通风的目的。因此，除了我们驻足的旅馆和农舍外，我几乎什么也看不见。除却大小，它们都一样：有一个大

---

1 画线部分原文为德文。
2 画线部分原文为德文。

房间，像谷仓，上面有一个草棚，一簇簇的秸秆和干草悬挂在房间天花板和草棚地板之上。在这间铺得像条街的屋子的一头，间或有一间或两小间房间。这些房间的地板是一样的。牛、猪、家禽、男人、女人和孩子在大房子里和谐地生活在一起。这里看上去很整洁，散发着一种质朴的舒适感。我测量了其中一间房子，它有一百英尺长，一角的公寓被拆除了。这些房间与畜舍之间有一个小空间，宽四十八英尺，而畜舍所在处有三十二英尺。当然，每侧都有畜舍，畜舍高八英尺。牛等牲畜的脸都转向房间。其实，它们就在里面，可以看到彼此的脸，这对它们至少是一种安慰。在德国的这个地区，舍饲很普遍，对于这种做法，农业者和诗人可能会持相反的观点，或者至少会有截然不同的感受。这些建筑外面的木构件没有涂刷灰泥，就像我们那里的老房子一样，红绿相间，为这些建筑增添了一抹亮丽的色彩。这个乡村位于汉堡，距默尔恩（距之三十英里）大约不到三英里，在我看来非常一般，只有树林稍具特色。在默尔恩，景色更为美丽。我看到了一个几乎被树丛环绕的小湖，眼前是一座属于大不列颠国王的宫殿，里面住着森林督察。汉堡到拉策堡有35英里，而我们所用时间几乎与从伦敦到雅茅斯（距离126英里）的时间一样。

　　拉策堡湖为南北流向，长约九英里，宽三英里到半英里不等。从最南端点大约一英里处被一分为二，当然很不均等，隔岛（与一岸通过一座桥和一条狭窄地块相连，与另一岸通过另一座非常长的桥梁相连）相望，形成一个完整的地峡。拉策堡镇就建在这个岛上。

牧师的别墅或牧师住宅，连同区域行政官[1]的住宅、法院书记员[2]的住宅，和教堂，坐落在一座小山的山顶附近。这座山向下倾斜，一直延伸到那条狭窄地块和那座小桥，从这里穿过一扇富丽堂皇的军事大门，你就进入了拉策堡的海岛型城镇。这也是一座小山，翻过这座山就是长桥，然后到达对岸。小镇南面的水域叫做"小湖"，然而，小湖却几乎包揽了整个湖岸的美景，湖岸常常绿油油的，空荡荡的，足以恰当展现占据大部分湖岸的树林的壮丽风景。在湖岸的转弯、弯道和凹陷处，几乎每走十步就能看到不同的景色，整体具有一种端庄之美，一种女性的端庄之美。从"大湖"北边望过去，我可以看到吕贝克的七座教堂塔楼，它们距大湖十二三英里，但却清晰可见，很明显不是三座。唯一的缺点是，拉策堡完全是用红砖建造的，所有房子都是红瓦屋顶。因此，一眼望去，满目皆是砖灰红。然而，今天晚上，10月10日5点20分，我看到了这座城市的绝美之处，借用画家的话说，整体柔和为完全调和的状态。拉策堡和整个东部的天空呈现着黄昏特有的蔚蓝，而西部的天空则布满了浅沙色的云。此后，一道深红色的光线洒满了整个天空，与红色的城镇、棕红色的树林以及湖边黄红色的芦苇融为一体。湖上船只二三，在亮光中上下摇曳。这道光不仅与所有事物融合，也将所有事物变得和谐起来。

我应该告诉过你，我星期四（9月27日）回汉堡向一位向南旅

---

1 画线部分原文为德文。
2 画线部分原文为德文。

行的朋友[1]告别了,第二周的星期一我又回到这里。我从爱姆普菲尔德,一个距离拉策堡只有一半路程的村庄,步行到汉堡,途经深沙色道路和一片沉闷的平地:到处都是过度破碎的白色瘠薄土壤,但通往这座城市的旅途还是令人愉悦的。透过清凉乡村小屋可以看到后面的花园,那里有凉亭和棚架,有厚厚的植物墙,回廊和广场上有树木,每间房子前面都有整齐的栏杆,栏杆里有绿色的座椅。每一个物体,无论是自然生长之物,还是人类的创作之物,都是一派整洁之象,仿若人工造就。这让我感到更为愉快,虽然那些房屋、花园和游乐场所可能品味更为高雅,但这种更高雅的品味不过是模仿而已。忙碌、焦虑、爱财的汉堡商人只能接纳而无法享受大自然的简朴之美。通过对人类便利设施的模仿,思想开始热爱其自然,但这是智力上的进步,尽管有点低——如果不是这样的话,我周围的人都在谈论天真的享受和敏感的舒适,我肆无忌惮地赞同并加入他们的享受和舒适——即便是忙碌、焦虑、爱钱的汉堡商人也如此。怀着这种宽容仁慈的心情,我来到了这座城市的恢宏城墙之下。城墙之上攀附着绿色植物,这些绿色植物高矮不一,空隙中长有树木,保卫和象征着长久的和平。关于我回国没有什么值得谈的,除了我又收到英国相关邮件以外。这些德国北部的驿递马车是没有盖的柳条车。英国的垃圾车好比一件华丽的艺术品,是杰出的机械装置,驿递马车和那些马与之相比简直是小巫见大巫!野蛮人可能用他们

---

[1] 据亚当·罗伯兹编辑,爱丁堡大学出版社 2014 年版《文学传记》第 366 页,脚注 883 中考证:华兹华斯认为拉策堡生活费用高昂,因此带着妹妹多萝西选择了戈斯拉尔县(Goslar),并在那里从 1798 年 10 月初住到了 1799 年 2 月末。

的肋骨代替手指来充当数字表。无论我们在哪儿停车,车夫都用他自己吃的黑麦面包喂牛,大家一起吃早饭,马儿喝水,车夫饮杜松子酒。从今以后,你们要研究的课题,以及我留给你们研究的对象,就是德国的文人和文学。

相信我,当我和 W 先生[1]陪着克洛卜施托克先生到他诗人哥哥的家里去的时候[2],我的内心充满敬畏,他哥哥的家距离城门大约有四分之一英里。那是一排普通的小凉亭(看上去如此),窗前有四五排矮小的榆树,再往前是一片绿地,然后是一片与几条路相交的平地。不管诗人眼前的美景如何,(我想)那一定是他自己创造出来的。我们在一间整洁的小客厅里等了几分钟,客厅里装饰着两个缪斯女神的雕像和一些印刷字,这些印刷字都是克洛卜施托克的颂歌。诗人进来了。见到他的面容,我感到非常失望,觉得与半身像一点也不像。额头里看不到领悟的踪影,眉头里看不到重视,眼神里看不到特质、道德和智慧,整张脸看不到沉着的痕迹。如果有什么的话,那就是,他是中等以下身材。他穿着一双很大的半统靴,腿肿得有点吓人。不过,虽然在我和 W 看来,他既非气质高雅,亦未热情开放,但我们都同样对他的开朗、善良和谦恭印象深刻。他和我的朋友用法语交谈,有些吃力地用英语和我说了几句话。上

---

1 据亚当·罗伯兹编辑,爱丁堡大学出版社 2014 年版《文学传记》第 367 页,脚注 884 中考证:此处的 W 先生是指华兹华斯。
2 据亚当·罗伯兹编辑,爱丁堡大学出版社 2014 年版《文学传记》第 367 页,脚注 885 中考证:"诗人哥哥"指弗雷德里希·克洛卜施托克(Friedrich Klopstock, 1724—1803)那时已经 74 岁了。

牙全部缺失对他的发音丝毫没有造成影响。谈话一开始,他就对亨伯特(Humbert)[1]将军率领的法国特遣队投降表示非常高兴。他们在爱尔兰与组织系统其他人员就所任命委员会展开了一系列行动,这似乎给诗人带去极大的乐趣。接着,他说他坚信纳尔逊(Nelson)会取得胜利,并以一种热切而胜利的喜悦之情期待着纳尔逊的胜利。他的言语、语调、表情,都暗示着最强烈的反高卢主义。话题转到文学,我用拉丁语询问德国诗歌史和德国资深诗人的情况。使我大为吃惊的是,他坦称对这个话题知道得很少。他的确偶尔读过德国一两位资深作家的作品,但并没有到可以畅谈他们是非曲直的地步。他说埃贝林教授可能会告诉我所有相关信息——这个话题并没有特别引起他的好奇心。然后他谈及弥尔顿和格洛弗(Glover)[2],认为格洛弗的无韵诗比弥尔顿的好。W 和我自己都表达了我们的惊讶:我的朋友谈了他对和谐诗的定义和看法,他认为和谐诗(首先是英语抑扬格的无韵诗)的重点在于,对停顿和抑扬顿挫的巧妙运用以及对段落的整体把握,

绵绵的

---

[1] 据亚当·罗伯兹编辑,爱丁堡大学出版社 2014 年版《文学传记》第 367 页,脚注 886 中考证:这里指让·约瑟夫·阿曼宝·亨伯特(Jean Joseph Amable Humbert, 1767—1823)将军,法国大革命的参与者,他在 1798 年领导了一次失败的入侵爱尔兰的战役。

[2] 据亚当·罗伯兹编辑,爱丁堡大学出版社 2014 年版《文学传记》第 368 页,脚注 888 中考证:这里指理查德·格洛弗(Richard Glover, 1712—1785),英国诗人和国会议员。

甜言蜜语久久不绝于耳，[1]

而非对单个诗句平畅度的控制，更非对对偶优势的突出，这些实际上会对整体效果造成破坏，除非它们是为了达到某种特殊目的而特别引入的。克洛卜施托克表示同意，认为格洛弗的优势局限于单个诗行。他告诉我们，他在14岁的时候读过弥尔顿的散文译本。我自己是这样理解他的，W把克洛卜施托克说的法语解释给我听。他似乎对弥尔顿或者说我国的诗人知之甚少。他对他的《弥赛亚》的英文散文译本极为不满。所有的译文都很糟糕，非常糟糕，而这个英译本简直就谈不上是翻译，有些页面连位置都与原文对应不上，还有一半原文在译文中找不到。W告诉他，我打算把他的几首颂歌翻译成德语歌词样式，然后他用英语对我说："我希望你能把《弥赛亚》的一些精选片段翻译成英语，替我向你的同胞报仇！"这是他在整个谈话中说出的最鲜活的话。他告诉我们，他的第一首颂歌比最后一首要早50年。我激动地望着他，敬视他为德国诗歌之父，一个好人，一个基督徒，七十四岁高龄，腿肿得厉害，却积极、活泼、开朗、善良、健谈。我双眼涌出了泪水。画像中，莱辛戴了一顶假发，极大地影响了他的形象——克洛卜施托克与他穿着一样，涂了粉，头发卷曲着。顺便说一句，老人永远不要搽粉——雪白的假发和老人肤色形成的鲜明对比令人作呕，而皱纹好似藏污纳垢的通道。

---

[1] 据亚当·罗伯兹编辑，爱丁堡大学出版社2014年版《文学传记》第368页，脚注889中考证：引自弥尔顿诗歌《快乐的人》（*L'Allegro*，1631）。

对于诗人和伟人而言，被视为自然的一部分是一种荣誉。诗人和伟人的任何花哨和时髦的一面都会刺激到你，就好比你看到庄严的紫杉被修剪成可怜的孔雀一样。——《弥赛亚》的作者应该露出他自己的白发而非戴着假发。——他的粉底和假发对眼睛造成的冲击就像维吉尔先生对耳朵造成的冲击一样。

克洛卜施托克着重谈论了德语所具有的意义提炼这一优势力量。他说，他经常一行行地翻译荷马和维吉尔的部分作品，而对于希腊人或拉丁人来说，一句德语就足够了。但在英语中你不能这样处理。我回答说，在英语中，我们通常可以把一个希腊英雄格诗句写成一行半的常用英雄格音步，我想，在这一行半中，所包含的音节不会多于一个德语或希腊语的六步格诗。他不明白我的意思——我希望聆听他的看法，而非纠正，所以我很高兴他不明白我的意思。

我们就此告辞。法国大革命开始时，克洛卜施托克写了表示庆祝的颂歌。他从法兰西共和国收到了一些荣誉礼物（我想是一顶黄金王冠），并且像我们的普里斯特利（Priestley）[1]一样，被邀请到立法机关就职，不过他拒绝了。但是，当法国因其崇尚的所谓自由变得狂怒不堪时，他把这些礼物连同一首翻案诗一起退了回去，宣称他憎恶他们的行为——可能从那以后，他就成了一个十足的反高卢主义者了。我的意思是，在他蔑视和厌恶革命者的罪恶和愚蠢之时，他自己却忘记了革命本身就是神的旨意。人的愚昧乃是神的智

---

[1] 约瑟夫·普里斯特利 (Joseph Priestley)，1733—1804，英国科学家、哲学家和神学家，氧气的发现者。

慧，人的罪孽乃是神恩惠的手段。我们从克洛卜施托克家步行前往城墙，谈论着这位诗人和他的谈话，直到我们的注意力转向美丽奇特的日落，以及它对我们周围物体的影响。远处有树林。浓沙色光芒（不，应该是比沙土更深的颜色）笼罩着这片被大火烧黑了的树林。在更强烈光线笼罩下的那片树林的上空，一层黄铜色的薄雾飘浮着。城墙上的树木，以及穿梭其中的人们，全身均等地分享着深浓的色泽和黄铜般的光芒，就算是用尺子或圆规进行操作，比例也不会比这般更有规律。其他一切都很模糊。那是一个童话般的场景！——而且多了一丝浪漫色彩：在这些全身均等地分享着明暗交替光芒的移动对象中，有一个漂亮的孩子，穿着朴素典雅，像个英国孩子，骑着一只威严的山羊，鞍具、缰绳等其他装备看起来都非常昂贵和华丽。在我结束汉堡这个话题之前，我想说，为了出席庆祝汉堡守护神圣米迦勒（St. Michael）的节日，一览这个商业共和国的社会盛况，我比平时多呆了一两天。结果，我很失望。没有游行队伍，在两三个教堂里，有两三位老妪聆听了两三次布道，圣米迦勒及其支持者们希望其他上流社会场所、所有的娱乐场所、剧院等在这一天都关闭。在汉堡，宗教似乎根本不存在；在吕贝克，这种情况仅限于女性。男人们似乎下定决心要和他们的妻子在另一世界离婚，如果他们不能在这个世界上离婚的话。你轻易想象不出比这更奇特的景象：从风琴台望去，吕贝克主要教堂的巨大长廊满是女性仆人等生活在同一阶层的人，她们所有人都佩戴着后部是金银色的帽子，仿佛将长廊组成一条铺满金银的康庄大道。

我将仅以我的朋友 W 在我离开之后与克洛卜施托克之间谈话

的转录笔记作为这封信的结尾。就此，我现在只谈一点，似乎也是略显冒昧的一点，那就是，在我本人看来，克洛卜施托克对柯尼斯堡可敬的圣人的评论是不公正的、错误的；到目前为止，他的体系已经被放弃了，这是真的吗？在德国的大学里，没有一个教授既不是康德主义者也不是费希特信徒——该体系建立在康德主义基础之上，并以康德主义的真理为前提。最后，他虽然是康德理论作品的反对者，没有完全或部分接受康德的道德体系，却部分采纳了康德的命名法。"克洛卜施托克想去看看坎伯兰的《骷髅地》，并询问英国人的看法。我去了遗迹书店（一个英文书店），在那里找到了《分析评论》，里面有对坎伯兰《骷髅地》的评论。我记得在那里读过《弥赛亚》的无韵诗译本。我向克洛卜施托克提到过这件事，他表示非常想亲眼看看。我步行走到他家，把书放在他手里。提到他自己的诗，他告诉我，他十七岁时就开始写《弥赛亚》了。他花了整整三年的时间构思，却一句也没写成，完全不知道如何展开。在此之前，还没有成功的德语诗作样本。他以一种有韵律的或广泛的散文形式书写了前三章。虽然花费了不少力气，也取得了一些成绩，但他对此远不满意。他曾用拉丁文和希腊语创作六步格诗，并将其当作学校习作，德语中也有对这种作诗风格的尝试。这些努力都收效甚微。——有一天，他突然想到可以这样做些什么——他在房间里呆了一整天，甚至连晚饭也没吃就走了。到了晚上，他已经写了二十三篇六步格诗，把以前所写的部分散文改成了诗。从那时起，他对所取得的成果非常满意，不再写散文了。今天他告诉我，他在阅读弥尔顿的作品前已经完成了构思。他很高兴看到有作者在他之前遵循着同样的道路。这与他之前所说自相矛盾。他不愿在这首诗完成前将其讲给任何人听，但是，他的一些朋友看到了他写的完成之作，缠着他同意在一本杂志上发表几卷。我想他那时很年轻，大约二十五岁左右。其余部分在不同时期印刷，一次四卷。人们对第一卷的反响非常热烈。他花了将近三十年的时间完成了整首诗，但在这三十年里，他实际只用了不到两年的时间。他只在心怡的时刻才创作，而且，他还有别的日常活动。他把自己对颂歌的构思看得很重，指责现代抒情作家在这方面严重不足。我对贺拉斯提出了同样的谴责，而他不愿意听，直接放弃了讨论。他把卢梭的《财富颂》称为道德论文。我提到了德莱顿的《圣塞西莉亚节的赞歌》，但他似乎并不熟悉我国的作家。他想了解我们戏剧性和叙事性无韵诗之间的区别。他建议我在阅读《弥赛亚》等颂歌之前先读他的《赫尔曼》。他自诩他的戏剧诗歌迟早会在英国为人所熟知。他没有听说过柯珀。他认为，沃斯（Voss）[1]在翻译《伊利亚特》时，对德国习语的处理有些粗暴，并把它献给了希腊人，忘记每种语言都有其独特的精神和天赋了。他说，莱辛是他们的第一位戏剧作家。我抱怨《智者纳旦》太乏味。他说，里面情节不够；不过莱辛是他们的作家中最保守的。他称赞歌德，不过他说，《少年维特之烦恼》是歌德最好的作品，比任何一部戏剧都好，而比起歌德的其他戏剧，他更喜欢第一部。他觉得席勒的《强盗》太清冷孤高了，看不懂。我

---

[1] 沃斯（Voss），约翰·海因里希·沃斯（Johann Heinrich Voss），1751—1826，德国古典主义诗人，主要以将荷马的《奥德赛》(1781)和《伊利亚特》(1793)译成德语而闻名。

谈到了落日景象。他表示不知道。他说，席勒的作品流传不下去了。他认为《唐·卡洛斯》是席勒最好的戏剧，不过他说，情节功不可没。很明显，他对席勒的作品所知甚少：其实，他说，看不懂。他说，毕尔格（Buerger）[1]是一位真正的诗人，作品会继续流传下去；相反，席勒很快会被遗忘；席勒沉溺于模仿莎士比亚——莎士比亚的作品通常都较为高冷了，而席勒的作品比之高冷一万倍。谈起柯策布，他的语气显得非常轻蔑：首先，作为一名作家，科策布有些不道德；再者，缺乏力量。在维也纳时，他说，他们是跟他一块儿来的，但我们认为维也纳人民并不是德国最明智或最智慧的人。他说，维兰德（Wieland）是一位充满魅力的作家，是自己语言至高无上的主人，在这方面，歌德无法与之媲美，事实上，任何人都无法媲美。他说，维兰德的失误在于太过慷慨激昂。我告诉他，《奥伯龙》刚刚被翻译成英语。他问我是否对这首诗不满意。我回答说，我认为故事情节在第七或第八卷时就开始减弱了，天才无需将一首长诗的趣味完全寄托于低层次满足上。起初，他似乎倾向于以此作为托辞：诗歌有不同的主题，诗人不愿意在选择上受到限制。我回答说，我认为爱的激情和其他激情一样符合诗歌的目的，但通过一首纯粹迎合读者口味的长诗来吸引读者注意这种方式有些廉价。说得好！可是，他说，你懂的，这样的诗人人都喜欢。我回答说，一个伟大的诗人应该把人们提升到自己的水平，而不是把自己降低到他们的水平。

---

[1] 毕尔格（Buerger），戈特弗里特·奥古斯特·毕尔格（Gottfride August Bürger），1747—1794，曾任哥廷根大学美学教授，是德国狂飙突进时期著名的叙事诗诗人。

他表示认同,坦称无论如何他都不会写一部像《奥伯龙》那样的作品。他对维兰德的风格赞不绝口,并指出莱兹娅(Retzia)生下孩子那一段文字优美绝伦。我说,我没有看到任何引人注目的片段,不过这情有可原,因为翻译本身就不完美。维兰德将盗窃处理得非常巧妙,即使是最伟大的作家若能达到他的境界也会以窃为傲。他从古代神话的角度来看待旧日浪漫主义作家的书籍和寓言,认为它们是公共财产,人们可以免费从中获取所能利用的任何东西。一个英国人把柯林斯的颂歌送给他,他读得津津有味。除了《墓园挽歌》外,他对格雷几乎一无所知。他抱怨《李尔王》中的傻瓜形象。我注意到他似乎给痛苦增添了一种可怕的野性,但他还是抱怨。他询问是否不能接受更为才华横溢的蒲柏写押韵诗,我说我更喜欢德莱顿,因为德莱顿在对句运用上更摇曳多姿。他认为我说的很对,询问我蒲柏的押韵是否更准确。我认为这个问题适用于最后结尾处,我说我认为结尾处的押韵不是特别准确,不过我认为,如果这首诗的整体气势更出色一些,尾声中有一些不准确是很容易原谅的。我告诉他,我们不像法国人那样对诗句的尾部要求得那么精准。他似乎不知道我们并没有阳韵和阴韵(即单韵或双韵)之分——至少他向我询问了这个问题。他似乎认为,任何语言的形成都离不开从另一种语言中借用习语而丰富起来。我说,这是非常危险的做法;我还补充说,我认为弥尔顿经常这样,结果常常拉低了他的散文和诗歌的质量。我向他推荐德莱顿的散文作品——纯正地道的英语典范。仿佛踩着更柔软些的土地,我说,我有理由断定他沉溺于这一做法。

当天我在克洛卜施托克先生家用餐,从而有幸第三次见到这位诗人。我们主要谈些无关紧要的事情。我问他对康德的看法。他说康德在德国的名声大不如前。他本人对此并不惊讶，康德的著作对他来说完全不可理解，他经常受到康德主义者的纠缠，不过他很少和他们争论。他的习惯是拿出书来，打开书，指着一段文字，请他们解释一下，而他们通常试图用自己的想法来代替。"听着，我不是要你们解释你们自己的想法，而是解释摆在我们面前的这段文字。"我通常可以用这种方法立即结束争论。他说沃尔夫是德国第一位形而上学家。沃尔夫有追随者，但他们很难被称为一个派别，幸运的是，在康德出现之前，大约15年前，德国还没有受到任何派别哲学家的困扰，每个人都在各自追逐自己的问题，不受大师教条控制。康德似乎雄心勃勃地想成为一个派别的创始人。他成功了，但德国人现在又清醒过来了。尼古拉（Nicolai）[1]和恩格尔（Engel）[2]以不同的方式让这个国家清醒了过来，尤其是哲学家及其哲学的不可思议。他似乎很高兴听说，康德的学说在英国还没有诸多崇拜者——这是毫无疑问的，因为我们够明智，不会受到蔑视人们常识和共识的作家的欺骗。随后我们谈到了悲剧。他似乎对令人激动的泪水的力量评价很高——我说，没有什么比让观众眼泪泛滥更容易的了，每天都有最卑劣的作家在制造着泪水。

我必须提醒你，我的朋友，首先，这些笔记并不是为了证明克

---

[1] 尼古拉（Nicolai），克里斯托弗·弗里德里希·尼古拉（Christoph Friedrich Nicolai），1733—1811，德国作家和书商。
[2] 恩格尔（Engel），约翰·雅各布·恩格尔（Johann Jakob Engel），1741—1802，德国作家。

洛卜施托克的智力,其至也不是为了证明"白话能力",通过一次偶然的谈话来判断这种能力,或者透过陌生人以及外国人判断,不仅不合理,而且充满恶意。其次,我对这些评论没有什么别的兴趣,除了它们出自名家之外。最后,如果你问我:"你是否读过《弥赛亚》,又有什么看法呢?"我的回答会是:"我只读了前四卷,至于我的看法,你可以从我今早听到那位好心牧师告诉我说,克洛卜施托克就是德国的弥尔顿时,我情不自禁地自言自语:'一个十足的德国弥尔顿!!!'的反应中一窥究竟。"

愿上帝保佑你和塞缪尔·泰勒·柯勒律治(S. T. COLERIDGE)。

第二十三章

> * 如果我为了怕冒犯别人而避免留下口实,那么这本小书序言的作用又是什么呢?我不怀疑它将使所有心怀坦荡地对待它的人感到满意。但是,对于那些出于天生的固执或愚蠢而拒绝理解如何才能满意的人,又该怎么办呢?就像西蒙尼德斯说的,"帖撒罗尼迦人太迟钝了,我骗不了他们",所以你可能会发现,有些人太愚蠢了,无法被安抚。此外,一个一心指责的人只会发现可指责的东西,这也不足为奇。¹
>
> ——伊拉斯谟《ad Dorpium》致多庇俄斯神学家

---

1 该段原文为拉丁文。据亚当·罗伯兹编辑,爱丁堡大学出版社2014年版《文学传记》第379页,脚注911中考证:这是1511年由伟大的文艺复兴人文主义者德西德里乌斯·伊拉斯谟写给神学家马丁·多庇俄斯(Martin Dorpius)的信,与第一版《愚人颂》同时出版。

在修订《朋友》杂志时，我插入了 1795 年印刷后勉强出版的《致人民》[1] 的节选，那时正是我反内阁热情高涨的时候：这些证明我的政治原则没有发生任何变化。——我在本章附上了自己从德国发出的信件，需要特别说明的是，这些信件包含了过去 12 个月所写的对现代戏剧的探讨，对"伯特伦的悲剧"的批评：证明我曾被错误地指责自己的趣味原则变化无常。——信是写给一个朋友的[2]：开头显然有些突兀，这是因为介绍语句遗漏的缘故。

我尊敬的先生，您还记得，惠特布莱德（Whitbread）[3] 先生，

---

1 据亚当·罗伯兹编辑，爱丁堡大学出版社 2014 年版《文学传记》第 379 页，脚注 912 中考证：这是一本柯勒律治出版于 1795 年的小册子，题为《致人民》（*Conciones ad populum*：*Or address to the people*）。

2 据亚当·罗伯兹编辑，爱丁堡大学出版社 2014 年版《文学传记》第 379 页，脚注 913 中考证：事实上柯勒律治一共写过 5 封信（在本章的探讨中他合并了这 5 封信）给《信使报》（*Courier*）的编辑（分别是 1816 年的 8 月 29 日，9 月 7 日，9 月 9 日，9 月 10 日和 9 月 11 日），希望可以发表。这些信件阐述了柯勒律治对最近出版的哥特式悲剧《伯特伦，或圣奥尔多德城堡》（*Bertram, or the Castle of St Aldobrand*）的看法，这部悲剧的作者是爱尔兰作家查尔斯·罗伯特·马图林（Charles Robert Maturin, 1782—1824）。

3 据亚当·罗伯兹编辑，爱丁堡大学出版社 2014 年版《文学传记》第 809 页，脚注 914 中考证，这里指的是塞缪尔·惠特布莱德。

在他去世前不久,向德鲁里巷皇家剧院的全体认购人提议,在某些条件和限制下,事情应该交给负责任的个人;他的提议因被认为是对主要目标的颠覆而被拒绝(这让人不无义愤),而开明爱国的哲学剧作家群体被说服冒着认购的风险来实现这一目标。现在,这个目标被公开宣称为不亚于对英国舞台的救赎,不仅是对马、狗、大象以及类似的稀有动物的救赎,而且是对更有害的野蛮主义和柯策布主义[1]在道德与品味上的救赎。德鲁里巷皇家剧院将恢复它原来的古典声誉。莎士比亚、琼森(Jonson)和奥特维(Otway),连同被遗弃的凡布鲁(Vanbrugh)、康格里夫(Congreve)和威彻利(Wycherley)[2]的缪斯女神,将重新获得他们对英国观众应有的主导影响;这个艰巨的过程将从消灭多瑙河岸引入的会说话的怪物开始,与之相比,它们那些温和的亲戚,来自埃克塞特交换中心及波利托(在皮德科克之后的动物园主人)展览车的外来动物,都很温

---

1 柯勒律治在上一章的萨蒂兰信件中记录了他对德国剧作家奥古斯特·弗里德里希·费迪南·冯·柯策布评价不高。
2 据亚当·罗伯兹编辑,爱丁堡大学出版社2014年版《文学传记》第380页,脚注916中考证:在18世纪末和19世纪初,托恩·凡布鲁(Tohn Vanbrugh, 1664—1726)、威廉·康格里夫(William Congreve, 1670-1729)和威廉·威彻利(William Wycherley)等复辟时期的剧作家所创作的戏剧的删节版在伦敦的剧院很受欢迎。

顺，没有攻击性。[1] 这样一个既精益求精又如此艰巨的宏伟工程能坚定地托付给一个唯利是图的经理吗？在他的严格监管下，良好的盈利制度[2]就能使他亲自将一份针对瘟疫的健康法案落实吗？他的成功能合理预期吗？不能！就所提议之事，必须是懂行的专业人士才能胜任。地位、财富、博雅教育以及（它们的自然伴生物或结果）重要的洞察力、微妙机智、公正无私、毋庸置疑的道德、众所周知的爱国主义和可靠的文学艺术赞助[3]，这些是影响德鲁里巷皇家剧

---

1 据亚当·罗伯兹编辑，爱丁堡大学出版社 2014 年版《文学传记》第 380 页，脚注 917 中考证：埃克塞特交易所（Exeter Exchange, 也写作 Exeter'Change）是始建于 1773 年的位于伦敦斯特兰德大街（Strand）北侧的一座建筑，有一条拱廊横跨行车道，到 1829 年被拆除，它最著名的是占据上层 50 多年的动物园（拜伦 1813 年参观过这里，据说看到了狮子、老虎和河马），吉尔伯特·皮德科克博物馆（Gilbert Pidcock's Museum）也在这里。1810 年皮德科克死后，场地被史蒂芬·波利托 (Stephen Polito, 1763—1814) 买下，他是英国乔治王朝时期意大利后裔的动物园主人。他在广告中吹嘘道："皇家动物园，埃克塞特交易所，斯特兰德大街，史蒂芬·波利托复兴和改善，世界上第一个充满有生命的奇珍异宝的商业中心"。

2 画线部分原文为拉丁文。据亚当·罗伯兹编辑，爱丁堡大学出版社 2014 年版《文学传记》第 380 页，脚注 918 中考证：此处选用自古罗马讽刺诗人代表人物尤维纳利斯 (Juvenal, 约 60—约 140, 一说 60—127) 的诗句："良好的盈利制度"（lucri bonus odor）。他流传于后世的的讽刺诗有 5 卷 16 首，本句在第 14 首 204 行。

3 画线部分原文为拉丁文。这个词采用的词根是盖乌斯·梅塞纳斯（Gaius Cilnius Maecenas, 公元前 70—公元前 8 年）的名字，以此代表文学艺术赞助。梅塞纳斯是罗马帝国皇帝奥古斯都的谋臣，著名的外交家，同时还是诗人艺术家的保护人。诗人维吉尔和贺拉斯都曾蒙他提携。他的名字在西方被认为是文学艺术赞助者的代名词。

院专有认购者选票的因素,是其最高管理委员会选举产生相应人选的动机。只有这种情况,才会激起公众的强烈兴趣,尊重在这种支持下公布的第一部产品——《悲剧缪斯》,并经受住了这种评判的考验:即,你要求我评判的这部《悲剧缪斯》(有很多理由显示)注定人们对它寄予厚望,并最终要实现。

但在我研读《伯特伦,或圣奥尔多布兰德城堡》之前,我要插几句话谈谈"德国戏剧"这个词,我认为这个词完全是使用不当。在莱辛时代,德国舞台,事实上,似乎是法国舞台单调而卑躬屈膝的翻版。莱辛是第一个把莎士比亚的名字和作品介绍给德国人欣赏的人;或许我不该扯得太远,如果我想补充说,是莱辛首先向所有有思想的人,甚至向莎士比亚的同胞们,证明了他看似不合常规的表面下的真实本质。他证明,这些表面上的不合常规只是对希腊悲剧意外的偏离;此等意外仿佛沉重的负担悬挂在希腊诗人的翅膀上,将他们的飞行范围缩小到我们称作英雄歌剧的范围之内。他证明,就艺术的所有本质而言(不亚于自然真理),莎士比亚的戏剧与亚里士多德的原则一致,远非高乃依(Corneille)[1]和拉辛的作品(尽管以规律性著称)可比。在这些信念下,莱辛创作了自己的戏剧作品。这些作品的不足之处在于深度和想象力;优点在于情节的构思、良好的情感感受、道德的节制,以及措辞和对话的精雕细琢。简而言之,他的戏剧与近年来打着德国戏剧名义的所有作品(对它们的滥用和

---

[1] 皮埃尔·高乃依(Pierre Corneille, 1606—1684),法国悲剧作家,法国古典主义戏剧的奠基人,他和莫里哀、拉辛一起,被公认为17世纪法国三大戏剧家。

享受一度成为时尚）正好相反。席勒的《强盗》是后者的最早标本，这是他年轻时（几乎可以说是少年时期）的第一部作品，就其本身而言，是非凡天才的保证和承诺。唯其如此，莱辛更成熟的判断力才能容忍这部剧。在莱辛的一生中，他对这部作品的表述极其苛刻，把它说成是对高尚趣味和健全道德同样无礼的怪物。在他晚年，他对《强盗》异乎寻常的受欢迎感到愤慨，这把他引向了相反的极端，即，故意表现出的兴趣浅薄（只要这种兴趣是由偶然事件和好奇心引起）、苦心细究韵律的措辞、矫揉造作的用韵以及卖弄学问的同声附和。

不过，为了理解《强盗》及其无数仿制品的真正品格，我必须告诉你，或者至少唤起你的回忆。大约那个时候，特别是在那之前的几年里，德语中最受欢迎的三本书是杨格（Young）的《夜思录》、赫维（Hervey）的《冥思录》以及理查逊（Richardson）的《克拉丽莎》[1]

---

[1] 据亚当·罗伯兹编辑，爱丁堡大学出版社2014年版《文学传记》第382页，脚注920中考证：这里提到的作者及其作品被译为德文的时间分别如下：（1）爱德华·杨格（Edward Young, 1683—1765），英国诗人、评论家、哲学家、神学家。他在几年内经受了失去妻子、女儿、女婿的悲痛，在痛苦中写就了他的传世之作长诗《夜思录》（*Night-Thoughts*，全名《哀怨，或关于生、死、永生的夜思》，1742—1745），这首诗在他的时代广受欢迎，1752年被译为德文；（2）詹姆斯·赫维（James Hervey, 1714—1758），英国牧师、作家，他的夹杂诗作在其中的散文《冥思录》（*Meditations*，全名为《在坟墓间的冥想，趋向改变时代罪恶和促进福音的圣洁》，"Meditations among the Tombs, tending to Reform the Vices of the Age and to promote Evangelical Holiness"，1748），1755年被译为德文；（3）塞缪尔·理查逊（Samuel Richardson, 1689—1761），英国18世纪重要小说家，《克拉丽莎，或一位年轻女士的生平》(*Clarissa, or The History of a Young Lady*, 1747—1748) 是他的代表作，1748—1752年被译为德文。

的译本。现在，我们只需要把赫维的浮华风格和独特节奏结合起来，他的作品之所以富有诗意，只是因为完全不适合散文，也可以说是散文体，因为完全不适合诗歌。我重复一下，我们只有把这些赫维主义与紧张的思想、形象化的形而上学和杨格的庄严警句结合起来；与整个思想起伏中每一种思想和感受的沉重情感、细微细节以及病态意识，简而言之，与理查逊的自我复现和梦一般的连续性结合起来；然后再加上可怕事件和神秘反派（如果你愿意相信作者的描述，他们是超自然智慧的天才，而如果我们从他们的行动和计谋来判断的话，他们与监狱里最卑鄙的恶棍同一水准）——添加了破烂不堪的城堡、地牢、天窗、骷髅、有血有肉的鬼魂以及现代作家永恒的妄想，（它们本身是《奥特兰托城堡》[1]的文学雏形，《奥特兰托城堡》的译本及前述模仿本和改良本大约就是在那个时候开始在德国名声大噪起来，如同原著在英国取得的成功）——当这些成分充分混合在一起时，你就会认出所谓的德国戏剧。德国最优秀的评论家们，把这样拼凑出来的<u>大杂烩</u>[2]斥为作者弱点的束缚和病态想象的高潮，读者麻木感最低限度的刺激。然而，莎士比亚的不合常规和粗犷这一古老的错误认知仍在流行，在这一点上，德国人只不过是法国人的回声，而法国人也不过是我们本国批评家的回声，莎士比亚被引述为最反莎士比亚式戏剧的权威。我们确实有两位诗人，他们的写

---

1 《奥特兰托城堡》（*The Castle of Otranto*，1763），作者是霍勒斯·沃波尔（*Horance Walpole*，1717—1797），英国文学家、艺术史学家、古物学家和辉格党人，该作品是其著名的原创哥特式小说，多次重印，广受欢迎。
2 画线部分原文为西班牙文，是一种西班牙大杂烩。

作风格是一样的,接近莎士比亚时代的风格,对他们来说(这是他们作品中最糟糕的特点),当代戏剧中的合唱团主唱[1]可能会对他们引以为傲的拙劣关联或呆板衍生形成挑战。因为如果我们宽恕地同意忘掉风格的喜剧式幽默、机智、巧妙等,换句话说,忘掉所有诗歌,忘掉博蒙特(Beaumont)和弗莱彻全部天才的十分之九,那么,剩下的元素造就的便是柯策布。

因此,所谓的德国戏剧,其源头是英语,素材是英语,将之重启的还是英语。直到我们可以证明,柯策布或任何沿袭柯策布风格的作者(不管是剧作家或浪漫主义作家,还是浪漫主义剧作家)的作品曾在受过良好教育的德国人图书馆的书架上获得一席之地(相比于它们的原著以及仿版的仿版在祖国的地位),我们应该服从我们自己的领导,自食其力,或者更确切地说,将之视为一种流放而归的无风度,这种改进只有从年轻流放犯通常回家时所展现的成长和举止中才能见到。

我不知道还有什么比与一些更古老作品进行比较更有助于清楚地了解任何文学现象的本质了,两者的相似之处是显著的,但只是表面的,而区别是真实的。在目前情况下,名为《阿泽斯塔・富米

1　画线部分原文为希腊文。据亚当・罗伯兹编辑,爱丁堡大学出版社 2014 年版《文学传记》第 383 页,脚注 923 中考证:在希腊悲剧中科里普豪斯(Coryphæus)是合唱团主唱,柯勒律治在这里暗指柯策布。

纳托》[1]的这部西班牙古老戏剧提供给我们这一机会，这部戏剧以前，也许现在仍然在西班牙的教堂和修道院上演，不同名称的版本（《唐璜》《浪荡子》等）在欧洲各国都受到欢迎。一部如此广受欢迎的作品，一部如此怪诞和奢侈的作品，理应得到冷静的关注和研究。需要注意的第一点是，这部剧从头到尾都充满了想象力。除了地名和人名，其他完全不属于现实世界。喜剧部分和悲剧部分一样，活着的人和死去的人一样，都是大脑的产物。就像《失乐园》中的撒旦或《暴风雨》中的卡利班（Caliban）一样，几乎不受一般概率法则的约束，因而被理解和评价为模仿的抽象。地位、财富、智慧、才能、学识和自由成就，以及人的美貌、精力充沛的健康和强健的体格——所有这些优势，因高贵出身和民族性格形成的特有的习惯和同情心而得到提升，是所有事物、事件和现象以及我们所有思想、感觉、冲动和行动的唯一根基和直接原因，应该结合到唐璜身上，以便给他提供一种方法，使他能够将无神论的本质教义贯彻到它的一切实际后果中去。服从自然是唯一的美德，满足激情和欲望是它的唯一指令，每个人的自我意志是自然发出指令的唯一器官——

---

[1] 该作品原文为西班牙文，此处为音译。据亚当·罗伯兹编辑，爱丁堡大学出版社 2014 年版《文学传记》第 383 页，脚注 924 中考证：今天的学者们普遍认为这部作品并不存在。柯勒律治在其他著作中提到这部作品又说是意大利戏剧。但可以推测的是，故事原型唐璜来自西班牙关于唐璜的传说，而且柯勒律治也谈到了托马斯·沙德维尔的作品《浪荡子》，该主人翁的性格类型大略如此。

自我矛盾是唯一的错误！

因为，按照精神法则，正确的是，

每一个人物

发出的行为应与自身严格相符。[1]

  思辨的观点，不管多么不敬，多么大胆，并不总是伴随着相应的行为，这是千真万确的，而且，由于它们与人性和社会制度不相适应，在任何情况下都很难系统地加以实现。它能成为地狱，只有在那里才全是地狱。任何一个完整魔鬼的存在都需要一个独立的魔鬼世界。但另一方面，同样清楚的是，（我们面前有卡里尔[2]及其无神论者同伴的传记），如果不是故意视而不见，就不能否认的是，（所谓的）自然体系（也就是唯物主义，完全拒绝道德责任、现时天意以及现在和将来的报应）可能会影响个人乃至群体的性格和行为，其影响程度几乎可以消除人与魔鬼之间的区别，令未来历史学

---

[1] 据亚当·罗伯兹编辑，爱丁堡大学出版社 2014 年版《文学传记》第 384 页，脚注 925 中考证：这段诗歌引自约翰·克里斯托弗·弗里德里希·冯·席勒 (Johann Christoph Friedrich von Schiller1759—1805) 的作品《皮科洛米尼，或华伦斯坦的第一部分》（*The Piccolomini, or the first part of Wallenstein*）。席勒是德国著名诗人、哲学家、医学家、史学家和剧作家。此段由柯勒律治译为英文，书中原文即此英译文。译者据此译为中文。

[2] 据亚当·罗伯兹编辑，爱丁堡大学出版社 2014 年版《文学传记》第 384 页，脚注 926 中考证：卡里尔这里是指让·巴蒂斯特·卡里尔（Jean-Baptiste Carrier, 1756—1794），法国革命家，因其在雅各宾专政恐怖统治时期的行为而闻名。在镇压保皇派反革命时，他下令处决了 4000 名平民，其中大部分是牧师、妇女和儿童。罗伯斯庇尔政府倒台后，卡里尔因战争罪受审，被判有罪并被处决。

家翻到这一页时看似是对一个疯子的梦的叙述。因此，构成人物抽象化并脱离概率规则的并不是唐璜的邪恶，而是与同一个人的完整邪恶共存的相应行动和事件的接连迅速发生、他的智力优势以及他的天赋和优良品质的卓越积累。但是，正是这种情况赋予了这部奇特剧作的特有魅力和普遍关注。唐璜从头到尾都是一个一目了然的人物，就像弥尔顿笔下的撒旦一样。诗人只期望读者，作为诗人，他有权这样期望：即，对这样一种存在抱消极信仰（我们愿意给予表面理想作品），倾向相同的情感状态，就像我们思考望楼的阿波罗和法尔内斯的赫拉克勒斯（Hercules）的理想化形象一样。赫拉克勒斯的肉体力量之于眼睛，好比唐璜的品格力量之于心灵。理想在于通类与个体的巧妙平衡。前者使人物具有代表性和象征性，因此具有指引意义，因为，变通地说，这一原则适用于人类的所有类型。后者赋予人物鲜活的趣味，因为没有什么是真实存在的，而是作为明确的个体存在的。要完全理解这一点，读者只需要回忆他的具体情感状态——当他在看一幅著名历史（更确切地说，是诗情画意的或记述英雄及其事迹的历史题材）类图画时，他反对某一特定人物太像一幅肖像；他的自满情绪出来介入——在没有任何参照和关联的情况下，他可能从这个人物身上认出现实生活中的任何人。这样一个人物不理想，这就足够了：不理想，因为理想的两个因素或元素之一是多余的。他会对一组纯粹抽象的人物，如西普里亚尼

（Cipriani）[1]的人物，以及所谓的希腊形式和面孔，即根据指南画出的轮廓，产生类似的更强烈的反对意见。这些也不理想，因为其中的另一个元素多余。"正在形成的形式通过已成型的形式闪耀光芒，"[2]是理想艺术的定义和完善。

《唐璜》如此巧妙地成就了这一卓越，以至于它可以不需要诗歌便充满趣味，不，甚至不需要言语，就像我们的同名哑剧一样。我们清楚地看到角色是如何形成的。事件中的放肆言行，唐璜代表的超人类整体属性，防止了邪恶将我们的心灵震撼至任何痛苦的程度。我们认为这还不够，不，即使是我上面描述的那种暂时的消极信念或默许也不行。与此同时，他的人物品质实在是太可取了，太过讨好我们的骄傲和期望，而不是在这方面弥补在另一方面失去的更多信心。（旁观者或读者认为）我没有变成唐璜这样一个邪恶怪物的危险！我永远不会成为一个无神论者！我决不否决对与错之间有任何区别！在我的爱情中，我一点也不愿意做像德洛坎塞（Drawcansir）一样可恶的人！而是拥有这样一种力量：能够吸引和迷住异性感情！——能够激起一个迷人甚至贤德女人对我如此深厚的，如此完整的爱！——即使是我最坏的恶习（如果我是邪恶的），即使是我的残忍和背信弃义（如果我是残忍的，背信弃义的），也

---

[1] 西普里亚尼（Cipriani），乔瓦尼·巴蒂斯塔·西普里亚尼 (Giovanni Battista Cipriani)，1727—1785，意大利画家和雕刻家，从 1755 年开始住在英格兰。他的大部分作品都是版画的设计，其中很多是由他的朋友弗朗西斯科·巴托洛齐 (Francesco Bartolozzi) 雕刻的。

[2] 引号内原文为拉丁文。

无法消灭那种激情！——如此爱真实的我，即使对我的品格有了明确的认识，她还是愿意为了救我而死！——先生，这体现了我们天性的两面性，好的一面和坏的一面。因为爱可以带给一个女人英雄般的无私，如果没有对女性的尊敬之情，就不能设想出这种无私；另一方面，渴望我们内心的某种东西得到外在的证实是一种痛苦，它存在于我们天性的神秘基础中，这其实就是我们自己，不是由我们的品质和关系构成，而是本身就是所有这些的支撑和实质基础。爱我，而不是我的品质，也许是一种错误的、疯狂的愿望，但并不是毫无意义的愿望。

没有力量，美德在揭示其自身存在上，无法恰如其分和力所能及。这就像塔索（Tasso）笔下的女主人公被魔法变成一棵树，只能在树上呻吟和流血。[1] 因此，力量必然是我们渴望和仰慕的目标。但在所有力量中，思想的力量，无论如何，都是人类雄心壮志的宏伟梦想。我们将如神能通晓知识[2]，过去是，将来也必定是首要诱惑：伟大的知识权威与罪恶并存，如果没有激起最强烈的兴趣，就永远不会得到充分的表现，正因为如此，我们可以在这种糟糕的异质协调中，把人的智力看作是一种独立的自给自足的存在，而非对他自己的良心，或一种以无限优越

---

[1] 塔索（Torquato），托尔夸托·塔索（Torquato Tasso），1544—1595，意大利诗人，文艺复兴运动晚期的代表。据亚当·罗伯兹编辑，爱丁堡大学出版社2014年版《文学传记》第387页，脚注931中考证：此处情节出自其代表作叙事长诗《被解放的耶路撒冷》（*Gerusalemme Liberata*）第13卷第38诗节。

[2] 据亚当·罗伯兹编辑，爱丁堡大学出版社2014年版《文学传记》第387页，脚注932中考证：柯勒律治改写自《圣经·创世纪》（*Genesis*）第3章第5节。

的形式存在的意志的适当服从。

　　这就是莎士比亚笔下男性角色的神圣魅力。它们都是按照莎士比亚自己的巨大智慧铸成的。这就是他笔下尤其是理查（Richard）、伊阿古（Iago）、爱德蒙（Edmund）等人物的显著吸引力。但再一次说明，在所有智慧力量中，超越无形世界恐惧的力量最受瞩目。有一点充分证明了它的影响：它可以贿赂我们自愿呈递更好的知识，暂停不断从经验中获得的所有判断，使我们能够饶有兴趣地阅读关于鬼魂、巫师、妖怪和秘密护身符的最荒诞的故事。一个真正的诗人，如果他的整个作品是和谐的，那么，基于这种深深根植于我们天性中的倾向，可以提升一种特定的扣人心弦的可能性：足以带来戏剧性乐趣的扣人心弦的可能性，即使当组成部分的人物和事件近乎不可能存在。诗人不要求我们清醒和相信，他只要求我们屈服于一个梦想，（我们睁大双眼，在幕后进行评判）准备好随时在我们的意志的初动中唤醒我们；与此同时，只要别抱任何怀疑。在这样一种心境下，唐·约翰（Don John）对他父亲鬼魂的出现所表现出的冷静无畏，一定会给人留下深刻的印象：

鬼魂：怪物！看这些伤口！
唐·约翰：我在看！依我看，是善意之举，处理得很好。
鬼魂：你要悔改，要悔改你一切的恶事。
　　　我躁动的鲜血向上帝呼喊着复仇，
　　　上帝必将赐予你们众人他的评判。

> 地狱为你敞开大门,每个恶魔都在召唤你,
> 无时无刻不在等待你不知悔改的堕落。
> 他们会用永恒的恐怖折磨你,
> 除非你突然忏悔你所有的罪。(鬼魂开始消失。)

唐·约翰:再会,你这个愚蠢的鬼魂。他说忏悔!这意味着什么呢?我们的感官完全笼罩在迷雾中。

唐·安东尼奥(唐·约翰一个堕落的同伴):才不是!那是鬼。

唐·洛佩兹(另一个堕落的同伴):我以前从不相信那些愚蠢的故事。

唐·约翰:来吧!没事的。随它去吧,天性使然!

唐·安东尼奥:天性在我们身上也是不可改变的。

唐·约翰:没错!鬼魂的本性无法改变我们的天性。[1]

谁又能否认他在最后一次可怕的审判中所表现出来的与以往惊人一致的崇高呢,就像第二个普罗米修斯(Prometheus)?

> 群魔齐声呼喊。

雕像鬼:难道你不会心软,不会后悔吗?

唐·约翰:你能再给我一颗心吗?凭着我有的这颗心,我不会。

唐·洛佩兹:太惊人了。

---

[1] 据亚当·罗伯兹编辑,爱丁堡大学出版社2014年版《文学传记》第389页,脚注933中考证:诗段引自托马斯·沙德维尔(Thomas Shadwell,1642—1692)的剧作《浪荡子》(*The Libertine*,1676),托马斯·沙德维尔是英国诗人和剧作家,于1689年荣膺"桂冠诗人"称号。

唐·安东尼奥：我有点不愿心软，但有什么东西阻止了我。

唐·洛佩兹：就算我们愿意，现在已经太晚了。我不会的。

唐·安东尼奥：我们蔑视你！

鬼魂：你们这些不敬的可怜虫，去死吧，迎接为你们预备的惩罚吧！

（电闪雷鸣。唐·洛佩兹和唐·安东尼奥被吞噬。）

鬼魂对唐·约翰说：看看他们可怕的命运，你最后的时刻到了！

唐·约翰：别想吓我，蠢鬼，我要把你的大理石身体摔成碎片，把你的马拆毁。

（电闪雷鸣——群魔齐声呼喊等）

唐·约翰：我看着觉得惊奇，却并不惧怕。
难道所有的元素都要被混淆，
重新陷入以前的混乱；
难道硫磺的海洋在我周围燃烧，
所有人在那些火焰中咆哮，
我感觉不到害怕，也感觉不到丝毫悔恨。
直到最后一刻，我也要挑战你的力量。
我坚定地站在这里，蔑视你所有的威胁。
你的谋杀者（对一个曾被他谋杀的人的灵魂）
就站在这里！现在随你把我怎么样吧！

（他被吞噬在一片火海中。）[1]

---

[1] 据亚当·罗伯兹编辑，爱丁堡大学出版社2014年版《文学传记》第389页，脚注934中考证：诗段引自托马斯·沙德维尔的剧作《浪荡子》（*The Libertine*, 1676）。

总之，唐·约翰的品格就是人类本性渴望作为手段的一切元素的结合，因此，根据众所周知的关联法则，品格最终因这些元素本身变得令人满意。因着这些元素本身极其难能可贵，它们在这里被展示出来，被用于如此非人类的目的，以至于在效果上，它们仿佛是没有目的的手段。这些成分也以最巧妙的比例混合在一起，以便更能相互支持和帮助，尤其是在机智、欢乐和社会贡献精神出场的时候——阻止罪犯（即使在他最糟糕的时刻）堕落成为纯粹的恶棍，至少在我们的想象中是如此。最重要的是，一位有教养的绅士特有的风度和感情贯穿了整个故事，使这部剧充满了生气。于是，唐·约翰邀请被他谋杀的总督的雕像鬼魂吃晚饭，那个大理石鬼魂点头接受邀请，唐·约翰便摆设了一场筵席。

唐·约翰：喝些酒，老兄！为唐·佩德罗的鬼魂干杯，他应该
　　　　　到场的。
唐·洛佩兹：那流氓死后怕你。
　　　　　　　　（传来重重的敲门声。）
唐·约翰（对仆人）说：起来，尽你的本分去。
仆人：啊，是魔鬼，魔鬼！（大理石鬼魂进入。）
唐·约翰：哈！是雕像鬼！我们起来迎接他吧！请，总督，欢
　　　　　迎您，请坐在那儿；我们以为您不会来，抱歉失礼
　　　　　未能恭候大驾。

来，总督，为您的健康干杯！朋友们，敬酒！这肉很好吃，尝尝这道蔬菜烩肉。来，我来帮您，吃点东西，忘掉过去的不愉快。

（鬼魂威胁要报复他。）

唐·约翰：我们非常肯定——让枯燥无味的演讲一边去吧。来，这杯敬您的女主人，您生前有一个：别忘了您亲爱的妹妹。（魔鬼进入。）

唐·约翰：这些是您的随从吗？魔鬼，你们说！对不起，我没有烧制过的白兰地可以招待他们，那才是魔鬼喝的东西。[1]

诸如此类，等等。

仅就扣人心弦的可能性而言，我们引用的场景缺乏趣味，也同样容易受到健全道德的影响。那是一种在众多阶层中引起广泛注意的道德，他们随时准备接受绅士的勇敢无畏的品质和源自良知的道义，(在所有公认的荣誉法则中），作为美德的替代品，而非装饰品。[2]

---

[1] 据亚当·罗伯兹编辑，爱丁堡大学出版社2014年版《文学传记》第390页，脚注935中考证，引自托马斯·沙德维尔(Thomas Shadwell，1642—1692)的剧作《浪荡子》(*The Libertine*, 1676）。

[2] 据亚当·罗伯兹编辑，爱丁堡大学出版社2014年版《文学传记》第390页，脚注936中考证：这里柯勒律治引用了埃德蒙·伯克（Edmund Burke，1729—1797）于1794年6月16日弹劾沃伦·黑斯廷斯（Warren Hasting，1732—1818）的著名演讲中的句子。伯克是爱尔兰的政治家、作家、演说家、政治理论家。黑斯廷是英国政治家，曾任威廉堡(孟加拉)首任总督，孟加拉最高委员会主席，1773—1785年担任首任印度总督。1787年，他被指控腐败并被弹劾，但经过长时间的庭审，他于1795年被判无罪。1814年，他被任命为枢密院顾问。

这其实是这部剧的道德价值所在，也是它与现代雅各宾主义精神之间的距离所在。为了让我们妥协于原则的缺陷和不足，后者向我们展示了这些华而不实的起重要作用的品质的笨拙复制品。虽然《阿泽斯塔·富米纳托》[1]呈现了一幅同样品质的精美肖像画，光彩夺目，但呈现它们的唯一目的就是展示它们的空洞，每当这些作品和诸如此类的作品的完成独独只为其本身设想时，便是想通过证明它们对邪恶和美德的漠不关心来让我们警惕。

十八年前我注意到[2]，现代雅各宾戏剧（并非指德国，只是其相应名称）及其广受欢迎的全部秘密在于，因果关系中对自然规律的混淆和颠覆：也就是说，对惊喜的触发——通过表现那些经验教我们最不抱期望的人们以及生活各个阶层的慷慨大方、高尚情操以及良好荣誉感（更确切地说，那些在我们中间传递的事物），以及对美德所应得一切支持的回馈——通过描写那些被法律、理智和宗教从我们的尊重中驱逐出去的罪犯。

这本身会让我想到《伯特伦，或圣奥尔多布兰德城堡》[3]。但在我的脑海中，这一悲剧与《浪荡子》（查理二世在位时，沙德维

---

1 画线部分原文为西班牙文，此处为音译。

2 据亚当·罗伯兹编辑，爱丁堡大学出版社 2014 年版《文学传记》第 390 页，脚注 937 中考证：柯勒律治在这里指的是发表于《朋友》杂志上的信件，在本书第 22 章的第 2 封"萨蒂兰信件"上。

3 《伯特伦，或圣奥尔多布兰德城堡》（*Bertram, or the Castle of St Aldobrand*）是爱尔兰作家查尔斯·罗伯特·马图林 (Charles Robert Maturin,1782—1824) 的悲剧作品。

尔将《阿泽斯塔·富米纳托》¹改编搬上英国舞台）有关，事实上，从《浪荡子》第三幕第一场开始，就可以看到我们的现代戏剧在本质上被借鉴的影子。但在原著中却有着明显的判断优势。人间与地狱，人类和幽灵都起来反抗唐·约翰。这部剧的前两幕不仅使我们对超自然现象有所准备，而且使我们习惯于奇异现象的出现。因此，当船长发出惊叫时，情况与我们预料的相差无几："在我经历过的所有危险中，我从未经历过这样的恐怖。我完全失去了方向。"这时，隐士说，他曾"见过最巨浪汹涌的大海，但从未见过如此可怕的风暴，也从来没有见过如此骇人的闪电，如此震耳欲聋的雷声。"² 唐·约翰爆发的令人愕然的不敬行为，在其动机中同样具有可理解性，它的作用是增强戏剧性。

但又该如何解释伯特伦（Bertram）在海难的暴风雨中展示出的异能呢？不过是一种纯粹的超自然效应，甚至没有任何超自然因素的作用。所谓异能，并未在任何情况下曾被视为非凡；所谓奇迹，没有理由地出现，没有结果地结束。如果伯特伦和他的船是因为一场普通大风而卷入，或者是因为粮食缺乏，这部剧的每一个事件和每一个场景都可能发生。第一幕的确会失去它最伟大、最响亮的画面。一场戏追着一场戏，一句话也不说，因此，（这很罕见，没有先例），我们必须接受它，并心存感激！在不少人看来，无论从什

---

1 画线部分原文为西班牙文，此处为音译。
2 据亚当·罗伯兹编辑，爱丁堡大学出版社 2014 年版《文学传记》第 391 页，脚注 938 中考证：该句引自托马斯·沙德维尔的剧作《浪荡子》（*The Libertine*, 1676）。

么意义上说，这都是剧中最好的一幕。我敢肯定那是最纯洁的：狂风暴雨中，僧侣们将蜡烛高举过翻腾着的巨浪，它的火焰透着一股稳重、沉着的狷介，简直不可思议。

西西里岛海岸，修道院里的修道士，夜晚，一场非常不祥的神秘风暴，一艘船失事了，出乎人们的意料，一个人因着非凡的游泳才能，再加上他的目的地的特殊性拯救了自己——

修道院院长：全部，全部都死了。

第一个修道士：换掉，换掉那些湿淋淋的丧服——

修道院院长：我不认识他们——每一个灵魂都逝去了——

（第三个修道士匆忙进入。）

第三个修道士：不，有一个人和风暴搏斗，

    不顾一切地搏斗；好几次，

    他几乎死去，但他并不认输——

    没有人予以援手，他也没有帮助任何人——

    独自一人，他冲过了大浪，

    那个人得救了。[1]

万幸！这个人被修道士领进来，浑身滴水，对于很自然的问话，他不是保持沉默，就是简短粗暴地回答，三四行半句客套话之后，

---

[1] 据亚当·罗伯兹编辑，爱丁堡大学出版社 2014 年版《文学传记》第 392 页，脚注 939 中考证：诗段引自《伯特伦，或圣奥尔多布兰德城堡》（Bertram, or the Castle of St Aldobrand）。

他将（救他的）"修道士赶走"¹，他带着我们现代厌世英雄主义的真实崇高大喊——

　　走开！你们是人，你们的手有毒。

　　但我必须屈服，因为这"（什么？）"使我失去了力量。²

　　前三个场景就此结束。接下来（在圣奥尔多布兰德城堡中），我们发现那里的仆人们也同样被这场神秘风暴吓坏了，虽然我们没有被告知它如何不同于其他猛烈的风暴，除了雨果³在第9页告诉我们——

　　皮特罗：雨果，很高兴见到你。您的年龄能承受住回忆如此可
　　　　　　怕的暴风雨吗？
　　雨果：近来这种事经常发生。
　　皮特罗：在西西里，尤其如此。
　　雨果：据说是这样。但我年轻的时候，暴风雨就像大自然时断
　　　　　时续发烧一样过去，让一切变得更加有益身心。现在，

1　据亚当·罗伯兹编辑，爱丁堡大学出版社 2014 年版《文学传记》第 392 页，脚注 940 中考证：诗句引自《伯特伦，或圣奥尔多布兰德城堡》（*Bertram, or the Castle of St Aldobrand*）。此处加引号的是舞台介绍的语句。

2　据亚当·罗伯兹编辑，爱丁堡大学出版社 2014 年版《文学传记》第 392 页，脚注 941 中考证：诗段引自《伯特伦，或圣奥尔多布兰德城堡》（*Bertram, or the Castle of St Aldobrand*）。

3　雨果，《伯特伦，或圣奥尔多布兰德城堡》（*Bertram, or the Castle of St Aldobrand*）中的人物。

狂暴却是这样不合时宜、毫无益处地发泄出来，声音就像来自天堂的威胁。[1]

西西里风暴最令人费解的理论正如雨果所说！值得注意的是，没有任何地方显示，他自己和这个棘手的话题有任何的大的关联性。因为当皮特罗（Pietro）声称西西里的暴风雨"越来越频繁"时，这位老者声称除了道听途说之外，对事实一无所知。"据说是这样。"——但为什么他认为这场风暴不合时宜，（因为风暴仍在猛烈地肆虐），他预言暴风雨"毫无益处"，没有其他猛烈海风所具有的净化大气的物理力量，我们被留在黑暗中，根据是什么；以及他所了解的一些特别之处，（在暴风雨继续存在的过程中），通过什么他知道这与他年轻时所知道的有所不同。伊莫金（Imogine）女士终于出场了，据我们所知，她"整夜"没有休息，不是因为暴风雨，而是——

暴风雨还没来，她的焦躁不安
已然将香甜入睡的所有期望变成泡沫。[2]

坐在桌旁，看着一幅肖像，她告诉我们——首先，肖像画家可

---

[1] 诗段引自《伯特伦，或圣奥尔多布兰德城堡》（*Bertram, or the Castle of St Aldobrand*）。
[2] 引自《伯特伦，或圣奥尔多布兰德城堡》（*Bertram, or the Castle of St Aldobrand*）。

以凭记忆画一幅肖像——

  画师可以通过艺术描绘出缺失的特征。[1]

  当然,这些话绝不是说,画家让一个人坐在他旁边,然后这个人离开房间,或者离开这个国家?其次,一个肖像画家可以帮一个悲恸女人为其不在场情人画一幅很好的肖像,但是肖像画家不能,那么谁能——

  重现他们见面和分手的情景?[2]

  答案自然是——为什么一定是风景画家?但是这位不讲理的女士除了要求把各种各样的东西涂得既没有线条也没有颜色外——

  那些甜蜜而苦涩的思念、回忆,
  或是他们相爱时恋人的极乐梦想。[3]

  最后一句应该是什么意思?当他们在一起,做爱的时候。——

---

[1] 引自《伯特伦,或圣奥尔多布兰德城堡》(*Bertram, or the Castle of St Aldobrand*)。
[2] 引自《伯特伦,或圣奥尔多布兰德城堡》(*Bertram, or the Castle of St Aldobrand*)。
[3] 引自《伯特伦,或圣奥尔多布兰德城堡》(*Bertram, or the Castle of St Aldobrand*)。

那么,如果这幅肖像能说话,它就会"释放女性的信仰"。怎样?她一直没变心?不,她嫁给了另一个男人,她现在是他的妻子。那么怎样?为什么她不顾自己的婚约,仍然留恋从前的情人呢——

这个拥有她的身,那个占据她的心,
哪个更合算?[1]

然而,我们很快就会发现,情人对这一用心安排并不满意。这位女士接着又告诉我们,在他们分离的许多年里,在世界各地都发生过许多"这样的事情";甚至这样的事情,就像多年来一直发生的那样,直到千禧年,毫无疑问总是会在某个地方发生。然而,这段文字,无论是从语言上还是从韵律上,也许都是该剧最精彩的部分之一。伊莫金女士的密友,备受尊敬的侍者克洛蒂尔达(Clotilda)现在入场,解释这爱和尊重,证明她是一个十分被动、冷静的倾听者,以及一个简单、幸运的质问者——偶然提出了我们为寻找答案而本应思考的问题。简而言之,她让我们想起了那些木偶戏里的女主人公,对于她们来说,表演人员没有任何口技就能进行对话。尽管如此,这是剧中最好的一幕,虽然充斥着失礼、用词不当和违背韵律,但如果我们能在阅读过程中暂停道德意识,这一幕有足够的资本更胜

---

[1] 据亚当·罗伯兹编辑,爱丁堡大学出版社 2014 年版《文学传记》第 393 页,脚注 947 中考证:引自威廉·康格里夫(William Congreve,1670—1729)作品《情歌:告诉我,我不会再受骗》(*Song: Tell Me I Am No More Deceived*,1692),他是英国剧作家,以喜剧闻名于世。

一筹。它生动而充满激情地讲述了最初情况，克服了大多数第一幕的主要困难，也就是说，克服了回顾叙述的主要困难。它告诉我们，一位地位和财富高出她很多的高贵青年曾向她表达爱意，他们彼此相爱，她的感激之情更加深了这一点。他失去了君主的支持，他的耻辱，剥夺公权，以及逃跑，他（因此堕落）成为一个卑鄙的恶棍，一个凶残的强盗头子。由于他惯于放纵那些最堕落的习惯和最凶恶的感情，他甚至在外形和面貌上也发生了很大的变化，

> 那个生他的女人对他敬而远之，
> 不识她孩子的陌生面孔，
> 然而她（伊莫金）仍然爱他。[1]

伴着"冰冷大地上苦涩而可耻的极度匮乏"[2]死去的一位父亲无言的恳求迫使她伸出手，她的这颗心早已不可挽回地另有所属：奥尔多布兰德（Aldobrand）勋爵——她情人的敌人，甚至是挫败他宏大计划而现在被委以执行伯特伦（Bertram）死刑的人。现在，对"女人的爱"的证明（如果不是为了赢得观众的尊敬，至少也是为了博得他们的同情）可见于，虽然伯特伦是强盗、杀人犯，在举止甚至外形和面貌上都流露着恶棍的气息，连他的母亲也不禁"退

---

[1] 引自《伯特伦，或圣奥尔多布兰德城堡》（*Bertram, or the Castle of St Aldobrand*）。
[2] 引自《伯特伦，或圣奥尔多布兰德城堡》（*Bertram, or the Castle of St Aldobrand*）。

避三舍",而她(伊莫金女士),"一位非常尊贵的勋爵的妻子",——而他,作为一个男人,是值得尊敬的,作为一个丈夫,他堪称模范,饱含深情,是她唯一的孩子的慈爱父亲——尽管如此,她还是坚定着直击心灵的信念——

但你仍然是伯特伦的,永远是伯特伦的。[1]

一个修道士现在进入,以修道院院长的名义请求惯常的盛情款待,从这里我们第一次得知,圣奥尔多布兰德城堡对一些不幸海难灵魂的"自由高贵的利用",令我们无比惊讶的是,尽管上述暴风雨具有超自然的性质,但是不仅伯特伦,还有他那一伙人,已经得救了,我们只能猜测,他们和英雄伯特伦一样,都拥有同样的游泳能力和得救的命运。第一幕就这样结束了,随着这一幕的结束,悲剧开始时及之前的故事也都结束了。在第二幕中,伯特伦睡眠受到干扰,修道院院长缠着他,称之为"开始恍惚"或许更好,用一种可以唤醒七个熟睡者之一的紧张声音对观众说——

嘴唇起什么作用!光秃秃的牙齿怎么磨牙!
豆大的汗珠顺着他扭曲的额头往下掉![2]

---

[1] 引自《伯特伦,或圣奥尔多布兰德城堡》(*Bertram, or the Castle of St Aldobrand*)。
[2] 引自《伯特伦,或圣奥尔多布兰德城堡》(*Bertram, or the Castle of St Aldobrand*)。

我们不仅向这部悲剧的崇拜者承认这段话的戏剧性效果,而且也承认让观众准备好面对曾被"推"给观众的"烘托感觉"里,最令人吃惊的一系列扭曲的面孔、张大的嘴巴和疯狂的手势有更多支持这种效果的价值。

修道院院长:——我要把他从这种可怕的恍惚中唤醒。
这不是自然睡眠!喂,醒醒,陌生人![1]

我们必须承认,这是动词"反射"(reflex)一种古怪的应用,尽管我们还记得在一个悲剧手稿中,将承担这种侧面烘托作用的载体转移到病人身上的类似情况,里面的伯特伦一拳就把一个人打倒在地,大喊"要把我打倒,那么问问你自己是否还活着。"好在,陌生人听从了,不管他的睡眠如何,他的清醒完全自然而然,昏睡本身经不起修道院院长霍兰德(Holland)先生的斥责。接下来我们从最佳权威那里了解到(他自己坦白),这个厌世的英雄,他的命运与溺水不相容,他就是伯特伦伯爵,他不仅透露自己过去的命运,还公开承认自己的残暴行径,他对伊莫金(Imogine)的勋爵丈夫极其邪恶的仇恨,以及他对复仇的渴望。所谓,狂言者狂言,斥责者斥责——还有什么?修道院院长没有什么行动吗?难道他没有派一群警察或抓赃者去铐住那个恶棍,或者把他

---

[1] 引自《伯特伦,或圣奥尔多布兰德城堡》(*Bertram, or the Castle of St Aldobrand*)。

带到疯人院或纽盖特监狱[1]去吗？没有这样的事。作者保持了人物的统一性。爱斥责的修道院院长从头到尾都在斥责，除了最后一幕最后一个场景，其中，随着令人十分惊讶的变化，伯特伦哀诉、哭泣，跪倒在被谴责的亵渎神明的刺客面前，出于对这个高尚的人的纯粹喜爱，他的天使之罪的崇高可以与光芒加身的背道者相媲美，（也就是说，像撒旦一样高傲，像魔鬼一样邪恶），"让他激动不已"，（前面提到的修道院院长霍兰德先生）充满景仰之情。

因此，在紧接着的下一场景中，我们在圣奥尔多布兰德城堡见到了这个悲惨的麦希思（Macheath）[2]和他的一伙人，修道院院长没有尝试阻止他或者让城堡的女主人和仆人们提防他们的新居民。虽然他（修道院院长）知道，也承认他知道伯特伦的"可怖同伙"都是早已对犯罪习以为常的刺客——

当他们湿透的手扔掉黄金和装备，
他们凭着谋杀者的本能紧握匕首；[3]

---

[1] 在伦敦西门的著名的纽盖特监狱（Newgate）。

[2] 据亚当·罗伯兹编辑，爱丁堡大学出版社2014年版《文学传记》第396页，脚注955中考证：麦希斯是约翰·盖伊（John Gay, 1685—1732）创作的《乞丐歌剧》（Gay's The Beggar's Opera, 1728）中的人物。约翰·盖伊是英国诗人和剧作家，《乞丐歌剧》是他最著名的作品，是一部民谣歌剧。麦希斯在这部剧中是一个具有超凡魅力却十分邪恶的强盗团伙头目，这个角色因此成了家喻户晓的名字。

[3] 引自《伯特伦，或圣奥尔多布兰德城堡》（Bertram, or the Castle of St Aldobrand）。

不过他也知道，伯特伦是一个双手沾满鲜血的团伙的首领。无论他怎样去城堡，即使没有得到修道院院长的帮助，也得征得他的同意，让我们跟随他到那里去。

我们的英雄刚被安全地安顿在圣阿尔多布兰德城堡里，就引起了那位女士和她的密友的注意——他那"狂野而可怕的黑眼睛""密不透风的装扮""面貌可怖""透着邪恶的狂野""透着骄傲的严厉"[1]等诸如此类的常见模糊用词，仅仅通过语气对比来调整，最多也就是对骚塞《圣女贞德》中康拉德（Conrade）[2]稍加改动的复制粘贴。伊莫金女士，她一直（事实就是这样，她柔和而庄重地告诉我们）在城堡内的平台或城墙上祭拜月亮，坚持要和我们的英雄面谈，进行两人之间的私下谈话。读者是否会明白，为什么密友会被排除在外——她非常适合抗议这种"单独在夜晚与一个有着如此可怕的形态的人会面"，原因紧随其后——"哎呀，让他去呀！"我想说，因为紧随其后的下一行，"所有的恐惧都对我失去了力量"，[3]与前一行之间有一个间断或停顿，而且，这是对危险的拙劣回应，对于这种故意暴露的粗俗无礼，根本算不上回应。因此，我们必须把

1　引自《伯特伦，或圣奥尔多布兰德城堡》（*Bertram, or the Castle of St Aldobrand*）。
2　康拉德（Conrade）是骚塞史诗《圣女贞德》（*Joan of Arc*, 1796）中的人物，一个凶猛的法国士兵。
3　引自《伯特伦，或圣奥尔多布兰德城堡》（*Bertram, or the Castle of St Aldobrand*）。

它仅仅看作是对上述那位精致的女性的理由的事后考量，粗野之气稍有淡化，但分量并未有任何增加。克洛蒂尔达（Clotilda）退场，伯特伦入场，"站在那儿，不看她一眼"，也就是说，双腿叉开，双臂叉腰，身体侧向女士的前方，整个人像个倒 Y。他很快就被粗暴地从这种状态中唤醒，接着是怒吼，叫喊，咒骂，她晕倒了，他心软了，伊莫金的孩子跑进来，尖声叫"妈妈！"他抱起小家伙，"上帝保佑你，孩子！伯特伦亲吻了你，孩子，"——幕落。第三幕很短，我们的叙述也很短。圣奥尔多布兰德（St. Aldobrand）勋爵在他回家的路上出场，下一个是修道院里的伊莫金，她向修道院院长承认内心的邪恶，修道院院长先是沉溺于一贯的幽默中，不时发出毫无意义的斥责，然后把她独自留下面对她的凶恶情人，她立刻与他展开了一场不名誉的约会，紧接着幕落——剧情将被带进下一场次，同时舞台布景也将布置完善。

我想用语言来描述我目睹第四幕开场时的那种既恐怖又厌恶的心情，我认为这是公众思想堕落的一种可悲的证明。雅各宾主义精神令人震惊的影响似乎不再局限于政治。对残暴事件和人物的亲近，似乎毒害了趣味，甚至在没有直接扰乱道德原则的地方，对一切温和的呼吁无动于衷，只渴望最粗俗、最令人发指的刺激。事实就这样呈现在我们的感官中，当我以为英国观众可能会在这种对基本礼仪的不尊重面前保持被动，可事实并非如此，他们代之以雷鸣般的掌声表示欢迎，仿佛一个人就应当从这种复杂的肮脏和卑鄙的行为中散发出臭味，诸如此类的想法就像铅一样重重地压在我的心上，演员、作家和悲剧都要被我忘了，要不是有一个相貌平平的老人坐在我旁边,他一脸严肃,既惊讶,又厌恶,用胳膊肘碰了碰我,然后指着演员,低声对我说——"你看见那边那个小伙子了吗?他刚犯了通奸罪!"这个滑稽的讲话引起的笑声多少使他松了一口气,我努力把注意力完全集中在舞台上,得知伯特伦从短暂的悔恨中恢复过来,圣奥尔多布兰德奉命(这是每一个尽职尽责的诚实人不受托付也必做的事)抓住他,让他接受法律的公正制裁。这个消息(因为伯特伦早就知道自己是一个丧失公权的叛逆者,被宣布为不法之徒,他自己不仅双手沾满鲜血,还是一个臭名昭著的盗贼、海盗和刺客团伙的头目)对他来说肯定不是什么新鲜事。然而,正是因为这一点,他恢复了自己惯有的疯狂、亵渎和胡言乱语的状态。接下来是伊莫金与她受伤的丈夫之间一场令人不悦的谈话,为了参加修道院的圣安瑟姆(St. Anselm)节,他又一次带着爱和善意突然离去。必须承认,这么一个温柔的丈夫,久别之后,几分钟之内就答应了这样一桩事,实在是太奇怪了。但首先,他的夫人告诉他,她有"一个誓言",并希望"黑暗的沉沦使她那被诅咒的灵魂陷入深渊"[1]——(注意:她当时在说谎)——如果她爬上他的床,直到她完成忏悔,那么,可怜的丈夫在她忏悔的这段时间里,自己又如何高兴得起来呢?但是,读者们,不要因为圣奥尔多布兰德的缺席而难过!因为作者想把他赶出房子,丈夫的在场会造成妨碍,因此,只要有人需要,他一定会毫不犹豫地把他带回来。好吧!丈夫从一边出去,情

---

[1] 引自《伯特伦,或圣奥尔多布兰德城堡》(*Bertram, or the Castle of St Aldobrand*)。

人从另一边跳出,为了使他那不幸的帮凶灵魂陷于罪恶之中的邪恶目的,用最残酷、最亵渎神明的咒骂向她宣布,他下定决心要暗杀她的丈夫。就作者而言,所有这一切也没有任何明显目的,除了引入一连串超悲剧性的开始,停顿,尖叫,挣扎,掷匕首,摔倒在地,疯狂地站起来,破口大骂,大声呼救,又跌倒在地,又站起来,微微摇摇晃晃地朝门口走去。这一幕的结尾是,我们的这位女士非常巧妙地昏了过去,正好给了伯特伦一个机会去寻找他所憎恨的对象,免得她惊动家里的人,她以前确实有充分的时间这样做,但是,作者宁愿选择,她应该用上述的胡言乱语和受惊反应逗自己和观众开心。她慢慢地恢复过来,走进来的是克洛蒂尔达,她的密友和忏悔圣母。然后戏剧语言中所谓的疯狂开始,但作者更准确地称之为"谵妄",它其实类似一种间断性发热,不时伴有头晕,只要场合和舞台效果需要,就会发作。暴风雨轻而易举地回归(我们事先告诉读者情况会怎样)并已经发生变化——

> 冲刷着修道院墙壁的小河,
> 在它的边缘,汇成一股涌沫的洪流——
> 勋爵和他的小队随从有些震惊。
> 火把和钟声从他们高高的城垛上传来——
> 修道士们徒劳地向山口召唤;
> 他今晚必须回来。[1]

---

[1] 引自《伯特伦,或圣奥尔多布兰德城堡》(*Bertram, or the Castle of St Aldobrand*)。

俗话说：一谈到魔鬼，他的角就出现了。果然，在派去阻止他的使者离开后的十行文字内，圣奥尔多布兰德勋爵就到了。伯特伦的凶恶团伙现在进入舞台，在舞台上走动，为伊莫金的尖叫和疯狂提供了新的理由。圣奥尔多布兰德在幕后受了致命伤，跟跟跄跄地走了进来，浸于血泊之中，死在这个罪该万死的奸妇脚下。

关于她，在第四幕中，我们还有两点要注意：首先，她用卑鄙无耻、阴险狡诈的手段欺骗她的丈夫，使他说出原谅的话，而他自己并不明白；其次，她在任何地方都成为人们关注和同情的对象，这不是作者的错，如果，在任何时候，她使观众激起的感情没有我们所习惯的那种真诚的宗教忏悔者的自责来得温和，英国观众能忍受这一切吗？——他们对此大加溢美之词，要不是货运马车和出租马车之间的竞争，圣保罗大教堂平日里为数不多的晚祷可能会受到干扰。

时代在变，我们也随之改变。[1]

在第五幕中，唯一值得注意的是（咆哮和胡言乱语一如既往地丰富，但早在最后一幕成为理所当然的事情之前就已经存在

---

[1] 原文为拉丁文。据亚当·罗伯兹编辑，爱丁堡大学出版社 2014 年版《文学传记》第 400 页，脚注 963 中考证：这句话最早出现在威廉·哈里森（William Harrison，1534—1593）第一版的《不列颠群岛的历史描述》(*A Historical Description of the Islande of Britayne*，1577) 中。哈里森是一位英国牧师。

了），在一个礼拜堂的高坛上亵渎神明的表现，体现在圣餐用的所有器皿和其他圣礼的准备工作上，还有圣歌实际上是由唱诗班的男孩们在舞台上演唱的。至于其他的人，伊莫金——不时胡言乱语，她的长袍和头发总是让她显得有些轻浮，她在黑暗的森林里游荡，舞台背景是洞穴岩石和悬崖。一些无声的剧中人物不断地进进出出，他们的出现，至少有这样一个原因，就是他们能提供给德鲁里巷剧院绝大部分观众想看的东西，而这些观众却很少有机会听到哪怕一个字。她似乎把她的孩子带走了，但是孩子后来怎么样了，她是否杀了孩子，没有人能说清，没有人能知道。在演出现场，这是一个谜，仔细地看了这出戏之后，它仍然是一个谜。

> 我不知晓，尽管我希冀若如此，
> 必告诉你所有；
> 这个可怜的孩子后来的境况
> 没有人知道。
>
> ——华兹华斯的《荆棘》

我们所知道的全部信息来自以下一段文字——

修道院院长：你的孩子在哪儿？

克洛蒂尔达：（指着她看着的洞穴）

哦，他冰冷地躺在洞穴的坟墓里！

你为什么用这么可怕的话题来逼她？

修道院院长：（读者可能会注意到，人们会对他的斥责感到失望）

若是为了（唤醒）一颗死寂般的心，

我会试试看，虽然我自己为此心碎。

你的孩子在哪儿？

伊莫金：（狂笑）森林恶魔把他抓走了——

他（谁？恶魔还是孩子？）穿过噩梦般的巫师森林。

这几行字是对《李尔王》中埃德加装腔作态的疯癫毫无意义的剽窃，埃德加模仿吉卜赛人的咒语，运用了旧词mair的双关语含义，女巫，以及对德莱顿森林恶魔，和对弥尔顿（在他的《利西达斯》中细腻地刻画了神奇的德瓦河）<u>传说中的激流</u>[1]同样毫无意义的借鉴。也要注意，这些意象在伊莫金的对白中是独一无二的，与她前后所说毫无相似之处。但我们厌倦了。这幕戏里的人物活蹦乱跳，到处走来走去，和杰克的灯笼[2]一样蓄意使人生厌，如同调皮的男孩们隔着一条狭窄的街道，把一面镜子扔到对面邻居的脸上。伯特伦解除武装，气势击败了《强盗》中的查尔斯·德·摩尔（Charles de Moor）[3]，面对着圣安瑟姆骑士团（皆全副武装），他凭着浑身

---

1 画线部分原文为拉丁文。
2 杰克的灯笼，出自《灯笼杰克》（*Jack o'lantern*），传说爱尔兰一个被称为"吝啬鬼杰克"（Stingy Jack）的人死后，天堂不收他，因为他生前非常吝啬；地狱也不留他，因为他戏弄恶魔。无处可归的他，最后只好不停地走着，手提着用萝卜做的灯笼四处游荡。
3 据亚当·罗伯兹编辑，爱丁堡大学出版社2014年版《文学传记》第402页，脚注967中考证：在席勒《强盗》的德文原版 Die Räuber 中，这个人物叫卡尔·冯·摩尔（Karl von Moor）。

散发出的强大的恐怖气场，将他们陷入被动的境地。我们之前注意到了修道院院长举止上的突然变化，这的确很奇怪，许多观众还以为一个惊天秘密即将浮出水面，即：同许多人一样，修道院院长年轻时是一个罪人，现在变成一个爱斥责的老者，而这个伯特伦最终会成为他的儿子。伊莫金重新出现在修道院里，自然离开人世。伯特伦刺伤了自己，死在她身边，所以说这部剧可能一开始就意味着结束，即，始终处于一场毫无意义的亵渎神明的狂欢中，因为他是从一个卑鄙的懦夫（当剑闹着玩似的指向他时，他吓得直往后退）手里夺过的这把刺死自己的剑。这个<u>重犯</u>[1]，贼人头目——这是抢劫、奸淫、谋杀及怯懦的暗杀令人作呕的疯癫结合——这个怪物，他最大的功绩是，把自己变成杰克·凯奇（Jack Ketch）[2]，从而使他的部下免于被绞死。他先是托付慈悲的僧侣和神圣的修道院院长为自己的灵魂祈祷，然后发出愚蠢而无耻的呼喊——

我不会像重刑犯那样死去，

勇士的武器解放了勇士的灵魂！[3]

1　画线部分原文为拉丁文。

2　杰克·凯奇（Jack Ketch），卒于1686年11月，是英国国王查理二世手下臭名昭著的刽子手，其名字后来成为公共刽子手的代称。

3　据亚当·罗伯兹编辑，爱丁堡大学出版社2014年版《文学传记》第402页，脚注970中考证：这两句诗引自《伯特伦，或圣奥尔多布兰德城堡》（*Bertram, or the Castle of St Aldobrand*）的结尾两行。

第二十四章

*结束语

有时候，我们受惩罚是因为我们的无心之失，而这些惩罚与我们的过失并无因果关系：所以我一直觉得这才是最严厉的惩罚。惩罚带来的伤口虽然大小相同，但边缘是锯齿状的，因而我们在剧烈疼痛之后仍会隐隐作痛。因果之间的平衡总会带给我们一种慰藉之感。只有当我们思考因果关系的更替时，才会感觉前后发生之事是合理的、可理解的，因果关系就像磁铁的两极，通过一种力量来显示其相对的两方力量的存在和统一，可以说，因果关系为时间的暗流提供了一个永久的、同一的，因而也是现实的基础。永恒在时间的流逝中得以实现：感知和承认现在与过去的相称和匹配，向痛苦的灵魂证明，我们还没有被上帝抛弃，我们仍然能够看到上帝，尽管是透过黯淡的玻璃和浑浊的空气，尽管上帝正在惩罚我们。我们的思想是如此有限，思维是如此条理化，以至于所有的混乱都会让我们痛苦。许多医生有这样的经验，患有奇怪、罕见疾病的患者会因为自己和他人都无法理解自己患病的事实而感到痛苦和烦恼，这种痛苦和烦恼比疾病给患者带来的疼痛或危险还要严重。不仅如此，如果根据某种新症状或诊断结果马上明确了患者主诉的疾病名称和性质，并给出一个合理的病因，那么患者会获得最大的安慰，并会因此变得乐观，即使是这一结果同时表明患者没有任何康复的希望了。因此，当我们高高在上地阅读神秘的神学家的作品时，我们（总是脱离不了猿猴的痕迹，而且常常健忘）不是认为自己未去理解或无法理解这些作品，而是认为这些作品都是神学家的妄想和胡言。——因此，我支持神秘主义者和神学家的描述：堕落者不安的样子如同他们在做噩梦，在梦中他们感受不到真实甚至感受不到痛苦——无穷无尽——无形的上帝无处不在。但这些都是我们不敢涉足的精神层面。让我们来看一个更符合人类普通同情心的例子。在绝大多数情况下，天性引导甚至迫使受苦的人显露他们的悲伤。在上帝的注视和启迪下，我们可以发现这种天性的终极因。因此，"显露出我们的悲伤"所带来的缓解也随之而来：悲伤以可辨别的形式呈现，而不是以朦胧的形式呈现，在朦胧中，任何无形的东西都会被放大，（甚至）极其夸张。卡西米尔（Casimir）[1] 在他作品的第3卷第5首颂歌中愉快地表达了这一思想。

长久以来对沉默的
热爱，耗尽了
我的精力，悲伤，

---

[1] 据亚当·罗伯兹编辑，爱丁堡大学出版社 2014 年版《文学传记》第 404 页，脚注 972 中考证：这里指马蒂亚·卡西米尔·萨比夫斯基 (Maciej Kazimierz Sarbiewski，拉丁文：Matthias Casimirus Sarbievius，1595—1640)，波兰诗人，17 世纪欧洲最杰出的拉丁诗人，著名的诗学理论家。他是第一位在国外广受欢迎的波兰诗人，也是亨利克·辛基维茨（Henryk Sienkiewicz）之前最受欢迎的波兰作家。

> 榨干了我柔软的骨头,
> 只要你拒绝听那些意见,
> 它们就能飞走得更快,
> 当飞到朋友的耳中,
> 通过交谈,
> 你的愤怒将会释然,
> 抱怨一次便是抱怨的终结。
> 眼泪在哭泣中消失,
> 焦虑也不再那样振翅萦绕林间。
> 朋友的聆听将悲伤缓解。
> 悲伤在许多人的胸间游荡时,
> 便渐消渐弥。[1]

不过,我不会以此为借口,以读者不怎么关心或毫不关心的任何抱怨或解释来烦扰读者。(至少就目前来说)可以断言,在这些卷本印刷完毕之后,出版拖延如此久的原因与我本人的任何疏忽无关,并且,这些卷本对这本著作第一卷中写给年轻天才的、关于将

---

[1] 该诗原文为拉丁文。据亚当·罗伯兹编辑,爱丁堡大学出版社 2014 年版《文学传记》第 405 页,脚注 974 中考证:引自卡西米尔的作品《致普布利乌斯·穆纳提乌斯:灵魂之苦痛可凭与友朋倾诉之法缓解》(*Ad Publium Munatium; Maerorem animi colloquiis & caetibus amicorum temperandum esse*,英文:*To Publius Munatius: That sorrows of the soul may be lessened by conversation and suchlike with friends*)。

作家作为职业的一章[1]构成指导性意见。我还记得一部自传中的一句话在我脑海中产生的滑稽效果，这部自传的作者很幸运，他的人生并没有那么多意外，但他却说："我将记录下我曲折多变的一生，从我在这个星球上诞生的那一刻起……"[2]尽管有这个自负的例子在眼前，但是回顾我自己的一生，我也不得不使用并特别强调"曲折多变"这个词——如果经过思考，我仍然坚信现在的想法（我的经历的偶然性证明了一条重要真理，即我们不仅要像爱自己一样爱我们身边的人，而且要像爱我们身边的人一样爱我们自己；除非我们爱上帝胜过爱自己和身边的人，否则我们既做不到像爱自己一样爱身边的人，也做不到像爱身边的人一样爱我们自己），那么我个人是愿意出版自传的（如果有时间，我一定会写自传）。

哪个人不曾，

被人败坏也败坏过别人？哪一个人死了，

能够逃过他的朋友的训斥？[3]

1　本书第 11 章，在《文学传记》初版时 2 卷本的第 1 卷中。
2　据亚当·罗伯兹编辑，爱丁堡大学出版社 2014 年版《文学传记》第 405 页，脚注 974 中考证：这句话引自英国学者吉尔伯特·韦克菲尔德（Gilbert Wakefield, 1756—1801）的自传《吉尔伯特·韦克菲尔德自撰回忆录》（*Memoirs of the life of Gilbert Wakefield, Written by Himself*, 1792），在其中他多次以各种方式谈到自己命运多舛。
3　据亚当·罗伯兹编辑，爱丁堡大学出版社 2014 年版《文学传记》第 405 页，脚注 977 中考证：引自莎士比亚《雅典的泰门》（*Timon of Athens*）。此中译文引自朱生豪译本。

尽管这种错觉看起来很奇怪，但最真实的情况是，三年前我并不知道，也不相信我在这个世界上有敌人。现在，即使是我最强烈的感激之情也夹杂着恐惧，我因自己常常想问"我有朋友吗"这个问题而自责。从写作《克里斯特贝尔》到其出版的数年间，这首诗几乎在文学家中众所周知，仿佛它已经在正常销售，人们经常提到这首诗，熟练地引用这首诗甚至诗中虚构人物的名字。[1] 从几乎所有最著名的诗人那里，也从一些我素不相识的人那里，我收到或听到了一些赞誉，（我真的可以说）在我看来，一部不过是普通童话的作品完全配不上这些赞美之词。在许多人看来，不管是印刷本还是手写本，我的其他诗都没有什么价值，并且有许多人坦率地告诉

---

[1] 据亚当·罗伯兹编辑，爱丁堡大学出版社 2014 年版《文学传记》第 405 页，脚注 978 中考证：柯勒律治在 18 世纪 90 年代晚期写下了《克里斯特贝尔》（*Christable*）的一些片段，但直到 1816 年才发表。在这期间，不同的人或从手稿中，或从该诗出现在其他作品的引文中时读到这些，包括沃尔特·司各特和拜伦，都曾在其作品中效仿过柯勒律治这首诗中的元素。

我这一点。但他们一致对《克里斯特贝尔》和《爱》[1]这两首诗表示肯定。年复一年,在各种各样的社交场合,我都被要求背诵这首诗,结果都是一样的,在这一点上,与我偶尔背诵其他任何一首诗所产生的效果完全不同。这是出版前的情况。但在出版之后,除了极少数例外,我听到的都是谩骂,这也是一种苦涩的精神体验,我想如果如他们所说,它真的和以前的颂词一样,是最可怜的平庸,而且更加令人费解的话,至少与这首诗的自诩是不相称的。在《爱丁堡评论》上,它受到了带有一种个人仇恨情绪的恶意攻击,发表这样一篇激烈的长篇大论只会损害到它所指责的作品的名誉:这种评论通常被认为是(无论正误还是未知)一个人,无论是我在场还是缺席的情况下,他都反复地把这首诗说成是同类诗歌中语言上最好的。这也许是对作者的一种警告,警告他们在计算一首诗被接受的可能性时,必须大幅删减使他们有勇气发表这首诗的颂词,不管这些颂

---

[1] 据亚当·罗伯兹编辑,爱丁堡大学出版社 2014 年版《文学传记》第 407 页,脚注 979 中考证:《爱》这首诗写于 18 世纪 90 年代晚期,最初以《介绍:黑暗女士的传说》为名首发于英国伦敦的《晨报》(*Morning Post*),1799 年 12 月 21 日。之后以《爱》为题目被收入《抒情歌谣集》(*Lyrical Ballads,* 1800)和《西比林的树叶》(*Sybilline Leaves,*1817)。西比林的树叶是一个特殊意象:在古代,受注重的预言通常被称为"神谕",神谕师具有与神沟通预知将来的才能或者说他们就是神灵的化身。其中一个古代最著名的神谕师就在罗马帝国,她被人们称为"西比林"(Sybilline),公元前 6 世纪生活在那不勒斯附近的一个山洞里,人们在大量重要文学作品中都有提到她能预测包括战争在内的任何事情。据称在停止预测之前,阿波罗神会附到西比林的身上,她变得冲动不安,会把预言写在橡树叶上整理成卷轴并放在罗马重要宗教书籍珍藏地朱庇特神殿里。画家米开朗基罗把西比林的形象画在了西斯廷教堂的天花板上。

词的来源是多么可靠和丰富。首先，对个人好恶必须予以默许，他们可能对这种个人好恶的存在从不质疑——在匿名批评的面具背后存在的个人好恶；其次，在评论中必须有一定比例的恶评和嘲弄，以使评论具有说服力，因此，如果作者没有幕后朋友，有反对意见是必然的；最后也是最主要的是，仰慕者，特别是既热情又有名的新仰慕者，对某一首诗的朗诵会引起听众的激动和短暂的共鸣。因为这确实是一种动物磁性，在这种磁性场域中，兴奋的朗诵者通过表情和音调把他自己的想法和理解传达给其观众。在那一刻，观众活在他智性之维的广阔天地里。同样有可能的是，尽管这种情况并不普遍，一个读者留给自我的感受，应该沉入到诗歌文本之下的深层空间；正如诗歌留给自身的感受激活力，应该在读者的感受空间笼罩之下飞扬。但是，就我个人而言，我曾不幸被人指摘，因为我对形而上学的执着，而且比所有人都更糟糕的是，相比于著名的洛克理论，我更热衷于柏拉图远见卓识的奇思妙想，甚至是奥秘派的专业术语的系统。因此，凡是以我的名义出现的东西，都会被谴责，都会被事先定性为形而上学。在我写给一位在戏剧界很有影响的先生[1]的一首戏剧诗里，有这样一段话：

---

[1] 据亚当·罗伯兹编辑，爱丁堡大学出版社 2014 年版《文学传记》第 408 页，脚注 981 中考证：这位先生指的是拜伦，拜伦当时是德鲁里巷剧院管理委员会成员，尽管他帮助柯勒律治在 1815 年上演了柯勒律治早期戏剧《懊悔》（*Remorse*），但他未能说服剧院在第二年上演柯勒律治后来的作品《扎波利亚》（*Zapolya*，1816）。

啊，我们是爱发牢骚的生物！
世间万物鲜少使我们欢悦：
无足轻重之事又足以
令我们痛苦万状。[1]

是的，现在在这里！（批评家惊呼）柯勒律治的形而上学来了！下面两段也是以同样的理由（不是说这些台词不适合我们的大剧院的现状，而是说它们是形而上学的）被拒绝。第一句是对篡位者的回答，篡位者以当时的情况为托辞，说他是在人民的欢呼声中被选举出来的：

怎样的人民？怎么召集他们？或者，如果他们被召集，
一定不是靠他那神奇的魔力去吸引
召集几百万人到议会，需要至上权力
争取还是驾驭他们？当然啦，哦，自是当然
向那盘旋的群山呼喊你的名号，
伴随着千倍的回响
让岩石向你谄媚，让升腾的空气，
甘心向你呼喊，埃默里奇（Emerich）国王！
通过健全的法律巩固我们的主权，

---

[1] 据亚当·罗伯兹编辑，爱丁堡大学出版社2014年版《文学传记》第408页，脚注982中考证，引自柯勒律治诗剧《扎波利亚》（*Zapolya*，1816）。

> 通过克制加深威望，通过预防
> 无法无天的意志积聚并引来血光
> 人们走在康庄大道上，带着他们的使命
> 真正的爱国者的荣耀！所有其他人
> 都以为，信任天堂比信任自己更安全
> 在芸芸众生中
> 愚蠢会传染，且常常传染
> 哪怕是聪明人，理智也只在家中留放，
> 当他外出归来，怒气和讶异理所应当。[1]

第二段是以一位经验丰富，却被最信任之人出卖的老朝臣的口吻表述的：

> 尽管萨罗塔（Sarolta）单纯，不谙世事，
> 却能知他的过去，并常对我警告。
> 她从何习得？自己全然无知。
> 无知是大自然的智慧
> 稚嫩的幼鸽发现空中的潜行者，
> 一见便瑟瑟发抖，急忙逃回巢穴。
> 年轻的骏马被吓得连连退缩，

---

[1] 据亚当·罗伯兹编辑，爱丁堡大学出版社 2014 年版《文学传记》第 409 页，脚注 984 中考证：引自柯勒律治诗剧《扎波利亚》的"序幕"（*Zapolya*, 1816）。

第一次听到从未见过的蝰蛇嘶嘶的舌声。
啊!比一百只眼睛看到的还毋庸置疑
这是否优良感受?对于心灵纯洁之人,
仅仅是质疑自己的善良,
便觉得是暴露邪恶的行径![1]

因此我想,作为一个作家,我发表一部作品[2](其中很大一部分是形而上学)所受到的攻击应当不会比因演讲受到的攻击还要多吧。从我第一次表示要发表这部作品到实际发表这部作品,有很长一段时间,因此,人们怀着一种恶意对它进行了审查,这种恶意是如此公开和完全针对我个人,我认为这是前所未有的,即使是在蔑视所有普通大众的世风之下也是如此,这种情况使新闻自由蒙受耻辱和危险。在这部作品出现之后,一篇讽刺文章的作者承诺在《爱丁堡评论》中对它进行评论。我唯一的条件是,他应该写出他自己真正的想法,批评这部作品而不是我本人。我本人应该选择这位作者来批评我,因为他的头脑灵活,富于创造力,而且在所有人面前,他的想象性推理特别敏锐。他说,"我想起卡图卢斯的诗句":

---

1 据亚当·罗伯兹编辑,爱丁堡大学出版社 2014 年版《文学传记》第 410 页,脚注 986 中考证:引自柯勒律治诗剧《扎波利亚》(*Zapolya*,1816)。
2 据亚当·罗伯兹编辑,爱丁堡大学出版社 2014 年版《文学传记》第 410 页,脚注 987 中考证:这部作品是《政治家手册,或〈圣经〉是获得政治技巧和远见的最佳指南:外行布道》(*The Statesman's Manual, Or, The Bible the Best Guide to Political Skill and Foresight: a Lay Sermon*),发表于 1816 年 12 月。

放弃你值得任何人祝福的想法
或者放弃任何人都可以变得谦恭的想法
忘恩负义无处不在,你是否做过善事不重要
反使我厌烦,使我厌烦,加增我的灾害;
我也是如此,
没有人比那个刚才告诉我,他是我唯一的朋友的人对我的压迫
更残酷,更痛苦。[1]

但我可以肯定地说,当我读到这首被引用在评论中旨在侮辱我的狂诗时,就像写这篇评论的人所预料的那样,受到了无比的伤害,这正是他引用这首诗的唯一和根本目的所在:而我会把因他引用这首狂诗,所激发起的我的愤怒和蔑视完全回馈给他背后的雇主和唆使者。我现在谈及这篇评论是因为,就我听闻到的消息,根据我第一篇布道文里的一个段落,对我"可能缺乏宗教信仰"的含沙射影已被人们传得到了"三人成虎"的地步,但对于这宗诽谤的发起者,我倒是可以为他开解。我把我说的那些话列在下面,因为我说的那些话站在布道的立场,只是作为铺垫,以引出并赞美那些服务于人类外在感观的神迹。

"只有当我们放弃主观僭越,才能释放感观,真正地感受到神

---

[1] 原文为拉丁文。据亚当·罗伯兹编辑,爱丁堡大学出版社2014年版《文学传记》第410页,脚注988中考证:引自古罗马诗人卡图卢斯的作品《歌集》(*Carmina*)第73首。

迹。理性和宗教本身就是自证的。从这个方面而言，自然的太阳是精神的象征。太阳完全升起之前，它的光辉还掩映在黎明的面纱之下，太阳会召唤微风来驱逐笼罩世界的夜雾，从而把空气变成净化自己的牧师。尽管这不一定就能证明或说明它是来自天上的光，但却能防止自己的光芒被夜雾阻截。

因此，无论在什么地方，同样的情况与同样的道德原因并存，在受到神的启示下创作的作品中所揭示的原理和记载的实例，都会画蛇添足地提到神迹：如果我们在期待奇迹时却忽略了真理，或以奇迹已经不会再现作为借口而频频地提到以往的神迹，那么，我们就是在试探上帝，也必将得到当法利赛人试探上帝时，上帝所给出的同样答复。"[1]

在这篇布道文和其注释中，我曾反复强调了各种神迹的历史真实性和必要性。"史书中的证言（相对于基督降生时出现瑞兆和神迹）只是为教会提供坚固庄严的有力支柱，但不是教会的根基！"[2] 因此，

---

[1] 据亚当·罗伯兹编辑，爱丁堡大学出版社 2014 年版《文学传记》第 411 页，脚注 989 中考证：引自柯勒律治的著作《政治家手册，或〈圣经〉是获得政治技巧和远见的最佳指南：外行布道》（*The Statesman's Manual, Or, The Bible the Best Guide to Political Skill and Foresight: a Lay Sermon*，1816）。法利赛人试探上帝时，上帝给他们的答复在《马太福音》第 12 章第 39 节中："耶稣回答说，一个邪恶淫乱的世代求看神迹. 除了先知约拿的神迹以外，再没有神迹给他们看。"

[2] 据亚当·罗伯兹编辑，爱丁堡大学出版社 2014 年版《文学传记》第 411 页，脚注 989 中考证：引自柯勒律治的著作《政治家手册，或〈圣经〉是获得政治技巧和远见的最佳指南：外行布道》（*The Statesman's Manual, Or, The Bible the Best Guide to Political Skill and Foresight: a Lay Sermon*，1816）。

我只想说明我的信仰是什么，关于它就是基督教的真凭实据，而不是从宗教改革到革命，从先辈和最著名的新教神学家那里，通过一系列表达同样观点的段落来为自己辩护，虽然我可以很容易地做到这一点。1. 神迹与理性相一致，我视它如神殿的外院，它所处的位置是神殿的公共区域。2. 通过神迹，宗教首次被显明和证实，我把这些神迹看作是通往神殿的台阶、门廊和入口。3. 每一位信徒在自己灵魂中体验到的感观和内在感受——使信徒内心产生了无法满足的需求，这会在他感受到强大的宗教预兆之后，渴望从我们的基督教中得到救赎和恩典——我将这称为之精神圣殿的真正根基。在相应历史证据 2 的佐证下，根据经验，人们会大概率地由境界 1 进阶境界 3，任何人如果想要试探上帝，都会不由自主地产生罪恶感。而 4 则是人们在实践中通过遵从《福音书》的教化而获得的体验——是开阔的眼界，是黎明的曙光：心灵在恐惧与承诺中成长；视上帝如神明，视萌生邪念为罪恶，没有基督两者都无法达成；苦难的人心底升起的悲伤会从上帝那里得到抚慰，就像战争中有首领无情的背信弃义，也有盟友极度忠诚的长期坚守。总之，这是对基督信仰的真实考验以及信仰基督所能得到的正果，这一切构成了我们神殿的穹顶，而信仰本身则是我们建成这个穹顶的基石。为了有能力信仰基督教，一个人必须是基督徒，这似乎是一个<u>循环争论</u>[1]，对于所有的属灵真理以及无法以时间和空间的形式真实呈现的事物都会存在这种循环争议——只要我们试图颠倒因果，企图以未知解构已

1　画线部分原文为拉丁文。

知,就会不可避免地陷入到这种争论中去。"你们若遵我父的旨意行,就知道我是否属神了。"[1] 我相信,从古至今乃至未来,这四种证据对于整个世界、整个教会都是必不可少的,且就必要性而言,四个证据是同等的。但目前,由于大多数基督徒都出生在基督教国家,我认为第三种和第四种证据最为有效,虽然它们不能取代前两个证据,但是第三、第四个证据包含了一种对前两个证据的乐观的、不容置疑的信念。"我信故我知"[2] 对我来说,神的旨意就是哲学和宗教,即使我相信救赎是成圣的前提,而非其结果。所有宗教判断都可以无差异地解释为行为方式或存在状态,因此圣德和福音是同样的概念,有时被认为与行为有关,有时被认为与存在有关。一些人深信我"可能缺乏宗教信仰",部分是因为我对贝内迪克特·斯宾诺莎所遭受的严厉禁罚的整体合理性公开表示怀疑。尽管如此,我希望在推荐给我们现有学校神学学生的理论或道德类哲学书籍中,找到一些完全符合英国国教之教义的使徒圣保罗式的段落,就像斯宾诺莎在《伦理学》最后一页所写的那样:"再则,心灵愈能享受这样神圣的爱或幸福,他便愈能理解事物,换言之,心灵控制感情的力量将愈大,而且心灵受恶劣情绪的损害将愈小。所以这正是由于心

---

[1] 据亚当·罗伯兹编辑,爱丁堡大学出版社2014年版《文学传记》第412页,脚注992中考证:这句话的意思来自《约翰福音》第7章第17节:"人若立志遵着他的旨意行,就必晓得这教训或是出于神,或是我凭着自己说的。"

[2] 引文原文为拉丁文。据亚当·罗伯兹编辑,爱丁堡大学出版社2014年版《文学传记》第412页,脚注993中考证:柯勒律治改写自圣奥古斯丁的作品《约翰福音略解》(*In Johannis Evangelium Tractatus*)。

灵享受这样神圣的爱或幸福，因而它才是具有克制情欲的力量，并且因为人类克制情绪的力量只在于理智，所以没有人会由于能够克制他的情绪而享受幸福。反之克制情欲的力量乃出于幸福自身。"[1]

　　对于有人无耻地提出的"一位论派"，我已经否认过他们是基督徒。愿上帝饶恕这些信徒！我怎么能知道每个人内心的虔诚？每个人整体道德的意图和倾向及其对"基督拯救世人"这种信仰的理解有哪些错误？上帝永远不会拒绝一个真心爱戴自己的灵魂：不管他抱有怎样的思辨意见，以及他们是否在特定情况下，萌生了不信仰或错误信仰的念头——只要一个信徒内心怀有对上帝真诚的爱，上帝就会知道。但我曾说过，现在还会继续这样说：如果我认为构成基督真理的教义的总和是基督教精神，那么它们就不是一神论，反之亦然；<u>而且，从神学和客观角度上将"耶稣凡夫论"和基督的"神人两性论"作为信仰体系加以讨论</u>[2]，而不考虑信仰这种或那种教派的个人时，那么我们使用不同的语言谈论常识性的事物就会无比荒谬，因为我们不能以相同的名称来正确地称呼两种对立的事物。如果"神体一位论"派的信徒把同样的话回赠给我，我会像听到他在说二加二等于四、四加四等于八一样，而不会感到有何冒犯之处。

1　原文为拉丁文。这段话引自贝内迪克特·德·斯宾诺莎 (Benedict de Spinoza, 1632—1677) 的《伦理学》(*Ethics*, 1677)。斯宾诺莎是17世纪荷兰伟大的哲学家、无神论者，欧洲理性主义认识论的主要代表。此中译文引自 [荷兰] 斯宾诺莎著，贺麟译《伦理学》，商务印书馆，2017年，第266—267页。
2　画线部分是英文原文中混杂希腊文。

> 但是，在凡人之中，
> 愚蠢的骄傲
> 使一个人失去了他的幸福，
> 懦弱的灵魂
> 夺走了另一个人本该属于他的伟大成就，
> 牵引着他的手回到来时的路，
> 因为他低估了自己的力量。[1]
>
> ——品达《尼米亚颂诗》（*Nem. Ode*）第 11 首

这一直是我的目标，而且是我唯一的防御手段——啊！说完这话，我的个人生活和文学生涯或许可以结束了！我的意思是说，我不灭的欲望其实与我们的教义完全统一——我一直在按照教会的礼拜仪式和训诫所讲述的那样，通过展示基督教的体系（尽管是无法被人类的理性所发现的体系），有意并努力地真诚激发年轻人的思想，以防止他们受到嘲笑者的诱惑，这一切按照必要的因果关系密切相连，环环相扣。而只有当理性的眼睛到达自己的地平线时，宗教才会从理性的视野中消失。那时，信仰不过是宗教的延续：就像白昼渐渐消退，进入甜蜜的黄昏，而黄昏又悄无声息地潜入暗夜。这是夜晚，神圣的夜晚！当我们抬起眼睛，只能看到独自展现自我的星空，尽管从星球以外来看，这星空仿佛由那些闪烁的繁星固定在恐怖的深渊之中（虽然这些繁星也同样是其他星球的太阳），但

---

[1] 原文为希腊文。

这星空只会让我们的灵魂变得安宁和凝定，这来自于人们对自我以及一直在自我证实的"福音"所产生的内心崇拜感，从永恒到永恒，它们的合唱回声[1]就是宇宙。

荣耀归于唯一的上帝。[2]

---

1 据亚当·罗伯兹编辑，爱丁堡大学出版社2014年版《文学传记》第414页，脚注997中考证："合唱回声"这个比喻来自古罗马时期的希腊唯心主义哲学家、新柏拉图主义创始人普罗提诺的《九章集》(the Six Enneads)。

2 原文为希腊文。据亚当·罗伯兹编辑，爱丁堡大学出版社2014年版《文学传记》第414页，脚注998中考证：这句话缩写自圣经新约《提摩太前书》第1章第17节："但愿尊贵，荣耀归与那不能朽坏不能看见永世的君王，独一的神，直到永永远远。阿门。"在17、18世纪有时作为理论、哲学类书籍的结尾或印在其最后一页，柯勒律治在此进行了效仿。